ACIDENTES DO TRABALHO E DOENÇAS OCUPACIONAIS

Conceito, processos de conhecimento e
de execução e suas questões polêmicas

www.saraivaeducacao.com.br
Visite nossa página

Antonio Lopes Monteiro
Roberto Fleury de Souza Bertagni

Membros do Ministério Público do Estado de São Paulo

ACIDENTES DO TRABALHO E DOENÇAS OCUPACIONAIS

Conceito, processos de conhecimento e de execução e suas questões polêmicas

12ª edição

2024

DADOS INTERNACIONAIS DE CATALOGAÇÃO NA PUBLICAÇÃO (CIP)
ELABORADO POR ODILIO HILARIO MOREIRA JUNIOR - CRB-8/9949

M775a   Monteiro, Antonio Lopes
          Acidentes do trabalho e doenças ocupacionais: conceito, processos de conhecimento e de execução e suas questões polêmicas / Antonio Lopes Monteiro, Roberto Fleury de Souza Bertagni. - 12. ed. - São Paulo: SaraivaJur, 2024.
          392 p.
          ISBN: 978-65-5362-859-5
          1. Direito. 2. Direito do trabalho. 3. Acidentes do trabalho. I. Bertagni, Roberto Fleury de Souza. II. Título.

2024-1286
CDD 344.01
CDU 349.2

Índices para catálogo sistemático:
1. Direito do trabalho   344.01
2. Direito do trabalho   349.2

Uma editora do GEN | Grupo Editora Nacional

Travessa do Ouvidor, 11 – Térreo e 6º andar
Rio de Janeiro – RJ – 20040-040

Atendimento ao cliente:
https://www.editoradodireito.com.br/contato

Diretoria editorial	Ana Paula Santos Matos
Gerência de produção e projetos	Fernando Penteado
Gerência de conteúdo e aquisições	Thais Cassoli Reato Cézar
Gerência editorial	Livia Céspedes
Novos projetos	Aline Darcy Flôr de Souza
Edição	Daniel Pavani Naveira
Design e produção	Jeferson Costa da Silva (coord.)
	Alanne Maria
	Lais Soriano
	Rosana Peroni Fazolari
	Tiago Dela Rosa
	Verônica Pivisan
Diagramação	Rafael Cancio Padovan
Revisão	Daniela Georgeto
Capa	Lais Soriano

Data de fechamento da edição: 24-5-2024

Nenhuma parte desta publicação poderá ser reproduzida por qualquer meio ou forma sem a prévia autorização da Saraiva Educação. A violação dos direitos autorais é crime estabelecido na Lei n. 9.610/98 e punido pelo art. 184 do Código Penal.

À Nair e, *in memoriam*, ao Édivon e ao Paulinho, que nos iniciaram na difícil escolha pelos mais necessitados.

Ao Clemente e a outros sindicalistas, incansáveis pela sorte de seus irmãos trabalhadores.

Aos órgãos públicos e entidades interinstitucionais, para que juntem esforços na luta por ambientes de trabalho mais sadios.

Aos empresários, para que assumam seu papel na sociedade em transformação, e aos órgãos governamentais, para que não espezinhem mais os direitos dos que fazem a riqueza deste país.

À Mariza e à Sandra, pela compreensão e carinho nas longas noites perdidas e incentivo incondicionado.

ABREVIATURAS E SIGLAS UTILIZADAS

AC	—	Ação Rescisória
ACR	—	*American College of Rheumatology*
ADCT	—	Ato das Disposições Constitucionais Transitórias
ADIn	—	Ação Direta de Inconstitucionalidade
ADPF	—	Arguição de Descumprimento de Preceito Fundamental
AFP	—	Administradora de Fundo de Pensão
Ag.	—	Agravo
AgED	—	Agravo em Embargos de Declaração
AgI	—	Agravo de Instrumento
AgRE	—	Agravo em Recurso Extraordinário
AGREsp	—	Agravo em Recurso Especial
AgRg	—	Agravo Regimental
AI	—	Agravo de Instrumento
ANAMT	—	Associação Nacional de Medicina do Trabalho
Ap.	—	Apelação
ARAgI	—	Agravo Regimental em Agravo de Instrumento
ARRE	—	Agravo Regimental em Recurso Especial
art.	—	artigo
Câm.	—	Câmara
cap.	—	Capítulo
CAT	—	Comunicação de Acidentes do Trabalho
CC	—	Código Civil
CComp	—	Conflito de Competência
CEPAL	—	Comissão Econômica para a América Latina
CF	—	Constituição Federal
CIPA	—	Comissão Interna de Prevenção de Acidentes
CLPS	—	Consolidação das Leis da Previdência Social
CLT	—	Consolidação das Leis do Trabalho

CNIS	—	Cadastro Nacional de Informações Sociais
CNPS	—	Conselho Nacional de Previdência Social
CParcial	—	Correição Parcial
CPC	—	Código de Processo Civil
CPP	—	Código de Processo Penal
CRP	—	Centro de Reabilitação Profissional
CTP	—	Comissão Tripartite Paritária
CTPS	—	Carteira de Trabalho e Previdência Social
DJe	—	*Diário da Justiça do Estado*
DJU	—	*Diário da Justiça da União*
DOE	—	*Diário Oficial do Estado*
DORT	—	Doenças Osteomusculares Relacionadas ao Trabalho
DOU	—	*Diário Oficial da União*
E.	—	Egrégio
EAC	—	Embargos em Ação Rescisória
EC	–	Emenda Constitucional
ECA	—	Estatuto da Criança e do Adolescente
EDcl	—	Embargos de Declaração
EDiv	—	Embargos Divergentes
EI	—	Embargos Infringentes
EOAB	—	Estatuto da Advocacia e da Ordem dos Advogados do Brasil
EPI	—	Equipamento de Proteção Individual
EREsp	—	Embargos no Recurso Especial
ERR	—	Embargos em Recurso de Revista
FAP	—	Fator Acidentário de Prevenção
FGTS	—	Fundo de Garantia do Tempo de Serviço
Hz	—	hertz
I.	—	Ínclito
INSS	—	Instituto Nacional do Seguro Social
j.	—	julgado
JSTF	—	Julgados do Supremo Tribunal Federal
JTA	—	Julgados do Tribunal de Alçada
JTACSP	—	Julgados do Tribunal de Alçada Civil de São Paulo
LER	—	lesões por esforços repetitivos
LINDB	—	Lei de Introdução às Normas do Direito Brasileiro

LOPS	—	Lei Orgânica da Previdência Social
MAT	—	Mútua de Acidentes do Trabalho e Doenças Ocupacionais
Min.	—	Ministro
MP	—	Medida Provisória
MPS	—	Ministério da Previdência Social
MS	—	Mandado de Segurança
NR	—	Norma regulamentadora
NTEP	—	Nexo Técnico Epidemiológico Previdenciário
OAB	—	Ordem dos Advogados do Brasil
p.	—	página
PAIR	—	perda auditiva induzida por ruído
PCA	—	Programa de Conservação Auditiva
PCMSO	—	Programa de Controle Médico de Saúde Ocupacional
PMSP	—	Prefeitura do Município de São Paulo
PPRA	—	Programa de Prevenção de Riscos Ambientais
RAT	—	Riscos Ambientais do Trabalho
RE	—	Recurso Extraordinário
Rel.	—	Relator
REO	—	Recurso *Ex Officio*
REsp	—	Recurso Especial
RF	—	*Revista Forense*
RG	—	Repercussão Geral
RGPS	—	Regime Geral de Previdência Social
RMS	—	Recurso em Mandado de Segurança
RO	—	Recurso Ordinário
ROMS	—	Recurso Ordinário em Mandado de Segurança
RPS	—	Regulamento da Previdência Social
RR	—	Recurso de Revista
RT	—	*Revista dos Tribunais*
RTJ	—	*Revista Trimestral de Jurisprudência*
SAT	—	Seguro de Acidentes do Trabalho
sb	—	salário de benefício
SBFono	—	Sociedade Brasileira de Fonoaudiologia
SBORL	—	Sociedade Brasileira de Otorrinolaringologia
sc	—	salário de contribuição

SDI-I —	Subseção I Especializada em Dissídios Individuais
SEESMET —	Serviços Especializados em Engenharia de Segurança e em Medicina do Trabalho
SFM —	Síndrome da Fibromialgia
SM —	salário mínimo
SOBRAC —	Sociedade Brasileira de Acústica
STF —	Supremo Tribunal Federal
STJ —	Superior Tribunal de Justiça
SUS —	Sistema Único de Saúde
T. —	Turma
TAC —	Tribunal de Alçada Civil
TJ —	Tribunal de Justiça
TRF —	Tribunal Regional Federal
TRT —	Tribunal Regional do Trabalho
TST —	Tribunal Superior do Trabalho
v. —	venerando
v.g. —	*verbi gratia* (por exemplo)
v.u. —	votação unânime

NOTA À 12ª EDIÇÃO

É com imensa satisfação que apresentamos a 12ª edição deste trabalho, cujo nome mantemos como *Acidentes do Trabalho e Doenças Ocupacionais* para darmos continuidade à filosofia que nos norteou desde a 1ª edição, em 1998.

Após a EC n. 103/2019 e suas disposições sobre a forma de cálculo dos salários de contribuição, sobrevieram as ECs n. 112/2021 e n. 114/2021 e decisões antagônicas do STF sobre a retroatividade da lei em matéria previdenciária.

Inicialmente, no julgamento do RE 1.276.977, conhecido como "Revisão da Vida Toda", decidiu que: "O segurado que implementou as condições para o benefício previdenciário após a vigência da Lei n. 9.876, de 26-11-1999, e antes da vigência das novas regras constitucionais, introduzidas pela EC n. 103/2019, tem o direito de optar pela regra definitiva, caso esta lhe seja mais favorável".

Esse posicionamento, que modificou por completo o entendimento consolidado, admitindo a retroatividade da lei, durou pouco tempo, pois, em recentes decisões, de março deste ano, nas ADIns 2.110 e 2.111, entendeu pela constitucionalidade de diversos artigos da legislação ordinária e explicitou que: "o art. 3º da Lei n. 9.876/1999 tem natureza cogente, não tendo o segurado o direito de opção por critério diverso". Tudo voltou como era antes, salvo se, nos embargos declaratórios, ainda em análise, reavaliarem o entendimento.

Tratamos das decisões finais do STF e do Tribunal paulista a respeito da validade de leis de proibição do uso do amianto, para proteção do trabalhador e do meio ambiente.

Acrescentamos um tópico para tratar da síndrome de Burnout, tão em voga nos dias atuais, e suas consequências jurídicas.

Também não perdemos de vista decisões recentes de nossos tribunais atualizando sempre a jurisprudência, agora em cada tópico do livro, realçando a questão do Recurso de Ofício e seu não cabimento, a partir da nova interpretação dada por diversos Tribunais e do STJ, e a nova visão a respeito do pagamento de honorários periciais em caso de improcedência da ação.

Enfim, procuramos fazer uma leitura atualizada de alguns temas que constantemente recebem nova visão pelos Tribunais Superiores, em matéria tão importante e que alcançou o registro de 612.900 mil acidentes em 2022, com a morte de 2.538 trabalhadores[1].

É preocupante ver que o número de acidentes registrados vem aumentando; em 2020, foram 446.881 e, em 2021, 536.174, e os eventos com morte também são elevados: 2020: 2.132 e 2021: 2.556.

São Paulo, maio de 2024.

Os Autores

---

1. Agência Brasil. Disponível em: https://agenciabrasil.ebc.com.br/geral/noticia/2023-07/acidentes-de-trabalho-no-brasil.

PREFÁCIO

A matéria acidentária, por ser muito específica e atingir somente um segmento relativamente pequeno de profissionais – embora um grande número de cidadãos –, raramente recebe a devida atenção nas faculdades de Direito.

Poucos cursos de Direito mantêm, em seus currículos, a matéria de direito previdenciário, e, mesmo nestes, não há ênfase na questão acidentária.

Do mesmo modo, os concursos públicos de ingresso às carreiras jurídicas e mesmo os exames da OAB não inserem a matéria sobre acidentes do trabalho em seus programas.

Se considerarmos, porém, que o número oficial de acidentes do trabalho no Brasil, no ano de 1996, foi de 428.072, sente-se, de plano, o descaso com que é tratado o problema. Somente a Previdência Social gastou nesse período mais de um bilhão e duzentos milhões de reais. Por seu turno, as empresas, no ano de 1995, perderam US$ 3,4 bilhões com acidentes. Esse dado fez com que a CNI promovesse uma campanha institucional de prevenção de acidentes do trabalho através de eventos em todo o território nacional, incluindo a mídia, campanha essa em que foram empregados mais de dois milhões de reais. Afinal, um em cada cinco trabalhadores se acidenta no País[2].

Por tudo isso é que só nas Varas Especializadas de Acidentes do Trabalho da capital tramitam, nas diversas fases, mais de trinta mil processos, o que significa que milhares de segurados ou seus dependentes não foram devidamente atendidos pelo seguro obriga-

---
2. *Informativo Diesat*, abr. 1997.

tório a cargo da Previdência Social e tiveram de recorrer à Justiça para reclamar seus direitos securitários.

Para facilitar a leitura e a compreensão deste trabalho, que visa não somente aos operadores do direito, mas também ao próprio beneficiário do seguro, sindicatos e trabalhadores em geral, ele foi dividido em quatro partes.

Na primeira, procuramos dar os fundamentos do Seguro de Acidentes do Trabalho – SAT e, dentro do possível, analisar a legislação em vigor até à data de hoje, procurando não olvidar nenhum detalhe, dada a abundância de medidas provisórias sobre a matéria, as quais recentemente foram transformadas em lei. Também nesta primeira parte cuidamos dos beneficiários do seguro obrigatório, bem como dos benefícios a que fazem jus.

A segunda parte foi dedicada à análise das doenças ocupacionais (profissionais e do trabalho), dando ênfase àquelas que atualmente atormentam mais os trabalhadores e consequentemente o Judiciário.

Na terceira parte cuidamos da ação acidentária e do processo em si. Assim, desde o procedimento até às questões processuais, tentamos, sempre que possível, mostrar o que entendemos ser a solução mais adequada. Ainda nesta parte não esquecemos da tormentosa fase de liquidação ou execução da conta, merecendo esse tópico especial atenção, pois sofreu profundas alterações nos últimos anos.

Foi um trabalho de fôlego, e desde já vão nossos agradecimentos a quantos prestaram sua preciosa colaboração para que este livro de fato seja útil a todos os que militam na área, bem como aos próprios beneficiários da Previdência Social.

São Paulo, junho de 1998.

Os Autores

SUMÁRIO

Abreviaturas e siglas utilizadas VII
Nota à 12ª edição XI
Prefácio XIII

PARTE I

Capítulo 1 — DA LEGISLAÇÃO E CONCEITOS 3
1. Da Seguridade Social.. 3
2. Da Previdência Social... 5
   2.1. Do custeio do Seguro de Acidentes do Trabalho – SAT – Contribuição para a cobertura dos Riscos Ambientais do Trabalho – RAT.............................. 5
   2.2. Da contribuição adicional... 7
   2.3. Do Fator Acidentário de Prevenção – FAP................. 8
   2.4. A nova visão do Seguro de Acidentes do Trabalho ... 20
3. Da legislação acidentária 22
4. Do conceito de acidente do trabalho.................................... 25
   4.1. Acidente-tipo 25
   4.2. Doenças ocupacionais 26
   4.3. Doenças excluídas 28
   4.4. Acidente por equiparação... 28

Capítulo 2 — DO CAMPO DE APLICAÇÃO....................... 33
1. Dos segurados protegidos... 33
2. Dos segurados não protegidos 36
3. Outras situações especiais... 37
   3.1. O presidiário 37
   3.2. O menor de 16 anos... 37
   3.3. Falta de registro 38
4. Dos não celetistas 40
5. Dos funcionários públicos do Município de São Paulo..... 40

6. Da perda da qualidade de segurado e período de graça.....	42
7. Dos dependentes	47

Capítulo 3 — DAS PRESTAÇÕES INFORTUNÍSTICAS.... 49
1. Introdução 49
2. Dos benefícios por acidente do trabalho............................. 49
3. Das características dos benefícios 50
4. Do cálculo do valor dos benefícios...................................... 50
    4.1. Da Lei n. 9.876, de 26 de novembro de 1999, até a EC n. 103/2019 e o novo cálculo do salário de benefício... 54
    4.2. Do fator previdenciário... 57
5. Dos benefícios acidentários 59
    5.1. Do auxílio-doença – benefício por incapacidade temporária.. 59
    5.2. Do auxílio-acidente 61
    5.3. Da aposentadoria 69
    5.4. Da pensão por morte... 71
    5.5. Do abono anual.. 74
    5.6. Dos pecúlios 74
6. Da cumulação dos benefícios 75
7. Da reabilitação profissional 81

PARTE II

Capítulo 1 — DA PERDA AUDITIVA INDUZIDA POR RUÍDO – PAIR 85
1. Introdução 85
2. Da indenização... 92
    2.1. Da indenização independentemente do grau de perda ... 92
    2.2. Da não indenização se a perda for mínima.............. 96
    2.3. Da perda unilateral de 8% 97
3. Das causas extralaborativas que não ensejam a concessão do benefício 97

Capítulo 2 — DAS LESÕES POR ESFORÇOS REPETITIVOS – LER/DORT 99
1. Do conceito.. 99

2. Da prevenção 106
3. Da indenização 107
4. Das formas clínicas das lesões por esforços repetitivos – LERs 108
   4.1. Tenossinovites 108
      4.1.1. Tenossinovite dos extensores dos dedos 108
      4.1.2. Tenossinovite de De Quervain 109
   4.2. Epicondilites 110
   4.3. Bursites 110
   4.4. Tendinite do supraespinhoso e bicipital 111
   4.5. Cistos sinoviais 112
   4.6. Dedo em gatilho 112
   4.7. Contratura ou moléstia de Dupuytren 113
   4.8. Compressão de nervos periféricos 113
      4.8.1. Síndrome do túnel do carpo 113
      4.8.2. Síndrome do canal de Guyon 114
      4.8.3. Síndrome do pronador redondo 114
      4.8.4. Síndrome cervicobraquial 115
      4.8.5. Síndrome do desfiladeiro torácico 115
      4.8.6. Síndrome da tensão do pescoço (mialgia tensional) 116
5. Perspectivas 117

Capítulo 3 — DA COLUNA VERTEBRAL 121
1. Introdução 121
2. Do acidente-tipo e dos "estalos" na coluna 121
3. Das condições agressivas no ambiente do trabalho 123
4. Da indenização 124

Capítulo 4 — OUTRAS MOLÉSTIAS IMPORTANTES 127
1. Da SIDA-AIDS 127
2. Das pneumoconioses 130
   2.1. Da silicose 131
   2.2. Da asbestose 133
3. Da dermatose ocupacional 139
4. Das varizes 140
5. Da epilepsia 141
6. Da hipertensão e das doenças cardíacas 143
7. Conclusão 145

Capítulo 5 — DA FIBROMIALGIA 147
1. Introdução 147
2. Fatores desencadeantes e sintomas 147
3. Diagnóstico e tratamento 149
4. Fibromialgia e LER/DORT 150
5. Conclusão 152

CAPÍTULO 6 — DO ASSÉDIO MORAL NO TRABALHO ... 155
1. Introdução 155
2. Conceitos e distinções necessárias 156
3. Assédio organizacional 158
4. Assédio moral – conceito e elementos 159
   4.1. Assédio vertical 162
   4.2. Assédio horizontal 162
   4.3. Assédio misto 163
   4.4. A palavra do Ministério do Trabalho e Emprego 163
5. Consequências do assédio moral 164
   5.1. Para o trabalhador 164
   5.2. Para a empresa 166
   5.3. Síndrome de Burnout 170
6. Conclusão 176

PARTE III

Capítulo 1 — DO CONFLITO APARENTE DE NORMAS 183
1. Da vigência das Leis n. 8.213/91 e n. 9.032/95 183
2. Da retroatividade ou irretroatividade das leis acidentárias 185
3. Da não comunicação do infortúnio laboral – Lei aplicável ... 188

Capítulo 2 — DA COMPETÊNCIA 189
1. Da ação de conhecimento 189
2. Da ação revisional 192
3. Do foro 193
4. Da incompetência declarada de ofício 196

Capítulo 3 — DOS ASPECTOS PROCESSUAIS 199
1. Dos princípios da lide acidentária e o formalismo processual 199

2. Do rito	201
3. Da petição inicial	202
4. Do pedido e sua extensão	204
5. Das provas	204
5.1. Da prova pericial	205
5.2. Dos outros meios de prova	215
6. Da desistência da ação	216
7. Da assistência e da denunciação da lide	218
8. Da sentença e do recurso de ofício	219
9. Do precatório	230
10. Da determinação de implantação do benefício e multa	239

Capítulo 4 — DO INTERESSE DE AGIR 245
1. Introdução 245
2. Da emissão da CAT e do pedido administrativo 246
3. Da falta de registro na CTPS 251
4. Da propositura da ação quando ainda em gozo do benefício auxílio-doença 254

Capítulo 5 — DA PRESCRIÇÃO EM MATÉRIA ACIDENTÁRIA 257
1. Introdução 257
2. Das prestações devidas e não requeridas 260
3. Do fundo de direito 264
4. Dos infortúnios não comunicados 265

Capítulo 6 — DE OUTRAS QUESTÕES PROCESSUAIS 267
1. Da tutela antecipada da lide – tutela de urgência (CPC/2015) 267
2. Da extinção do processo 269
3. Da identidade física do juiz 270
4. Do agravo de instrumento 270
5. Da litigância de má-fé 271
6. Do recurso de apelação: efeitos 272

Capítulo 7 — DOS HONORÁRIOS ADVOCATÍCIOS E DAS CUSTAS PROCESSUAIS 273
1. Da obrigação do INSS 273
2. Do valor e da incidência sobre parcelas devidas 275
3. Da incidência na fase de execução 276

4. Da legitimidade ou não de o patrono recorrer 276
5. Das custas processuais 280

Capítulo 8 — DOS JUROS MORATÓRIOS 283
1. Introdução 283

Capítulo 9 — DO MINISTÉRIO PÚBLICO 295
1. O Ministério Público e o advogado na ação acidentária.... 295
2. Da atuação como fiscal da lei 298
3. Legitimidade recursal do Ministério Público como fiscal da lei 300

Capítulo 10 — DA AÇÃO REVISIONAL 301
1. Introdução 301
2. Do reajuste do benefício 302
3. Do reenquadramento do benefício 302
4. Outras questões 303

Capítulo 11 — DO PROCESSO EXECUTÓRIO 305
1. Da citação e dos embargos 305
2. Do cálculo do salário relegado à fase de execução 307
3. Da elaboração da conta e utilização do contador judicial.... 308
4. Do teto do valor do benefício acidentário 311
5. Do valor do benefício quando a remuneração é por hora 315
6. Do levantamento do valor depositado 317

Capítulo 12 — DA ATUALIZAÇÃO DOS BENEFÍCIOS 319
1. Dos critérios legais 319
2. Da aplicação do redutor 327
3. Da aplicação da Súmula 26 do 2º Tribunal de Alçada Civil e Recurso de Revista 328
4. Da interpretação e alcance do art. 58 do Ato das Disposições Constitucionais Transitórias 329
5. Do primeiro reajuste 331

CAPÍTULO ESPECIAL

DANO MORAL E MATERIAL: COMPETÊNCIA, PRESCRIÇÃO E OUTRAS QUESTÕES RELACIONADAS À INDENIZAÇÃO 335
1. Introdução 335
2. A dupla indenização 336
3. O novo Código Civil 339
4. Elementos essenciais da responsabilidade 346
5. Competência jurisdicional 348
6. Prescrição 349
7. Indenização 355
8. Conclusão 356

CAPÍTULO ESPECIAL

A REFORMA TRABALHISTA E O ACIDENTE DO TRABALHO 359
1. Introdução 359
2. A reforma trabalhista e o Capítulo V do Título II, Da Segurança e Medicina do Trabalho 360
3. Os arts. 611-A e 611-B 360
4. Dano extrapatrimonial 362
5. Conclusão 365

Bibliografia 367

PARTE I

CAPÍTULO 1
DA LEGISLAÇÃO E CONCEITOS

Sumário: 1. Da Seguridade Social. 2. Da Previdência Social. 2.1. Do custeio do Seguro de Acidentes do Trabalho – SAT – Contribuição para a cobertura dos Riscos Ambientais do Trabalho – RAT. 2.2. Da contribuição adicional. 2.3. Do Fator Acidentário de Prevenção – FAP. 2.4. A nova visão do Seguro de Acidentes do Trabalho. 3. Da legislação acidentária. 4. Do conceito de acidente do trabalho. 4.1. Acidente-tipo. 4.2. Doenças ocupacionais. 4.3. Doenças excluídas. 4.4. Acidente por equiparação.

1. DA SEGURIDADE SOCIAL

A Constituição Federal, no Título VIII – "Da Ordem Social", define no art. 194 a Seguridade Social como sendo "um conjunto integrado de ações de iniciativa dos Poderes Públicos e da sociedade, destinadas a assegurar os direitos relativos à saúde, à previdência social e à assistência social". Os sete incisos deste artigo enunciam os princípios que, nos termos da lei, devem informar a Seguridade Social.

São eles: I – universalidade da cobertura e do atendimento; II – uniformidade e equivalência dos benefícios e serviços às populações urbanas e rurais; III – seletividade e distributividade na prestação dos benefícios e serviços; IV – irredutibilidade do valor dos benefícios; V – equidade na forma de participação no custeio; VI – diversidade da base de financiamento; VII – caráter democrático e descentralizado da gestão administrativa, com a participação da comunidade, em especial de trabalhadores, empresários e aposentados.

Neste trabalho, nos preocuparemos apenas com um dos subsistemas que formam a Seguridade Social, qual seja, a Previdência Social. Não cuidaremos, pois, da saúde nem da assistência social. Ainda assim, dentro da Previdência Social trataremos de forma mais profunda somente das questões relativas ao acidente do trabalho. É que o próprio art. 201 da Constituição Federal, ao cuidar da Previdência Social e relacionar as coberturas nela incluídas, previa, logo no inciso I, os eventos "resultantes de acidente do trabalho" (redação atual dada pela Emenda n. 103, de 12 de novembro de 2019, se refere a "cobertura de eventos de incapacidade temporária ou permanente para o trabalho"). Essa previsão foi transferida para o § 10, inserido pela EC n. 20/2018 com a seguinte redação: *"Lei disciplinará a cobertura de acidentes do trabalho, a ser atendida concorrentemente pelo regime geral de previdência social e pelo setor privado"*. A Emenda Constitucional n. 103, de 12 de novembro de 2019 (Reforma da Previdência), originária da PEC n. 6/2019, manteve os riscos de acidentes do trabalho no mesmo § 10 do art. 201, mas com outra redação, exigindo, agora, Lei Complementar: *"Lei Complementar poderá disciplinar a cobertura de benefícios não programados, inclusive os decorrentes de acidente do trabalho a ser atendida concorrentemente pelo Regime Geral de Previdência Social e pelo setor privado"*.

Nos governos de Fernando Henrique Cardoso houve diversas tentativas para a implementação do disposto no § 10. Mas nada de concreto foi sequer enviado ao Congresso Nacional. À época, as discussões, das quais tivemos oportunidade de participar diversas vezes, refletiam duas frentes de preocupações: De um lado o temor das empresas frente à insegurança da dupla indenização ainda consagrada no inciso XXVIII do art. 5º da CF. Do outro, o interesse da FENASEG, que até chegou a formular um texto, passível de se tornar um projeto completo e bem elaborado, visando ao vultuoso prêmio para suas filiadas, as seguradoras. Os empregados, por sua vez, representados pelos sindicatos, e de alguma forma alinhados com as empresas, prefeririam ficar na Previdência Social no sistema de benefícios de prestação continuada com medo do retorno à tarifação anterior à Lei n. 5.316/67.

Nos governos Lula e Dilma, a matéria ficou enterrada, até porque centrais sindicais e sindicatos temiam a tão falada, erroneamente, privatização do SAT. Quem sabe, agora, com o liberalismo que informa o governo Bolsonaro, novamente se levante a inovação quanto à cobertura do SAT/RAT, linguagem atual do Seguro de Acidentes do Trabalho ou Riscos Ambientais do Trabalho. A ressaltar, entretanto, a exigência de Lei Complementar com quórum mais qualificado.

Sendo princípio constitucional inserido no Capítulo II do Título VIII (art. 195, § 5º) que "nenhum benefício ou serviço da seguridade social poderá ser criado, majorado ou estendido sem a correspondente fonte de custeio total", os benefícios decorrentes do acidente do trabalho têm receita própria dentro da Previdência Social, não se confundindo com as demais contribuições à Seguridade Social.

2. DA PREVIDÊNCIA SOCIAL

A Previdência Social, como já dissemos, é um dos três subsistemas que formam a Seguridade Social. Contudo, se para os benefícios comuns da Previdência Social contribuem empregadores e empregados nos termos da Lei n. 8.212, de 24 de julho de 1991 (lei que "dispõe sobre a Organização da Seguridade Social, institui Plano de Custeio, e dá outras providências"), a fonte de custeio para os benefícios acidentários é de responsabilidade exclusiva do empregador, nos termos do art. 7º, XXVIII, da Constituição Federal, tratando-se, pois, também de um mandamento constitucional.

2.1. Do custeio do Seguro de Acidentes do Trabalho – SAT – Contribuição para a cobertura dos Riscos Ambientais do Trabalho – RAT

O inciso II do art. 22 da Lei n. 8.212/91, desde sua versão original, previa o custeio para o SAT, posteriormente denominado contribuição para a cobertura dos Riscos Ambientais do Trabalho – RAT, linguagem, aliás, utilizada nesse dispositivo desde 1998, quando a Lei n. 9.732 deu novo tratamento ao meio ambiente de trabalho e às alíquotas específicas para o custeio da aposentadoria especial. As alíquotas-base continuam de 1, 2 ou 3% sobre o total das remunerações pagas ou creditadas, no decorrer do mês, aos segurados empregados e trabalhadores avulsos, de acordo com o grau de risco da atividade exercida pela empresa. Esse dispositivo foi sucessivamente alterado, apresentando-se hoje com a redação dada pela Lei n. 9.732, de 11 de dezembro de 1998, nos seguintes termos:

"(...)

II – para o financiamento do benefício previsto nos arts. 57 e 58 da Lei n. 8.213, de 24 de julho de 1991, e daqueles concedidos em razão do grau de incidência de incapacidade laborativa decorrente dos riscos ambientais do trabalho, sobre o total das remunerações pagas ou creditadas, no decorrer do mês, aos segurados empregados e trabalhadores avulsos:

a) 1% (um por cento) para as empresas em cuja atividade preponderante o risco de acidentes do trabalho seja considerado leve;

b) 2% (dois por cento) para as empresas em cuja atividade preponderante esse risco seja considerado médio;

c) 3% (três por cento) para as empresas em cuja atividade preponderante esse risco seja considerado grave"[1].

Essa mesma lei alterou a redação do § 6º do art. 57 da Lei n. 8.213/91, acrescentando às alíquotas anteriores 12%, 9% ou 6%, dependendo da atividade exercida pelo segurado a serviço da empresa, atividade essa que lhe permita a concessão da aposentadoria especial após quinze, vinte ou vinte e cinco anos, respectivamente.

---

1. O grau de risco vem definido no Anexo V do Regulamento da Lei de Organização e Custeio da Previdência Social – atual Decreto n. 3.048, de 6 de maio de 1999, o qual "relaciona as atividades preponderantes e correspondentes graus de risco, conforme a classificação nacional de atividades econômicas – CNAE". Esse mesmo Regulamento, no Anexo II, além de relacionar, como já fazia o anterior, os agentes patogênicos, também faz uma correlação entre esses agentes ou fatores de risco de natureza ocupacional com a etiologia de doenças profissionais e de outras relacionadas com o trabalho. Convém salientar essa inovação, haja vista que, pela primeira vez, alcoolismo crônico, depressão, demência, SIDA-AIDS, disfunção de personalidade e até estresse grave, entre outras, são admitidos como doenças do trabalho pela Previdência Social. O Ministério da Saúde, recentemente, adotou a mesma sistemática de doenças relacionadas ao trabalho pela Portaria n. 1.339, de 18 de novembro de 1999.

Esse dispositivo, para correto entendimento, deve ser lido de duas formas: a primeira é a leitura histórica, da contribuição paga por todas as empresas para custear o SAT. É o tradicional prêmio do seguro de acidentes do trabalho que se traduz na alíquota de 1%, 2% ou 3%, dependendo do grau de risco em que se enquadra a atividade da empresa. O grau de risco vem definido no anexo V do Regulamento da Lei de Organização e Custeio da Previdência Social, Decreto n. 3.048, de 6 de maio de 1999, o qual "relaciona as atividades preponderantes e correspondentes graus de risco, conforme a classificação nacional de atividades econômicas – CNAE". De acordo com o § 3º do art. 202 do Regulamento, considera-se atividade preponderante a que, na empresa, ocupa o maior número de segurados empregados e trabalhadores avulsos. O enquadramento é feito pela empresa mas pode ser revisto pelo INSS.

O mesmo Regulamento, no anexo II, além de relacionar, como já fazia o anterior, os agentes patogênicos, também faz uma correlação entre esses agentes ou fatores de risco de natureza ocupacional com a etiologia de doenças profissionais e de outras relacionadas com o trabalho. Convém salientar essa inovação, haja vista que, pela primeira vez, alcoolismo crônico, depressão, demência, SIDA-AIDS, disfunção de personalidade e até estresse grave, entre outras, são admitidos como doenças do trabalho pela Previdência Social. O Ministério da Saúde adotou a mesma sistemática de doenças relacionadas ao trabalho pela Portaria n. 1.339, de 18 de novembro de 1999.

2.2. Da contribuição adicional

A segunda leitura é que, ao referir-se o dispositivo aos arts. 57 e 58 da Lei n. 8.213/91, os quais cuidam da Aposentadoria Especial de forma clara, a Lei n. 9.732/98 pretendeu dar outro tratamento ao meio ambiente do trabalho em correlação com o custo-benefício. Assim é que alterou a redação do § 6º do art. 57 da Lei n. 8.213/91, acrescentando às alíquotas anteriores 12%, 9% ou 6%, dependendo da atividade exercida pelo segurado a serviço da empresa, atividade essa que lhe permita a concessão da aposentadoria especial após quinze, vinte ou vinte e cinco anos, respectivamente. Tais alíquotas incidem apenas sobre a remuneração do segurado sujeito às condições especiais (§ 7º do art. 57, acrescentado pela mesma lei).

Essas alíquotas foram implantadas de forma gradativa, de acordo com a Ordem de Serviço n. 98, de 9 de junho de 1999, e a Portaria n. 5.404, de 2 de junho de 1999:

De 1º-4-1999 a 31-8-1999 – 4%, 3% ou 2%;

De 1º-9-1999 a 29-2-2000 – 8%, 6% ou 4%;

A partir de 1º-3-2000 – 12%, 9% ou 6%.

Deve ser salientado, ainda, que a Lei n. 10.666, de 8 de maio de 2003 (essa lei é a conversão da MP n. 83, de 12-12-2002), ao estender a aposentadoria especial ao cooperado de cooperativa de trabalho ou de produção, institui, para as empresas tomadoras de serviços do cooperado filiado à cooperativa de trabalho, contribuição adicional de 9%, 7% ou 5%, incidente sobre o valor bruto da nota fiscal ou fatura de prestação de serviços, conforme a atividade exercida pelo cooperado permita a concessão de aposentadoria especial após quinze, vinte ou vinte e cinco anos de contribuição, respectivamente (art. 1º, § 1º). Para as cooperativas de produção, a contribuição adicional é a mesma das empresas, 12%, 9% ou 6%, incidente sobre a remuneração paga, devida ou creditada ao cooperado filiado, na hipótese de exercício de atividade que autorize a concessão de aposentadoria especial após quinze, vinte ou vinte e cinco anos de contribuição, respectivamente (art. 1º, § 2º).

2.3. Do Fator Acidentário de Prevenção – FAP

O § 3º do art. 22 da Lei n. 8.212/91, desde a versão original e atualmente ainda em vigor, prevê que o Ministério do Trabalho e da Previdência Social (na época da edição da lei, os dois ministérios estavam unificados) pode alterar, com base nas estatísticas de acidentes do trabalho apuradas em inspeção, o enquadramento das empresas para efeitos da contribuição adicional para o custeio do SAT. O art. 27 do Regulamento (Decreto n. 356/91) determinava que o "MTPS deverá revisar, trienalmente, com base em estatísticas de acidentes do trabalho em relatórios de inspeção, o enquadramento das empresas de que trata o art. 26, visando a estimular investimentos em prevenção de acidentes do trabalho". No mesmo sentido determinava o Decreto n. 612/92, que revogou o Decreto n. 356/91. O Decreto n. 2.173/97, que passou a ser o novo regulamento de organização e custeio, inovou, e o art. 27 permitia que o MPAS autorizasse a empresa a reduzir em até 50% as alíquotas dessa contribuição, a fim de estimular investimentos destinados a diminuir os riscos ambientais do trabalho, através de investimentos em prevenção e em sistemas gerenciais de risco. O Ministério da Previdência Social reconhece que havia muitos projetos apresentados por inúmeras empresas visando à redução da alíquota, mas, por falta de pessoal técnico para análise, nenhum havia sido liberado.

Pois bem, o art. 10 da Lei n. 10.666, de 8 de maio de 2003, retomou essa questão, mas, ao mesmo tempo que permite a redução de até 50%, igualmente prevê o aumento de até 100% dessa contribuição adicional, dando poderes de decisão ao Conselho Nacional de Previdência Social – CNPS para aprovar a metodologia a ser adotada, ofertando, porém, os parâmetros a serem utilizados: índices de frequência, gravidade e custo. O art. 14 da lei dava prazo de 360 dias para que o Poder Executivo regulamentasse esse dispositivo. A Resolução n. 1.230, de 29 de outubro de 2003, criou um grupo de trabalho para estudar a solução. Finalmente, o CNPS, na 99ª Reunião Ordinária, realizada no dia 28 de abril de 2004, pela Resolução n. 1.236, aprovou a proposta metodológica que trata da flexibilização das alíquotas de contribuição destinadas ao financiamento do benefício de aposentadoria especial e daqueles concedidos em razão do grau de incidência de incapacidade laborativa decorrente dos riscos ambientais do trabalho.

O anexo dessa resolução institui o FAP – Fator Acidentário de Prevenção, definido como "um multiplicador sobre a alíquota de 1%, 2% ou 3% correspondente ao enquadramento da empresa na classe do CNAE". Esse multiplicador deve flutuar num intervalo fechado contínuo de 0,5 a 2,0.

Como visto, o FAP afastou-se das premissas do § 3º do art. 22 da Lei n. 8.212/91, pois, ali, fala-se apenas em "mudança do enquadramento das empresas" com base na estatística de acidentes do trabalho, apurada em inspeção. O art. 10 da Lei n. 10.666/2003 determina os parâmetros para essa redução ou aumento, a saber, "o desempenho da empresa em relação à respectiva atividade econômica, apurado em conformidade com os resultados obtidos a partir dos índices de frequência, gravidade e custo".

Entenda-se o FAP que entrou em vigor em janeiro de 2010, depois de sucessivos adiamentos e, sobretudo, depois da "flexibilização" operada pela Resolução MPS/CNPS n. 1.308, de 27 de maio de 2009.

O FAP era um multiplicador sobre as alíquotas de 1, 2 ou 3%, correspondentes ao enquadramento da empresa na classe da CNAE. Esse multiplicador devia flutuar em um intervalo fechado contínuo de 0,5 a 2,0, considerando gravidade, frequência e custo, conforme previsto na Lei n. 10.666/2003. Para o novo enquadramento adotava-se a Classificação Internacional de Doenças – CID 10 como fonte estatística primária mais completa e, portanto, mais adequada para uma identificação do quadro de doenças ocupacionais, e não a Comunicação de Acidentes do Trabalho – CAT, partindo-se da premissa que os acidentes e as doenças ocupacionais eram subnotificados[2].

Os dados para a definição do FAP eram oriundos das bases do INSS, administrados pela Dataprev, e separados em duas linhas: arrecadação e benefício. Na linha de arrecadação, utilizou-se o Cadastro Nacional de Informações Sociais – CNIS das empresas, do qual é possível extrair valores da massa salarial por empresa e por CNAE-classe, bem como os respectivos números de vínculos empregatícios. Na linha de benefícios, utilizaram-se o Sistema Único de Benefício – SUB e o CNIS-trabalhador, que permitiram o uso de dados relativos às espécies de benefícios, os diagnósticos clínicos pela CID 10, as datas de início e cessação dos benefícios, os valores de renda mensal de benefício por empresa e por CNAE-classe.

Aproveitavam-se, assim, os benefícios da Previdência Social auxílio-doença (espécie B31); aposentadoria por invalidez (B32);

---

2. O *Informe da Previdência Social* n. 6, v. 16, de julho de 2004, aponta como os seguintes fatores principais da sonegação da CAT: evitar que o dado de acidente/doença ocupacional apareça nas estatísticas oficiais, por ser considerado socialmente derrogatório; para que não implique reconhecer a estabilidade no emprego de um ano de duração a partir do retorno do trabalhador; para que não seja necessário depositar a contribuição devida ao FGTS de 8% do salário, correspondente ao período de afastamento; para que não se precise reconhecer a presença de agente nocivo causador da doença do trabalho ou profissional e para evitar ter que recolher a contribuição específica correspondente ao custeio da aposentadoria especial para os trabalhadores expostos aos mesmos agentes.

auxílio-doença acidentário (B91); aposentadoria por invalidez acidentária (B92); pensão por morte acidentária (B93); e auxílio-acidente (B94).

Como Coeficiente de Frequência adotava-se a razão entre o número total dos benefícios B31, B32, B91, B92 e B93 e o número médio de vínculos empregatícios. Não era utilizado o B94 (auxílio-acidente), pois esse benefício, necessariamente, é precedido de um B31 ou B91. Todavia, os dados relativos ao auxílio-acidente integravam os coeficientes de gravidade e de custo.

Coeficiente de Gravidade era a razão entre a soma dos dias e dos benefícios B31, B32, B91, B92, B93 e B94 pela quantidade de dias potencialmente trabalhados, obtido a partir do produto do número médio de vínculo empregatício 365,25.

Finalmente o Coeficiente de Custo era a razão entre os valores desembolsados pelo INSS para pagamento dos benefícios e o valor potencialmente arrecadado relativo ao SAT, declarados na Guia de Recolhimento do FGTS e Informações à Previdência Social – GFIP.

O Decreto n. 6.042, de 12-2-2007, fez as alterações necessárias para o RPS.

Inicialmente as novas alíquotas com a aplicação do FAP entrariam em vigor em janeiro de 2008. Contudo, devido à complexidade de implantação, e também por questões que não vem ao caso analisar aqui, foi adiado o início do FAP para 2009 e depois suspensa a implantação, havendo necessidade, como passou a conhecer-se o episódio, de uma "flexibilização do FAP". Foi então alterada a metodologia de cálculo a partir da Resolução MPS/CNPS n. 1.308, de maio de 2009. O Decreto n. 6.957 de 9-9-2009, fez as devidas alterações no que tange à nova metodologia e prazos[3].

---

3. "Art. 202-A. As alíquotas constantes nos incisos I a III do art. 202 serão reduzidas em até cinquenta por cento ou aumentadas em até cem por cento, em razão do desempenho da empresa em relação à sua respectiva atividade, aferido pelo Fator Acidentário de Prevenção – FAP.

§ 1º O FAP consiste num multiplicador variável num intervalo contínuo de cinco décimos (0,5000) a dois inteiros (2,0000), aplicado com quatro casas decimais, considerado o critério de arredondamento na quarta casa decimal, a ser aplicado à respectiva alíquota.

Essa resolução modificou o cálculo dos índices de frequência, gravidade e custo:

§ 2º Para fins da redução ou majoração a que se refere o *caput*, proceder-se-á à discriminação do desempenho da empresa, dentro da respectiva atividade econômica, a partir da criação de um índice composto pelos índices de gravidade, de frequência e de custo que pondera os respectivos percentis com pesos de cinquenta por cento, de trinta e cinco por cento e de quinze por cento, respectivamente.

§ 3º (revogado)

§ 4º Os índices de frequência, gravidade e custo serão calculados segundo metodologia aprovada pelo Conselho Nacional de Previdência Social, levando-se em conta:

I – para o índice de frequência, os registros de acidentes e de doenças do trabalho informados ao INSS por meio de Comunicações de Acidentes do Trabalho – CAT e de benefícios acidentários estabelecidos por nexos técnicos pela perícia médica do INSS, ainda que sem CAT a eles vinculada;

II – para o índice de gravidade, todos os casos de auxílio-doença, auxílio-acidente, aposentadoria por invalidez e pensão por morte, todos de natureza acidentária, aos quais são atribuídos pesos diferentes em razão da gravidade da ocorrência, como segue:

    a) pensão por morte: peso de cinquenta por cento;
    b) aposentadoria por invalidez: peso de trinta por cento; e
    c) auxílio-doença e auxílio-acidente: peso de dez por cento para cada um; e

III – para o índice de custo, os valores dos benefícios de natureza acidentária pagos ou devidos pela Previdência Social, apurados da seguinte forma:

    a) nos casos de auxílio-doença, com base no tempo de afastamento do trabalhador, em meses e fração de mês; e
    b) nos casos de morte ou de invalidez, parcial ou total, mediante projeção da expectativa de sobrevida do segurado, na data de início do benefício, a partir da tábua de mortalidade construída pela Fundação Instituto Brasileiro de Geografia e Estatística – IBGE para toda a população brasileira, considerando-se a média nacional única para ambos os sexos.

§ 5º O Ministério da Previdência Social publicará anualmente, no *Diário Oficial da União*, sempre no mesmo mês, os róis dos percentis de frequência, gravidade e custo, por Subclasse da Classificação Nacional de Atividades Econômicas – CNAE e divulgará na rede mundial de computadores o FAP por empresa, com as respectivas ordens de frequência, gravidade, custo e demais elementos que possibilitem a esta verificar o respectivo desempenho dentro da sua CNAE-Subclasse.

§ 6º (revogado)

§ 7º Para o cálculo anual do FAP, serão utilizados os dados de janeiro a dezembro de cada ano, até completar o período de dois anos, a partir do qual os dados do ano inicial serão substituídos pelos novos dados anuais incorporados.

§ 8º Para a empresa constituída após janeiro de 2007, o FAP será calculado a partir de 1º de janeiro do ano seguinte ao que completar dois anos de constituição.

§ 9º Excepcionalmente, no primeiro processamento do FAP serão utilizados os dados de abril de 2007 a dezembro de 2008.

§ 10. A metodologia aprovada pelo Conselho Nacional de Previdência Social indicará a sistemática de cálculo e a forma de aplicação de índices e critérios acessórios à composição do índice composto do FAP."

a) Para o índice de frequência serão utilizados os registros de acidentes do trabalho informados ao INSS por meio das CATs e os registros dos benefícios acidentários estabelecidos por nexos técnicos pela perícia do INSS, ainda que não tenham a CAT a eles vinculada. Neste tópico vale ressaltar que não foi possível excluir estes últimos por causa da nova sistemática da caracterização da natureza acidentária dos benefícios, introduzida pela Lei n. 11.430/2006, que acrescentou o art. 21-A à Lei n. 8.213/91, com a seguinte redação: "A perícia médica do INSS considerará caracterizada a natureza acidentária da incapacidade quando constatar ocorrência de nexo técnico epidemiológico entre o trabalho e o agravo, decorrente da relação entre a atividade da empresa e a entidade mórbida motivadora da incapacidade elencada na Classificação Internacional de Doenças – CID, em conformidade com o que dispuser o regulamento" (a redação vigente foi dada pela Lei Complementar n. 150/2015, que incluiu o empregado doméstico). É o chamado Nexo Técnico Epidemiológico Previdenciário – NTEP. Essa matéria foi alterada pelo Decreto n. 6.042/2007, pelo Decreto n. 6.957/2009 e, mais recentemente, pelo Decreto n. 10.491/2020, que acrescentaram e alteraram dispositivos do Decreto n. 3.048/99[4].

---

4. "Art. 337 – O acidente do trabalho será caracterizado tecnicamente pela perícia médica do INSS, mediante a identificação do nexo entre o trabalho e o agravo.
(...)
§ 3º Considera-se estabelecido o nexo entre o trabalho e o agravo quando se verificar nexo técnico epidemiológico entre a atividade da empresa e a entidade mórbida motivadora da incapacidade, elencada na Classificação Internacional de Doenças (CID) em conformidade com o disposto na Lista C do Anexo II deste Regulamento.
§ 4º Para os fins deste artigo, considera-se agravo a lesão, doença, transtorno de saúde, distúrbio, disfunção ou síndrome de evolução aguda, subaguda ou crônica, de natureza clínica ou subclínica, inclusive morte, independentemente do tempo de latência.
§ 5º Reconhecidos pela perícia médica Federal a incapacidade para o trabalho e o nexo entre o trabalho e o agravo, na forma do § 3º, serão devidas as prestações acidentárias a que o beneficiário tiver direito.
§ 6º A perícia médica Federal deixará de aplicar o disposto no § 3º quando demonstrada a inexistência de nexo entre o trabalho e o agravo, sem prejuízo do disposto nos §§ 7º e 12.

b) O cálculo do índice de gravidade foi completamente alterado. Pela nova metodologia, foram atribuídos pesos diferentes para os benefícios: à pensão por morte, peso de cinquenta por cento; à aposentadoria por invalidez, peso de trinta por cento; e ao auxílio-doença e ao auxílio-acidente, peso de dez por cento para cada um.

c) O índice de custo levará em conta os valores dos benefícios de natureza acidentária, pagos ou devidos pela Previdência Social, apurados nos casos de auxílio-doença, com base no tempo de afastamento do trabalhador, em meses e fração de mês; e no caso de morte ou invalidez, parcial ou total, mediante projeção da expectativa de sobrevida do segurado na data do início do benefício com base nas tábuas de mortalidade do IBGE, considerando-se a média nacional única para ambos os sexos.

Em síntese, as fórmulas para cálculo dos índices de frequência (IF), gravidade (IG) e custo (IC) são as seguintes:

---

§ 7º A empresa poderá requerer ao INSS a não aplicação do nexo técnico epidemiológico ao caso concreto mediante a demonstração de inexistência de correspondente nexo entre o trabalho e o agravo.

§ 8º O requerimento de que trata o § 7º poderá ser apresentado no prazo de quinze dias da data para a entrega, na forma do inciso IV do art. 225, da GFIP que registre a movimentação do trabalhador, sob pena de não conhecimento da alegação em instância administrativa.

§ 9º Caracterizada a impossibilidade de atendimento ao disposto no § 8º, motivada pelo não conhecimento tempestivo do diagnóstico do agravo, o requerimento de que trata o § 7º poderá ser apresentado no prazo de quinze dias da data em que a empresa tomar ciência da decisão a que se refere o § 5º.

§ 10. Juntamente com o requerimento de que tratam os §§ 8º e 9º, a empresa formulará as alegações que entender necessárias e apresentará as provas que possuir demonstrando a inexistência de nexo entre o trabalho e o agravo.

§ 11. A documentação probatória poderá trazer, entre outros meios de prova, evidências técnicas circunstanciadas e tempestivas à exposição do segurado, podendo ser produzidas no âmbito de programas de gestão de risco, a cargo da empresa, que possuam responsável técnico legalmente habilitado.

§ 12. O INSS informará ao segurado sobre a contestação da empresa, para que este, querendo, possa impugná-la, obedecendo, quanto à produção de provas, o disposto no § 10, sempre que a instrução do pedido evidenciar a possibilidade de reconhecimento de inexistência do nexo entre o trabalho e o agravo.

§ 13. Da decisão do requerimento de que trata o § 7º cabe recurso, com efeito suspensivo, por parte da empresa ou, conforme o caso, do segurado ao Conselho de Recursos da Previdência Social, nos termos dos arts. 305 a 310."

– IF = n. de acidentes e benefícios acidentários concedidos para empregados da empresa no período de apuração do FAP/n. de empregados × 1.000;

– IG = (n. de benefícios de auxílio-doença por acidente e n. de auxílios-acidente × 0,1 + n. de benefícios por invalidez × 0,3 + n. de benefícios por morte × 0,5)/n. de empregados × 1.000;

– IC = valor total de benefícios vinculados à empresa/valor total de remuneração paga pela empresa aos empregados × 1.000.

Após esse primeiro passo, com os índices obtidos, o MPS elabora um *ranking* com as empresas da mesma subclasse da CNAE, atribuindo-lhes uma colocação de acordo com cada um dos índices obtidos. A partir da colocação da empresa no *ranking*, lhe é dado seu número de ordem relativo a cada um dos três critérios, dentro do grupo das empresas da mesma classe. É a partir desses números de ordem que o MPS vai estabelecer os percentis das empresas em relação a cada um dos três critérios de avaliação já vistos (frequência, gravidade e custo), e que serão utilizados no cálculo final do FAP.

A definição do percentil é:

– Percentil = 100 × (n. ordem-1) / n. de empresas cadastradas na subclasse da CNAE-1.

Com os percentis de frequência, de gravidade e de custo, o MPS calcula o FAP com a seguinte fórmula:

FAP = (0,35 × percentil de frequência + 0,5 × percentil de gravidade + 0,15 × percentil de custo) × 0,02.

Vale lembrar, porque importante, que, de acordo com a citada Resolução MPS/CNPS n. 1.308/2009, no primeiro ano de aplicação, o FAP que tenha aumentado a alíquota normal para o SAT/RAT terá uma redução de 25%. Isso significa que, neste primeiro ano, o FAP divulgado equivale a apenas 75% do FAP realmente apurado naqueles casos em que tenha havido majoração da alíquota.

Não precisa dizer que a nova metodologia deixou insatisfeitos os sindicatos dos trabalhadores, sobretudo pela inclusão da CAT no cálculo do índice de frequência, e isso pelo retorno do fantasma da subnotificação. Novamente as empresas que não emitirem a CAT poderão ser beneficiadas no momento do cálculo do FAP. Por outro lado, muitas empresas detectaram irregularidades não só na sistemática como também na implantação do FAP, como por exemplo a inclusão dos acidentes *in itinere*, que nada têm a ver com o meio ambiente do trabalho da empresa. Ademais, como a empresa vai saber se o seu número de ordem no *ranking* está correto se ela não sabe do desempenho das empresas da mesma subclasse?

Nesse sentido, o Decreto n. 7.126, de 3 de março de 2010, apressou-se em explicitar a possibilidade de contestação do FAP atribuído às empresas incluindo o art. 202-B ao regulamento da Previdência Social, Decreto n. 3.048/99[5], mas, depois, foi revogado pelo Decreto n. 10.410/2020.

Mas não foi suficiente. Muitas ações foram propostas contra o INSS por causa do FAP, com solução favorável às empresas, sobretudo em razão da metodologia adotada. Tinha de haver mudanças. O CNPS editou a Resolução n. 1.316, de 31 de maio de 2010, publicada no *DOU* de 14 de junho de 2010, revogando o anexo da Resolução n. 1.308/2009 e criando nova metodologia.

O item 2 dessa resolução traz a "Nova Metodologia para o FAP". As fontes de dados a serem utilizadas para o cálculo dos índices de frequência, de gravidade e de custos são as mesmas, vale dizer, os registros da CAT; os registros de concessão de benefícios acidentários que constam nos sistemas informatizados do INSS, com destaque

---

5. "Art. 202-B. O FAP atribuído às empresas pelo Ministério da Previdência Social poderá ser contestado perante o Departamento de Políticas de Saúde e Segurança Ocupacional da Secretaria de Políticas de Previdência Social do Ministério da Previdência Social, no prazo de trinta dias da sua divulgação oficial (Incluído pelo Decreto n. 7.126, de 2010).

§ 1º A contestação de que trata o *caput* deverá versar, exclusivamente, sobre razões relativas a divergências quanto aos elementos previdenciários que compõem o cálculo do FAP (Incluído pelo Decreto n. 7.126, de 2010).

§ 2º Da decisão proferida pelo Departamento de Políticas de Saúde e Segurança Ocupacional, caberá recurso, no prazo de trinta dias da intimação da decisão, para a Secretaria de Políticas de Previdência Social, que examinará a matéria em caráter terminativo (Incluído pelo Decreto n. 7.126, de 2010).

§ 3º O processo administrativo de que trata este artigo tem efeito suspensivo (Incluído pelo Decreto n. 7.126, de 2010)."

para os concedidos a partir do NTEP; e os dados populacionais registrados no CNIS.

No subitem das definições foram acrescentadas a "Data do Despacho do Benefício" – DDB, como sendo o dia, mês e ano em que é processada a concessão do benefício junto à DATAPREV, e a Renda Mensal Inicial – RMI, que é o valor inicial do benefício.

A geração de índices de frequência, gravidade e custo não sofreu alteração. O que foi modificado, e de forma muito detalhada e ao mesmo tempo complexa, foi a elaboração do *ranking* das empresas da mesma subclasse da CNAE. Quando ocorrer o fato de empresas ocuparem posições idênticas, ao serem ordenadas para formação dos róis (de frequência, gravidade ou custo) e cálculo dos percentuais de ordem, o n. de ordem (Nordem) de cada empresa nesse empate será calculado como a posição média dentro desse grupo com a fórmula onde:

Nordem no empate = posição inicial do grupo de empate + {(("número de empresas empatadas" +1) /2) – 1}.

Esse critério vincula-se à adequada distribuição do binômio *bônus* × *malus*.

Foi criado, ainda, o "Nordem Reposicionado", quando houver empate de empresas na primeira posição em um rol de qualquer um dos índices. Assim, a primeira empresa posicionada imediatamente após as posições ocupadas pelas empresas empatadas será reclassificada para a posição do Nordem no empate, e as demais que estiverem em posições posteriores terão suas novas posições calculadas por processo matemático-geométrico.

Estudos mostraram à época que, do total das empresas que tiveram seu FAP disponibilizado para 2011 (922.795), 91,52% foram beneficiadas na aplicação do RAT (FAP na faixa *bônus*). Apenas 8,48% figuraram na faixa *malus*, pois apresentaram acidentalidade superior à média do seu setor econômico.

Visando mais uma vez ao aprimoramento do FAP, o CNP editou a Resolução CNP n. 1329, de 25 de abril de 2017, aprovada na 233ª Reunião Ordinária de 17 de novembro de 2016. A grande novidade dessa Resolução, cujo fundamento é sempre o mesmo, ou seja, o art. 202-A do Regulamento, Decreto n. 3.048/99, mais precisamente § 10, é que no cálculo dos Índices de Frequência, Gravidade e Custo, foram excluídos os benefícios de acidentes de trajeto (itens 2.3.1, 2.3.2 e 2.3.3).

Com efeito, não se justificava a inclusão desses acidentes, até porque não estão diretamente relacionados com a atividade da empresa, e, portanto, não teria sentido que influenciassem no cálculo do FAP. Ademais, o art. 2º da CLT deixa bem claro que o empregador assume os riscos da atividade econômica, não possuindo ingerência sobre os acidentes de trajeto. E mais. Embora o acidente *in itinere* seja equiparado ao acidente do trabalho para fins previdenciários, não importa em responsabilidade civil do empregador se não demonstrada culpa desse infortúnio.

Provocado, por meio da ADIn 3.931, proposta pela CNI em 2007, o STF entendeu, por maioria, em sessão de 20 de abril de 2020, já transitada em julgado, ser "constitucional a previsão legal de presunção de vínculo entre a incapacidade do segurado e suas atividades profissionais quando constatada pela Previdência Social a presença do nexo técnico epidemiológico entre o trabalho e o agravo, podendo ser elidida pela perícia médica do Instituto Nacional do Seguro".

É bem verdade que as empresas podem impugnar o reconhecimento da natureza acidentária do benefício concedido em cada caso concreto. Mas, além do custo administrativo desse procedimento, muitos empregadores temem que as impugnações não aceitas pelo INSS sirvam de base para ações regressivas movidas pelo Instituto (art. 120 da Lei n. 8.213/91), temor plenamente justificável ante recente orientação do Conselho Nacional de Previdência Social ao MPS, para que seja implementado esse tipo de mecanismo, ainda pouco utilizado.

E isso porque, com a nova metodologia e mais ainda pela utilização do NTEP, o nexo causal passará a ser essencialmente epidemiológico, o que acarretará, por consequência, resultados prejudiciais para as empresas, incidindo sobre o cálculo do FAP. O aumento da alíquota da contribuição adicional do SAT-RAT terá impacto nos custos das empresas, e isto a curto prazo.

Em nosso entender, contudo, haverá uma consequência mais grave, esta a médio e longo prazos. É que, reconhecido o nexo causal entre a enfermidade e o trabalho, haverá uma presunção legal de que a atividade desenvolvida pelo empregador implica, por sua natureza, risco à saúde do empregado. Dessa forma poderemos afirmar que estará, em princípio, afastada a necessidade da prova de culpa do empregador nos casos de ação de indenização por danos morais e materiais decorrentes do trabalho e doença ocupacional. Aplicar-se-ia, então, o parágrafo único do art. 927 do Código Civil, a saber, "haverá obrigação de reparar o dano, independentemente de culpa nos casos especificados em lei, ou quando a atividade normalmente desenvolvida pelo autor do dano implicar, por sua natureza, risco para os direitos de outrem". E mais, pode até o juiz dispensar a prova dos fatos conforme lhe permite o art. 374, IV, do Código de Processo Civil[6].

Vale lembrar, ainda, que o afastamento do empregado por motivo de auxílio-doença de natureza acidentária implica o depósito do FGTS (art. 15, § 5º, da Lei n. 8.036/90, acrescentado pela Lei n. 9.711/98), além de garantir a estabilidade de 12 meses no emprego após a alta médica e o retorno ao trabalho, independentemente da concessão de auxílio-acidente.

Finalmente entendemos que o Governo está se aproveitando dessa faceta tributária da saúde do trabalhador para mostrar o momento importante de mudança de postura da Previdência Social em relação ao trabalhador, na medida em que passa a gerenciar o risco, a frequência e o dano para o segurado. Mais uma vez procura-se, com essa mudança até certo ponto revolucionária, reduzir os custos tributários das empresas, fazendo com que o empresário tenha mais interesse em investir em saúde e segurança, atribuindo a essa área de atuação na empresa maior responsabilidade na redução de custos. No fundo, entendem alguns, é chegado o momento de o empresário brasileiro perceber o círculo virtuoso que pode estar prestes a concluir: o consumidor compra mais da empresa que produz mais e melhor, de modo sustentável e não adoecedor; o empresário tem mais lucro porque adoece e acidenta menos – paga menos tributo; os acionistas e sócios majoritários deliberam mais fortemente no sentido propulsor

---

6. *Vide* o Capítulo Especial sobre responsabilidade e indenização ao final da Parte III.

desses bons resultados econômicos; e os profissionais da área da saúde do trabalhador serão contratados em qualidade e quantidade bastante superiores, não porque a CLT determina, mas porque o empresário exige mais eficácia no sistema de gestão.

2.4. A nova visão do Seguro de Acidentes do Trabalho

A Emenda Constitucional n. 20, de 15 de dezembro de 1998, ao acrescentar o § 10 ao art. 201, mantido com redação semelhante pela Emenda Constitucional n. 103, de 12 de novembro de 2019, extinguiu o monopólio da Previdência Social no atendimento ao SAT, remetendo à Lei Complementar a organização do sistema, permitindo ao setor privado atender concorrentemente a cobertura do risco de acidente do trabalho.

Muito se tem escrito e falado na mudança do SAT. A maioria entende que o modelo atual está falido[7].

A tendência mais aceitável é criar um modelo "à brasileira", que leve em conta experiências de outros países, como as mútuas espanholas, as AFPs (Administradoras de Fundos de Pensão) chilenas ou o modelo argentino posto em prática pela Lei n. 24.028/91, revogada pela Lei n. 24.557/95, a chamada *Ley de Riesgos de Trabajo* – LRT, regulamentada pelo Decreto n. 334, de 8 de abril de 1996, e por outros que se lhe seguiram.

Em nosso modo de pensar, nenhuma delas tem dado resultado satisfatório, embora a experiência argentina seja muito recente. Isso porque as mútuas espanholas "acabaram por decreto" com as doenças ocupacionais, já que não têm interesse em diagnosticá-las, porque, não sendo assim definidas, serão ônus do governo. Por outro lado, o "cliente das mútuas" é a empresa e não o trabalhador. Pensamos que, se adotarmos modelo semelhante, há de melhorá-lo, e muito. Aliás, em um seminário realizado em São Paulo, em outubro de 1996, o representante espanhol foi incisivo sobre as falhas acima apontadas.

---

7. *Segurança e Saúde no Trabalho*, ano I, n. 4, out. 1996, p. 3.

O modelo chileno é considerado um fracasso, pois praticamente alija do sistema 75% da população – a mais pobre –, atendendo apenas às classes privilegiadas. Tenta ganhar competitividade internacional "à custa da privatização violenta da saúde e previdência social"[8]. Os acontecimentos de outubro e novembro de 2019 estão aí para demonstrar como o sistema previdenciário do país vizinho, tido até há pouco tempo como modelo, não atende mais aos anseios da população.

Que modelo adotaremos nós? Nos governos de Fernando Henrique Cardoso, duas eram as tendências: uma capitaneada pelo então Ministério da Previdência Social e apoiada pela maioria das empresas e, ainda que não oficialmente, pela CNI. Segundo essa proposta, concretizada desde 2001 num anteprojeto de lei, o novo SAT, atendendo ao § 10 do art. 201 da Constituição, seria administrado pelo INSS e pelo setor privado. Em relação a este último, o anteprojeto previa duas modalidades: através da Sociedade Administradora de Riscos e Danos do Trabalho, equivalente às Seguradoras tradicionais, e da Mútua de Cobertura dos Riscos e Danos do Trabalho. A mútua é uma entidade fechada de direito privado, sem fins lucrativos, instituída com o objetivo de operar o sistema de cobertura de riscos de acidente do trabalho. A outra tendência era a defendida pela FENASEG, que também elaborou o seu anteprojeto. De acordo com esse anteprojeto, apenas as Seguradoras sob a forma de S.A. ou Cooperativas, conforme disposto no Decreto-Lei n. 73/66, poderiam operar o SAT.

A questão não é fácil de ser equacionada, pois há muitos interesses em jogo. Também não queremos tomar partido a respeito dos dois anteprojetos. Fica evidente, contudo, que a FENASEG está interpretando o SAT como mais uma espécie de seguro a ser administrado pelas seguradoras, o que não está correto. Isso porque de um lado o próprio Decreto-Lei n. 73/66, imposto ainda sob a égide da Constituição anterior, excluía expressamente do âmbito da aplicação desse decreto-lei os "seguros do âmbito da Previdência Social, regidos pela legislação especial pertinente" (art. 3º, parágrafo único). Do

---

8. Gustavo Fuentes, *Atenção*, ano 2, n. 6, p. 38. No mesmo sentido, *Dignitas Salutis*, n. 26, fev. 1996.

outro, se agora podem, é porque a Emenda Constitucional n. 20/98 e agora a Emenda Constitucional n. 103/2019 o permitem. Mas, ao fazê-lo, mantém-se com a mesma natureza jurídica anterior, uma vez que essa previsão está no § 10 do art. 201 da Constituição, que cuida da Previdência Social. O SAT continua, pois, como um dos eventos inseridos no princípio da universalidade objetiva, previsto no art. 194, I, da Constituição. Por isso que o próprio § 10 do art. 201 dá como "modelo" de cobertura o RGPS – Regime Geral de Previdência Social, utilizando a tradicional terminologia infortunística "cobertura do risco de acidente do trabalho".

Atualmente, a questão está engavetada, até porque, como já comentamos anteriormente, os governos Lula e Dilma não tiveram interesse no que o Departamento Intersindical de Estudos e Pesquisas de Saúde e dos Ambientes de Trabalho – DIESAT sói chamar de "privatização do SAT". Vale lembrar, finalmente, para justificar essa afirmação, que o ex-Ministro do então Ministério da Previdência Social e do Trabalho, Deputado Ricardo Berzoini, apresentou a PEC n. 507/2001, que revogava o § 10 do art. 201, voltando o acidente do trabalho ao inciso I do art. 201, como na versão original. Essa PEC chegou a ser aprovada na CCJ e foi incorporada à PEC n. 40/2003, que resultou na Emenda Constitucional n. 41/2003, em vigor desde 1º de janeiro de 2004, a chamada Reforma da Previdência. Como sabido, o texto da reforma, aprovado na Câmara dos Deputados, enviado ao Senado e aprovado em 1º turno nessa Segunda Casa Legislativa, em seu art. 10, revogava o § 10 do art. 201. Na votação do 2º turno, contudo, foi aprovada, por acordo de lideranças, uma emenda supressiva a esse artigo. Hoje, ele continua em vigor reforçado pela Emenda Constitucional n. 103/2019, exigindo, como visto, regulamentação por Lei Complementar e não mais por lei ordinária como era até então.

3. DA LEGISLAÇÃO ACIDENTÁRIA

Até a atual Lei n. 8.213/91, longo foi o caminho percorrido pela legislação pátria abordando a questão do acidente do trabalho.

O primeiro diploma legal de proteção ao trabalhador acidentado foi o Decreto n. 3.724/19. De lá para cá tivemos os Decretos n. 24.637/34, 7.036/44, as Leis n. 5.316/67 e n. 6.367/76, regulamentada esta pelo Decreto n. 79.037, de 24 de dezembro de 1976. A Lei n. 6.367/76 era uma lei muito bem elaborada e havia dado a formatação aos benefícios de natureza acidentária, nos moldes hoje em vigor, o que explica sua longa vigência. A atual Lei n. 8.213/91 cuida do tema em apenas sete artigos (18, 19, 20, 21, 21-A, 22 e 23). Foi regulamentada inicialmente pelo Decreto n. 357, de 7 de dezembro de 1991, este parcialmente alterado pelo Decreto n. 611, de 21 de julho de 1992, e revogado Decreto n. 2.172/97.

A Lei n. 8.213/91 sofreu, ao longo desses anos, diversas modificações, sendo as mais recentes e significativas as introduzidas pelas Leis n. 9.032, de 28 de abril de 1995, e n. 9.528, de 10 de dezembro de 1997. Essas e outras alterações provocaram a edição de um novo regulamento, por meio do Decreto n. 3.048, de 6 de maio de 1999, o qual regulamenta a Lei Orgânica da Seguridade Social (Lei n. 8.212/91) e a Lei sobre os Planos de Benefícios da Previdência Social (Lei n. 8.213/91). Assim, esse decreto, a rigor, cuida de toda a matéria relacionada com a organização, custeio e concessão dos benefícios da Previdência Social, incluindo os de natureza acidentária do trabalho, possuindo diversos anexos, quadros etc. Ao longo deste livro, quando nos referirmos ao Regulamento é a esse decreto que estaremos remetendo o leitor.

Além dessas leis específicas sobre Seguridade e Previdência Social, quando se trata da questão de acidentes do trabalho, mister se faz socorrer de outros diplomas legais que cuidam da matéria. Assim é que a Consolidação das Leis do Trabalho – CLT, em seu Capítulo V, com a versão dada pela Lei n. 6.514/77, é ainda um dos instrumentos mais eficazes sobretudo quando se fala em prevenção de acidentes. É que em seu art. 200 prevê a possibilidade de o Ministério do Trabalho editar Normas Regulamentadoras – NRs, cuja primeira consolidação foi feita pela Portaria n. 3.214/78. Querem alguns que tais NRs sejam inconstitucionais e trazem à colação o art. 25 do Ato das Disposições Constitucionais Transitórias – ADCT, segundo o qual, após cento e oitenta dias da promulgação da Constituição, estaria vedado qualquer poder delegatório a órgão do Poder Executivo, especialmente no que tange a "I – ação normativa". A questão foi levada ao Supremo Tribunal Federal – STF[9]. Por outro lado, a

---

9. *Vide* ADIn 1.347-5, j. em 1º-12-1995, quando não se conheceu da ação.

própria Lei Orgânica Nacional da Saúde – Lei n. 8.080/90 – também traz inúmeras disposições a respeito da matéria.

Além da legislação já mencionada, convém citar os diplomas legais posteriores e complementares:

1. Lei n. 8.542/92 (instituiu correção pelo IRSM).
2. Lei n. 8.870/94 (instituiu atualização pela UFIR).
3. Lei n. 8.880/94 (instituiu a conversão pela URV e a correção pelo IPCr).
4. Medida Provisória n. 1.053/95 (instituiu a correção pelo INPC). Essa Medida foi substituída pela Medida Provisória n. 1.415, em 29 de abril de 1996, que alterou o § 3º do art. 8º.
5. Medidas Provisórias n. 1.415/96 e n. 1.440/96 (instituíram a correção pelo IGP-DI), atualmente n. 1.463-29/98 e n. 1.675-41/98, respectivamente.
6. Medida Provisória n. 1.523/96 (alterou o auxílio-acidente concedido por disacusia) (atual Lei n. 9.528, de 10-12-1997).
7. Lei n. 9.528, de 10 de dezembro de 1997 (incorporou a MP n. 1.596-14/97, que, por sua vez, incorporou a Medida Provisória n. 1.523/96 e alterou as Leis n. 8.212/91 e n. 8.213/91).
8. Lei n. 9.711, de 20 de novembro de 1998 (alterações sobre prescrição e reajustes anuais a partir de 1995, convalidando as Medidas Provisórias dos itens anteriores).
9. Lei n. 9.732, de 11 de dezembro de 1998 (alterações sobre alíquotas de contribuição).
10. Lei n. 9.876, de 26 de novembro de 1999 (alterações sobre cálculo do salário de benefício).
11. Lei n. 10.666, de 8 de maio de 2003 (determina os estudos que levarão ao FAP).
12. Lei n. 11.430, de 26 de dezembro de 2006 (cria o NTEP).
13. Lei n. 11.718, de 20 de junho de 2008 (dispõe sobre segurados e salário de benefício).
14. Lei n. 11.960, de 29 de junho de 2009 (dispõe sobre índices oficiais de remuneração básica e juros aplicados à caderneta de poupança).

15. Lei Complementar n. 150/2015 (inclui o segurado doméstico como beneficiário do seguro de acidentes do trabalho).

16. Lei n. 14.331, de 4 de maio de 2022, que dispôs sobre honorários e requisitos da petição inicial em litígios relativos a benefícios assistenciais e previdenciários por incapacidade.

17. Lei n. 14.441, de 2 de setembro de 2022, que estabeleceu fluxos de análise e de benefícios previdenciários.

18. Lei n. 14.724, de 14 de novembro de 2023, que instituiu o programa de enfrentamento à fila da Previdência Social.

4. DO CONCEITO DE ACIDENTE DO TRABALHO

4.1. Acidente-tipo

A Lei n. 8.213/91 conceitua o acidente do trabalho, primeiro no sentido restrito, depois, no sentido amplo ou por extensão.

Do acidente-tipo, ou também chamado de macrotrauma, cuida a lei no art. 19 e basicamente define como acidente do trabalho aquele que ocorre pelo exercício do trabalho a serviço de empresa ou de empregador doméstico ou pelo exercício do trabalho dos segurados referidos no inciso VII do art. 11, provocando lesão corporal ou perturbação funcional que cause a morte ou a perda ou redução da capacidade permanente ou temporária para o trabalho. Ou seja, trata-se de um evento único, subitâneo, imprevisto, bem configurado no espaço e no tempo e de consequências geralmente imediatas. Não é de sua essência a violência. Infortúnios laborais há que, sem provocarem alarde ou impacto, redundam em danos graves e até fatais meses ou anos depois de sua ocorrência. O que se exige é o nexo de causalidade e a lesividade.

O nexo causal constitui a relação de causa e efeito entre o evento e o resultado. Tecnicamente falando, não se podem utilizar como sinônimos "nexo causal" e "nexo etiológico", como muitos acreditam. O primeiro é mais abrangente, pois inclui a concausalidade e os casos de agravamento. Já o segundo é o que origina ou desencadeia o dano laboral, sendo, portanto, mais restrito. Por outro lado, em direito infortunístico, para se estabelecer a relação de causalidade, não se exige a prova da certeza, bastando o juízo de admissibilidade. Também há que se frisar que em infortunística não se repara a lesão ou a doença, mas a incapacidade para o trabalho.

4.2. Doenças ocupacionais

São as doenças relacionadas com o trabalho.

A lei as subdivide em doenças profissionais e doenças do trabalho, estando previstas no art. 20, I e II.

As primeiras, também conhecidas como "ergopatias", "tecnopatias" ou "doenças profissionais típicas", são as produzidas ou desencadeadas pelo exercício profissional peculiar a determinada atividade. Dada a sua tipicidade, prescindem de comprovação do nexo de causalidade com o trabalho. Há uma presunção legal nesse sentido. Decorrem de microtraumas que cotidianamente agridem e vulneram as defesas orgânicas, e que, por efeito cumulativo, terminam por vencê-las, deflagrando o processo mórbido. Por exemplo, os trabalhadores da mineração, sabe-se de há muito que estão sujeitos à exposição do pó de sílica, e, portanto, com chances de contrair a silicose, sendo, pois, esta considerada uma doença profissional. Outros exemplos são o saturnismo, doença causada pelo chumbo, o hidragismo, causada pela exposição ao mercúrio etc. (art. 20, I).

Por sua vez, as doenças do trabalho, também chamadas de "mesopatias", ou "moléstias profissionais atípicas", são aquelas desencadeadas em função de condições especiais em que o trabalho é realizado e com ele se relacionem diretamente. Decorrem igualmente de microtraumatismos acumulados. Contudo, por serem atípicas, exigem a comprovação do nexo de causalidade com o trabalho, via de regra por meio de vistoria no ambiente laboral (art. 20, II).

Enquanto as doenças profissionais resultam de risco específico direto (característica do ramo de atividade), as do trabalho têm como causa ou concausa o risco específico indireto. Assim, por exemplo, uma bronquite asmática normalmente provém de um risco genérico e pode acometer qualquer pessoa. Mas, se o trabalhador exercer sua atividade sob condições especiais, o risco genérico transforma-se em risco específico indireto.

De acordo com o Regulamento, apenas as doenças profissionais causadas pelos agentes patogênicos relacionados no anexo II poderiam assim ser consideradas. Da mesma forma as doenças do trabalho. Contudo, a jurisprudência, ao longo das diversas legislações, já consolidou o entendimento de que tal relação é meramente exemplificativa[10].

O legislador, já percebendo a diversidade de moléstias e a possível relação com o trabalho, por meio da Lei n. 11.430/2006, modificada pela Lei Complementar 150/2015, incluiu o art. 21-A na Lei n. 8.213/91, prevendo que a "perícia médica do INSS considerará caracterizada a natureza acidentária da incapacidade quando constatar ocorrência de nexo técnico epidemiológico entre o trabalho e o agravo, decorrente da relação entre a atividade da empresa ou do empregado doméstico e a entidade mórbida motivadora da incapacidade elencada na Classificação Internacional de Doenças – CID, em conformidade com o que dispuser o regulamento", confirmando, aliás, o que já estava sedimentado na jurisprudência (STJ, REsp 226.762). As consequências dessa alteração já foram comentadas no item 2.3 deste capítulo.

O § 2º do art. 20 ainda contempla uma terceira categoria de doença, ao dispor: "Em caso excepcional, constatando-se que a doença não incluída na relação prevista nos incisos I e II deste artigo resultou das condições especiais em que o trabalho é executado e com ele se relaciona diretamente, a Previdência Social deve considerá-la acidente do trabalho". Estamos diante de uma variante da doença do trabalho do inciso II desse mesmo artigo. Difere daquelas previstas nesse inciso, porque estas não constam do anexo II do Regulamento nem de nenhuma lista do Ministério da Previdência Social, nem do Ministério da

---

10. "Previdenciário. Recurso Especial. Atividade especial. Exposição ao agente nocivo frio. Decretos 2.172/1997 e 3.048/1999. Rol de atividades e agentes nocivos. Caráter exemplificativo. Reconhecimento pelas instâncias ordinárias de que o trabalhador estava submetido de maneira permanente ao exercício de atividade nociva. Recurso Especial do INSS a que se nega provimento" (STJ, REsp 1429611, 1ª T., rel. Min. Napoleão Nunes Maia Filho, j. em 26-6-2018).

Saúde. A justificativa é que há uma relação direta com as condições especiais em que é executado o trabalho. Porque não incluídas no Regulamento, temos defendido que as doenças ligadas à voz entrariam nessa categoria. Sabido que, modernamente, as disfonias estão muito presentes nos trabalhadores das empresas de *telemarketing*, o que já está a exigir a revisão do anexo II do Regulamento.

As moléstias ocupacionais mais importantes serão objeto de estudo na segunda parte deste trabalho.

4.3. Doenças excluídas

O § 1º do art. 20 da lei exclui do conceito de doença ocupacional:

a) doença degenerativa. É a doença que tem como causa o desgaste normal do corpo humano. Mas pode ocorrer um agravamento por condições especiais do trabalho, ou até um agravamento pós-traumático (ex.: hérnia de disco, artroses etc.). Neste último caso, é reconhecida como doença do trabalho;

b) doença inerente ao grupo etário. Não podemos esquecer, contudo, a concausalidade já estudada. Ex.: disacusia-PAIR;

c) doença que não produz incapacidade. É a incapacidade funcional que é protegida, não a doença em si;

d) doença endêmica, entendendo-se aquela que existe em determinado lugar ou região de forma constante. Contudo, será considerada ocupacional se resultar da exposição ou do contato direto em razão da peculiaridade do trabalho. Ex.: a malária é endêmica em certas regiões do Brasil. Não é considerada doença ocupacional. Mas, se um pesquisador contrair a malária porque teve que pesquisar trabalhadores acometidos da doença, para ele é considerada ocupacional.

4.4. Acidente por equiparação

A Lei n. 8.213/91, no art. 21, enumera algumas situações que também caracterizam acidente do trabalho. São os chamados acidentes do trabalho por equiparação, porque se relacionam apenas indiretamente com a atividade.

A primeira observação a ser feita em relação ao art. 21 é a de que abriga o princípio da concausalidade, ou da equivalência das condições, ou ainda da equivalência dos antecedentes. Dito de outra forma, desde que o fato represente *conditio sine qua non* do dano, configurado está o sinistro laboral.

O nosso direito infortunístico desde 1944, através da 3ª Lei de Acidentes do Trabalho – Decreto-Lei n. 7.036, de 10 de novembro de 1944 –, vem acolhendo esse princípio, que está assim estampado no art. 21, I: "o acidente ligado ao trabalho que, embora não tenha sido a causa única, haja contribuído diretamente para a morte do segurado, para redução ou perda da sua capacidade para o trabalho, ou produzido lesão que exija atenção médica para a sua recuperação".

Em outras palavras, nem sempre o acidente se apresenta como causa única e exclusiva da lesão ou doença. Pode haver a conjunção de outros fatores – concausas. Uns podem preexistir ao acidente – concausas antecedentes; outros podem sucedê-lo – concausas supervenientes; por fim, há, também, os que se verificam concomitantemente – concausas simultâneas. Exemplo do primeiro caso é o diabético que vem a sofrer um pequeno ferimento que para outro trabalhador sadio não teria maiores consequências. Mas o diabético falece devido a intensa hemorragia causada. Temos assim uma morte para a qual concorre o acidente associado a um fator preexistente, a diabete.

Já os fatores supervenientes verificam-se após o acidente do trabalho ou a eclosão da doença ocupacional. Se de um infortúnio do trabalho sobrevierem complicações como as provocadas por micróbios patogênicos (estafilococos, estreptococos etc.), determinando, por exemplo, a amputação de um dedo ou até a morte, estaremos diante de uma concausa superveniente.

As causas concomitantes, por sua vez, coexistem ao sinistro. Concretizam-se ao mesmo tempo: o acidente e a concausa extralaborativa. O exemplo típico é a disacusia (PAIR) da qual é portador um tecelão de cinquenta anos. A perda auditiva é consequência da exposição a dois tipos de ruído concomitantes: o do ambiente de trabalho, muitas vezes elevado durante vinte ou trinta anos, e, durante o mesmo tempo, o do fator etário (extralaborativa): concausa simultânea.

Das hipóteses previstas no art. 21, merecia especial atenção dos especialistas o denominado acidente *in itinere*, ou de trajeto. Verificava-se no percurso da residência para o local de trabalho, ou deste para aquela, pouco importando o meio de locomoção, inclusive veículo do próprio segurado, desde que seja meio seguro e usual.

Uma forma prática de se examinar esse tipo de acidente equiparado era ver se estavam presentes, além da condição de segurado e vínculo empregatício, o nexo topográfico e o nexo cronológico. O primeiro, relação de causa e efeito entre o local do evento e a trajetória a seguir, na direção da casa para o trabalho e vice-versa. O segundo, cronológico, devemos entender o liame de causalidade entre a hora do fato e o tempo necessário para a locomoção da residência para o local de trabalho ou o retorno respectivo.

Pois bem, a Medida Provisória n. 905, já citada, revogava pura e simplesmente a alínea *d* do inciso IV do *caput* do art. 21 da Lei n. 8.213/91. Esse dispositivo era o que previa o acidente do trabalho de trajeto. Ora, que tal evento tenha sido excluído para o cálculo do FAP como comentado anteriormente é uma medida plenamente justificável, até porque a empresa não podia ser responsabilizada, com raras exceções, pela sua ocorrência. Mas daí a excluí-lo como acidente do trabalho, é outra. É bem verdade que a reforma trabalhista, Lei n. 13.467/2017, havia alterado o § 2º do art. 58 da CLT, não computando o tempo dispendido pelo empregado desde sua residência até a efetiva ocupação do posto de trabalho, a indicar essa tendência revogatória.

A MP n. 905 não prevaleceu, estando com vigência encerrada. Assim, permanece hígida a redação original da Lei n. 8.213/91. Caso mantida a MP, haveria, sem dúvida, grandes perdas para o segurado empregado. A primeira delas é o não depósito do FGTS a partir do 16º dia de afastamento por aquele tipo de acidente. Era devido nos termos do § 5º do art. 15 da Lei n. 8.036/90. A segunda é a perda da estabilidade acidentária de um ano após o retorno do auxílio-doença de natureza acidentária do trabalho prevista no art.

18 da Lei Previdenciária. Essas duas situações favorecem a empresa e atendem a antigas reivindicações da CNI. Já do ponto de vista previdenciário, como os benefícios acidentários não possuem carência para sua concessão, o grande problema é que, agora, para a concessão do auxílio-doença e aposentadoria por invalidez decorrente do acidente de trajeto, exige-se a carência de, no mínimo, 12 meses de contribuição.

CAPÍTULO 2
DO CAMPO DE APLICAÇÃO

Sumário: 1. Dos segurados protegidos. 2. Dos segurados não protegidos. 3. Outras situações especiais. 3.1. O presidiário. 3.2. O menor de 16 anos. 3.3. Falta de registro. 4. Dos não celetistas. 5. Dos funcionários públicos do Município de São Paulo. 6. Da perda da qualidade de segurado e período de graça. 7. Dos dependentes.

1. DOS SEGURADOS PROTEGIDOS

Enquanto todo cidadão brasileiro e residente no Brasil tem direito à Seguridade Social, como vimos inicialmente, enquanto todos os segurados e seus dependentes têm direito aos benefícios comuns da Previdência Social, nem todos fazem jus aos benefícios acidentários. O cerco vai-se fechando cada vez mais, contrariando assim o princípio da universalidade objetiva e subjetiva previsto no art. 194, I, da Constituição Federal.

Têm direito aos benefícios de natureza acidentária os seguintes segurados e seus dependentes (art. 18, § 1º, c/c. art. 11, I, II, VI e VII, da Lei n. 8.213/91):

a) O empregado, urbano ou rural[1], assim entendido o que preenche os requisitos do art. 3º da Consolidação das Leis do Trabalho, ou

---

1. "Não há óbice legal à concessão de auxílio-doença a trabalhador rural. À luz da legislação previdenciária vigente, o trabalhador rural, na condição de segurado especial, faz jus à aposentadoria por idade ou invalidez, auxílio-doença, auxílio-reclusão e pensão. No caso do auxílio-doença, é possível sua concessão independente de carência, nos casos de acidente de qualquer natureza ou causa e de doença profissional ou do trabalho, bem como quando for o segurado acometido de alguma

seja, pessoa física que presta serviços de natureza não eventual a empregador, sob a dependência deste e mediante salário. Portanto, há de haver constância, hierarquia e salário.

b) Empregado doméstico (art. 20 da Lei Complementar n. 150/2015), considerando-se, como tal, aquele que presta serviços de forma contínua, subordinada, onerosa e pessoal e de finalidade não lucrativa a pessoa ou a entidade familiar. Ressalte-se que a Constituição de 1988 equiparou, para efeitos de recebimento de benefícios previdenciários, os trabalhadores urbanos e rurais, aplicando-se a estes, de imediato, a lei acidentária vigente na época – Lei n. 6.367/76 –, e atualmente a Lei n. 8.213/91. No entanto, não há efeito retroativo, prevalecendo a cobertura apenas para eventos após a edição da Lei n. 150/2015[2].

c) O trabalhador avulso, entendido este nos termos do art. 9º, VI, do Regulamento, ou seja, aquele que, sindicalizado ou não, presta serviços de natureza urbana ou rural a diversas empresas sem vínculo empregatício, com a intermediação obrigatória do sindicato da categoria, ou do órgão gestor da mão de obra, nos termos da Lei n. 8.630, de 25 de fevereiro de 1993. Os exemplos mais comuns são as categorias de trabalhadores que exercem sua atividade nos portos, tipo estivadores, guindasteiros, amarradores etc.

d) O segurado especial. Esta foi uma inovação da Lei n. 8.213/91, inclusive para efeitos do recebimento dos benefícios de natureza comum. Esta categoria de segurado obrigatório merece atenção especial, eis que prevista no art. 195, § 8º, da CF. A previsão legal está

---

das doenças e afecções especializadas, conforme artigo 26, II, da Lei n. 8.213/91" (STJ, REsp 624.582, 5ª T., rel. Min. Gilson Dipp, j. em 8-6-2004).

2. "Apelação. Segurada. Eclosão da moléstia na época em que ostentava qualidade de empregada doméstica sem amparo acidentário. *Tempus regit actum*. Ausência de interesse processual. Matéria de ordem pública. Decretação da extinção do processo, sem resolução do mérito. Inteligência do artigo 485, VI do CPC. Prejudicado o recurso da segurada" (Ap. 1025825-02.2019.8.26.0506, 17ª Câmara de Direito Público, rel. Ricardo Graccho, j. em 29-2-2024).

"Apelação. Trabalhadora. Trauma ocorrido na época em que ostentava qualidade de empregada doméstica sem amparo acidentário. *Tempus regit actum*. Recurso desprovido" (Ap. 0008003-36.20216.8.26.0566, rel. Ricardo Graccho, j. em 17-3-2022).

no inciso VII do art. 12 da Lei n. 8.212/91 e no art. 11 da Lei n. 8.213/91. Posteriormente, foi-lhe dado tratamento diferenciado pelas Leis n. 11.718, de 20 de junho de 2008, e n. 12.873, de 24 de outubro de 2013, às quais remetemos o leitor.

Em síntese, são segurados especiais o produtor rural pessoa física, o parceiro agrícola, o meeiro, o arrendatário rural, o pescador artesanal e assemelhado e respectivos cônjuges, companheiros e filhos maiores de 16 anos ou equiparados que trabalhem individualmente ou em regime de economia familiar, sem empregados permanentes, conceito esse dado pela EC n. 20/98.

O inciso VII do art. 9º do regulamento, com a atualização feita pelo Decreto n. 6.722/2008, já posterior à Lei n. 11.718/2008, anteriormente citada, enumera, de forma completa, as situações que ensejam o enquadramento como segurado especial. Igualmente aquelas em que não se pode considerar o trabalhador como tal, como, por exemplo, quando o membro do grupo familiar possui outra fonte de rendimento, salvo as exceções ali previstas.

O segurado especial, mesmo sendo da categoria dos segurados obrigatórios, pode contribuir como facultativo. Essa previsão é expressa no § 1º do art. 25 da Lei n. 8.212/91, e essa possibilidade é que lhe garante os demais benefícios previdenciários (além dos benefícios no valor de um salário mínimo previstos no inciso I do art. 39 da Lei n. 8.213/91, quais sejam, aposentadoria por idade e por invalidez, auxílio-doença e auxílio-reclusão, pensão por morte e salário-maternidade).

e) O médico residente é equiparado ao autônomo por força da Lei n. 8.138, de 28 de dezembro de 1990; também fazia jus aos benefícios acidentários, de acordo com o art. 130 do Regulamento. Esta era uma situação anômala, uma vez que feria o princípio constitucional já citado por não haver o respectivo custeio, sendo contrário também à própria Lei n. 8.213/91, que repete a proibição no art. 125. A questão hoje está superada, pois o art. 326 do Decreto n. 3.048/99, com a redação dada pelo Decreto n. 4.032, de 26 de novembro de 2001, não mais o inclui entre os segurados protegidos pelos benefícios acidentários.

O garimpeiro, inicialmente, também figurava entre os segurados especiais, mas foi excluído dessa categoria pela Lei n. 8.398, de 7 de janeiro de 1992. Hoje é considerado individual.

2. DOS SEGURADOS NÃO PROTEGIDOS

a) Até a vigência da Lei Complementar n. 150, de 1º de junho de 2015, os empregados domésticos, urbanos ou rurais (doméstica, babá, cuidadora, mordomo, motorista, jardineiro, caseiro etc.), embora segurados da Previdência Social, não faziam jus aos benefícios acidentários. A Lei Complementar n. 150/2015, entretanto, incluiu no art. 18, § 1º, da Lei n. 8.123/91 o inciso II do art. 11 (o segurado doméstico), aumentando o rol dos segurados com esse direito. Também criou a fonte de custeio, 0,8% de contribuição social (art. 34, inciso III), valor esse que fará parte do chamado Simples Doméstico.

b) Os individuais (os que prestam serviço de natureza urbana ou rural, em caráter eventual, a uma ou mais empresas, sem relação empregatícia), como, por exemplo, condutor autônomo, auxiliar de condutor autônomo, associado de cooperativa que presta serviço a terceiros, pequeno feirante etc. e os a eles equiparados, como o ministro de confissão religiosa. Todos estes são segurados obrigatórios, mas sem cobertura acidentária[3].

c) Os empresários e os facultativos também estão alijados do Seguro de Acidentes do Trabalho.

d) Os dependentes desses segurados.

---

3. "Benefício acidentário. Trabalhadora. Ausente cobertura acidentária ao contribuinte individual que não está incluso no rol taxativo dos segurados com direito à percepção desta espécie de benefício (artigo 18, § 1º da Lei nº 8.213/91). Extinção do feito nos termos do artigo 485, VI, do CPC. Recurso da obreira prejudicado" (Ap. 1002820-86.2021.8.26.0115, 17ª Câmara de Direito Público, rel. Ricardo Graccho, j. em 17-4-2023).
"ACIDENTÁRIA. EVENTO *IN ITINERE*. CONTRIBUINTE INDIVIDUAL. AUSÊNCIA DE PREVISÃO LEGAL PARA A CONCESSÃO DE BENEFÍCIO ACIDENTÁRIO. EXTINÇÃO DO FEITO SEM EXAME DO MÉRITO. O segurado da Previdência na condição de contribuinte individual não tem direito, na forma da legislação de regência, a benefício acidentário. A despeito da sucumbência, está o autor isento dos ônus decorrentes" (TJSP, Ap. 1001737-08.2020.8.26.0491, 16ª Câmara de Direito Público, rel. Luiz De Lorenzi, j. em 16-11-2022).

3. OUTRAS SITUAÇÕES ESPECIAIS
3.1. O presidiário

A versão original da Lei n. 8.213/91 previa no § 1º do art. 18 que o presidiário que exercesse atividade de forma remunerada estava coberto pelo Seguro de Acidentes do Trabalho. Com a edição da Lei n. 9.032, de 28 de abril de 1995, o detento foi excluído do rol dos beneficiários desse Seguro.

A questão é controvertida. De um lado, não havendo receita, nada mais justo do que não haver o benefício. De outro lado, sustenta José de Oliveira que, como o art. 7º, XXVIII, da Constituição Federal não distingue entre trabalhadores, o preso não deveria ficar alijado desses benefícios[4]. Com o devido respeito à opinião do ilustre colega, não podemos com ele concordar, já que, se adotarmos esse raciocínio, todos os trabalhadores, incluindo os contribuintes individuais, deveriam usufruir da mesma cobertura. Mas, precisamente porque não há fonte de custeio é que a Lei n. 9.032/95, de forma expressa, os excluiu. Incluir o presidiário é ferir o já citado § 5º do art. 195 da Constituição Federal e o art. 125 da Lei n. 8.213/91.Com base nisso, o Tribunal de Justiça de São Paulo vem negando o direito ao recebimento de benefício por presidiário: "Assim, os trabalhadores autônomos, os empresários, os contribuintes individuais e facultativos, os ministros de confissão religiosa, o presidiário dentre outros, não gozam da proteção da legislação infortunística, porque não recolhem contribuições para o custeio das prestações decorrentes de acidentes do trabalho" (Ap. 1002216-92.2022.8.26.0438, 17ª–Câmara de Direito Público, rel. Francisco Shintate, j. em 24-11-2023, e, ainda, Ap. 699.020-5/3-00, 17ª Câm., rel. Des. Adel Ferreira, j. em 12-2-2008).

3.2. O menor de 16 anos

A Constituição, antes da promulgação da Emenda n. 20, e o Estatuto da Criança e do Adolescente – ECA vedavam o trabalho ao

---

4. *Acidentes do trabalho*, São Paulo: Saraiva, 1997, p. 164.

menor de quatorze anos, a não ser na condição de aprendiz. A Emenda n. 20 deu nova redação ao inciso XXXIII do art. 7º proibindo o trabalho noturno, perigoso ou insalubre a menores de dezoito anos e de qualquer trabalho a menores de dezesseis anos, salvo na condição de aprendiz, a partir de quatorze anos. Mas, se um desses menores, prestando serviços a um empregador, vier a sofrer acidente do trabalho de qualquer espécie, estará ele amparado pela proteção legal. Outra interpretação levaria à dupla penalização do menor: estar trabalhando quando lhe é defeso fazê-lo. E, acidentando-se, ficaria sem a cobertura acidentária. Como salientam José Luiz Dias Campos e Adelina Bitelli Dias Campos, "Ademais fere o bom senso interpretar dispositivo constitucional (art. 7º, inciso XXXIII) que proíbe trabalho do menor de quatorze anos contra os seus interesses. Interpretação nesse sentido prestigia o empregador relapso, inescrupuloso, causador do ato ilícito, e o próprio INSS, que se quedou inerte na fiscalização"[5]. A Carta Magna visa precipuamente a amparar os obreiros nesses eventos, não se justificando a discriminação da vítima em razão da faixa etária.

3.3. Falta de registro

A teoria que informa o nosso direito infortunístico é a teoria do risco social. Ora, esse fato torna irrelevante se a empresa registrou ou não o trabalhador, ou mesmo se recolheu ou não a contribuição correspondente ao INSS[6]. A Previdência Social, através do segurador obrigatório, que é o INSS, responde sempre pela reparação do dano, incumbindo-lhe, em procedimento próprio, dirimir a questão diretamente com a empresa, sem qualquer prejuízo aos direitos da vítima. Aliás, o não registro foi um dos motivos pelos quais se estatizou na época o Seguro de Acidentes do Trabalho. Como bem ponderou o Desembargador Valdecir José do Nascimento, do E. Tribunal de Justiça do Estado de São Paulo, quando do julgamento da Ap. 0177204-56.2008.8.26.0000, que discutia acidente de trabalho tendo

---

5. *Acidentes do trabalho*: prevenção e reparação, São Paulo: LTr, 1991, p. 100.

6. *Vide* também terceira parte, Capítulo 4, item 3.

como vítima menor com doze anos, sem carteira de trabalho. "O contrato de trabalho não é o papel, não é o documento formal; é a realidade da contínua prestação de serviços, habitual, com horário de trabalho, com remuneração e subordinação. E isso está provado nos autos. Nada mais é necessário."

Aliás, os tribunais vêm acolhendo esta tese, conforme estas decisões do Tribunal paulista: "Apelação cível e remessa necessária. Ação acidentária. Acidente típico. Qualidade de segurado. Ausência de registro na CTPS. Irrelevância ante a comprovação do vínculo laboral. Precedentes. Redução parcial permanente da capacidade laborativa e nexo de causalidade comprovados. Auxílio-acidente devido. Termo inicial. Data do requerimento administrativo, diante da prévia postulação junto ao INSS. Valores em atraso. Juros moratórios e correção monetária computados de acordo com o art. 3º da EC nº 113/2021. Honorários advocatícios. Art. 85, § 4º, II, do CPC. Fixação em liquidação, observada a súmula 111/STJ, que permanece aplicável mesmo após a vigência do CPC/15. Tema 1105/STJ. Sentença reformada em parte. Reexame necessário parcialmente provido. Apelação não provida" (Ap. 1018618-64.2022.8.26.0564, 17ª Câmara de Direito Público, rel. Francisco Shintate, j. em 9-5-2023); "Acidente do trabalho – Qualidade de segurado na data da propositura da ação – Irrelevância – Sentença de extinção sem julgamento do mérito reformada – Retorno do feito à vara de origem para apreciação do mérito. O autor afirma ter adquirido moléstia incapacitante para o trabalho quando prestava serviços à sua empregadora, sendo irrelevante se na data de propositura da ação não ostentava a qualidade de segurado (Ap. 994071703654, 17ª Câm. Dir. Público, rel. Des Antonio Moliterno, j. em 8-2-2011).

Hoje em dia pensa-se muito em estender os benefícios da Previdência Social, incluindo-se os de natureza acidentária, aos trabalhadores da economia informal e autônomos. De um lado estaríamos cumprindo o princípio da universalidade subjetiva da Seguridade Social, previsto no art. 194, I, da Constituição. De outro, significaria um aporte financeiro aos combalidos cofres da Previdência. A implementação dessa ideia traz questões de ordem prática de difícil solução, como a do recolhimento das contribuições adicionais, e sobretudo a da prova do acidente etc. Os tecnocratas certamente encontrarão uma saída honrosa para tais questões, até porque é de interesse uma maior arrecadação e não será um item a mais na guia de recolhimento que irá impedir esse acréscimo.

4. DOS NÃO CELETISTAS

No Brasil os funcionários públicos federais estão sujeitos ao regime único da Lei n. 8.112, de 11 de dezembro de 1990, que não prevê o seguro acidentário. Esta lei está em consonância com a não previsão constitucional (art. 39, § 2º), que os excluiu expressamente ao fazer remissão ao art. 7º, mandando aplicar-lhes uma série de direitos dos demais trabalhadores e não incluindo o do inciso XXVIII. O mesmo é válido para os funcionários públicos dos Estados e Municípios, que têm seus próprios regimes previdenciários. Citem-se, como exemplo, os Municípios de Rancharia e São José dos Campos, no Estado de São Paulo.

5. DOS FUNCIONÁRIOS PÚBLICOS DO MUNICÍPIO DE SÃO PAULO

O Município de São Paulo parece ser a única exceção no Brasil em que, apesar de o regime ser estatutário, prevê benefícios pecuniários de natureza acidentária.

É que a Lei municipal n. 8.989, de 29 de outubro de 1979 (Estatuto dos Funcionários Públicos Municipais), no Capítulo III do Título V traz disposições sobre acidente do trabalho, benefícios devidos, remetendo para lei ordinária sua regulamentação.

Esta lei é a de n. 9.159, de 1º de dezembro de 1980[7], destacando o auxílio acidentário de 20% e 10%, os quais respectivamente tinham como referência o auxílio-acidente e o extinto auxílio suplementar da lei acidentária federal. Aliás, esta lei é clara, remetendo o aplica-

---

7. Com as alterações da Lei n. 10.463/88 e da Lei n. 17.997/2023.

dor à legislação federal quanto aos conceitos de acidente do trabalho e doenças profissionais e do trabalho.

Como é uma "mistura" de leis, surgem algumas questões de ordem prática na aplicação da lei da Prefeitura Municipal de São Paulo.

A primeira delas é a competência para o julgamento das ações. É das varas da Fazenda Pública ou das varas de acidentes do trabalho? Defendemos que, tratando-se de uma matéria específica, deve ser das varas de acidentes do trabalho, entendimento, aliás, predominante na jurisprudência[8].

Outra questão está relacionada com a atualização e duração dos benefícios. Se a Lei n. 9.159, de 1º de dezembro de 1980, manda seguir os conceitos e parâmetros da lei federal, os índices de atualização deveriam ser idênticos aos utilizados nas ações em que é réu o INSS. Contudo, o art. 4º, § 2º, da citada lei manda que o salário da concessão do benefício deve ser equivalente ao que estaria recebendo o beneficiário se estivesse na ativa e na mesma função em que se acidentou. Portanto, não há que se falar em índices de atualização.

Ainda há uma outra peculiaridade a favor do funcionário público municipal. O direito aos benefícios permanece mesmo que ele seja demitido ou exonerado do serviço público. É que, como o acidente ou a doença ocorreu quando ainda existia o vínculo estatutário, a responsabilidade da Prefeitura permanece.

O último problema diz respeito à antecipação dos honorários dos peritos e assistente técnico da parte, bem como às despesas com eventuais exames complementares.

O INSS não só paga os honorários do perito judicial e os do assistente técnico da parte como também custeia todos os exames complementares que o perito entender necessário realizar, independentemente do desfecho da lide, dado ser o trabalhador beneficiário da justiça gratuita (art. 129, parágrafo único, da Lei n. 8.213/91). Ora, se a lei acima citada remete à lei federal, nada mais justo que a Prefeitura proceda da mesma forma.

---

8. TJSP, AI 263.512, 7ª Câm., rel. Des. Jovino de Sylos, j. em 30-9-1996.

6. DA PERDA DA QUALIDADE DE SEGURADO E PERÍODO DE GRAÇA

O art. 15 da Lei n. 8.213/91 prevê o que os autores soem chamar de "período de graça", ou seja, o lapso de tempo em que o segurado mantém essa condição mesmo sem a respectiva contribuição. Hoje, em face do desemprego em massa, o período de graça assume importância relevante. Daí a inclusão neste capítulo.

A questão que se coloca é a seguinte: existe a perda do direito do benefício acidentário se perdida a condição de segurado mesmo após o "período de graça"? A questão é mais cruciante quando se trata de doença profissional ou do trabalho, já que estas eclodem muitas vezes quando o trabalhador já foi demitido e depois de um período mais ou menos longo.

A nossa resposta é necessariamente que não há perda desse direito. É que a análise que tem de ser feita é a do momento em que o segurado contraiu a doença ou se acidentou. Se nesse período mantinha a condição de segurado, trabalhando e a empresa recolhendo a contribuição para essa finalidade, tinha o obreiro o que podemos chamar por analogia "direito adquirido". É esse o momento para aferição do direito, ou seja, a qualidade de segurado e a ocorrência do evento danoso, pouco importando que depois, eventualmente, tenha perdido tal condição.

Se prevalecesse a tese oposta e sempre defendida pela autarquia, a Previdência Social encontraria sempre uma maneira de se "livrar" do pagamento dos benefícios, *maxime* pelo atual quadro de desemprego que grassa no nosso país, fruto também da economia globalizante.

Em suma, a Previdência Social não pode ser privilegiada em não conceder o benefício acidentário, se o obreiro veio a sofrer dano no decorrer desse contrato, já que a empresa contribuiu para tal finalidade durante o contrato de trabalho deste.

Mas o que parecia tranquilo inclusive segundo a Jurisprudência do 2º Tribunal de Alçada Civil, que chegou a reconhecer o direito do obreiro mesmo sem CTPS, poderia sofrer reversão pela interpretação da lei, se não analisada devidamente a questão.

É que a Lei n. 9.528, de 10 de dezembro de 1997, que incorporou as Medidas Provisórias n. 1.523/96 e suas reedições e n. 1.596-14, alterou o art. 102 da Lei n. 8.213/91. Este artigo vem agora assim redigido: "A perda da qualidade de segurado importa em caducidade dos direitos inerentes a essa qualidade".

Com base nessa nova redação, querem alguns afirmar que a perda da qualidade de segurado implicaria a perda do direito ao recebimento dos benefícios acidentários.

Não podemos concordar com esse entendimento. Em primeiro lugar, existem várias moléstias (SIDA-AIDS, PAIR, BENZENISMO, SILICOSE etc.) que só aparecem tardiamente, impossibilitando o recebimento do benefício enquanto não diagnosticadas e estabelecido o nexo com o trabalho. Ora, se assim é, como pode uma medida provisória, agora transformada em lei, derrubar os princípios constitucionais previstos nos arts. 7º, XXVIII, e 201, I?

Em segundo lugar, o art. 102, com a redação atual, substancialmente nada mudou em relação à versão anterior, já que nesta apenas se referia à aposentadoria e pensão, o que pela lei atual foi desmembrado e mantido nos §§ 1º e 2º.

Em suma, uma vez comprovado que a moléstia ou o acidente se verificou durante o período em que o segurado mantinha essa qualidade, não há como negar a indenização, ainda que haja transcorrido longo prazo e que, supervenientemente, haja ocorrido a perda da qualidade de segurado[9].

Recentes decisões do Tribunal paulista reafirmam esse entendimento:

"Acidente do trabalho. Auxílio-acidente. Lesão em olho esquerdo. Exercício das funções de motorista. Procedência. Apelação, Autarquia. Perda da qualidade de segurado. Aplicação da Súmula

---

9. "Embora o vistor judicial não tenha precisado a data de início da incapacidade, o próprio afirmou que as queixas tiveram início há doze anos, com concessão de benefício no ano de 2006, quando o autor possuía qualidade de segurado.

Tal atributo deve ser analisado à época em que houve a eclosão da doença incapacitante, tempo esse que, repita-se, o autor tinha qualidade de segurado, tanto que foi agraciado com benefício.

A eventual e posterior perda da qualidade de segurado não obsta o deferimento do benefício, já que o trabalho contribuiu para o surgimento das moléstias incapacitantes" (TJSP, Ap. 1001538-18.2017.8.26.0482, 17ª Câmara de Direito Público, rel. Carlos Monnerat, j. em 12-11-2019).

111 do Superior Tribunal de Justiça. Auxílio-acidente. Laudo pericial bem fundamentado. Incapacidade laborativa parcial e permanente comprovada. Nexo causal. Presente relação de causa e efeito entre o trabalho típico e a lesão ou perda ou diminuição da capacidade laborativa. Qualidade de segurado. Confirmada. Princípio *tempus regut actum*. Trabalhador que detinha a referida qualidade quando da ocorrência do acidente laboral. Requisitos do artigo 86 da Lei n. 8.213/91 devidamente cumpridos. Indenização infortunística devida. Procedência mantida..." (Ap. 1001492-93.3022.8.26.0695, 17ª Câmara de Direito Público, rel. Marco Pelegrini, j. em 9-4-2024).

"(...) Ação julgada procedente. Recursos das partes e reexame necessário considerado interposto nos autos. Perda da qualidade de segurado. Irrelevância. Circunstância a ser apurada no momento em que se instalou a moléstia profissional. Precedentes" (Ap. 1001738-04.2017.8.26.0198, 17ª Câmara de Direito Público, rel. Aldemar Silva, j. em 21-2-2024).

Como ensina Carlos Maximiliano, "o Direito precisa transformar-se em realidade eficiente...", e "interpretar uma expressão de Direito é sobretudo revelar o sentido apropriado para a vida real, e conducente a uma decisão reta"[10].

Incumbe ao intérprete do direito examinar não apenas as palavras frias do texto legal, mas seu verdadeiro significado, levando em conta o fim almejado pelo legislador através de uma análise conjunta de todo o sistema jurídico, e não de um preceito legal isolado. Ademais, como vimos, trata-se de dispositivo, em nosso modo de entender, eivado de inconstitucionalidade.

A propósito, quatro outras decisões no mesmo sentido:

"ACIDENTE DO TRABALHO: BENEFÍCIO ACIDENTÁRIO. Auxílio-acidente. Operadora de caixa (atualmente desempregada). Lesão na coluna (degenerativa). Lesão nos ombros e cotovelo esquerdo. Incapacidade laboral parcial e permanente configurada. Comprovado nexo concausal apenas para lesão nos ombros e cotovelo. Presente relação de concausa e efeito entre o trabalho típico e a lesão ou perda ou diminuição da capacidade laborativa. Laudo conclusivo.

---

10. *Hermenêutica e aplicação do direito*, 9. ed., Rio de Janeiro: Forense, 1984.

Demanda julgada procedente. Recurso da autarquia objetivando o reconhecimento da perda da qualidade de segurada, uma vez que a autora está desempregada desde 17-10-2018 e o perito teria afirmado incapacidade desde 10/2020 de modo que compreende inviável a concessão do benefício; ademais, postulou a reforma do julgado, sob a alegação de que não houve comprovação dos preceitos norteadores para sua concessão. Subsidiariamente, requereu a modificação da DIB a contar da juntada do laudo aos autos em 10-4-2021 (fls. 290). Fixação dos honorários advocatícios no percentual de 10% do valor das parcelas vencidas até a sentença (Súmula 111 do STJ). Inteligência do disposto no art. 15, § 2º, da Lei n. 8.213/91 (manutenção da qualidade de segurado). Indenização infortunística devida. Procedência mantida. TERMO INICIAL DO BENEFÍCIO: Data da entrada do requerimento administrativo (DER) ocorrido em 21-7-2020. NB 31/632.280.590-1 (v. fls. 24 e 318). CORREÇÃO MONETÁRIA: Lei n. 8.213/91 e alterações posteriores. Contudo, após 30-6-2009, deverá ser observada a orientação estabelecida no RE n. 870.947/SE (tema 810, Repercussão Geral, dirimido em 3-10-2019 e transitado em julgado em 3-3-2020) pelo C. Supremo Tribunal Federal. Pretório Excelso que decidiu pela aplicação do IPCA-e à atualização dos atrasados. Necessidade de se respeitar o entendimento do STF, guardião da Constituição. JUROS DE MORA: 1% ao mês, a partir da entrada em vigor do CC/2002, e de acordo com a remuneração da caderneta de poupança, após 30-6-2009, na forma do art. 1º-F da Lei n. 9.494/97, com as alterações introduzidas pela Lei n. 11.960/2009, e nos termos do quanto decidido no precitado recurso extraordinário (v. ainda Lei n. 12.703/2012, que modificou o disposto no art. 12, inciso II, da Lei n. 8.177/91). EMENDA COMPLEMENTAR N. 113/2021, em seu art. 3º: Atualização do cálculo do débito (correção monetária e juros), mediante aplicação da taxa SELIC – sistema especial de liquidação e de custódia, uma única vez, com efeitos a partir da publicação da Emenda ocorrida em 9-12-2021. ABONO ANUAL: Concessão por tratar-se de prestação acessória ao benefício (art. 40 da Lei n. 8.213/91). CUSTAS PROCESSUAIS: Isenção do INSS, nos termos do art. 8º, § 1º, da Lei n. 8.620/93, e arts. 6º e 7º da Lei Estadual n. 11.608/2003, devendo responder somente pelo reembolso das despesas processuais comprovadas. HONORÁRIOS AD-

VOCATÍCIOS: Fixação na fase de execução, incluídos os honorários recursais, consoante o disposto no art. 85, § 4º, inciso II, e § 11 do CPC, com a ressalva do que vier a ser decidido no tema 1.105 do STJ, afetado em 13-9-2021. SENTENÇA PROFERIDA CONTRA AUTARQUIA FEDERAL. Condenação ilíquida. Sujeição obrigatória ao duplo grau de jurisdição. Art. 496, inciso I, §§ 1º, 2º e 3º, do CPC. Dou parcial provimento à remessa necessária e recurso da autarquia" (TJSP, Ap. 1041078-08.2020.8.26.0114, 17ª Câmara de Direito Público, Rel. Marco Pelegrini, j. em 29-6-2022).

"ACIDENTE DO TRABALHO. L.E.R./D.O.R.T. COLUNA E MEMBROS SUPERIORES. IMPROCEDÊNCIA DA AÇÃO PELA PERDA DA QUALIDADE DE SEGURADA. APELAÇÃO DA OBREIRA. Qualidade de segurada deve ser determinada à época em que a autora alegou padecer da lesão profissional. Prosseguimento com o julgamento do feito. PROVA PERICIAL REPETIDA POR DETERMINAÇÃO DESTA CÂMARA EM CONVERSÃO DO JULGAMENTO EM DILIGÊNCIA. AUSÊNCIA DE INCAPACIDADE. IMPROCEDÊNCIA. Provada pericialmente a ausência de incapacidade atual, descabe indenização acidentária. Benefício indevido. Sentença de improcedência mantida, porém, por fundamento diverso. Recurso da autora parcialmente provido (apenas para afastar a perda da qualidade de segurada)" (TJSP, Ap. 1024480-07.2016.8.26.0053, 16ª Câmara de Direito Público, Rel. Antonio Tadeu Ottoni, j. em 23-3-2021).

"QUALIDADE DE SEGURADO – DEVE SER VERIFICADA NA ÉPOCA EM QUE A PARTE AUTORA ALEGOU TER ADQUIRIDO A DOENÇA DO TRABALHO. ACIDENTE DO TRABALHO. BENEFÍCIO ACIDENTÁRIO... PRESENTES NEXO CAUSAL E REDUÇÃO PERMANENTE DA CAPACIDADE LABORATIVA, A OBREIRA FAZ JUS À INDENIZAÇÃO ACIDENTÁRIA. CONCESSÃO DO AUXÍLIO-ACIDENTE A PARTIR DA DATA DA JUNTADA DO LAUDO PERICIAL EM JUÍZO. ABONO ANUAL. CONSECTÁRIO DA CONDENAÇÃO AO PAGAMENTO DO BENEFÍCIO POR IMPOSIÇÃO LEGAL..." (Ap. 0003518-16.2014.8.26.0581, 16ª Câmara de Direito, rel. Valdecir José do Nascimento, j. em 8-10-2019).

"**QUALIDADE DE SEGURADO** – Em se tratando de sequela acidentária, portanto, adquirida no trabalho e dele decorrente, a eclosão dos sintomas em momento posterior não impede a concessão do benefício, ainda que já ocorrida a **perda da qualidade de segurado**" (Ap 00032934-77.2011.8.26.0114, 17ª Câmara de Direito Público, rel. Des. Nuncio Theophilo Neto, j. em 20-2-2018).

7. DOS DEPENDENTES

O acidente do trabalho visa proteger precipuamente o trabalhador em seu ambiente de trabalho. Os seus dependentes apenas terão acesso ao benefício acidentário se o segurado falecer por causa do acidente, ou por doença relacionada a sua atividade. Assim farão eles jus à pensão por morte acidentária, sobre a qual falaremos no capítulo seguinte[11].

De acordo com o art. 16 da lei, com redação dada pelas Leis n. 12.740/2011 e n. 13.146/2015, consideram-se dependentes dos segurados no regime geral da Previdência Social:

I – o cônjuge, a companheira, o companheiro e o filho não emancipado, de qualquer condição, menor de vinte e um anos ou inválido, ou que tenha deficiência intelectual ou mental ou deficiência grave. Equiparam-se aos filhos o enteado e o menor tutelado, mas deve ser comprovada sua dependência econômica do titular (restrição trazida pela Lei n. 9.528/97);

II – os pais;

III – o irmão não emancipado, de qualquer condição, menor de vinte e um anos ou inválido, ou que tenha deficiência intelectual ou mental ou deficiência grave.

É importante esclarecer que a existência de dependente de uma classe exclui os da classe seguinte. Assim, do segurado casado não podem ser dependentes nem os pais nem o irmão.

Também é importante salientar que a dependência econômica dos dependentes do item I acima é presumida; a dos demais deve ser comprovada (§ 4º do art. 16 da Lei n. 8.213/91).

---

11. *Vide* questões quanto aos dependentes na primeira parte, Capítulo 3, item 5.4.

A noção de companheiro(a) deve ser entendida nos termos do § 3º do art. 226 da Constituição Federal, ou seja, requer a união estável entre homem e mulher como entidade familiar quando forem solteiros, separados judicialmente, divorciados ou viúvos ou tenham prole em comum enquanto não se separarem. Com o novo Código Civil, contudo, vem sendo dada uma interpretação mais extensiva ao conceito de companheiro(a). É o que se deduz da análise dos arts. 1.723 a 1.727, sobretudo dos §§ 1º e 2º do art. 1.723. É muito comum, hoje em dia, a situação em que a pensão por morte é dividida por duas ou mais pensionistas legalmente habilitadas, exigida a união estável nos termos da Constituição Federal para que haja uma dependência.

Há de ser feita, ainda, uma referência aos dependentes em caso de companheiro homossexual. A questão já foi amplamente discutida e o STF consolidou entendimento quanto à impossibilidade de se restringir o direito de dependente somente por questão da opção sexual. Podemos citar, dentre outros, o RE 477.554 AgR, rel. Min. Celso de Mello, 2ª Turma, j. em 16-8-2011; RE 607.562 AgR, rel. Min. Luiz Fux, 1ª Turma, j. em 18-9-2012, e, recentemente no **AI 867.897/RS, rel. Min. Gilmar Mendes, j. 28-11-2017, reafirmando ainda a legitimidade do Ministério Público Federal, reproduzindo-se, aqui, a ementa do TRF-4**:

"AÇÃO CIVIL PÚBLICA. INCLUSÃO DE COMPANHEIROS HOMOSSEXUAIS COMO DEPENDENTES EM PLANO DE SAÚDE. POSSIBILIDADE. LEGITIMIDADE DO MINISTÉRIO PÚBLICO. EFEITOS DA SENTENÇA COLETIVA".

Quanto ao pecúlio devido aos dependentes, foi extinto pela Lei n. 9.032/95. Assim, apenas terão direito ao pecúlio se a morte do segurado se verificou até 28 de abril de 1995.

CAPÍTULO 3
DAS PRESTAÇÕES INFORTUNÍSTICAS

Sumário: 1. Introdução. 2. Dos benefícios por acidente do trabalho. 3. Das características dos benefícios. 4. Do cálculo do valor dos benefícios. 4.1. Da Lei n. 9.876, de 26 de novembro de 1999, até a EC n. 103/2019 e o novo cálculo do salário de benefício. 4.2. Do fator previdenciário. 5. Dos benefícios acidentários. 5.1. Do auxílio-doença – benefício por incapacidade temporária. 5.2. Do auxílio-acidente. 5.3. Da aposentadoria. 5.4. Da pensão por morte. 5.5. Do abono anual. 5.6. Dos pecúlios. 6. Da cumulação dos benefícios. 7. Da reabilitação profissional.

1. INTRODUÇÃO

O RGPS, contemplado na Lei n. 8.213/91, prevê, aos segurados em geral, a concessão de prestações, as quais compreendem benefícios e serviços. Não há serviços específicos para os casos de acidentes do trabalho; os benefícios e os serviços interessam a todos os segurados.

Igualmente no que tange à assistência médica após a Lei n. 8.080/90 – Lei Orgânica Nacional da Saúde, após a Constituição Federal de 1988 está ela afeta ao Sistema Único de Saúde – SUS, nada tendo que ver com a Previdência Social. Trataremos, pois, apenas dos benefícios devidos aos segurados ou aos dependentes por causa do infortúnio laboral.

2. DOS BENEFÍCIOS POR ACIDENTE DO TRABALHO

A legislação prevê as seguintes prestações pecuniárias decorrentes do acidente do trabalho e das doenças ocupacionais:

a) prestações de pagamento continuado: auxílio-doença acidentário; auxílio-acidente; aposentadoria por invalidez acidentária; pensão por morte e abono anual;

b) prestações de pagamento único: pecúlio acidentário por invalidez e pecúlio por morte[1].

3. DAS CARACTERÍSTICAS DOS BENEFÍCIOS

As prestações pecuniárias com fundamento em acidentes do trabalho ou doenças ocupacionais apresentam as seguintes características:

a) indisponibilidade – é nula sua venda ou cessão;

b) irrenunciabilidade – a elas não se pode renunciar dada a sua natureza alimentar;

c) insuscetibilidade de gravame ou qualquer ônus – sobre elas não pode incidir arresto, sequestro ou penhora, salvo a autorização de desconto efetuado pela Previdência Social de valores pagos a maior, ou derivado de prestação alimentícia por decisão judicial.

4. DO CÁLCULO DO VALOR DOS BENEFÍCIOS

Até a edição da Lei n. 9.032/95, duas eram as formas de calcular o valor dos benefícios de natureza acidentária: utilizar como base de cálculo o salário de contribuição do dia do acidente ou o salário de benefício. Esses conceitos não se confundem, já que o salário de contribuição é o valor sobre o qual o segurado recolhe sua contribuição para a Previdência Social no mês ou no dia do acidente, sendo composto de todas as verbas a ele creditadas, com exceção das previstas no art. 28, § 9º, da Lei n. 8.212/91. Já o salário de benefício era a média aritmética simples das últimas 36 contribuições até a Emenda Constitucional n. 20/98 (art. 202 da CF). A partir dessa emenda, há

---

1. Como já dissemos alhures, os pecúlios foram extintos pela Lei n. 9.032/95, pelo que apenas serão devidos para os infortúnios verificados até 28 de abril de 1995.

duas situações: para os segurados inscritos no RGPS até a Lei n. 9.876 de 29 de novembro de 1999, média aritmética simples das 80% maiores contribuições a partir de julho de 1994. Para os segurados inscritos no RGPS a partir dessa lei, média de todas as contribuições.

A Emenda Constitucional n. 103, em seu art. 26, manteve essa regra de cálculo do sb, ou seja, média de todos os sc. Contudo, a chamada Emenda Paralela, criou uma regra de transição: mantinha o sistema então vigente, ou seja, média aritmética simples das 80% maiores contribuições a partir de julho de 1994; de janeiro de 2022 até dezembro de 2024, o percentual subirá para 90%; finalmente, em janeiro de 2025, o percentual será, então, de 100%.

Entretanto, no julgamento do RE n. 1.276.977, finalizado em 1º de dezembro de 2022, e conhecido como "Revisão da Vida Toda", o STF, por maioria (6 votos a 5), decidiu que: "O segurado que implementou as condições para o benefício previdenciário após a vigência da Lei n. 9.876, de 26-11-1999, e antes da vigência das novas regras constitucionais, introduzidas pela EC 103/2019, tem o direito de optar pela regra definitiva, caso esta lhe seja mais favorável" (Tema 1.102).

Se, de um lado, essa decisão favorecia o segurado e nos parecia socialmente correta, de outro, alterou entendimento anterior do mesmo STF, segundo o qual *tempus regit actum*. Neste sentido havia decidido a Suprema Corte no final de 2007, quando da alteração do valor da pensão por morte de 80% do SB para 50% do SB, quando da edição da Lei n. 9.032/95. Confirmando tal entendimento o STJ editou a Súmula 340, segundo a qual: "A lei aplicável à concessão da pensão previdenciária por morte é aquela vigente na data do óbito do segurado". Esta súmula, por óbvio, deveria ser revogada.

Porém, em nova deliberação sobre o tema, o STF, ao julgar as ADIns 2.110 e 2.111, ratificou a constitucionalidade das leis[2], fixando a tese do julgamento; "o artigo 3º da Lei n. 9.876/1999 tem natu-

---

2. "(...) a declarar a constitucionalidade dos arts. 3º, 5º, 6º, 7º e 9º da Lei n. 9.876/1999, bem como dos arts. 25, 26, 29 e 67 da Lei n. 8.213/1991, na redação dada pela Lei n. 9.876/1999."

reza cogente, não tendo o segurado o direito de opção por critério diverso" (Pleno, sessão de 21-3-2024, rel. Min. Nunes Marques), retornando ao entendimento consolidado e tornando inócuo o decidido no RE 1.276.977.

Vale lembrar que, de acordo com o art. 29-A da Lei n. 8.213/91, acrescido pela Lei Complementar n. 128/2008, o INSS utilizará as informações constantes no CNIS para conferir os vínculos e as remunerações dos segurados, para fins de cálculo do salário de benefício, comprovação de filiação ao RGPS, tempo de contribuição e relação de emprego.

Dessa forma, para os acidentes verificados até a edição da Lei n. 9.032/95, o segurado poderia optar pela forma que lhe fosse mais favorável (art. 28, § 2º, da Lei n. 8.213/91). Após essa lei, a única forma de cálculo é aquela ali prevista, ou seja, o valor do benefício tem sempre como base de cálculo o salário de benefício.

Procurando uma explicação ou justificativa para essa mudança, até porque na grande maioria das vezes a atual forma prejudica o obreiro, foi-nos dado como fundamento o art. 202 da Constituição Federal. Nada mais surrealista que essa explicação. É que tal dispositivo, na versão original da CF, antes da EC n. 20/98, cuidava apenas da aposentadoria, a qual, sim, era calculada sobre a média dos últimos trinta e seis salários de contribuição, corrigidos monetariamente mês a mês. Ou seja, nivelaram por baixo, sob esse mandamento constitucional, os benefícios de natureza acidentária, alegando uniformização de forma de cálculo, esquecendo-se da natureza intrínseca do acidente do trabalho.

Essa nova forma de cálculo levantou diversas questões, as quais criaram sérios problemas na hora do cálculo do benefício para aqueles segurados acidentados que não possuíam os trinta e seis salários de contribuição.

Inicialmente, o INSS, independentemente de qualquer cálculo, pagava o salário mínimo como valor do benefício acidentário, ou o tinha como base de cálculo (caso do auxílio-acidente). Posteriormente, dando-se conta do grave erro em que incorreu, através da Circular n. 19/95, e até porque os benefícios acidentários prescindem de carência, foi dada a instrução de que, para os benefícios decorrentes de acidentes do trabalho, o salário de benefício seria a média dos salários de contribuição sobre os quais o segurado havia recolhido (ou a recolher) até o mês anterior ao do acidente, não importando a quantidade de contribuições recolhidas: se fosse um, seria esse o salário de benefício; se fossem dois, seria a média dos dois, e assim sucessivamente, o que foi explicitado no Decreto n. 3.048/99, com redação dada pelo Decreto n. 3.265, de 29 de novembro de 1999, em seu art. 32, §§ 1º e 2º, revogados pelo Decreto n. 5.399, de 24 de março de 2005.

Resta a hipótese de não haver nenhuma contribuição anterior ao mês do acidente, o que se caracteriza no caso do trabalhador que sofre acidente no primeiro mês de trabalho e do trabalhador sem registro.

Nos termos do § 7º do art. 32 do Regulamento, o valor dos benefícios, incluindo-se os acidentários, seria igual ao valor do salário mínimo. Não entendemos correta essa disposição quando se trata de benefícios de natureza acidentária. Em primeiro lugar porque a Lei 8.213/91 não dispôs expressamente sobre essa questão. No momento em que o regulamento interpretou essa lacuna em relação à ausência do número de contribuições previstas em lei, havia adotado um critério justo no § 2º do art. 32, como acima exposto, já que dispôs que a base de cálculo corresponderia às contribuições efetivamente recolhidas, independentemente do número. Esse mesmo critério, contudo, não foi o utilizado quando nessa hipótese, ou seja, quando não houver ainda nenhuma contribuição recolhida anteriormente ao mês do acidente.

Por outro lado, como a concessão dos benefícios acidentários independe de carência e, portanto, de quaisquer contribuições efetivamente recolhidas, nessa hipótese a base de cálculo deve ser o salário de contribuição do segurado no mês do acidente. Essa fórmula de cálculo fica ainda mais clara se tivermos em conta que o empregador irá recolher, em relação ao mês do acidente, sobre o salário real do acidentado (art. 22, II, da Lei n. 8.212/91). A fórmula preconizada no Regulamento será válida para os benefícios de natureza comum, que exigem carência, não para os de natureza acidentária.

Outra interpretação quanto à fórmula de cálculo para os benefícios acidentários representa uma injustiça para o segurado, porque o valor do salário mínimo poderá ser muito inferior não só ao salário real sobre o qual contribui o empregador para essa finalidade, mas também ao salário de contribuição do segurado[3].

Mais uma vez a análise da questão passa por uma reflexão sobre o ordenamento jurídico e a proteção constitucional, que é assegurada ao trabalhador acidentado, não podendo qualquer disposição administrativa prejudicar tais garantias.

4.1. Da Lei n. 9.876, de 26 de novembro de 1999, até a EC n. 103/2019 e o novo cálculo do salário de benefício

A partir da Lei n. 9.876/99 (que criou o fator previdenciário), o salário de benefício passou a ser calculado de três formas:

a) Para os segurados filiados ao RGPS até a publicação da Lei n. 9.876, de 26 de novembro de 1999, e que já haviam preenchido os requisitos para o gozo dos benefícios, será obedecida a regra antiga: média aritmética simples dos trinta e seis últimos salários de contribuição corrigidos monetariamente, apurados dentro do período máximo de quarenta e oito meses.

b) Para os segurados filiados ao RGPS até a publicação da Lei n. 9.876/99, mas que ainda não haviam preenchido os requisitos para o gozo dos benefícios, o salário de benefício será a média aritmética simples dos maiores salários de contribuição corrigidos monetariamente, correspondentes a 80% do período contributivo a partir de julho de 1994.

c) Para os segurados filiados ao RGPS após a publicação da Lei n. 9.876/99, o salário de benefício será a média aritmética simples dos maiores salários de contribuição corrigidos monetariamente, correspondentes a 80% de todo o período contributivo.

Agora tem-se uma nova regra:

---

3. "Tendo o obreiro sofrido acidente típico no mês de sua admissão, e ausentes comprovantes de remunerações anteriores, o cálculo do benefício acidentário deve ser efetuado com base na remuneração correspondente à data da admissão" (2º TAC-SP, Ap. 706.557-00/1, 11ª Câm., rel. Juiz Egidio Giacoia, j. em 18-8-2003).

d) Para os segurados filiados ao RGPS após a publicação da Lei n. 9.876/99, mas com implementação das condições até a vigência da EC n. 103/2019, o salário de benefício poderá ser a média aritmética simples dos maiores salários de contribuição corrigidos monetariamente.

Como os benefícios de natureza acidentária não têm carência, o cálculo do salário de benefício, nos casos de acidente do trabalho, em síntese, ficou assim:

a) Para os segurados já inscritos no RGPS antes da Lei n. 9.876/99, aplica-se a regra da alínea *a* acima.

b) Para os segurados inscritos no RGPS após a vigência da Lei n. 9.876/99, o salário de benefício será encontrado a partir dos salários de contribuição, após julho de 1994. Considera-se todo o período contributivo, somando-se os salários de contribuição, atualizados monetariamente, mês a mês. O salário de benefício será a média aritmética simples correspondente a 80% dos maiores salários de contribuição, desprezando-se os 20% menores, aplicando-se as regras de transição, já expostas no item anterior, trazidas pela Emenda Paralela.

O salário de benefício do segurado especial equivale a um salário mínimo, consoante a regra vigente a partir da Lei n. 11.718/2008.

a) Se contribui apenas como produtor rural, o salário de benefício é 1/13 da média aritmética simples dos maiores valores sobre os quais incidiu a contribuição anual, correspondentes a 80% de todo o período contributivo. Aplica-se o fator previdenciário como na nota anterior.

b) Se contribui também como facultativo, consideram-se os salários de contribuição utilizados.

c) Se não contribui nem como facultativo nem como produtor rural, por não existir venda da produção, o salário de benefício é de um salário mínimo.

A nova fórmula para cálculo do salário de benefício utilizando período mais longo, mas ao mesmo tempo permitindo o uso dos maiores salários de contribuição do período, pode ser prejudicial se o segurado estiver contribuindo com valores maiores em período mais recente. Mas, em contrapartida, se por mudança de emprego esses valores forem de períodos mais remotos, será beneficiado, uma vez que a nova Lei não estabelece, como fazia a anterior, que sejam usados somente os últimos salários de contribuição.

Resta apreciar a questão que envolve os critérios legais de atualização dos salários de contribuição para apuração do salário de benefício. De forma sintética, a legislação assim estabeleceu:

– INPC – até dezembro/92 (art. 31 da Lei n. 8.213/91);

– IRSM – de janeiro/93 a fevereiro/94, quando há conversão em URV (Lei n. 8.542/92);

– IPCr – de julho/94 a junho/95 (Lei n. 8.880/94);

– INPC – de julho/95 a abril/96 (MP n. 1.398/96);

– IGP-DI – de maio/96 a janeiro/2004 (Lei n. 9.711/98);

– INPC – a partir de fevereiro/2004 (Lei n. 10.887/2004).

Cumpre lembrar ao leitor que os critérios de atualização dos salários de contribuição, para cálculo do salário de benefício, e os critérios de atualização dos benefícios decorrem de lei, e o Supremo Tribunal Federal[4] já se manifestou pela inexistência de ilegalidade ou inconstitucionalidade na criação de índices ou critérios para correção dos benefícios porque cabe ao legislador, na forma do art. 201, § 4º, da Constituição Federal, estabelecer os critérios para manutenção do valor real dos benefícios. E não cabe atualização pelo salário mínimo (STF, Tema 996, j. em 15-5-2020: "Não encontra amparo no Texto Constitucional revisão de benefício previdenciário pelo valor nominal do salário mínimo").

Outra polêmica que reinou por alguns anos dizia respeito à aplicação do IRSM integral de fevereiro de 1994 (de 39,67%), antes da conversão em URV, na atualização do salário de contribuição. Hoje, o Superior Tribunal de Justiça já tem posição unânime quanto

---

4. "A aplicação dos índices legais pelo INSS para o reajustamento dos benefícios previdenciários não constitui ofensa às garantias da irredutibilidade do valor do benefício e da preservação do seu valor real" (RE 231.395, rel. Min. Sepúlveda Pertence, *DJ* de 18-9-1998).

ao seu cabimento[5]. Também a Medida Provisória n. 201, de 23 de julho de 2004, publicada no *Diário Oficial da União* de 26 de julho de 2004, autoriza a revisão dos benefícios previdenciários concedidos após fevereiro de 1994, com recálculo do salário de benefício original, para aplicação do IRSM de fevereiro de 1994 sobre os salários de contribuição. Essa Medida Provisória transformou-se na Lei n. 10.999, de 15 de dezembro de 2004.

4.2. Do fator previdenciário

Instituído pela Lei n. 9.876/99, é o resultado de uma fórmula criada com a finalidade de induzir o segurado a se aposentar por tempo de contribuição e idade o mais tarde possível. Essa fórmula tem em conta a idade, a expectativa de sobrevida e o tempo de contribuição do segurado ao se aposentar. Do ponto de vista técnico, procura estabelecer uma correspondência maior entre o custeio e o benefício, aproximando-se do regime de capitalização. Representa-se:

$$f = \frac{Tc \times a}{Es} \times [\, 1 + \frac{(Id + Tc \times a)}{100} \,]$$

---

5. "A Primeira Seção desta Corte, no julgamento da Pet n. 10.216/ SP, firmou entendimento no sentido de que o IRSM de fevereiro de 1994 somente será considerado no cálculo da renda mensal inicial do benefício quando este, além de ter sido concedido a partir de 1º-3-1994, tiver a competência do mês de fevereiro de 1994 incluída no período básico de cálculo (PBC), ainda que não tenha ocorrido recolhimento de contribuição previdenciária para o período" (STJ, AgInt nos EDcl no REsp 1.962.923, 1ª T., rel. Min. Regina Helena Costa, j. em 16-5-2022).

"Na atualização monetária dos salários de contribuição, para fins de apuração da renda mensal inicial do benefício, deve ser aplicado o IRSM integral do mês de fevereiro/94, da ordem de 39,67%" (STJ, REsp 523.680, 5ª T., rel. Min. Jorge Scartezzini, j. em 24-5-2004). "Na atualização do salário de contribuição para fins de cálculos da renda mensal inicial do benefício, deve-se levar em consideração o IRSM de fevereiro de 1994 (39,67%) antes da conversão em URV, tomando-se esta pelo valor de Cr$ 637,64 de 28 de fevereiro de 1994 (§ 5º do art. 20 da Lei 8.880/94)" (STJ, REsp 497.057, 5ª T., rel. Min. José Arnaldo da Fonseca, j. em 2-6-2003).

Onde:
f = fator previdenciário;
Es = expectativa de sobrevida no momento da aposentadoria;
Tc = tempo de contribuição até o momento da aposentadoria;
Id = idade no momento da aposentadoria;
a = alíquota de contribuição correspondente a 0,31.

A expectativa de sobrevida no momento da aposentadoria é obtida a partir da tábua completa de mortalidade construída pelo IBGE para toda a população brasileira, considerando-se a média nacional única para toda a população referente ao ano anterior (art. 2º do Dec. n. 3.266/99).

A alíquota de contribuição foi fixada em 0,31 por ser a soma da contribuição patronal (20%) e da alíquota máxima do segurado empregado (11%).

O tempo de contribuição é transformado em dias e depois convertido em anos (ex.: 35 anos, 8 meses e 10 dias: Tc (35 × 365) + (8/12 × 365) + 10 = 35,6932 anos).

Para efeito da aplicação do fator previdenciário serão adicionados ao tempo de contribuição: *a*) cinco anos para a mulher; e *b*) cinco ou dez anos quando se tratar de professor ou professora que comprovem tempo de efetivo exercício exclusivamente nas funções de magistério na educação infantil, ensino fundamental e médio.

A aplicação do fator previdenciário favorece quem tiver mais tempo de contribuição e idade mais avançada. Em comparação à regra antiga, terá um valor mais reduzido aquele que se aposentar com menor tempo de contribuição ou menos idade.

A aplicação do fator previdenciário é obrigatória para o cálculo da aposentadoria por tempo de serviço e facultativa para a aposentadoria por idade (art. 5º da Lei n. 9.876/99). Neste último caso, o art. 181-A do Regulamento da Previdência Social garante ao segurado o direito de não optar pelo fator previdenciário e obriga o INSS a calcular a renda mensal inicial, com e sem o fator previdenciário.

O STF, por meio do Tema 1.091, aprovado na sessão de 5 de junho de 2020, entendeu que: "É constitucional o fator previdenciário previsto no art. 29, *caput*, incisos e parágrafos, da Lei n. 8.213/91, com a redação dada pelo art. 2º da Lei n. 9.876/99".

5. DOS BENEFÍCIOS ACIDENTÁRIOS[6]

5.1. Do auxílio-doença – benefício por incapacidade temporária

A Emenda Constitucional n. 103/2019 alterou a redação do art. 201 e incisos da Constituição e não mais se refere a eventos de doença, invalidez ou morte para cobertura previdenciária. Agora faz referência a cobertura de eventos de incapacidade temporária ou permanente para o trabalho. Do mesmo modo, a Lei n. 14.441, de 2022, seguindo esta redação, alterou alguns dispositivos da Lei n. 8.123/91, para constar o nome do novo benefício (ex.: art. 101), mas foi mantida a redação antiga em outros, como os arts. 18, I, *d*, e 59 a 63 (quem tratam do benefício). Feita essa observação, manteremos a denominação auxílio-doença. O auxílio-doença acidentário consiste numa renda mensal (pagamento continuado) devida ao segurado que a ela faz jus[7] a partir do 16º dia de afastamento do trabalho se empregado, ou do dia seguinte ao do acidente se for segurado doméstico, avulso ou segurado especial, por motivo de acidente ou doença ocupacional. Frisamos que a Medida Provisória n. 664, publicada em 31 de dezembro de 2014, que alterava artigos das Leis n. 8.212/91, n. 8.213/91, n. 10.666/2003 e n. 10.876/2004, ampliando o prazo de pagamento do salário integral, de responsabilidade da empresa, para concessão do benefício (dobrou de 15 para 30 dias), não foi referendada, e,

---

6. Para facilitar a concessão e controle dos benefícios, bem como para efeitos de estatística, o INSS, através da Ordem de Serviço n. 78/92, codificou-os da seguinte forma: *a*) benefícios de natureza acidentária: auxílio-doença – B91; aposentadoria por invalidez – B92; pensão por morte – B93; auxílio-acidente – B94; pecúlio por invalidez – B96; pecúlio por morte – B97; *b*) benefícios de natureza comum: auxílio-doença – B31; aposentadoria por invalidez – B32; pensão por morte – B21.

7. *Vide* capítulo anterior, item 1.

assim, voltamos à redação do art. 60 da Lei n. 8.213/91, dada pela Lei n. 9.876, de 26-11-99. Não há prazo de carência para concessão do benefício. Aos quinze primeiros dias pagos pela empresa ao segurado empregado dá-se o nome de "período de espera", numa alusão à expectativa se o segurado entrará ou não em gozo de auxílio-doença.

Trata-se de um benefício de caráter temporário, ou seja, dura enquanto o trabalhador estiver impossibilitado de exercer qualquer atividade e quando não seja caso de aposentadoria por invalidez.

Termina com a alta médica, com o encerramento da reabilitação profissional, com a recusa ou abandono de tratamento, com a concessão da aposentadoria ou com a morte do segurado.

A controvérsia mais comum que sói aparecer nas ações acidentárias quanto ao auxílio-doença diz respeito ao fato de se requererem ou não na inicial, de forma explícita ou indireta, eventual diferença de valores pagos a menor na esfera administrativa.

A falta do pedido expresso dessas diferenças leva quase sempre o INSS a impugnar o pedido a final, e muitas decisões se têm encontrado nesse sentido, sob o argumento de que o pedido deve ser certo e definido. Contudo, a ação acidentária possui peculiaridades especiais, até porque o autor na maioria das vezes não sabe a extensão de sua incapacidade e não tem acesso aos dados do Instituto. Por isso é que os tribunais, de forma quase unânime, concedem tais diferenças, se cabíveis, mesmo que o pedido seja genérico. É uma questão de economia processual, evitando-se assim nova propositura de ação, gerando gastos para a própria autarquia e prejuízos para o obreiro[8].

O valor do benefício, que até a Lei n. 9.032/95 era de 92% sobre o salário de contribuição ou sobre o salário de benefício, como anteriormente exposto, caiu, após a edição desse diploma legal, para 91%. Assim, dois foram os prejuízos para o segurado acidentado: o percentual e a base de cálculo, que, pelo § 10 do art. 29 da Lei n. 8.213/91, com redação dada pela Lei n. 13.135/2015, não poderá exceder a média aritmética simples dos últimos 12 (doze) salários de contribui-

---

8. *Vide* terceira parte, Capítulo 2, item 4.

ção, inclusive em caso de remuneração variável, ou, se não alcançado o número de 12 (doze), a média aritmética simples dos salários de contribuição existentes.

Ao auxílio-doença acidentário também se aplicam as regras do art. 58 do Ato das Disposições Constitucionais Transitórias.

5.2. Do auxílio-acidente

O auxílio-acidente consiste numa renda mensal devida ao segurado que, após a alta médica com a consolidação das lesões, apresentar incapacidade laborativa parcial e permanente, em decorrência do acidente ou da doença ocupacional, que implique redução da capacidade para o trabalho que habitualmente exerce.

O Superior Tribunal de Justiça, em julgamento com base na Lei dos Recursos Repetitivos (Lei n. 11.672/2008), firmou entendimento quanto à desnecessidade da comprovação da irreversibilidade da lesão e da incapacidade permanente para a concessão do auxílio-acidente. Portanto, a expressão "permanente" constante do texto legal deve ser entendida como incapacidade atual, que pode ou não persistir no futuro, Tema 156[9]. A ementa do julgado é a seguinte:

"Recurso Especial Repetitivo. Art. 105, III, alínea *a* da CF. Direito Previdenciário. Auxílio-acidente. Requisitos: comprovação do nexo de causalidade e da redução parcial da capacidade do segurado para o trabalho. Desnecessidade de que a moléstia incapacitante seja irreversível. Não incidência da súmula 7/STJ. Parecer ministerial pelo provimento do Recurso Especial. Recurso Especial provido.

1. Nos termos do art. 86 da Lei 8.213/91, para que seja concedido o auxílio-acidente, necessário que o segurado empregado, exceto o doméstico, o trabalhador avulso e o segurado especial (art. 18, § 1º, da Lei 8.213/91), tenha redução permanente da sua capacidade laborativa em decorrência de acidente de qualquer natureza.

---

9. Tese aprovada: "Será devido o auxílio-acidente quando demonstrado o nexo de causalidade entre a redução de natureza permanente da capacidade laborativa e a atividade profissional desenvolvida, sendo irrelevante a possibilidade de reversibilidade da doença" (*DJ* 12-2-2010).

2. Por sua vez, o art. 20, I, da Lei n. 8.213/91, considera como acidente do trabalho a doença profissional, proveniente do exercício do trabalho peculiar a determinada atividade, enquadrando-se, nesse caso, as lesões decorrentes de esforços repetitivos.

3. Da leitura dos citados dispositivos legais que regem o benefício acidentário, constata-se que não há nenhuma ressalva quanto à necessidade de que a moléstia incapacitante seja irreversível para que o segurado faça jus ao auxílio-acidente.

4. Dessa forma, será devido o auxílio-acidente quando demonstrado o nexo de causalidade entre a redução de natureza permanente da capacidade laborativa e a atividade profissional desenvolvida, sendo irrelevante a possibilidade de reversibilidade da doença. Precedentes do STJ.

5. Estando devidamente comprovado na presente hipótese o nexo de causalidade entre a redução parcial da capacidade para o trabalho e o exercício de suas funções laborais habituais, não é cabível afastar a concessão do auxílio-acidente somente pela possibilidade de desaparecimento dos sintomas da patologia que acomete o segurado, em virtude de tratamento ambulatorial ou cirúrgico.

6. Essa constatação não traduz, de forma alguma, reexame do material fático mas, sim, valoração do conjunto probatório produzido nos autos, o que afasta a incidência do enunciado da Súmula 7 desta Corte" (REsp 1.112.886, 3ª Seção, rel. Min. Napoleão Nunes Maia Filho, j. em 25-11-2009).

Na vigência da Lei n. 6.367/76 (lei anterior à atual), a situação comportava dois benefícios: o auxílio suplementar no valor de 20% e o auxílio-acidente no valor de 40%. O primeiro era devido quando as sequelas eram mínimas, exigindo apenas maior esforço para o exercício da mesma função. O segundo era devido quando as sequelas não permitiam o exercício da mesma função mas não impediam o exercício de outra[10].

A lei atual, na sua versão original, alterou a sistemática da incapacidade resultante das sequelas após a alta do auxílio-doença

---

10. Arts. 6º e 9º da Lei n. 6.367/76.

acidentário, resolvendo a questão de uma forma bem equacionada. Assim, extinguiu o auxílio suplementar de 20%, mantendo apenas o auxílio-acidente com os seguintes percentuais: de 30% para os casos em que a redução da capacidade laborativa exigisse maior esforço ou necessitasse de adaptação para que a mesma atividade fosse exercida independentemente de reabilitação profissional; de 40% quando a redução dessa capacidade impedisse por si só a atividade exercida à época do acidente, mas não a de outra do mesmo nível de complexidade, após reabilitação profissional; e finalmente de 60% para os casos em que a redução da capacidade laborativa por si só impedisse o desempenho da atividade exercida à época do acidente, mas não de outra de nível inferior de complexidade, após reabilitação profissional.

O benefício era vitalício e 50% incorporavam-se à pensão se o segurado falecesse em gozo do benefício, o que era a regra geral.

Com o advento da Lei n. 9.032/95, esse benefício sofreu profundas alterações. Além da forma de cálculo, como vimos, unificou-se o percentual do valor do benefício para 50%, independentemente do grau das sequelas remanescentes. Como se pode ver, essa situação é injusta seja para o trabalhador seja para a Previdência Social, pois trata de forma igual casos diferentes.

E mais: com a edição da Lei n. 9.528, de 10 de dezembro de 1997, que unificou as medidas provisórias, como anteriormente examinado, o benefício deixou de ser vitalício, qualidade que sempre manteve nas legislações anteriores, cessando com a concessão da aposentadoria de qualquer natureza (art. 2º, §§ 1º, 2º e 3º). Se de um lado é lógica a cessação do benefício com a aposentadoria, já que o segurado não mais trabalha e a natureza jurídica do benefício consistia no trabalho com maiores dificuldades ou de grau inferior e consequentemente salário menor, por outro, esse valor já se havia incorporado à renda familiar do trabalhador e sua perda lhe trará, sem dúvida, maiores dificuldades financeiras.

No âmbito das ações acidentárias a autarquia vem criando teses absurdas para evitar o pagamento do auxílio-acidente, agora no percentual único de 50%. Uma delas é a de que apenas cabe o benefício quando há necessidade de mudança de função e não apenas a necessidade de dispêndio de maior esforço para exercê-la. Outra, esta mais absurda ainda, exige que a incapacidade resultante do acidente, após a alta médica, deva ser equivalente a 50%. Com isso, o INNS procura, de forma equivocada, acrescentar mais um pressuposto ao benefício, qual seja, a extensão do dano, não previsto na lei.

Essas teses não prevaleceram. O Superior Tribunal de Justiça, no julgamento do REsp 1109591/SC (3ª Seção, rel. Des. Convocado Celso Limongi, j. em 25-8-2010), processado nos termos do art. 1.036 do Código de Processo Civil de 2015 (recurso repetitivo, previsto no art. 543-C do CPC/73), firmou o entendimento no sentido de que o nível do dano e, em consequência, o grau do maior esforço não interferem na concessão do benefício acidentário, bastando, para tanto, a comprovação de existência de lesão que implique a redução de capacidade (Tema 416)[11]. E assim procedeu com absoluta razão, uma vez que a extensão do dano não está inserida no rol dos pressupostos necessários à concessão do referido benefício (TJSP, Ap. 0021901-98.2011.8.26.0564, rel. Adel Ferraz, j. em 30-7-2013).

O Regulamento, no art. 104, com redação dada pelo Decreto n. 10.410/2020, trata da questão da seguinte forma: "O auxílio-acidente será concedido, como indenização, ao segurado empregado, inclusive o doméstico, ao trabalhador avulso e ao segurado especial quando, após a consolidação das lesões decorrentes de acidente de qualquer natureza, resultar sequela definitiva que, a exemplo das situações discriminadas no Anexo III, implique redução da capacidade para o trabalho que habitualmente exerce".

O Decreto n. 3.048/99, em consonância com as alterações introduzidas pela Lei n. 9.528/97, veio corrigir uma gritante falha prevista no art. 152 do Decreto n. 2.172/97, que confundia conceitos e estabelecia redação diversa da Lei n. 8.213/91, porque as expressões "capacidade funcional" e "capacidade laborativa" não são sinônimas

---

11. "Exige-se, para concessão do auxílio-acidente, a existência de lesão, decorrente de acidente do trabalho, que implique redução da capacidade para o labor habitualmente exercido. O nível do dano e, em consequência, o grau do maior esforço, não interferem na concessão do benefício, o qual será devido ainda que mínima a lesão" (3ª Seção, j. em 25-8-2010).

nem sequer imperfeitas, como também não o são as expressões "redução da capacidade para exercício da função habitual" e "impedimento para o exercício da função". Pode haver redução da capacidade para o trabalho sem implicar impedimento ao exercício desse mesmo trabalho, de tal forma que não há que se condicionar a concessão do auxílio-acidente de 50% apenas para os casos de necessidade de mudança de função.

No dizer de José de Oliveira, a expressão "redução da capacidade funcional ou laborativa deve ser interpretada como a perda de qualquer grau de capacidade funcional e laborativa, não se admitindo que se aplique apenas para casos de mudança de função ou atividade"[12]. Portanto, o art. 152 do antigo Regulamento, no momento em que dispunha de forma diferente da lei, em prejuízo do trabalhador, em nosso modo de entender, era ilegal. Veja-se o absurdo do § 4º, *a*, do mesmo artigo.

Sem dúvida a concessão do auxílio-acidente tornou-se hoje a questão mais controvertida no direito infortunístico brasileiro em face do poder legiferante das medidas provisórias e da confusão criada entre redução da capacidade funcional e laborativa e impedimento para o exercício de qualquer atividade.

De se apontar que o § 7º vedava a concessão desse benefício quando o segurado estivesse desempregado. Porém, esse parágrafo foi alterado pelo Decreto n. 6.722, de 30 de dezembro de 2018, cuja redação permite a concessão do benefício durante a manutenção da qualidade de segurado, desde que atendidas as condições próprias do benefício. Com efeito, se o trabalhador mantém a condição de segurado a ele se lhe devem todos os benefícios inerentes a essa condição, nos termos da lei e da Constituição. Veja-se o caso do desempregado segurado com doença ocupacional tardiamente diagnosticada, como alhures exposto[13].

Outro dado importante a ser salientado nesta oportunidade é que o auxílio-acidente, que até a Lei n. 9.032/95 era devido somente em

---

12. *Acidentes*, cit., p. 267.
13. *Vide* primeira parte, Capítulo 2, item 6.

casos de acidente do trabalho, a partir daquela lei passou a ser devido em acidentes de qualquer natureza. Não havia lógica alguma, em nosso entender, nessa extensão, até porque continuava sendo devido apenas aos segurados empregado avulso, doméstico e especial (§ 1º do art. 18 da Lei n. 8.213/91), e não tinha relação alguma com o trabalho. Também não havia fonte de custeio. A redação foi repetida pela Lei n. 9.528/97, com pequena correção de texto.

Entretanto, após tanto tempo e tantas críticas, finalmente a MP n. 905 deu nova redação ao art. 86 da Lei n. 8.213/91, trocando a expressão "acidente de qualquer natureza" por "acidente". Entendemos, assim, que no contexto das demais prestações de natureza acidentária, este também deve estar relacionado com o trabalho. Em outro entendimento, não teria sentido a exclusão de "acidente de qualquer natureza". No entanto, tal MP perdeu vigência e, assim, prevalece a redação dada pela Lei n. 9.528/97.

Outras questões ainda relacionadas ao auxílio-acidente dizem respeito ao termo inicial do benefício.

A regra geral, como vimos, é a do dia seguinte ao da alta do auxílio-doença acidentário (Tema 862/STJ)[14]. Contudo, há situações especiais.

A primeira questão diz respeito à existência de diversas altas médicas. Não raro o INSS, na esfera administrativa, concede alta prematura ao acidentado, "sem sequelas". Algum tempo depois o segurado retorna ao auxílio-doença acidentário porque a alta foi precipitada. O INSS sistematicamente concede, quando o faz, o auxílio-acidente a partir da segunda ou da terceira alta médica, quando na verdade deveria fazê-lo a partir da primeira, até porque são os seus peritos que analisam o segurado quanto à sua capacidade para o trabalho.

---

14. "Termo inicial do auxílio-acidente deve recair no dia seguinte ao da cessação do auxílio-doença que lhe deu origem, conforme determina o art. 86, § 2º, da Lei n. 8.213/91, observando-se a prescrição quinquenal da Súmula 85/STJ" (*DJ* 1-7-2021).

Por outro lado, se houve requerimento administrativo negado e confirmada a incapacidade, posteriormente, é devido desde o indeferimento, seja para benefício temporário ou definitivo:

"As sequelas psiquiátricas pericialmente constatadas na obreira, suprimindo temporariamente seu potencial laboral, dão ensejo ao pagamento do auxílio-doença acidentário. D.I.B. modificada para a data do requerimento administrativo (22/7/2021), atendendo ao princípio da adstrição (pedido expresso na inicial)" (Ap. 1028478-84.2021.8.26.0577, 16ª Câmara de Direito Público, rel. Antonio Tadeu dos Campos, j. em 9-4-2024).

"AÇÃO ACIDENTÁRIA – CONDIÇÕES AGRESSIVAS – LER/DORT NOS MEMBROS SUPERIORES, INFERIORES E NA COLUNA VERTEBRAL – BENEFÍCIO ACIDENTÁRIO – SENTENÇA DE PROCEDÊNCIA – APELAÇÃO DO INSS E REEXAME NECESSÁRIO – LAUDO MÉDICO PERICIAL CONCLUSIVO – REDUÇÃO DA CAPACIDADE LABORATIVA E NEXO CAUSAL COMPROVADOS – AUXÍLIO-ACIDENTE DEVIDO A PARTIR DA DATA DO REQUERIMENTO ADMINISTRATIVO" (Ap. 1031618-34.2022.8.26.0564, 16ª Câmara de Direito Público, rel. Nazir David Milano Filho, j. em 8-4-2024).

Se o caso for de doença ocupacional ou acidente tipo não comunicado, o problema se complica mais um pouco. Há julgados em dois sentidos: termo inicial a citação, porque é a partir dela que o INSS toma conhecimento da pretensão do segurado; a apresentação do laudo, já que a citação não tem o condão de comprovar as sequelas incapacitantes.

De nossa parte, *mutatis mutandis,* entendemos que, em caso de doenças ocupacionais, deve prevalecer o art. 23 da Lei n. 8.213/91, que dá como *dies a quo* a data do início da incapacidade laborativa, do dia da segregação compulsória ou do diagnóstico, valendo o que ocorrer primeiro. E, em último caso, a partir da citação, de forma residual. Esta sempre foi a posição mais aceita no extinto 2º Tribunal de Alçada Civil de São Paulo. Por certo tempo houve oscilação, diante do entendimento do STJ, acompanhado pelos tribunais estaduais, de que a data inicial seria a da apresentação do laudo pericial. No entanto, o próprio STJ reviu seu posicionamento e admitiu que o benefício deve ser a partir da data da citação (AgRg no REsp 1.521.928/MG, rel. Min. Humberto Martins, j. em 19-6-2015; REsp 1.844.830, 2ª T., rel. Min. Herman Benjamin, j. em 26-11-2019; AgInt nos EDcl no REsp 1.721.874/RJ, rel. Min. Francisco Falcão, 2ª T., j. em 21-3-2022, *DJe* 24-3-2022), pois o "laudo médico não é parâmetro para fixar **termo inicial** de aquisição de direitos, mas apenas norteia o livre convencimento do juiz quanto aos fatos alegados pelas partes" (REsp 1.681.142/SC, rel. Min. Francisco Falcão, j. em 13-11-2018; AgInt no REsp 1.920.597/SP, rel. Min. Gurgel de Faria, j. em 14-3-2022). Correta essa posição, uma vez que: "É cediço que a citação tem o efeito material de constituir o réu em mora. Assim, o laudo pericial norteia somente o livre convencimento do juiz quanto aos fatos alegados pelas partes, não sendo parâmetro para fixação de termo inicial de aquisição de direitos" (STJ, AgRg no RE 871.595).

Vejam-se os seguintes julgados do TJSP:

"REEXAME NECESSÁRIO. Acidentária. Meralgia Parestésica. Concessão de "auxílio-doença". Presença de incapacidade parcial e permanente e de nexo causal a ensejar o deferimento do "auxílio-acidente". Inexistência de julgamento *extra petita* em matéria infortunística. Ação julgada parcialmente procedente. Reexame necessário, único recurso interposto nos autos. Benefício devido, no caso, a partir da citação. Honorários advocatícios a serem arbitrados na fase de liquidação do julgado, nos termos do art. 85, §§ 3º e 4º, II, do CPC, observando-se o que vier a ser decidido no Tema 1.105, do STJ. Juros de mora e correção monetária a serem empregados conforme a decisão proferida pelo Col. STF no julgamento do RE n. 870.947/SE, relativo ao Tema 810 da Repercussão Geral, aplicando-se a partir de 9-12-2021 a taxa Selic para a atualização do débito e a compensação da mora, nos termos do art. 3º da EC n. 113/2021. Recurso parcialmente provido" (Ap. 0002443-16.2018.8.26.0220, 17ª Câmara de Direito Público, rel. Aldemar Silva, j. em 22-12-2022).

"Acidente do trabalho – Lei n. 8.213/91 – LER/DORT – Alterações constatadas que implicam em redução permanente da capacidade para o trabalho – Nexo causal – Auxílio-acidente devido. Termo inicial – Auxílio-acidente – Data da citação – Ausência de indeferimento do benefício na via administrativa ou de prévia concessão de auxílio-doença. Correção Monetária – Débitos em atraso do INSS – IGP-DI (maio/1996 a março/2006) – INPC (1º-4-2006 a 29/06/2009) – IPCA-E, nos termos do que o STF decidiu no RE n. 870.947 (Tema 810), em 3-10-2019" (Ap. 1013277-96.2018.8.26.0564, 17ª Câmara de Direito Público, rel. Antonio Moliterno, j. em 12-11-2019).

Encerrando este item, devemos alertar a muitos segurados que ao auxílio-acidente e ao antigo auxílio suplementar não se aplica o § 2º do art. 201 da Constituição Federal, o qual prevê que nenhum benefício será inferior a um salário mínimo. É que esses benefícios não têm natureza salarial, e sim natureza complementar ao salário em função da redução da capacidade para o trabalho. Aquele dispositivo aplica-se apenas aos benefícios que substituem o salário de contribuição do segurado, quais sejam, o auxílio-doença, a aposentadoria e a pensão. A questão já é pacífica, embora alguns ainda insistam que também a eles se aplica tal disposição.

5.3. Da aposentadoria

É um benefício de renda mensal (pagamento continuado) devido ao segurado que se tornar incapaz e insuscetível de reabilitação, em razão de infortúnio laboral, para o exercício de atividade que lhe garanta a subsistência (art. 42 da Lei n. 8.213/91).

Na atual conjuntura de desemprego, há que se analisar com certo cuidado a situação do segurado na hora da decisão de aposentá-lo ou não por invalidez. Em primeiro lugar, a lei utiliza a expressão "atividade que lhe garanta a subsistência". Isso quer dizer que outros fatores devem ser analisados além da mera sequela incapacitante.

Assim, devem ser tidos em conta a idade, a escolaridade, o meio social, a capacidade profissionalizante etc.[15]

A Turma Nacional de Uniformização dos Juizados Especiais Federais editou a Súmula 47, aplicável aos casos de aposentadoria

---

15. "PREVIDENCIÁRIO. APOSENTADORIA POR INVALIDEZ. REEXAME DOS REQUISITOS PARA CONCESSÃO DO BENEFÍCIO. REEXAME DO CONJUNTO FÁTICO PROBATÓRIO DOS AUTOS. SÚMULA 7/STJ. CONSIDERAÇÃO DOS ASPECTOS SOCIOECONÔMICOS, PROFISSIONAIS E CULTURAIS DO SEGURADO. DESNECESSIDADE DE VINCULAÇÃO DO MAGISTRADO À PROVA PERICIAL. I – A inversão do julgado, na espécie, demandaria o reexame do conjunto fático-probatório dos autos, razão pela qual incide o enunciado da Súmula 7/STJ. III – Esta Corte Superior firmou entendimento no sentido de que a concessão da aposentadoria por invalidez deve considerar, além dos elementos previstos no art. 42 da Lei n. 8.213/91, os aspectos socioeconômicos, profissionais e culturais do segurado, ainda que o laudo pericial apenas tenha concluído pela sua incapacidade parcial para o trabalho (STJ, AgRg no AREsp 574.421/SP, Rel. Min. Humberto Martins, Segunda Turma, DJe 14/11/2014). III – Agravo regimental improvido" (STJ, AgRg no AREsp 35.668/SP, 6ª Turma, rel. Min. Nefi Cordeiro, j. em 5-2-2015).

"APELAÇÃO. AÇÃO ACIDENTÁRIA IMPROCEDENTE. RECURSO DO AUTOR. APOSENTADORIA POR INCAPACIDADE PERMANENTE. ACIDENTE DE TRAJETO, COM COMPROVADAS SEQUELAS DE CEGUEIRA UNILATERAL E DÉFICIT ORTOPÉDICO. QUADRO PARALELO DE PERDA AUDITIVA BILATERAL, DE ORIGEM EXTRALABORATIVA. INCAPACIDADE PARCIAL E PERMANENTE PARA O TRABALHO CONSTATADA PELA PROVA TÉCNICA. NEXO CAUSAL INCONTROVERSO. INADSTRIÇÃO DO JULGADOR AO TEOR CONCLUSIVO DA PERÍCIA. INCAPACIDADE PARA O TRABALHO QUE HÁ DE SER COMPREENDIDA COMO TOTAL E PERMANENTE, À VISTA DAS CONDIÇÕES SOCIOECONÔMICAS, IDADE E ESCOLARIDADE DO OBREIRO. BENEFÍCIO DE APOSENTADORIA POR INVALIDEZ DEVIDO. SENTENÇA REFORMADA. RECURSO PROVIDO. 1. Recurso do autor. Pretensão à conversão de auxílio-acidente administrativamente concedido em aposentadoria por incapacidade permanente. Cabimento. Funções habituais de motorista profissional. Sequelas de cegueira unilateral e déficit ortopédico, decorrentes de acidente de trajeto regularmente documentado nos autos. Quadro paralelo de perda auditiva bilateral, sem relação com o acidente sofrido. Julgador não adstrito ao teor conclusivo da perícia médica judicial. Incapacidade laborativa parcial e permanente constatada pela prova técnica que corresponde, no caso concreto, a invalidez absoluta para o trabalho. Condições socioeconômicas, idade e escolaridade do obreiro que o alijam do mercado de trabalho. Lineamento doutrinário. Jurisprudência do Superior Tribunal de Justiça e desta Câmara especializada. Direito à aposentadoria por invalidez acidentária reconhecido. Sentença de improcedência reformada..." (Ap. 1024874-04.2022.8.26.0053, 17ª Câmara de Direito Público, rel. Richard Pae Kim, j. em 10-4-2024).

por invalidez acidentária: "Uma vez reconhecida a incapacidade parcial para o trabalho, o juiz deve analisar as condições pessoais e sociais do segurado para a concessão de aposentadoria por invalidez" (*DOU* 15-3-2012).

O início do benefício é o da efetiva incapacidade total e permanente. Normalmente a aposentadoria por invalidez é sucedâneo do auxílio-doença. Mas situações há em que de plano a perícia constata a irreversibilidade das lesões, prescindindo da concessão do auxílio-doença. Nesse caso o termo inicial é o 16º dia para o segurado empregado e a partir do dia seguinte ao do acidente para o trabalhador avulso e especial. Casos há ainda que só a perícia judicial constata a total incapacidade, valendo então a data do laudo como termo inicial. O nome foi alterado para incapacidade para o trabalho.

O valor do benefício continua sendo de 100% do salário de benefício; mas não podemos esquecer que a fórmula de cálculo do salário de benefício teve suas regras alteradas como já estudado (segurados inscritos no RGPS após a Lei n. 9.876/99 e a EC n. 103/2019) o que, certamente, reduzirá o valor.

A lei prevê no art. 45 a chamada "grande invalidez", que é quando o segurado, além de inválido, necessita da assistência permanente de outra pessoa. Nesse caso, o valor do benefício é de 125% do salário de benefício, mesmo que ultrapasse o limite máximo legal. O STF entendeu constitucional esse acréscimo (Tema 1.095: "Constitucionalidade da extensão do adicional de 25% (vinte e cinco por cento), previsto no artigo 45 da Lei 8.213/1991, aos segurados do Regime Geral de Previdência Social que comprovarem a invalidez e a necessidade de assistência permanente de outra pessoa"). O Regulamento, no anexo I, traz as situações que ensejam essa concessão, como a cegueira total, a perda de nove dedos das mãos etc. Esse *plus* não se incorpora à pensão.

5.4. Da pensão por morte

É um benefício de renda mensal (pagamento continuado) devido aos beneficiários dependentes em razão de óbito ou morte presumida do segurado em função de infortúnio laboral (art. 74 da Lei n. 8.213/91).

Atenção especial deve ser dada à *causa mortis*. A morte deve ter nexo com o acidente ou com a doença ocupacional. Não é porque o segurado está em gozo de aposentadoria por invalidez acidentária e vem a falecer por outra causa que a pensão deva ser de natureza acidentária. Esse dado é importante porque, nesses casos, não há carência (art. 26, II, da Lei n. 8.213/91) nem as exigências de 18 meses de contribuições mensais ou da comprovação de dois anos de casamento ou de união estável (§ 2º-A do art. 77 da versão dada pela Lei n. 13.135/2015).

O termo inicial é, em caso de óbito, a data do evento, se o requerimento administrativo for protocolado até noventa dias do fato[16], e a data do requerimento, se posterior ao mencionado prazo. Na hipótese de morte presumida, cabe uma pensão provisória com início a partir da decisão judicial em sede de ação declaratória promovida após seis meses de ausência do segurado. Em caso de acidente, desastre ou catástrofe, mediante prova do desaparecimento do segurado, é devida a pensão provisória a partir desse evento. No eventual reaparecimento do segurado, o pagamento é suspenso de imediato, desobrigados os beneficiários dependentes de repor o valor recebido, salvo no caso de má-fé (art. 78, § 2º, da Lei n. 8.213/91).

O valor mensal da pensão será de 100% do valor da aposentadoria que o segurado recebia na data do óbito ou daquela a que teria direito se estivesse aposentado por invalidez, incapacidade permanente para o trabalho pela nova nomenclatura, na data de seu falecimento, observando-se, por óbvio, o teto previsto no art. 33 da Lei n. 8.213/91 (teto do salário de contribuição).

O valor da pensão divide-se em parcelas iguais (chamadas de cotas), quantos forem os dependentes na classe que receberão o benefício. Falecendo um, ou perdendo a condição de dependente, o valor de sua cota se extingue, havendo aqui grande alteração ao sistema anterior cujo valor da cota revertia para os demais dependentes remanescentes, o que os autores chamávamos de direito de acrescer. Contudo, há uma exceção a esta regra: havendo dependente inválido ou com deficiência intelectual, mental ou grave, o valor da pensão seguirá as regras dos incisos I e II do § 2º do art. 23 da EC n. 103/2019:

I – 100% da aposentadoria recebida pelo segurado ou servidor ou daquela a que teria direito se fosse aposentado por incapacidade

---

16. Redação dada pela Lei n. 13.183/2015.

permanente na data do óbito até o limite máximo de benefícios do RGPS; e

II – uma cota familiar de 50% acrescida de cotas de 10 pontos percentuais por dependente, até o máximo de 100% para o valor que supere o valor de benefícios do RGPS.

Vale lembrar que a Lei n. 13.135/2015 tornou variável a duração máxima do benefício conforme a idade e o tipo do beneficiário-dependente ou pensionista (art. 77, § 2º, I a V; § 2º-A, § 2º-B e § 3º). Dessa forma, a percepção de cada cota individual cessará:

1. Pela morte do pensionista;

2. Para o filho, para o equiparado ou para o irmão, ao completar 21 anos de idade, salvo se for inválido ou com deficiência;

3. Para o filho, para o equiparado ou para o irmão inválido, pela cessação da invalidez;

4. Para o(a) cônjuge ou companheiro(a):

 4.1. Inválido(a) ou com deficiência, pela cessação da invalidez ou pelo afastamento da deficiência, respeitados, contudo, os períodos mínimos da tabela abaixo;

 4.2. Pelo decurso de prazo, conforme a tabela:

Idade do cônjuge na data do óbito do segurado	Duração máxima do benefício ou cota
a) menos de 21 anos	3 anos
b) entre 21 e 26 anos	6 anos
c) entre 27 e 29 anos	10 anos
d) entre 30 e 40 anos	15 anos
e) entre 41 e 43 anos	20 anos
f) a partir de 44 anos	vitalício

As idades apresentadas na tabela poderão ser alteradas se, após 3 anos de gozo do benefício, houver incremento mínimo de um ano inteiro, para ambos os sexos, na expectativa de sobrevida na população brasileira ao nascer (art. 77, § 2º-B). As novas idades serão fixadas por ato do Ministro de Estado da Previdência Social.

A pensão cessa com a extinção da parte (cota) do último pensionista.

5.5. Do abono anual

É um benefício acessório, de renda anual, devido ao segurado ou dependente que, durante o ano civil, receber, conforme o caso, prestações de auxílio-doença acidentário, auxílio-acidente, aposentadoria por invalidez acidentária ou pensão por morte.

O início, a vigência e o término estão condicionados ao benefício principal que deu ensejo ao recebimento.

O cálculo é igual ao do 13º dos trabalhadores da ativa. Equivale a 1/12 por mês da vigência da prestação principal.

Uma questão suscitada muitas vezes pelo INSS é a contestação ao abono anual quando o benefício concedido era o auxílio-acidente no valor de 30%. É uma tese tão absurda que não comporta maiores considerações. O art. 40 da Lei n. 8.213/91 não faz diferença alguma quanto ao percentual do auxílio-acidente, sendo taxativo quanto à sua concessão, para quem recebeu auxílio-doença, auxílio-acidente ou aposentadoria, pensão por morte ou auxílio-reclusão.

5.6. Dos pecúlios

Atualmente não existem mais pecúlios decorrentes do acidente do trabalho, extintos que foram pela Lei n. 9.032/95. Contudo, como muitos acidentes e doenças se verificaram na vigência da Lei n. 8.213/91, em sua versão inicial, e ainda existe o princípio de que *tempus regit actum*, ou seja, aplica-se ao fato a lei da época, é bom tecermos algumas considerações.

Eram benefícios de prestação única devidos ao segurado em caso de invalidez permanente acidentária e aos dependentes em caso de morte acidentária.

O valor era no primeiro caso de 75% do limite máximo de contribuição; no segundo, de 150% desse mesmo limite máximo. O valor a ser pago deveria ter por base a data do efetivo pagamento e não a do evento.

6. DA CUMULAÇÃO DOS BENEFÍCIOS

Entende-se por cumulação de benefícios a possibilidade de recebimento de duas ou mais prestações pecuniárias.

Esta é uma das questões mais tormentosas no dia a dia do segurado.

Inicialmente a cumulação deve ser resolvida pela natureza dos benefícios e pela lógica de cada um deles. Evidentemente que seria ilógico cumular o auxílio-doença acidentário com a aposentadoria por invalidez acidentária, decorrente do mesmo acidente, sendo esta sucedâneo daquele.

A Lei n. 8.213/91, no art. 124, elencava a vedação para a cumulação dos benefícios de uma forma até lógica. Posteriormente, a Lei n. 9.032/95 deu nova redação a esse artigo e ampliou o rol das proibições, incluindo aí a não cumulação de mais de um auxílio-acidente. Dessa forma podemos resumir:

– até a vigência da Lei n. 9.032/95 (29 de abril) era possível cumular dois auxílios-acidente, desde que consequência de eventos distintos, e o auxílio-acidente com qualquer outro benefício, exceto com a aposentadoria por invalidez acidentária decorrente do mesmo acidente;

– depois da vigência da Lei n. 9.032/95, em face da expressa vedação da cumulação de mais de um auxílio-acidente (inciso V do art. 124), a questão fica assim equacionada: o titular de um auxílio-acidente de, por exemplo, 30%, se sofrer novo acidente, não terá direito a outro auxílio-acidente, mas somará o valor do benefício que vinha recebendo ao salário de benefício do novo auxílio-acidente, agora de percentual único de 50% nos termos da Súmula 146 do Superior Tribunal de Justiça – STJ[17], anteriormente editada.

A questão que mais aparece nas ações judiciais é a cumulação do auxílio-acidente com a aposentadoria de qualquer natureza.

As Leis n. 8.213/91 e n. 9.032/95 não vedavam a cumulação nem explícita nem implicitamente. Como acima ressaltamos, a única

---

17. "O segurado, vítima de novo infortúnio, faz jus a um único benefício somado ao salário de contribuição vigente no dia do acidente."

vedação era a cumulação com a aposentadoria por invalidez acidentária decorrente do mesmo acidente pelo qual recebia o auxílio-acidente. Contudo, o INSS sistematicamente vinha contestando essa possibilidade. É que muitos trabalhadores já aposentados por tempo de serviço ou idade requeriam depois na Justiça o auxílio-acidente, tendo como fundamento doenças ocupacionais, *v.g.*, a PAIR – perda auditiva induzida pelo ruído. A cumulação era pois possível, estivesse ou não o trabalhador aposentado. Se a lei não restringia, não cabia ao intérprete fazê-lo, muito menos em desfavor do hipossuficiente[18].

Além do mais, duas foram as fontes de custeio: do benefício comum e do benefício de natureza acidentária. E mais ainda. O aposentado por tempo de serviço ou por idade pode retornar ao trabalho estando sujeito a sofrer acidente com sequelas e possuindo já a incapacidade desde o início do retorno ao Regime Geral da Previdência Social.

Mesmo em se tratando de aposentadoria especial, a situação não mudava. A lei, por algum tempo, impedia o retorno do trabalhador aposentado para o mesmo ambiente hostil (§ 6º do art. 57, acrescentado pela Lei n. 9.032/95, revogado pela Lei n. 9.732/98). De certa forma, era até benéfico para o obreiro. Contudo, a rigor, essa proibição é inconstitucional, até porque esse segurado provavelmente não sabe trabalhar em outra função senão naquela que exerceu durante toda a sua vida. De qualquer forma, se viesse a sofrer acidente do trabalho com sequelas incapacitantes, era possível a cumulação.

É de se frisar, porém, que a Lei n. 9.528/97 passou a proibir a acumulação do auxílio-acidente com a aposentadoria de qualquer espécie. O art. 2º dessa lei alterou o disposto no art. 86, §§ 2º e 3º, da Lei n. 8.213/91 e, de forma expressa, impôs a proibição.

Mas a incidência dessa lei só se dá para os acidentes (ou doenças ocupacionais) ocorridos a partir da data da vigência da Medida Provisória n. 1.596-14, de 11 de novembro de 1997, não podendo

---

18. 2º TAC, Ap. 476.660, 1ª Câm., rel. Juiz Magno de Araújo, j. em 24-3-1997.

retroagir, muito menos em prejuízo do obreiro. O extinto E. Segundo Tribunal de Alçada Civil já se vinha posicionando nesse sentido[19].

Também dessa Corte de Justiça merece destaque decisão entendendo que, em caso de moléstia ocupacional, para fins de fixação da lei de regência, deve-se levar em consideração o período de trabalho e o momento da saída do segurado do último emprego, valendo a legislação vigente em tais épocas, impossibilitando que se apliquem, retroativamente, os efeitos da Lei n. 9.528/97[20].

De forma lapidar, o v. acórdão deixou consignado que a lei de regência é a do momento da saída do trabalhador do emprego, porque, "indiscutivelmente, o obreiro tinha a expectativa da aquisição do direito à indenização acidentária à época da saída, não havendo por que retroagir os efeitos da Lei 9.528/97, pela simples constituição em mora da autarquia na sua vigência, especialmente quando a incapacidade laborativa eclodiu antes de sua vigência".

Esse posicionamento se tornou tranquilo na jurisprudência e foi acolhido pela própria Advocacia-Geral da União, a quem incumbe a defesa da autarquia-ré, que editou, em 14 de setembro de 2009, a Súmula 44, do seguinte teor:

"É permitida a cumulação do benefício de auxílio-acidente com benefício de aposentadoria quando a consolidação das lesões decorrentes de acidentes de qualquer natureza, que resulte em sequelas definitivas, nos termos do art. 86 da Lei n. 8.213/91, tiver ocorrido até 10 de novembro de 1997, inclusive, dia imediatamente anterior à entrada em vigor da Medida Provisória n. 1.596-14, convertida na Lei n. 9.528/97, que passou a vedar tal acumulação".

---

19. Ap. 542.877, 3ª Câm., rel. Juiz Milton Sanseverino, j. em 17-8-1999; AI 575.819, 10ª Câm., rel. Juiz Soares Levada, j. em 23-6-1999; Ap. 548.078, 1ª Câm., rel. Juiz Magno Araújo, j. em 17-5-1999.

20. "Acidente do trabalho – acumulação com aposentadoria – disacusia – incapacidade laborativa – caracterizada no momento da saída do obreiro da empregadora – princípio *tempus regit actum*. Quando se tratar de doença profissional de caráter progressivo, a data do início da incapacidade laborativa deve ser fixada a partir do afastamento do segurado do ambiente insalubre, aplicando-se a lei vigente naquele momento, em consonância com o princípio *tempus regit actum*" (Ap. 552.097, 7ª Câm., rel. Juiz Willian Campos, j. em 30-7-1999).

O Superior Tribunal de Justiça, em 26-3-2014, por meio da Primeira Seção, editou a Súmula 507: "A acumulação de auxílio--acidente com aposentadoria pressupõe que a lesão incapacitante e a aposentadoria sejam anteriores a 11-11-1997, observado o critério do art. 23 da Lei n. 8.213/91 para definição do momento da lesão nos casos de doença profissional ou do trabalho". No mesmo sentido o Tema 555: "A acumulação do auxílio-acidente com proventos de aposentadoria pressupõe que a eclosão da lesão incapacitante, apta a gerar o direito ao auxílio-acidente, e a concessão da aposentadoria sejam anteriores à alteração do art. 86, §§ 2º e 3º, da Lei 8.213/1991, promovida em 11.11.1997 pela Medida Provisória 1.596-14/1997, posteriormente convertida na Lei 9.528/1997".

O último aspecto a ser discutido diz respeito à constitucionalidade dessa lei para os casos em que o trabalhador continua na ativa, mesmo após a aposentadoria.

É que, conforme preceitua o art. 7º, XXVIII, da Constituição Federal, é direito de todos os trabalhadores o seguro contra acidentes do trabalho. Não há qualquer restrição quanto à abrangência ou aplicabilidade desse dispositivo à legislação infraconstitucional, *v.g.*, "nos termos ou limites da lei", como disposto no art. 201. Portanto, o seguro contra acidentes abrange todo trabalhador segurado empregado.

Ora, proibir ao aposentado que está trabalhando o recebimento cumulativo da aposentadoria com o auxílio-acidente ou com o auxílio--doença é infringir esse preceito constitucional, negando-se-lhe o direito ao seguro contra acidentes do trabalho.

Por outro lado, a empresa está recolhendo aos cofres do INSS a contribuição prevista no art. 22 da Lei n. 8.212/91 incidente sobre a folha de pagamento total, vale dizer, também do aposentado que está trabalhando.

Não pode a lei ordinária invalidar o mandamento constitucional e alterar dispositivos que apenas favoreçam a autarquia que detém o monopólio do seguro, mantendo esta os privilégios e os créditos, retirando o direito à indenização dos segurados e dos contribuintes (empregadores).

Mais ainda, tal dispositivo fere o princípio constitucional da isonomia. Por que tratar desigualmente os trabalhadores que estão na ativa, aposentados e não aposentados? O que deve ser respeitado é a igualdade de direitos de todos os segurados-empregados quanto aos riscos e ao seguro de acidente do trabalho (independentemente de ser aposentado ou não, porque a situação jurídica, perante a Previdência, é de segurado-empregado).

Por certo, o ideal seria a jurisprudência repetir o entendimento esposado por ocasião da vigência da Lei n. 6.367/76, que mandava cessar o pagamento do auxílio suplementar quando da aposentadoria, firmando jurisprudência de que, nos casos de retorno ao trabalho, havia possibilidade de recebimento conjunto dos benefícios. Como a hipótese é análoga ao texto da Lei n. 9.528/97, há de prevalecer tal tese[21].

E assim foi feito, num primeiro momento. O Tribunal de Justiça do Estado de São Paulo, no Incidente de Inconstitucionalidade de Lei n. 145.4 63-0/0-00, Pleno, rel. Palma Bissol, j. em 2-5-2007, julgou procedente a arguição de inconstitucionalidade do § 2º do art. 86 da Lei n. 8.213/91, na redação que lhe foi dada pela Lei n. 9.528/97, que veda a acumulação do auxílio-acidente com qualquer aposentadoria, nela arrastando, por igualmente inconstitucional, o § 2º do art. 18 da mesma Lei n. 8.213/91, na redação que lhe foi dada também pela Lei n. 9.528/97, que dispõe: "O aposentado pelo Regime Geral da Previdência Social-RGPS que permanecer em atividade sujeita a este Regime, ou a ele retornar, não fará jus a prestação alguma da Previdência Social em decorrência do exercí-

---

21. "O auxílio suplementar cessa com a aposentadoria, contudo, se o trabalhador volta a exercer o ofício com o recolhimento das contribuições previdenciárias obrigatórias, é evidente que faz jus ao auxílio suplementar, sendo o acidente posterior à aposentadoria" (2º TAC, Ap. 275.676, 2ª Câm., rel. Juiz Ferraz de Arruda, j. em 17-9-1990); "Ação acidentária. Embargos Infringentes. Tenossinovite. Cúmulo entre auxílio-acidente e aposentadoria especial. Possibilidade, quando o fato motivador do auxílio é posterior à aposentadoria. Relativamente ao cúmulo entre aposentadoria especial e auxílio-acidente, tem este relator entendido possível desde que o segundo benefício tenha origem em fatos posteriores à aposentação" (2º TAC, EI 530.395, 12ª Câm., rel. Juiz Arantes Theodoro, j. em 10-6-1999); "Previdenciário. Auxílio suplementar. Aposentadoria por tempo de serviço. Acumulação. Possibilidade. Se o infortúnio ocorre após o retorno do aposentado à atividade laborativa, é permitida a acumulação dos benefícios da aposentadoria com o auxílio suplementar. Precedente" (STJ, REsp 59.438, 5ª T., rel. Min. José Arnaldo, j. em 12-8-1996).

cio dessa atividade, exceto ao salário-família e à reabilitação profissional, quando empregado".

Pesem essas ponderações, mais recentemente, o STF, no Recurso Extraordinário 381.367, em sede de embargos declaratórios, firmou a seguinte tese (Tema 503), em sede de repercussão geral: "No âmbito do Regime Geral de Previdência Social (RGPS), somente lei pode criar benefícios e vantagens previdenciárias, não havendo, por ora, previsão legal do direito à 'desaposentação' ou à reaposentação, sendo constitucional a regra do art. 18, § 2º, da Lei n. 8.213/91" (j. em 6-2-2020). Assim, o aposentado que volta ou permanece no trabalho continua a não ter direito a todos os benefícios, somente ao salário-família e à reabilitação.

A EC n. 103/2019 cuidou do instituto da cumulação de benefícios no art. 24, a nosso ver, de uma forma lógica e definitiva. Em resumo:

a) vedada a cumulação de mais de uma pensão deixada por cônjuge ou companheiro no âmbito do mesmo regime de Previdência Social;

b) será permitida a cumulação de pensão por morte deixada por cônjuge ou companheiro de um regime de Previdência Social com pensão por morte concedida por outro regime de Previdência Social ou com pensões decorrentes das atividades militares (arts. 42 e 142 da CF);

c) será permitida a acumulação de pensão por morte deixada por cônjuge ou companheiro de um regime de Previdência Social com aposentadoria concedida no âmbito do RGPS, ou de regime próprio de Previdência Social ou com proventos de inatividade decorrentes das atividades militares (arts. 42 e 142 da CF);

d) será permitida a acumulação de pensões decorrentes das atividades militares (arts. 42 e 142 da CF) com aposentadoria concedida no âmbito do RGPS ou de regime próprio de Previdência Social.

Ocorre que as acumulações admitidas no § 1º do art. 24 sofrem restrição de valores conforme o § 2º do mesmo artigo:

1. é assegurada a percepção do valor integral do benefício mais vantajoso;

2. é assegurada, também, cumulativamente, uma parte dos demais benefícios de acordo com as seguintes faixas:

a. 60% do valor que exceder um salário mínimo, até o limite de dois salários mínimos;

b. 40% do valor que exceder dois salários mínimos, até o limite de três salários mínimos;

c. 20% do valor que exceder três salários mínimos, até o limite de quatro salários mínimos; e

d. 10% do valor que exceder quatro salários mínimos.

Finalmente, há ainda dois dispositivos que tentam amenizar as restrições impostas: o primeiro é o da possibilidade da revisão se houver alteração de algum dos benefícios; o segundo diz respeito ao direito aos benefícios se houverem sido adquiridos antes da vigência da EC n. 103/2019.

O § 5º, o último do art. 24, parece anular tudo que foi previsto anteriormente; eis que, de um lado, permite a alteração dessas regras na forma do § 6º do art. 40 da CF. Esse dispositivo reforça a proibição de mais de uma aposentadoria à conta de regime próprio de Previdência Social, além de outras vedações, regras e condições para a acumulação de benefícios previdenciários estabelecidos no RGPS. Por outro, dispõe que lei complementar estabelecerá vedações, regras e condições para a acumulação de benefícios previdenciários.

7. DA REABILITAÇÃO PROFISSIONAL

Finalmente, cumpre mencionar o direito que o segurado acidentado tem à reabilitação profissional, através dos Centros de Reabilitação Profissional – CRPs do próprio INSS (arts. 18 III, *c*, e 89 da Lei n. 8.213/91).

A bem da verdade, os CRPs, com honrosas exceções, estão de há muito falidos. Uma das finalidades precípuas da reabilitação profissional é a inserção novamente do segurado acidentado no mercado de trabalho, e de preferência na mesma empresa. Mas a realidade é outra. Se há um dispositivo da Lei n. 8.213/91 descumprido pela quase totalidade das empresas neste país é o art. 93, que as obriga a manter em seus quadros segurados reabilitados ou pessoas portadoras de deficiência dentro dos percentuais ali previstos. Se falta emprego até para os hígidos, imagine-se para os "doentes" ou meio hígidos...

Dentro do conceito de reabilitação profissional está a concessão de órteses e próteses sempre que indicadas tecnicamente. É outro tormentoso problema, pois nunca há verba para tal despesa.

Uma questão que às vezes surge diz respeito à possibilidade ou não de ingressar em juízo antes da alta da reabilitação. A resposta, certamente, é positiva, até porque o segurado não pode ficar *ad infinitum* dependendo de um serviço com tamanhas deficiências. A jurisprudência é pacífica nesse sentido[22].

Por fim, além de um direito, é um dever, eis que, pela regra do art. 101, II, da mesma lei, o processo é obrigatório, sob pena de suspensão do benefício (incluído pela Lei n. 14.441/2022).

Aliás, essa lei alterou a redação do *caput* do art. 101 da Lei n. 8.213/91 e instituiu três incisos:

"Art. 101. O segurado em gozo de auxílio por incapacidade temporária, auxílio-acidente ou aposentadoria por incapacidade permanente e o pensionista inválido, cujos benefícios tenham sido concedidos judicial ou administrativamente, estão obrigados, sob pena de suspensão do benefício, a submeter-se a:

I – exame médico a cargo da Previdência Social para avaliação das condições que ensejaram sua concessão ou manutenção;

II – processo de reabilitação profissional prescrito e custeado pela Previdência Social; e

III – tratamento oferecido gratuitamente, exceto o cirúrgico e a transfusão de sangue, que são facultativos".

Destacamos que o STJ está analisando, no Tema 1.157[23], a possibilidade de cancelamento administrativo, após regular perícia, de benefícios previdenciários, por incapacidade, concedidos judicialmente, já com trânsito em julgado, dispensando a ação revisional.

---

22. *Vide* terceira parte, Capítulo 4, item 4.
23. REsps 1.985.189 e 1.985.190, afetados em 30-6-2022.

PARTE II

CAPÍTULO 1
DA PERDA AUDITIVA INDUZIDA POR RUÍDO – PAIR

Sumário: 1. Introdução. 2. Da indenização. 2.1. Da indenização independentemente do grau de perda. 2.2. Da não indenização se a perda for mínima. 2.3. Da perda unilateral de 8%. 3. Das causas extralaborativas que não ensejam a concessão do benefício.

1. INTRODUÇÃO

Entende-se como perda auditiva induzida por ruído – PAIR uma alteração dos limiares auditivos, do tipo neurossensorial, decorrente da exposição sistemática a ruído, que tem como características a irreversibilidade e a progressão com o tempo de exposição[1].

O Ministério da Saúde publicou o *Manual Técnico sobre PAIR* em 2006 e a definiu como a perda provocada pela exposição por tempo prolongado ao ruído. Configura-se como uma perda auditiva do tipo neurossensorial, geralmente bilateral, irreversível e progressiva com o tempo de exposição ao ruído (CID 10 – H 83.3).

A Norma Técnica elaborada por iniciativa da Divisão de Perícias do INSS[2], que buscou parceria com diversos segmentos da sociedade,

---

1. "Norma Técnica que dispõe sobre o diagnóstico da perda auditiva induzida por ruído e a redução e o controle do ruído nos ambientes e postos de trabalho" – Resolução SS-317, de 24-5-1994, da Secretaria de Estado da Saúde – São Paulo.

2. Norma Técnica aprovada pela Ordem de Serviço n. 608, de 5 de agosto de 1998, publicada no *DOU*, 19 ago. 1998, p. 44.

tendo sido inclusive submetida à apreciação da Comissão Tripartite Paritária – CTP, em maio de 1997[3], procura englobar conceitos mais modernos e atuais, dispondo que a PAIR ocupacional, também conhecida como "Perda Auditiva por Exposição a Ruído no Trabalho", "Perda Auditiva Ocupacional", "Surdez Ocupacional" ou ainda "Disacusia Ocupacional", é "uma diminuição gradual da acuidade auditiva, decorrente da exposição continuada a níveis elevados de pressão sonora. O termo Perdas Auditivas Induzidas por Níveis Elevados de Pressão Sonora é mais adequado, porém será mantido o termo PAIR, por ser o mais utilizado".

Atualmente, de acordo com a NR-15 – anexo 1 (Norma Regulamentadora prevista na Portaria n. 3.214/78 do MTb), o limite de tolerância para a exposição a ruído contínuo nos ambientes de trabalho para jornada de oito horas é de 85 decibéis. Contudo, sabemos que a NR-15 trabalha com o conceito de "igual quantidade de energia", ou seja, combina o nível de exposição em dB(A) com o tempo de exposição. Dessa forma, o risco de o trabalhador vir a apresentar a PAIR estará necessariamente relacionado com as duas variáveis, até porque sabemos que muitos trabalhadores cumprem jornada de até nove horas e vinte minutos por dia para compensar o sábado. Por outro lado, os limites de tolerância por sua própria natureza são parâmetros dentro dos quais se procura incluir a maioria dos trabalhadores, não a totalidade, já que os aspectos individuais podem interferir. Assim, um trabalhador mais suscetível pode contrair a moléstia mesmo estando dentro desses parâmetros.

Por sua vez, a NR-9, que instituiu o PPRA – Programa de Prevenção de Riscos Ambientais, introduziu um novo conceito na prevenção de acidentes e de doenças ocupacionais, chamado de "nível de ação". Ou seja, toda vez que os riscos ambientais, no nosso caso o ruído, atingirem certos níveis, isso significa um alerta que exige tomada de medidas por parte da empresa para evitar que se atinjam os limites de tolerância. Em se tratando de ruído, a NR-9 (item 9.3.6.2 "b") considera nível de ação "a dose de 0,5 (dose superior a 50%),

---

3. Minuta publicada no *DOU*, 11 jul. 1997, p. 14244 e Portaria n. 19, de 9 de abril de 1998 (*DOU* de 22 abr. 1998, Seção 1, p. 64-66).

conforme critério estabelecido na NR-15, anexo 1, item 6, quer dizer, sempre que os níveis de ruído em dB(A) atingirem 80 por oito horas acende-se a luz vermelha do "nível de ação".

Os equipamentos de proteção individual – EPIs contra ruídos protegem o aparelho auditivo e devem ser utilizados sempre que necessários quando for ineficaz a proteção coletiva. Por sua vez, embora os EPIs não tenham eficácia direta quanto às vibrações mecânicas, já que elas chegam à cóclea através do esqueleto, mesmo assim e *a fortiori* devem continuar sendo usados, pois as vibrações tornam o indivíduo mais suscetível ao ruído transmitido por via aérea.

O diagnóstico de PAIR, que tem como finalidade a identificação, qualificação e quantificação da perda auditiva, deve ser feito por especialista em cujo procedimento deve incluir o exame físico e otológico, anamnese ocupacional e exames complementares, especialmente a audiometria por via aérea e por via óssea, esta se for o caso. Outros exames muito úteis são a impedanciometria ou, mais modernamente, a imitanciometria (aquela mede apenas a impedância acústica; esta mede também a admitância e os reflexos estapédios); o SRT (teste de fala "Limiares de Reconhecimento de Fala"); a discriminação vocal, à qual modernamente se sugere o nome de IRF (Índice de Reconhecimento de Fala ou Percentuais de Reconhecimento de Fala), pois realmente não se estariam discriminando vozes, mas sim medindo a capacidade de reconhecer sinais de fala; a audiometria de tronco cerebral (BERA) e o teste de SISI.

Nos casos de PAIR, o quadro audiológico mostra uma perda auditiva inicial nas frequências entre 3.000 e 6.000Hz. Progressivamente as frequências médias e baixas são atingidas também, apresentando a curva audiométrica configuração descendente, havendo ascensão em torno da frequência de 8.000Hz.

As principais características da PAIR, de acordo com a Norma Técnica, que se fundamenta nas diretrizes do Comitê de Ruído e Conservação da Audição do *American College of Occupational Medicine*, e segundo o Comitê Nacional de Ruído e Conservação Auditiva, são:

a) ser sempre neurossensorial, por comprometer as células de órgão de Córti;

b) ser quase sempre bilateral (ouvidos direito e esquerdo com perdas semelhantes) e, uma vez instalada, irreversível;

c) muito raramente não ultrapassando os 40 dbNA (decibéis Nível Auditivo) nas frequências baixas e 75 dbNA, nas altas;

d) a perda tem seu início e predomina nas frequências de 6.000, 4.000 e/ou 3.000Hz, progredindo lentamente às frequências de 8.000, 2.000, 1.000, 500 e 250Hz para atingir seu nível máximo, nas frequências mais altas, nos primeiros dez a quinze anos de exposição estável a níveis de pressão sonora;

e) por atingir a cóclea, o trabalhador portador de PAIR pode desenvolver intolerância a sons mais intensos (recrutamento), perda da capacidade de reconhecer palavras, zumbidos, que, somados ao déficit auditivo propriamente dito, prejudicarão o processo de comunicação;

f) cessada a exposição ao nível elevado de pressão sonora, não há progressão de PAIR. Exposições pregressas não tornam o ouvido mais sensível a exposições futuras; ao contrário, a progressão da perda se dá mais lentamente na medida em que aumentam os limiares auditivos; e

g) os seguintes fatores influenciam a perda: características físicas do agente causal (tipo espectro, nível de pressão sonora), tempo e dose de exposição e suscetibilidade individual[4].

Tradicionalmente media-se a perda auditiva segundo os critérios de quantificação da tabela de Fowler, prevista no anexo I da NR-7. Trata-se de uma fórmula proposta pelo *Council on Physical Therapy*, numa relação de 7/8 do ouvido bom para o de mau funcionamento. Justiça seja feita, Fowler nunca aceitou a relação 7/8, mas nos Estados Unidos foi adotada oficialmente até 1961. Posteriormente o mesmo *Council on Physical Therapy* adotou o novo critério de Fowler.

Essa classificação está superada de há muito, e a própria NR-7, com alteração imposta pela Portaria n. 24, de 29 de dezembro de

---

4. Norma Técnica aprovada pela Ordem de Serviço n. 608, de 5 de agosto de 1998, publicada no *DOU*, 19 ago. 1998, p. 44.

1994, não traz referência a tabela alguma, preocupando-se, sim, com o ruído no ambiente de trabalho.

O Decreto n. 3.048/99 (Regulamento das Leis n. 8.212/91 e n. 8.213/91) atendeu a uma antiga exigência do Comitê Nacional de Ruído e Conservação Auditiva, separando o trauma acústico da PAIR. De fato esse Comitê, órgão interdisciplinar composto por membros indicados pela Associação Nacional de Medicina do Trabalho – ANAMT, pela Sociedade Brasileira de Acústica – SOBRAC, pela Sociedade de Fonoaudiologia – SBFono e pela Sociedade de Otorrinolaringologia – SBORL, de há muito havia feito a distinção entre trauma acústico e PAIR. Assim é que o Regulamento, no quadro 2 do anexo III, quando trata do aparelho auditivo, cuida apenas do trauma acústico, que deve ser definido como "perda súbita da acuidade auditiva decorrente de uma única exposição a pressão sonora intensa (por exemplo, em exposições a detonações) ou devido a trauma físico do ouvido, crânio ou coluna cervical"[5]. É tratado, pois, como um acidente do trabalho que produz como consequência a perda auditiva. Para esses casos a Previdência Social adota hoje como critérios de indenização os ali descritos segundo a adaptação da classificação de Davis & Silvermann, 1970.

Já em relação à PAIR, o decreto lhe dá o mesmo tratamento que às demais doenças profissionais ou do trabalho, remetendo-a para o quadro 9 B, que cuida de outros aparelhos e sistemas. Para estes manda o decreto que se aplique o art. 104, que trata tão somente da concessão do auxílio-acidente na forma já estudada[6].

Qual será a melhor forma de indenizar um trabalhador portador da PAIR? Até agora estávamos acostumados à tabela de Fowler, ou seja, exigíamos uma "quantificação" da perda auditiva para que, com base nela, fosse o trabalhador indenizado. Mas os tempos evoluíram, e o que a medicina ocupacional preconiza hoje não é a realização de audiometrias, a maioria das vezes sem quaisquer critérios científicos,

---

5. Norma Técnica aprovada pela Ordem de Serviço n. 608, de 5 de agosto de 1998, publicada no *DOU*, 19 ago. 1998, p. 44.
6. *Vide* primeira parte, Capítulo 3, item 5.2.

mas uma intervenção no meio ambiente de trabalho. Por isso a inovação do "nível de atenção" ao qual nos referimos.

Infelizmente, os operadores do direito exigem dos senhores peritos que continuem quantificando a perda auditiva por uma das tabelas existentes (Fowler, Merluzzi, Pereira, ou Costa, 1992), quando sabemos que nenhuma delas se presta a essa finalidade, mas sim a uma análise do conjunto de trabalhadores, para, em consequência, proceder-se a uma intervenção no ambiente do trabalho.

Em boa hora o Ministério do Trabalho, com a publicação do anexo I da NR-7, em 9 de abril de 1998, e o Ministério da Previdência e Assistência Social, com a publicação da minuta, já transformada em norma, estão revendo esses conceitos. O primeiro direciona-se para a prevenção em geral e o segundo preocupa-se mais com os problemas internos, dirigindo-se aos senhores médicos peritos e às equipes multidisciplinares que cuidam da questão da PAIR.

De nossa parte, por enquanto, devemos ater-nos ao atual Regulamento, que dá à PAIR o mesmo tratamento de outra doença. Assim, se o perito entender que o segurado é portador de sequelas que reduzem sua capacidade laborativa, faz este jus ao auxílio-acidente. Se o laudo for negativo, não há que se falar em indenização previdenciário--acidentária. Como já ressaltamos, o SAT indeniza a incapacidade para o trabalho e não a doença. Não resta dúvida de que a PAIR tem suas peculiaridades. Contudo, não podemos fugir da norma posta. Assim, a jurisprudência a respeito, incluindo-se aí a Súmula 44/STJ, deve ser repensada sob pena de prejudicarmos ainda mais o trabalhador.

Uma questão que envolve os casos de PAIR é se necessariamente deve ser bilateral. A maioria dos autores só aceita o diagnóstico de PAIR se houver bilateralidade. É que a forma como se processa o som em nosso sistema auditivo leva a essa conclusão. Pode, sim, ser ela mais acentuada em um ouvido do que em outro. Mas dificilmente vamos encontrar uma PAIR unilateral. Por isso a necessidade de um exame otológico adequado e não simples análise de um audiograma, ou, o que é pior, o uso de *softwares* para diagnosticar a PAIR. A simetria das lesões a ser considerada deve levar em conta apenas a origem do nexo causal, e em análise qualitativa, não se podendo pretender que as curvas audiométricas sejam perfeitamente congruentes ou que tenham o mesmo valor percentual. Basta que apresentem bilateralidade de acometimento patológico de mesma etiologia. Esse é o ensinamento dos médicos especialistas que atuam junto ao setor de perícias das Varas de Acidentes do Trabalho da Capital[7].

Vale um registro sobre uma circunstância normalmente mencionada pelos peritos, qual seja, a diferença nas perdas. Trata-se das "diferentes suscetibilidades entre os ouvidos". Isto é facilmente explicável e, novamente, nos valemos dos ensinamentos do Dr. Hélio Mira de Assumpção Jr.[8], que já contou com respaldo jurisprudencial[9].

Por fim, há de se ter em mente que, além das diferentes suscetibilidades dos ouvidos, pode ocorrer fator extralaboral (otite, por exemplo), o qual tenha atingido apenas um dos ouvidos, podendo, assim, apresentar valor diverso do outro, sem que isso implique descaracterização do nexo causal.

A melhor forma de não cometer injustiça com os trabalhadores é analisar caso a caso de acordo com as particularidades do trabalhador em seu ambiente do trabalho, desde uma boa anamnese ocupacional até os fatores individuais. Afinal não existem doenças, mas doentes.

A própria Norma Técnica da Previdência determina que para a concessão da indenização é necessário que "haja uma sequela anatômica e funcional com redução da capacidade auditiva ou outra sintomatologia que reduza a capacidade laborativa para a atividade habitual". Entende-se que a atividade habitual é o principal parâmetro para decidir se a perda auditiva com redução da capacidade labo-

---

7. Conforme laudos apresentados nos Processos n. 671/96 e 511/98 da 4ª Vara de Acidentes do Trabalho pelos Drs. Carlos Fernando dos Santos Ferreira e Hélio Mira de Assumpção Júnior.

8. Quanto à diferença de percentual de rebaixamento auditivo dos ouvidos, pode ser explicada pela suscetibilidade maior de uma das cócleas à agressão sonora, em razão de diferenças estruturais dos componentes anatômicos, em especial da microvascularização e da composição e condição fisiológica do tecido extracelular do órgão receptor dos estímulos sonoros (laudo apresentado no Processo n. 381/94 da 1ª Vara de Acidentes do Trabalho da Capital).

9. 2º TAC, Ap. 510.312, 10ª Câm., rel. Juiz Soares Levada, j. em 18-2-1998; 2º TAC, Ap. 498.583, 6ª Câm., rel. Juiz Thales do Amaral, j. em 22-10-1997.

rativa ou outros possíveis sintomas sequelares atingem o examinando em particular. Como se observa, não é a perda da capacidade auditiva que determina a incapacidade ou o direito ao auxílio-acidente. Por isso se enfatiza que no caso da PAIR ocupacional as tabelas e cálculos de perda auditiva (acuidade auditiva), isoladamente, são inúteis sob o ponto de vista de benefícios previdenciários por incapacidade, devendo cada caso ser analisado individualmente.

É ainda o que determina o § 4º do art. 86 da Lei n. 8.213/91, com a redação dada pela Lei n. 9.528/97: "A perda da audição, em qualquer grau, somente proporcionará a concessão do auxílio-acidente, quando, além do reconhecimento de causalidade entre o trabalho e a doença, resultar, comprovadamente, na redução ou perda da capacidade para o trabalho que habitualmente exercia".

2. DA INDENIZAÇÃO

Procurando transcender quanto ao exposto na Introdução, vamos tentar entender os mecanismos da indenização dos trabalhadores portadores de PAIR pelos critérios ainda adotados pela maioria dos senhores peritos, que teimam em ignorar os novos critérios de avaliação.

Sobre a correlação entre o grau de perda auditiva induzida pelo ruído e a indenização, formaram-se três grandes correntes, não esquecendo que baseadas em falsas premissas quanto à forma de classificação.

2.1. Da indenização independentemente do grau de perda

Para os seguidores dessa corrente, uma vez constatada a existência da PAIR e consequentemente o nexo com o trabalho, de rigor a concessão de benefício acidentário.

A Súmula 44 do Superior Tribunal de Justiça estabelece que: "a definição em ato regulamentar, de grau mínimo de disacusia, não exclui, por si só, a concessão do benefício previdenciário".

Através dessa súmula entendeu-se que "a lesão auditiva em grau mínimo se enquadra no conceito de acidente do trabalho, não podendo ser negada a indenização a ela pertinente, tomando-se por base os índices apresentados pela tabela de Fowler, porque esta não pode restringir o âmbito de uma lei federal"[10].

A partir desse entendimento, e considerando a irreversibilidade e progressividade da moléstia, são imperiosos o afastamento do obreiro do ambiente hostil e a concessão do auxílio-acidente.

A não aplicação da tabela de Fowler, por outro lado, decorre do fato de que a Portaria n. 24, de 29 de dezembro de 1994, alterou a NR-7 e não traz mais previsão de índice mínimo de perda auditiva, determinando que se deva providenciar o afastamento do trabalhador (itens 7.4.7. e 7.4.8.). Além disso, modifica completamente os tradicionais exames médicos ocupacionais, exigindo agora das empresas o Programa de Controle Médico de Saúde Ocupacional – PCMSO, sem qualquer vínculo com a NR-15. Também, como já nos referimos, deve a empresa fazer o PPRA, e, detectado um nível de pressão sonora elevado como um dos agentes de risco levantados por esse programa, deve a empresa organizar sob sua responsabilidade um Programa de Conservação Auditiva – PCA.

No mesmo sentido posiciona-se a Lei n. 9.528, de 10 de dezembro de 1997 (originária da MP n. 1.523/96, cujo texto da 13ª reedição foi incorporado pela MP n. 1.596-14/97), ao restabelecer o § 4º do art. 86 da Lei n. 8.213/91. Esse parágrafo, de forma taxativa, não mais faz referência a grau de perda da audição para fins de indenização, condicionando a concessão do benefício pela PAIR ao nexo causal e à comprovação da perda ou redução da capacidade laborativa para as funções habituais.

Ora, a incapacidade laborativa decorre do fato de o obreiro portador de PAIR, continuando exposto ao ruído, sofrer progressão desta e ter dificuldades não só no trabalho (comunicação com os colegas, com superiores, manuseio do maquinário e equipamentos de segurança etc.) como também na vida social.

Ela é uma das poucas doenças ocupacionais que causam sintomatologia constante, durante todos os momentos da vida do obreiro, mesmo que esteja em repouso, como o zumbido, por exemplo.

---

10. STJ, RE 148.550, 6ª T., rel. Min. Vicente Leal, j. em 14-10-1997, *DJU* de 10-11-1997.

Portanto, se o empregado não pode mais continuar a laborar em ambientes ruidosos, evidentemente o leque de atividades para as quais estará apto diminui muito, configurando a redução da capacidade laborativa.

Afinal, o trabalhador, como cidadão, tem direito ao trabalho e à saúde (art. 6º da CF), sendo dever do Estado, mediante políticas sociais e econômicas, proporcionar a redução do risco de doenças e agravos (art. 196 da CF), incluindo-se as relacionadas com o meio ambiente do trabalho, como a PAIR.

O benefício acidentário a ser concedido não é um prêmio ao obreiro, mas sim a forma de evitar que a moléstia se agrave e se transforme em problema maior.

Por fim, o *Manual do Médico-Perito da Previdência Social* define a incapacidade laborativa como sendo "a impossibilidade do desempenho das funções específicas de uma atividade (ou ocupação), em consequência de alterações morfopsicofisiológicas provocadas por doença ou acidente. O risco de vida para si ou para terceiros, ou de agravamento que a permanência em atividade possa acarretar, está implicitamente incluído no conceito de incapacidade, desde que palpável e indiscutível"[11].

Em 2010, o Superior Tribunal de Justiça decidiu que:

"Recurso Especial Repetitivo. Art. 105, III, alínea *a* da CF. Art. 543-C do CPC. Resolução 8/08 do STJ. Direito Previdenciário. Auxílio-acidente fundamentado na perda de audição. Requisitos: (a) comprovação do nexo de causalidade entre a atividade laborativa e a lesão e (b) da efetiva redução parcial e permanente da capacidade do segurado para o trabalho. Não incidência da Súmula 7/STJ. Parecer ministerial pelo improvimento do recurso especial. Recurso especial do INSS provido, no entanto.

1. Nos termos do art. 86, *caput* e § 4º da Lei 8.213/91, para a concessão de auxílio-acidente fundamentado na perda de audição, como no caso, é necessário que a sequela seja ocasionada por acidente de trabalho e que acarrete uma diminuição efetiva e permanente da capacidade para a atividade que o segurado habitualmente exerce.

---

11. Edição MPS – Brasília, 3. ed., 1993, p. 21.

2. O auxílio-acidente visa indenizar e compensar o segurado que não possui plena capacidade de trabalho em razão do acidente sofrido, não bastando, portanto, apenas a comprovação de um dano à saúde do segurado, quando o comprometimento da sua capacidade laborativa não se mostre configurado.

3. No presente caso, não tendo o segurado preenchido o requisito relativo ao efetivo decréscimo de capacidade para o trabalho que exercia, merece prosperar a pretensão do INSS para que seja julgado improcedente o pedido de concessão de auxílio-acidente.

4. Essa constatação não traduz reexame do material fático, mas sim valoração do conjunto probatório produzido nos autos, máxime o laudo pericial que atesta a ausência de redução da capacidade laborativa do segurado, o que afasta a incidência do enunciado da Súmula 7 desta Corte.

5. Recurso Especial do INSS provido para julgar improcedente o pedido de concessão de auxílio-acidente, com os efeitos previstos no art. 543-C do CPC e na Resolução 8/2008 (recursos repetitivos)" (STJ, REsp 1.108.298, 3ª Seção, rel. Min. Napoleão Nunes Maia Filho, j. em 12-5-2010).

Fixou a tese no Tema 22 (*DOU* 5-11-2009): "Comprovados o nexo de causalidade e a redução da capacidade laborativa, mesmo em face da disacusia em grau inferior ao estabelecido pela Tabela Fowler, subsiste o direito do obreiro ao benefício de auxílio-acidente". E dispôs no Tema 213: "Para a concessão de auxílio-acidente fundamentado na perda de audição (...), é necessário que a sequela seja ocasionada por acidente de trabalho e que acarrete uma diminuição efetiva e permanente da capacidade para a atividade que o segurado habitualmente exerça" (*DJ* 6-8-2010). Aquele Tribunal está, até hoje, condicionando a concessão do auxílio-acidente (ou outro benefício) à comprovação de lesão incapacitante, não bastando a comprovação de dano à saúde e possibilidade de progressão da moléstia[12].

---

12. No mesmo sentido: TJSP, Ap. 1035618-58.2022.8.26.0053, 16ª Câmara de Direito Público, rel. Antonio Tadeu Ottoni, j. em 25-1-2023: "ACIDENTE DO TRABALHO. SENTENÇA DE PROCEDÊNCIA. REEXAME NECESSÁRIO.

Essa decisão, dependendo de como for interpretada, pode representar um retrocesso à defesa da saúde dos trabalhadores. Com efeito, sendo a lesão irreversível e progressiva, se mantido o obreiro no inadequado local de trabalho, a incapacidade existe. Afinal, "se o retorno do obreiro à função anteriormente exercida oferece condições para o agravamento da moléstia, impõe-se reconhecer a redução de sua capacidade laborativa" (TJSP, Ap. 0266335-96.2004.8.26.0577, 17ª Câm. Cível, rel. Des. Adel Ferraz, j. em 9-8-2011).

O amparo infortunístico tem como intuito impedir a evolução do quadro clínico atual para uma sequela que cause incapacidade total.

Diante desse novo quadro, é imprescindível que a perícia afirme se há ou não incapacidade e aborde a questão da manutenção do trabalhador no local ruidoso, independentemente do grau da Tabela de Fowler.

2.2. Da não indenização se a perda for mínima

Para essa segunda corrente, a concessão de auxílio-acidente está condicionada à existência de PAIR que supere o percentual de 9%, índice encontrado através dos cálculos da tabela de Fowler. Abaixo desse índice, a audição é considerada normal, sem repercussão na capacidade laborativa do obreiro e, portanto, inindenizável. Assim sendo, como a concessão do benefício está condicionada à exigência de incapacidade (Lei n. 9.528/97) e considerando normal a perda até esse índice, não há que se falar em indenização.

RESTABELECIMENTO DE AUXÍLIO-ACIDENTE. CESSAÇÃO PELA AUTARQUIA. DOENÇA OCUPACIONAL. PERDA AUDITIVA INDUZIDA POR RUÍDO (P.A.I.R.). NEXO CAUSAL E INCAPACIDADE. Constatado pericialmente ser o obreiro portador de disacusia, reduzindo parcial e permanentemente sua capacidade laboral, e evidenciada sua relação com as exigências do serviço por ele desempenhada, e devido o auxílio-acidente – Sentença de procedência mantida".
No mesmo sentido: TJSP, Ap. 1005376-08.2014.8.26.0309, 16ª Câm. Dir. Público, rel. Des. Antonio Tadeu Ottoni, j. em 8-8-2018: "Acidente do trabalho. Benefício acidentário. Disacusia. Não reconhecimento da incapacidade laborativa. Inindenizabilidade. Inexistência de dano à própria saúde e ao trabalho. Ausente a redução permanente da capacidade laborativa".

Como vimos, essa posição está completamente fora da realidade, até porque, como é sabido, Fowler jamais pensou que sua tabela fosse empregada para tal finalidade. Além disso, mesmo que para a indenização se prestasse, como sustentar que 9% é incapacitante e 8% não?

2.3. Da perda unilateral de 8%

Existe uma terceira corrente, que podemos chamar de intermediária. Ela admite a indenização para aqueles casos em que existe perda bilateral, mas se contenta em que em um dos ouvidos a perda seja de 8%, mensurada pelos critérios da tabela de Fowler.

Essa posição é defendida na doutrina pelo ilustre magistrado, com larga experiência nas varas acidentárias, Irineu Antonio Pedrotti. Para ele, a perda de 8% em um dos ouvidos já é considerada dano à saúde do empregado e, portanto, passível de indenização[13].

Diante da posição do STJ de exigir a comprovação de incapacidade, independentemente do grau da perda, o entendimento dessa corrente perdeu o sentido.

3. DAS CAUSAS EXTRALABORATIVAS QUE NÃO ENSEJAM A CONCESSÃO DO BENEFÍCIO

Doenças há do aparelho auditivo que nada têm que ver com a PAIR. Nesses casos, o diagnóstico deve ser diferenciado para evitar que leituras errôneas de simples audiogramas levem a uma indenização indevida.

Como exemplo podemos citar as otoscleroses, a otodistrofia da cápsula óssea do labirinto, as otites, que nada mais são do que enfermidades de cunho infeccioso, a presbiacusia, que decorre do envelhecimento humano sem qualquer relação com o ruído em ambiente de trabalho etc.

Estas, como outras doenças do aparelho auditivo, não configuram PAIR, e, portanto, não são passíveis de indenização.

---

13. *Doenças profissionais ou do trabalho*, Ed. Universitária de Direito, 1988, v. 2, p. 587.

CAPÍTULO 2
DAS LESÕES POR ESFORÇOS REPETITIVOS – LER/DORT

Sumário: 1. Do conceito. 2. Da prevenção. 3. Da indenização. 4. Das formas clínicas das lesões por esforços repetitivos – LERs. 4.1. Tenossinovites. 4.1.1. Tenossinovite dos extensores dos dedos. 4.1.2. Tenossinovite de De Quervain. 4.2. Epicondilites. 4.3. Bursites. 4.4. Tendinite do supraespinhoso e bicipital. 4.5. Cistos sinoviais. 4.6. Dedo em gatilho. 4.7. Contratura ou moléstia de Dupuytren. 4.8. Compressão de nervos periféricos. 4.8.1. Síndrome do túnel do carpo. 4.8.2. Síndrome do canal de Guyon. 4.8.3. Síndrome do pronador redondo. 4.8.4. Síndrome cervicobraquial. 4.8.5. Síndrome do desfiladeiro torácico. 4.8.6. Síndrome da tensão do pescoço (mialgia tensional). 5. Perspectivas.

1. DO CONCEITO

O termo LER – lesões por esforços repetitivos – foi introduzido no Brasil pelo médico Mendes Ribeiro, em 1986, durante o I Encontro Estadual de Saúde de profissionais de processamento de dados, no Rio Grande do Sul.

LERs (moléstias classificadas no Código Internacional de Doenças – CID, versão 1975, n. 727-0/2) são afecções que podem acometer tendões, sinóvias, músculos, nervos, fáscias, ligamentos, isolada ou associadamente, com ou sem degeneração dos tecidos, atingindo na maior parte das vezes os membros superiores, região escapular, do pescoço, pelo uso repetido ou forçado de grupos musculares e postura inadequada[1].

Posteriormente, o INSS editou outra Norma Técnica, através da Ordem de Serviço n. 606, de 5 de agosto de 1998, publicada no *Diário Oficial da União* de 20 de agosto de 1998, e, recentemente, editou a Instrução Normativa INSS/DC n. 98, de 5 de dezembro de 2003, publicada no *Diário Oficial da União* de 10 de dezembro de 2003, que aprovou nova Norma Técnica sobre Lesões por Esforços Repetitivos – LER ou Distúrbios Osteomusculares Relacionados ao Trabalho – DORT. A LER/DORT foi assim conceituada: "Entende--se LER/DORT como uma síndrome relacionada ao trabalho, caracterizada pela ocorrência de vários sintomas concomitantes ou não, tais como: dor, parestesia, sensação de peso, fadiga, de aparecimento insidioso, geralmente nos membros superiores, mas podendo acometer membros inferiores. Entidades neuro-ortopédicas definidas como tenossinovites, sinovites, compressões de nervos periféricos, síndromes miofaciais, que podem ser identificadas ou não. Frequentemente são causa de incapacidade laboral temporária ou permanente. São resultado da combinação da sobrecarga das estruturas anatômicas do sistema osteomuscular com a falta de tempo para sua recuperação. A sobrecarga pode ocorrer seja pela utilização excessiva de determinados grupos musculares em movimentos repetitivos com ou sem exigência de esforço localizado, seja pela permanência de segmentos do corpo em determinadas posições por tempo prolongado, particularmente quando essas posições exigem esforço ou resistência das estruturas musculoesqueléticas contra a gravidade. A necessidade de concentração e atenção do trabalhador para realizar suas atividades e a tensão imposta pela organização do trabalho são fatores que interferem de forma significativa para a ocorrência das LER/DORT".

---

1. Norma Técnica para avaliação de incapacidade – LER – INSS, 1993.

Essas Normas Técnicas do INSS trazem os diferentes tipos de moléstias: tendinite, tenossinovite, epicondilite, bursite, cisto sinovial, sinovite, miosite, fasciíte etc.

As LERs foram reconhecidas como doença do trabalho em 1987, através da Portaria n. 4.062, de 6 de agosto de 1987, do Ministério da Previdência Social, e mantêm o primeiro lugar das doenças ocupacionais notificadas à Previdência Social.

Atualmente constam do anexo II do Decreto n. 3.048 (Grupo XIII da Cid-10), tal qual ocorria com os Decretos n. 611/92 e n. 2.172/97.

Em São Paulo, a Secretaria da Saúde, através da Resolução/SS n. 197/92, editou Norma Técnica e o fez com inteira razão, uma vez que a saúde do trabalhador está inserida no campo de atribuições do SUS e, portanto, das Secretarias Estaduais da Saúde (art. 200 da CF e Lei n. 8.080/90 – Lei Orgânica Nacional da Saúde).

As LERs são moléstias que vêm atingindo grande parte da população operária, deixando de ser patrimônio dos digitadores, como se pensava até há pouco, havendo incidência em diversos operários de outros ramos de atividade, tais como os de linhas de montagem, metalúrgicos, telefonistas etc.

O perito judicial Dr. Luiz Carlos Riciarelli, no laudo judicial apresentado no processo n. 234/95 da 4ª Vara de Acidentes da Capital, de maneira muito clara bem define o que provoca o aparecimento da LER:

"O músculo voluntário é composto por estruturas em forma de cilindro formando feixes, constituídos por fibras musculares. Estas, por sua vez, são formadas por centenas e milhares de miofibrilas. As miofibrilas apresentam dispostos lado a lado filamentos de miosina e aclina, que são grandes moléculas de proteínas polimerizadas e responsáveis pela contração muscular.

Na extremidade dos músculos há uma compensação de fibras elásticas e fibras colágenas formando os tendões que se inserem nos ossos.

Os tendões, como elos mecânicos que transmitem força, estabilizam os movimentos e movem as estruturas das extremidades.

No desempenho de sua função os tendões estão sujeitos à distensão pelos músculos e à compressão pelos ossos e ligamentos adjacentes. A distensão está relacionada à força contrátil do músculo e à sensação do tendão. A força é proporcional à massa muscular.

O esforço compressivo sobre o tendão é relacionado à:

– força do músculo;

– curvatura da posição;

– área de contato com estruturas adjacentes.

Ao esforço compressivo o tendão responde com deformação. A deformação é devida à tensão elástica dos feixes de fibras. Quando combatível no tempo correto ocorre a recuperação do tendão e de sua tensão.

Estudos mostram que a relação exercício/tempo de recuperação quando é insuficiente conduz à deformação 'viciosa'.

Uma contração forte e prolongada ou movimentos em alta frequência conduzem à fadiga muscular, que resulta na incapacidade do processo contrátil e metabólico da fibra muscular em continuar mantendo o mesmo trabalho. O nervo continua a funcionar normalmente, passando o estímulo para a fibra muscular.

A dor muscular não se origina nas fibras musculares, mas possivelmente pela excitação dos filetes nervosos de dor situados nos vasos e no tecido conjuntivo do músculo.

A dor e deformação viciosa estão relacionadas com:

– falência mecânica;

– isquemia local;

– distúrbios metabólicos.

A falência mecânica é causada pela ruptura das fibras elásticas (discos-Z), edema, depósito de fibrina e proliferação de fibrócitos. Há alteração da membrana sinovial e aderências. As microrrupturas ocorrem com mais frequência nos locais menos vascularizados.

A isquemia decorre não só do espessamento progressivo de sinovial ou fáscia mas também do estímulo ao sistema simpático pela fadiga e consequente diminuição do fluxo sanguíneo.

A redução do fluxo sanguíneo prejudica os micronutrientes promovendo microalterações e microfalências dos elos moleculares da matriz tensional e material intracelular com depósito de metabólicos e alterações do pH e consumo de O_2.

A depleção dos micronutrientes está ainda relacionada à intensidade, duração e frequência dos movimentos, sua vigorosidade e repetitividade.

Forma-se assim um círculo vicioso: quanto mais fadiga muscular mais sensível se torna a fibra muscular".

O desenvolvimento das LER/DORT é multicausal, sendo importante analisar os fatores de risco envolvidos direta ou indiretamente, entendendo-se como tais os fatores do trabalho relacionados com as LER/DORT. São elementos importantes na caracterização de exposição aos fatores de risco, entre outros: a região anatômica exposta aos fatores de risco; a intensidade; a organização temporal da atividade (p. ex.: a duração do ciclo de trabalho, a distribuição das pausas ou a estrutura de horários); o tempo de exposição a tais fatores etc.

O diagnóstico, como a própria norma do INSS prevê, é essencialmente clínico, com uma boa anamnese ocupacional, devendo seguir as normas previstas pelo Ministério da Saúde[2], objetivando estabelecer a existência de uma ou mais entidades nosológicas, os fatores etiológicos e de agravamento, incluindo: *a)* história da moléstia atual; *b)* investigação dos diversos aparelhos – como em qualquer caso clínico, é importante que outros sintomas ou doenças sejam investigados; *c)* comportamentos e hábitos relevantes; *d)* antecedentes pessoais; *e)* antecedentes familiares; *f)* história ocupacional; *g)* exame físico; *h)* exames complementares.

Quanto à história ocupacional, a norma lembra que: "tão fundamental quanto elaborar uma boa história clínica é perguntar detalhadamente como e onde o paciente trabalha, tentando ter um retrato dinâmico de sua rotina laboral: duração de jornada de trabalho, existência de tempo de pausas, forças exercidas, execução e frequência

---

2. Normas e Manuais Técnicos, do Ministério da Saúde (2001), fascículo 105, série A.

de movimentos repetitivos, identificação de musculatura e segmentos do corpo mais utilizados, existência de sobrecarga estática, formas de pressão de chefias, exigência de produtividade, existência de prêmio por produção, falta de flexibilidade de tempo, mudanças no ritmo de trabalho ou na organização do trabalho, existência de ambiente estressante, relações com chefes e colegas, insatisfações, falta de reconhecimento profissional, sensação de perda de qualificação profissional.

Fatores como ruído excessivo, desconforto térmico, iluminação inadequada e móveis desconfortáveis contribuem para a ocorrência de LER/DORT.

Devem-se observar, também, empregos anteriores e suas características, independentemente do tipo de vínculo empregatício.

Cabe ao médico atentar para os seguintes questionamentos:
• houve tempo suficiente de exposição aos fatores de risco?
• houve intensidade suficiente de exposição aos fatores de risco?
• os fatores existentes no trabalho são importantes para, entre outros, produzir ou agravar o quadro clínico?

Em condições ideais, a avaliação médica deve contar com uma análise ergonômica, abrangendo o posto de trabalho e a organização do trabalho".

Os exames de ultrassonografia e eletromiografia podem ser falsos positivos ou falsos negativos, daí por que a norma estabelece que devem ser solicitados à luz de hipóteses diagnósticas e não de forma indiscriminada. Seus resultados devem sempre levar em conta o quadro clínico e a evolução, que são soberanos na análise e conclusão diagnóstica.

A conclusão diagnóstica deve considerar o quadro clínico, sua evolução, os fatores etiológicos possíveis, com destaque para a anamnese e os fatores ocupacionais.

A atual Norma Técnica do INSS (Instrução Normativa INSS/DC n. 98, de 5 de dezembro de 2003 – *DOU* de 10-12-2003) manteve a orientação da Ordem de Serviço n. 606 e não mais considerou os estágios evolutivos da LER/DORT. Para facilitar a compreensão do leitor, vamos manter a reprodução do texto da Norma de 1993, acerca da classificação dos estágios evolutivos, até porque continua sendo utilizada pelos senhores peritos e especialistas[3]:

GRAU I: sensação de peso e desconforto no membro afetado. Dor espontânea localizada nos membros superiores ou cintura escapular, às vezes com pontadas que aparecem em caráter ocasional durante a jornada de trabalho e não interferem na produtividade. Não há uma irradiação nítida. Melhora com o repouso. É em geral leve e fugaz. Os sinais clínicos estão ausentes. A dor pode manifestar-se durante o exame clínico, quando comprimida a massa muscular envolvida. Tem bom prognóstico.

GRAU II: a dor é mais persistente e mais intensa e aparece durante a jornada de trabalho e de modo intermitente. É tolerável e permite o desempenho da atividade profissional, mas já com reconhecida redução da produtividade nos períodos de exacerbação.

A dor torna-se mais localizada e pode estar acompanhada de formigamento e calor, além de leves distúrbios de sensibilidade. Pode haver uma irradiação definida. A recuperação é mais demorada mesmo com o repouso e a dor pode aparecer, ocasionalmente, quando fora do trabalho durante as atividades domésticas. Os sinais, de modo geral, continuam ausentes. Pode ser observada, por vezes, pequena nodulação acompanhando a bainha dos tendões envolvidos. A palpação da massa muscular pode revelar hipertonia e dolorimento. Prognóstico favorável.

GRAU III: a dor torna-se persistente, é mais forte e tem irradiação mais definida. O repouso em geral só atenua a intensidade da dor, nem sempre a fazendo desaparecer por completo, persistindo o dolorimento. Há frequentes paroxismos dolorosos mesmo fora do trabalho, especialmente à noite. São frequentes a perda da força muscular e parestesias. Há sensível queda da produtividade, quando não impossibilidade de executar a função. Os trabalhos domésticos são limitados ao mínimo e muitas vezes não são executados. Os sinais clínicos estão presentes. O edema é frequente e recorrente, a hiper-

---

3. Classificação segundo Dennett X, Fry HJH. Overuse syndrome: a muscle biopsy study. *Lancet*, 1988.

tonia muscular é constante, as alterações da sensibilidade estão quase sempre presentes, especialmente nos paroxismos dolorosos, e acompanhadas por manifestações vagas como palidez, hiperemia e sudorese da mão. A mobilização ou palpação do grupo muscular acometido provoca dor forte. Nos quadros com comprometimento neurológico compressivo a eletromiografia pode estar alterada. Nessa etapa o retorno à atividade produtiva é problemático. Prognóstico reservado.

GRAU IV: a dor é forte, contínua, por vezes insuportável, levando o paciente a intenso sofrimento. Os movimentos acentuam consideravelmente a dor, que em geral se estende a todo o membro afetado. Os paroxismos de dor ocorrem mesmo quando o membro está imobilizado. A perda de força e a perda do controle dos movimentos se fazem constantes. O edema é persistente e podem aparecer deformidades, provavelmente por processos fibróticos, reduzindo a circulação linfática de retorno. As atrofias, principalmente dos dedos, são comuns e atribuídas ao desuso. A capacidade de trabalho é anulada e a invalidez se caracteriza pela impossibilidade de um trabalho produtivo regular. Os atos da vida diária são também altamente prejudicados. Nesse estágio são comuns as alterações psicológicas com quadros de depressão, ansiedade e angústia. Prognóstico sombrio.

2. DA PREVENÇÃO

Em face da etiologia complexa das LERs, ainda é difícil encontrar uma forma definitiva de evitar seu surgimento. Existem, sim, maneiras de minimizar ou retardar seu aparecimento.

A NR-17 do Ministério do Trabalho constitui hoje a principal norma que, se cumprida em todos os seus itens, certamente servirá de grande valia para a diminuição das causas ensejadoras do risco das LERs. Se a causa principal e imediata é o esforço repetitivo, *a contrario sensu*, se diminuirmos a repetição e o esforço, certamente obteremos resultados satisfatórios. A prova disso é que o cumprimento do item 17.6.4 da NR-17 diminuiu sensivelmente os casos de LERs nas atividades de processamento eletrônico de dados. Mas as empresas, e também os trabalhadores, olvidam-se de que toda a NR-17 constitui uma fonte preciosa na prevenção desse mal, que já foi chamado de epidemia do final do século. Ela não se refere apenas aos digitadores, obrigando-os a uma pausa de dez minutos para cada cinquenta trabalhados, mas o item anterior da norma, o 17.6.3, de forma cristalina obriga que sejam incluídas pausas para descanso sempre que as "atividades exijam sobrecarga muscular estática ou dinâmica do pescoço, ombros, dorso e membros superiores e inferiores...". Não é de admirar, portanto, que o excesso de trabalho seja um dos fatores preponderantes do surgimento e agravamento desse tipo de moléstia.

Quando nos referimos aos trabalhadores, o fizemos adrede, porque muitos trabalham em diversas empresas, sem respeitar o limite máximo de cinco horas de efetivo trabalho no caso de entrada de dados, desrespeitando também o limite máximo de oito mil toques por hora trabalhada, bem como o ganho por produção em que o ritmo é mais intenso, não se importando com as comezinhas regras de prevenção.

3. DA INDENIZAÇÃO

Já foi dito que hoje as LERs constituem doença do trabalho, e, se permanecem sequelas incapacitantes, é devido ao segurado o auxílio-acidente.

A Norma Técnica do MPAS-INSS diz que será concedido o auxílio-doença acidentário (B-91) quando se provar a incapacidade temporária e o nexo, e, na falta deste, conceder-se-á auxílio-doença previdenciário (B-31).

Se a incapacidade atingir grau tal cujas sequelas produziram incapacidade definitiva para o exercício da função, cabe o auxílio-acidente.

Vale ressaltar, porém, o novo enfoque dado à questão da reversibilidade ou não da moléstia. É que, via de regra, cessada a atividade funcional causadora da patologia, há melhoria do quadro clínico. Essa situação, contudo, não afasta a concessão do auxílio-acidente, porque, igualmente, o retorno à mesma atividade laborativa ou similar reavivará os sintomas. Por isso, de importância fundamental nos casos de LER/DORT, a decisão do STJ no Recurso Especial já comentado e citado no Capítulo 3 da Parte I. Aliás, foi em função de inúmeras decisões envolvendo segurados portadores de alguma síndrome correlata que o STJ firmou o entendimento quanto à prescindibilidade da reversão do quadro incapacitante para a concessão do auxílio-acidente[4].

Não podemos esquecer que o art. 21 da Lei n. 8.213/91, já comentado[5], prevê a concausalidade. Assim, condições preexistentes ou afeções subjacentes (de ordem reumática, traumática ou endócrina, por exemplo) não elidem a concessão do benefício. Se o trabalho não foi causa, pode ter sido concausa, produzindo um agravamento da moléstia ocupacional.

4. DAS FORMAS CLÍNICAS DAS LESÕES POR ESFORÇOS REPETITIVOS – LERs

As LERs manifestam-se de diversas formas clínicas, que relacionamos a seguir, segundo o anexo da atual Norma Técnica. Por sua vez, a nova Norma Técnica cuida da mesma matéria um pouco diferentemente, o que apontaremos para melhor análise dos leitores.

4.1. Tenossinovites

4.1.1. Tenossinovite dos extensores dos dedos

É a inflamação aguda ou crônica dos tendões e bainhas dos músculos extensores dos dedos. É uma das formas mais frequentes, caracterizada por crepitação, calor e rubor locais, com dor e impotência funcional.

Na atual Norma Técnica, estão classificadas nos itens 2.3.1.16 e 2.3.1.17 tendinites e tenossinovites:

a) tenossinovite dos extensores dos dedos e do carpo: comuns em digitadores e operadores de *mouse*. Decorrem mais da contra-

---

4. Entre outros julgados: ARRE 926.676/SP, 6ª T., rel. Min. Maria Thereza de Assis Moura, *DJ* de 15-10-2007, p. 369. ARRE 871.595/SP, 5ª T., rel. Min. Arnaldo Esteves Lima, *DJ* de 24-11-2008; ARRE 1.108.738/SP, 5ª T., rel. Min. Laurita Vaz, *DJ* de 11-5-2009.

5. *Vide* primeira parte, Capítulo 1, item 4.4.

ção estática desses músculos, para fim antigravitacional sobre o carpo e dedos, que da contração dinâmica para o movimento destes últimos;

b) tenossinovite dos flexores dos dedos e do carpo: acometem os tendões da face ventral do antebraço e punho em decorrência de movimentos repetitivos de flexão dos dedos e da mão.

4.1.2. Tenossinovite de De Quervain

É decorrente de espessamento do ligamento anular do carpo no primeiro compartimento dos extensores, por onde trafegam dois tendões: o longo abdutor e o curto extensor do polegar. Evolui com processo inflamatório local, que, com o tempo, atinge tecidos sinoviais peritendinosos e tecidos próprios dos tendões.

Quadro clínico: dor localizada ao nível da apófise estiloide do rádio, acompanhada de fenômenos inflamatórios. Pode irradiar-se para o polegar e acentua-se com os movimentos deste. A dor geralmente é de aparecimento insidioso, com impotência funcional do polegar, ou até mesmo do punho, acompanhando-se, algumas vezes, de crepitação nos movimentos daquele, e pode irradiar-se para o antebraço, cotovelo e ombro, apresentando algumas vezes alterações de sensibilidade do território de inervação do ramo superficial do radial por sua proximidade com o primeiro compartimento dos extensores, além da perda da força.

A manobra de Finkelstein é considerada patognomônica: segura-se a mão do paciente pela face dorsal, leva-se o polegar de encontro à base do dedo mínimo e executa-se um movimento de flexão do punho. Quando positiva, o paciente refere dor intensa e localizada ao nível da apófise estiloide do rádio, podendo haver irradiação dela ao longo do trajeto dos tendões.

Pela nova Norma, a doença de De Quervain é a inflamação da bainha comum dos tendões do abdutor longo e extenso curto do polegar no ponto onde eles passam juntos por uma única polia: o sulco ósseo do processo estiloide do rádio. Frequente em atividades nas quais há necessidade de fixação do polegar acompanhado de força, de torção ou desvio ulnar do carpo, como na atividade das lavadeiras.

4.2. Epicondilites

São provocadas por ruptura ou estiramento dos pontos de inserção dos músculos flexores ou extensores do carpo no cotovelo, ocasionando processo inflamatório local que atinge os tendões, fáscias musculares, músculos e tecidos sinoviais. No epicôndilo lateral inserem-se especialmente os músculos extensores, e no epicôndilo medial, os músculos flexores.

Na epicondilite medial pode haver comprometimento do nervo ulnar; na epicondilite lateral, do mesmo modo, pode haver comprometimento do nervo radial. Em ambos os casos o acometimento é devido à proximidade dos citados nervos aos epicôndilos.

Quadro clínico: dor ao nível dos epicôndilos lateral ou medial, decorrente de processo inflamatório local, próximo às inserções dos músculos extensores e flexores, respectivamente. Os movimentos fortes, bruscos, de pronossupinação com o cotovelo em flexão podem desencadear o quadro clínico. A dor geralmente é localizada na área dos epicôndilos, mas, se não tratada, pode tornar-se difusa, irradiando-se tanto na direção dos ombros quanto na das mãos. É exacerbada durante a movimentação das mãos e punhos e durante a pronossupinação, podendo ser desencadeada pela palpação da massa muscular adjacente.

Para a nova Norma, a epicondilite lateral é definida como a inflamação da inserção dos músculos responsáveis pela extensão e supinação do antebraço, como, por exemplo, o trabalho de apertar parafusos. Classifica também a epitrocleíte ou a epicondilite medial, menos frequente e que provoca a inflamação dos músculos flexores do carpo na borda medial do cotovelo. Está associada ao movimento de flexão do punho, atingindo atividades como a de descascador de fios elétricos.

4.3. Bursites

A localização mais importante é nos ombros, mas são encontradas também em outras regiões. São decorrentes de processo inflamatório que acomete as bursas, pequenas bolsas de paredes finas, constituídas de fibras colágenas e revestidas de membrana sinovial, encontradas em regiões onde os tecidos são submetidos a fricção, geralmente próximas a inserções tendinosas e articulações.

Quadro clínico: dores importantes nos ombros, principalmente para realizar certos movimentos como abdução, rotação externa e elevação do membro superior. Quando não tratadas, pode haver irradiação para região escapular ou braços, provocando incapacidade funcional muito grave, evoluindo até o chamado "ombro congelado".

As bursites estão previstas na atual Norma, no item 2.3.1.22, e podem ocorrer nas bursas olecranianas, como consequência do apoio do cotovelo em superfícies duras durante o trabalho, ou nas bursas subacromiais, geralmente em associação com as tendinites do supra-espinhoso e a bursite pré-patelar.

4.4. Tendinite do supraespinhoso e bicipital

As tendinites da bainha dos músculos rotadores, especialmente do tendão do supraespinhoso, e as tendinites do tendão bicipital formam a grande maioria das incapacidades dos tecidos moles em torno da articulação do ombro e são importantes fatores etiológicos na rotura desses tendões.

A tendinite do supraespinhoso parece ser causada por relações anatômicas desfavoráveis, levando a isquemia local e degeneração. Exercício muscular excessivo, traumas locais e atividades repetitivas do braço podem levar a quadros clínicos de tendinite.

A tendinite bicipital pode ser encontrada como uma entidade isolada, mas, frequentemente, é secundária a lesões nas bainhas dos rotadores. A tendinite bicipital primária pode ser devida a traumas diretos e indiretos no ombro, exercícios excessivos e atividades repetitivas do braço.

Quadro clínico: o quadro clínico varia desde sensações de peso até dor local. A dor pode ser muito incômoda e é exacerbada por movimentos. Pode apresentar quadros álgicos violentos, associados à completa impotência funcional da articulação. A dor se localiza próximo à pequena tuberosidade do úmero e face anterior do braço, podendo, nos casos mais graves, irradiar-se para todo o membro superior.

De acordo com a atual Norma, a tendinite bicipital é a decorrente da inflamação da bainha sinovial do tendão da porção longa do bíceps, no ponto em que ela muda de direção: no sulco bicipital. Ocorre mais frequentemente associada a outras lesões da bainha rotatória do ombro e atinge atividades em que há necessidade de permanecer com os braços elevados por longos períodos. Já a tendinite do supraespinhoso é ocasionada pela compressão das fibras do supraespinhoso pelo acrômio ao realizar a abdução do braço acima de 45°. É acompanhada, geralmente, de bursite subacromial. Podem não ser ocupacionais e atingem parte da população adulta, especialmente a mais sedentária.

4.5. Cistos sinoviais

São decorrentes de degeneração mixoide do tecido sinovial, podendo aparecer em articulações, tendões, polias e ligamentos. São tumorações císticas, circunscritas, únicas ou múltiplas, geralmente indolores, localizando-se frequentemente no dorso do punho. No tocante às LERs, o aparecimento de um cisto sinovial é um sinal inequívoco de comprometimento inflamatório localizado, com degeneração tecidual variável.

Pela Norma atual, os cistos são definidos como tumefações esféricas, geralmente únicas, macias, habitualmente indolores e flutuantes, que ocorrem por degeneração mixoide do tecido sinovial periarticular ou peritendíneo. São comuns na face extensora do carpo, podendo ter o seu aparecimento favorecido por trabalhos manuais que exijam força. Nem sempre são ocupacionais e/ou incapacitantes.

4.6. Dedo em gatilho

Impossibilidade de estender o dedo após flexão máxima. Quando o paciente tenta estender o dedo, forçando contra o obstáculo, sente um ressalto e o dedo pode ser estendido novamente. É decorrente de constrição da polia dos flexores, que dificulta a passagem desses tendões e aumenta o atrito entre polia e tendões, provocando reação inflamatória local. Com o passar do tempo, o processo inflamatório atinge o tecido sinovial peritendinoso e tecidos próprios dos tendões dos flexores. Nesse caso, a sinovite e a tendinite podem ser consequentes da fasciíte.

Pela Norma atual, é a inflamação dos tendões flexores dos dedos e que pode produzir espessamentos e nódulos que dificultam o deslizamento desses tendões em suas bainhas. Ao vencer abruptamente a resistência ao movimento de extensão, o dedo salta, caracterizando o diagnóstico. Incide nas atividades em que há associação de força com compressão palmar por instrumentos como alicates, tesouras e gatilhos de bombas de gasolina.

4.7. Contratura ou moléstia de Dupuytren

Fasciíte palmar fibrosante que, com a evolução, forma verdadeiros cordões palmares em direção aos dedos, impedindo sua extensão normal. É mais frequentemente observada nos anulares, mínimos, médios, indicadores e, por último, polegares dos trabalhadores braçais, sujeitos a microtraumas ou vibrações constantes. Com a evolução do processo, acaba por provocar inflamações em diversos tecidos adjacentes.

A atual Norma a classifica como patologia não ocupacional, sendo caracterizada pelo espessamento, com contratura, da fáscia palmar, sendo frequentemente familiar e bilateral.

4.8. Compressão de nervos periféricos

4.8.1. Síndrome do túnel do carpo

Decorre da compressão do nervo mediano ao nível do carpo, pelo ligamento anular deste, que se apresenta muito espessado e enrijecido por fasciíte desse ligamento. Devido ao estreitamento do espaço ao nível do túnel do carpo, há maior resistência ao livre trânsito dos flexores dos dedos que por ali trafegam, com consequente aumento do atrito entre tendões e ligamentos e desenvolvimento da tenossinovite e tendinite.

Quadro clínico: dor, parestesias e impotência funcional que atingem primordialmente a face palmar dos primeiro, segundo e terceiro dedos e da região tenar, principalmente do oponente do polegar e da borda radial do quarto dedo. Ao exame físico, geralmente o teste de Tinnel e a manobra de Phalen são positivos.

Sinal de Tinnel: é dito positivo quando a percussão e a compressão sobre a região do ligamento carpal volar, na base da mão, desencadeiam a dor no trajeto inervado pelo nervo mediano.

Manobra de Phalen: quando se faz uma flexão máxima dos punhos e esta é mantida por no mínimo um minuto, muitas vezes desencadeiam-se os sintomas comuns da síndrome do túnel do carpo, com parestesias e dor.

O exame de eletroneuromiografia geralmente é positivo.

Na atual Norma, é prevista no item 2.3.1.1 e ocorre com a compressão do nervo mediano ao nível do punho. Decorre da desproporção continente/conteúdo no túnel do carpo. Incide nas atividades manuais repetitivas, quando há necessidade de força ou desvio do carpo, porque haverá compressão do nervo mediano. Nos casos de ser bilateral, pode não ter relação com o trabalho e é comum durante a gestação.

4.8.2. Síndrome do canal de Guyon

Mais rara que a síndrome do túnel do carpo, é a ela equivalente, porém atingindo o nervo ulnar, quando ele passa pelo canal de Guyon ou túnel em torno do osso pisiforme.

Quadro clínico: dor, parestesias, impotência funcional, "garra ulnar", podendo haver hipotrofia dos músculos interósseos e lumbricais da mão atingida.

A atual Norma prevê (item 2.3.1.4) que estão sujeitas a essa moléstia as atividades que utilizem de forma excessiva a borda ulnar do punho, sendo que podemos citar como exemplos as dos escrivães e aramistas. Essa doença causa distúrbios de sensibilidade no quarto e quinto dedos, bem como distúrbios motores na face palmar.

4.8.3. Síndrome do pronador redondo

Ocorre pela compressão do nervo mediano abaixo da prega do cotovelo. Essa compressão pode acontecer entre os dois ramos musculares do pronador redondo, ou da fáscia do bíceps, ou na arcada dos flexores dos dedos.

Quadro clínico: dor na região proximal do antebraço e nos três primeiros dedos, enfraquecimento da oponência do polegar e dos flexores dos três primeiros dedos, além de dor quando se prona o antebraço com o punho firmemente cerrado e contra resistência. Pode haver comprometimento sensitivo da eminência tenar. O quadro pode surgir quando há movimentos repetitivos e de força para pronossupinação e também com a hipertrofia muscular do antebraço.

Nada há de novidade na Norma recém-editada.

4.8.4. Síndrome cervicobraquial

É devida à degeneração do disco cervical e se desenvolve a partir de uma combinação de hereditariedade constitucional e causas ambientais. As alterações do forâmen intervertebral ou do canal espinhal podem comprimir e irritar as raízes nervosas, a medula espinhal ou artérias vertebrais, ocasionando a sintomatologia clínica.

Quadro clínico: hipoestesia, fraqueza muscular (atrofia), limitação à movimentação, dor à movimentação, hipotonia local, dor durante esforço e dor à compressão. Os distúrbios das raízes nervosas são os sintomas dominantes da síndrome cervical.

4.8.5. Síndrome do desfiladeiro torácico

É devida à compressão do plexo braquial em sua passagem pelo chamado desfiladeiro torácico, formado pela clavícula, primeira costela, músculos escalenos anterior e médio e fáscias dessa região, que determinam um estreito canal, que pode tornar-se ainda mais exíguo quando encontramos pequenas alterações anatômicas ou outras alterações decorrentes de traumas locais, vícios de postura e fatores ocupacionais, tais como carregar carga pesada nos ombros ou trabalhar com a cabeça elevada. É também decorrente da utilização do membro superior em situação de elevação, perto de 180°, quando os nervos do plexo braquial são comprimidos.

Quadro clínico: parestesias e dor irradiada para os membros superiores na distribuição do nervo ulnar, fraqueza, esfriamento, fenômeno de Raynard, entorpecimento, claudicação, hipoestesia, fraqueza ou atrofia muscular, ombro caído, ruído supraclavicular, edema e hipotonia. As manobras de Adson e Allen, quando positivas, são um teste eficaz.

A norma atual explicita algumas atividades sujeitas à patologia: trabalhadores que mantêm os braços elevados por muito tempo ou que comprimem o ombro com objetos, como o uso contínuo de telefone apoiado entre a orelha e os ombros.

4.8.6. Síndrome da tensão do pescoço (mialgia tensional)

A etiologia ainda é controvertida. A teoria proposta para o mecanismo patogenético dessa doença é a fadiga muscular localizada, devido à estática e sistemática contração. O processo básico que tem sido proposto é o da acumulação de produtos finais metabólicos nos músculos ou suprimentos insuficientes de oxigênio. O diagnóstico é frequentemente feito por exclusão das outras causas de dores no pescoço e ombro.

Quadro clínico: dor no pescoço, rigidez muscular no pescoço, cefaleia, fraqueza muscular e parestesias, hipotonia muscular, tensão no pescoço, limitação à movimentação, lordose e ombro caído.

Ainda pela Norma em vigor encontramos as seguintes moléstias não previstas na Norma de 1993:

1) Neuropatias compressivas:

a) Síndrome do interósseo anterior. É a compressão do nervo na borda de origem dos músculos flexores superficiais dos dedos. Acomete quem carrega material pesado. O diagnóstico é feito pela manobra de flexão do terceiro dedo contra resistência, que produz dor no cotovelo e déficit motor.

b) Lesão do nervo mediano na base da mão. É a consequência da compressão extrínseca do nervo, causada, por exemplo, pelo uso de ferramentas, como a chave de fenda de cabo curto; pela vibração na base da mão quando do uso de martelo, grampeador, carimbo, por exemplo.

c) Síndrome do interósseo posterior. É o comprometimento do ramo profundo do nervo radial, após sua bifurcação na extremidade proximal do antebraço, causado por sequelas de fraturas, luxações do cotovelo, processos inflamatórios, tumores de partes moles, variações anatômicas e iatarogênicas, além de intoxicação por metais pesados. Pode causar dor no antebraço e diminuição da força muscular.

2) Tendinites e tenossinovites:

a) Tendinite distal do bíceps. Decorre de atividades que exigem movimentos de flexão do antebraço supinado sobre o braço.

b) Tenossinovite do braquiorradial. Decorre de atividades que exigem movimentos de flexão do antebraço pronado sobre o braço.

3) Outros:

a) Distrofia simpático-reflexa. Tem como característica a dor de caráter difuso e em queimação. Ocorre em situações em que o ombro seja mantido em repouso prolongado (após infarto, acidente vascular cerebral etc.).

b) Síndrome miofascial e fibromialgia. De origem e natureza polêmicas, a nova Norma recomenda buscar maiores informações em publicações especializadas.

c) Cãibra de escrivão. É uma doença neurológica do grupo das distonias que se manifesta com fortes contrações dos dedos e mãos que escrevem, obrigando à interrupção da atividade. Não é doença ocupacional, visto que a escrita em excesso não pode ser considerada causa de doença nem fator de agravamento.

5. PERSPECTIVAS

As dificuldades encontradas em relação ao devido enquadramento acidentário da LER/DORT, seja do ponto de vista de diagnóstico, seja, sobretudo, do ponto de vista de indenização acidentária, levou o INSS a formar uma comissão para revisão da Ordem de Serviço n. 606/98, sendo editada, então, a atual Norma Técnica, através da Instrução Normativa INSS/DC, n. 98, de 5 de dezembro de 2003, publicada no *Diário Oficial da União* de 10 de dezembro de 2003, para aprofundar o problema e propor novas soluções.

A atual Norma traz significativos avanços, sobretudo na seção II, quando cuida da Avaliação da Incapacidade Laborativa. Abandona nomenclaturas antigas da Ordem de Serviço n. 606, como "nexo técnico" e disposições para as empresas e para os órgãos operacionais do INSS.

Assim, determina que todos os casos com suspeita diagnóstica de LER/DORT devem ser objeto de emissão da CAT pelo empregador e respectivo preenchimento do Atestado Médico da CAT pelo médico do trabalho da empresa ou pelo médico coordenador do PCMSO. Prevê expressamente a hipótese de não emissão da CAT pela empresa, numa clara referência à possibilidade de a CAT ser emitida pelos substitutos legais do art. 22, § 2º, da Lei n. 8.213/91, o que, nos casos de LER/DORT, vinha sendo de difícil aceitação pelos órgãos do INSS. E mais, veda expressamente a recusa da CAT, devendo ser registrada independentemente da existência de incapacidade para o trabalho, devendo ser utilizada para fins estatísticos e epidemiológicos. Caso haja recomendação para afastamento superior a quinze dias pelo médico que preencheu o Atestado Médico, o segurado será então encaminhado para a realização do exame pericial. O perito do INSS foi objeto de atenção especial por parte da Norma, a qual explicita as situações possíveis de conclusão pericial, desde a concessão do auxílio-doença acidentário até a aposentadoria por invalidez acidentária, passando pela reabilitação profissional.

Finalmente, vale lembrar que pela primeira vez numa Norma do INSS se deu atenção ao segurado. A Norma determina que, em casos de cessação do auxílio-doença acidentário, o médico perito, "como preceito da ética médica, deve prestar informações ao segurado, especialmente quando solicitado".

A doença, decorrente dos atuais métodos de produção, organização e conceitos de trabalho, atinge trabalhadores no mundo todo. A Organização Mundial de Saúde institui o dia 28 de fevereiro como data mundial de combate às lesões por esforços repetitivos.

Vários Estados já aprovaram leis dispondo sobre política estadual de prevenção às LER/DORT, no serviço público, como Amazonas (Lei n. 5.833/2022), Alagoas (Lei n. 8.210/2019), Rio de Janeiro (Lei n. 2.586/96), Mato Grosso (Lei n. 1.105/2019), Santa

Catarina (Lei n. 8.475/2010), Rio Grande do Sul (Lei n. 11.675/2001). Em São Paulo, o Projeto de Lei n. 683/2003, após aprovação nas Comissões de Constituição e Justiça, Relações de Trabalho e Finanças, Orçamento e Planejamento, aguarda análise no plenário desde 20 de março de 2004. Também foram apresentadas duas outras propostas correlatas, Projetos de Lei n. 665/99 e n. 735/2018, este último foi arquivado e o primeiro aguarda votação. Ambos tinham abrangência maior, incluindo regras para o setor privado.

CAPÍTULO 3
DA COLUNA VERTEBRAL

Sumário: 1. Introdução. 2. Do acidente-tipo e dos "estalos" na coluna. 3. Das condições agressivas no ambiente do trabalho. 4. Da indenização.

1. INTRODUÇÃO

A coluna vertebral pode ser conceituada como o conjunto de vértebras que, articuladas entre si, formam um eixo ósseo estendido do crânio à bacia. É formada por vinte e quatro vértebras, sendo sete cervicais, doze dorsais e cinco lombares, resultando daí a divisão da coluna em região cervical, dorsal e lombar. Estão assim denominadas C1 até C7 (cervicais), T1 a T12 (dorsais), também denominadas D1 a D12 e L1 a L5 (lombares). Existem, ainda, as que se situam abaixo destas e acima da bacia, chamadas de S1 e S2 (sacrais).

Ao lado da LER e da PAIR, os "males" da coluna representam, no âmbito da infortunística, um dos mais sérios problemas para o segurado. Por isso sua importância e a necessidade de estudar, ainda que resumidamente, as questões com ela relacionadas.

2. DO ACIDENTE-TIPO E DOS "ESTALOS" NA COLUNA

Duas situações podem ser bem caracterizadas: o acidente-tipo envolvendo a coluna, provocando incapacidade para o trabalho, parcial ou total, temporária ou permanente. Nessa situação a questão é facilmente resolvida, inclusive no âmbito administrativo, pelo Instituto. É o caso de fraturas decorrentes, sempre de origem traumática, cujo exemplo mais comum é a queda de altura, resultando fratura a nível da T12 ou L1 ou L2, e às vezes provocam acunhamento de vértebras.

A dificuldade aparece quando nos deparamos com os "famosos estalos na coluna", que amiúde vêm escritos nas CATs. De fato os traumas (macro ou micro) geralmente provocam alterações das vértebras (escorregamento), comprimindo os nervos, causando dor intensa e, via de regra, redução da capacidade laborativa. Podemos até falar em compressão e ruptura dos nervos causadas por traumas maiores, as quais, dependendo da intensidade e localização, podem levar à paralisia e morte (ruptura a nível cervical).

A par dessas questões, como aliás é dever da perícia médica infortunística em qualquer caso, o tipo de trabalho exercido pelo segurado assume papel preponderante na conclusão pericial. Assim, ao lado do diagnóstico de certas lesões nem sempre de fácil nexo com o trabalho, deve ser ele cotejado necessariamente com a atividade laborativa do segurado.

É que as lombalgias de origem traumática têm sua etiologia vinculada a lesões de caráter permanente (fraturas, luxações, hérnias e protusões discais, espondilose traumática) ou então a esforços, contusões, entorses ou distensões. Estas últimas são chamadas de lombalgias de esforço e atingem somente as partes moles, sem repercussão óssea e sem caráter permanente, sendo, via de regra, indenizáveis.

O exame clínico-físico é imprescindível para verificação de alterações na coluna.

Assim é que o exame especial na coluna cervical deve incluir inspeção, palpação, verificação de mobilidade e os seguintes testes especiais:

a) teste de tração;

b) teste de compressão (sinal de Spurling);

c) teste de Valsalva (aumento da pressão intratecal – característico de hérnia ou tumor cervical);

d) teste de deglutição (compressão da artéria subclávia (costela cervical) ou compressão do músculo escaleno médio);

e) teste de Adson (alteração do pulso radial);

f) sinal de Lhermitte (dor – "descarga elétrica" – ao longo da coluna – hérnia discal, tumor ou esclerose múltipla).

Já o exame físico especial da coluna lombar deve incluir a inspeção, mobilidade, palpação das partes óssea e de tecidos moles e os seguintes testes:

a) sinais de Cobb (marcar passos sem sair do lugar); de Lasègue (elevação da perna); de Bragard (elevação da perna retificada); de Neri (sentado com joelho estendido com flexão da cabeça); de Gaenslen (articulação sacroilíaca); e de Beevor (movimentação de cicatriz umbilical);

b) testes de Milgran, Hoover, Valsava, Patrick (patologia coxofemoral ou da articulação sacroilíaca);

c) testes de: marcha nos calcanhares (impossibilidade) = L4 – L5 – S1 (ciático poplíteo externo); marcha na ponta dos pés (impossibilidade) = L5 – S1 – S2 (tibial, ciático poplíteo interno); subir escadas (impossibilidade) = L2 – L3 – L4 (femoral).

3. DAS CONDIÇÕES AGRESSIVAS NO AMBIENTE DO TRABALHO

Uma questão corriqueira nas lides acidentárias que tem como causa de pedir "os males da coluna" diz respeito ao ambiente agressivo em que o trabalho é exercido. Ora, esse tipo de causa não justifica de per si o direito à indenização. Em primeiro lugar porque nem sempre é verdadeira essa informação, devendo ser confirmada pela vistoria no local de trabalho. Por outro lado, há o vício do "famoso estalo na coluna" ao carregar um peso ou ao se abaixar etc.

Bem, situações descritas como "estalos" caracterizam, em tese, acidente-tipo, e a perícia médica condiciona a concessão do benefício à comprovação da ocorrência do acidente. Por outro lado, o trabalho em condições agressivas à coluna difere substancialmente do acidente-tipo, podendo caracterizar, isso sim, uma doença do trabalho relacionada à coluna. A causa de pedir, pois, difere num e noutro caso da mesma forma que a prova a ser produzida.

Pode ser que os patronos dos obreiros prefiram utilizar as condições agressivas do ambiente do trabalho em que o segurado exerce sua atividade por entenderem de difícil prova o acidente-tipo. Esse posicionamento está errado e pode causar prejuízo para o próprio segurado. É que não há como indenizar o segurado por acidente-tipo sem prova, nem atribuir às condições agressivas em que o trabalho é exercido "todos os estalos" narrados.

A questão torna-se ainda mais complicada no que se refere aos casos de incapacidade. Muitas lesões, como a hérnia de disco (ou a protusão discal, seu estágio inicial), geralmente têm origem em traumas, portanto, em acidente-tipo ou, na pior das hipóteses, em condições excepcionais de agressividade do trabalho. Não é defensável ou sustentável a tese de que microtraumas, oriundos das condições normais de trabalho, tenham originado a hérnia.

Dessa forma, imperioso que a inicial narre o que de fato ocorreu, e o autor faça a prova do acidente-tipo se for o caso, ou, se não for, prove as condições agressivas, para que, cotejadas com as tarefas exercidas pelo segurado, justifiquem a incapacidade e eventual indenização.

4. DA INDENIZAÇÃO

Como vimos, não é sempre fácil para o perito, seja no âmbito administrativo, seja na esfera judicial, uma conclusão que categoricamente afirme ou negue o direito à indenização acidentária.

Exemplo disso são a osteofitose em L4 – L5, que é sede habitual da degeneração da coluna, embora possa atingir todas as vértebras até L5, e a escoliose, que atinge na maior parte das vezes as vértebras torácica e dorsal.

Nesses casos exclui-se o nexo causal. Mas é preciso muito cuidado quando se trata de obreiro jovem, ainda na segunda ou terceira décadas, que passa a apresentar problemas de coluna alegando relação com o trabalho. Assim, deve ser feita uma rigorosa investigação quanto à forma desenvolvida, até porque a idade não pode ser alegação da causa do aparecimento das lesões, sendo inadmissível dizer que um jovem de trinta anos já se encontre em faixa etária elevada.

Mas não é somente nos casos de jovens. O perito, ao afirmar a aparente lesão constitucional, deve verificar se esta é difusa ou concentrada na região corporal afetada pelo acidente, pois, se se encontrar apenas no segmento examinado, podemos estar diante do fenômeno da concausalidade, ou seja, a lesão existia mas foi agravada pelo acidente[1].

Nos dias de hoje, com os exames complementares existentes, sobretudo a ressonância magnética, não se compreendem indenizações não devidas, nem sobretudo indenizações devidas, mas negadas. Na parte reservada à jurisprudência podem os leitores analisar a posição dos nossos tribunais nas mais variadas questões que envolvem os "males da coluna", como, por exemplo, as estenoses de medula, as osteoartroses, as escolioses, a espinha bífida etc.

---

1. TJSP, Ap. 6983315500, 16ª Câm. Dir. Público, Des. Amaral Vieira, j. em 24-6-2008.

CAPÍTULO 4
OUTRAS MOLÉSTIAS IMPORTANTES

Sumário: 1. Da SIDA-AIDS. 2. Das pneumoconioses. 2.1. Da silicose. 2.2. Da asbestose. 3. Da dermatose ocupacional. 4. Das varizes. 5. Da epilepsia. 6. Da hipertensão e das doenças cardíacas. 7. Conclusão.

1. DA SIDA-AIDS

A síndrome de imunodeficiência adquirida (SIDA-AIDS) é uma doença de origem viral cujo agente é o vírus HTLV-III/LAV, mais conhecido como HIV. É caracterizada por uma deficiência seletivo--quantitativa e qualitativa da imunidade mediata por células induzidas pelos linfócitos timo-dependentes, através de uma subpopulação dessas células, denominadas linfócitos T auxiliares ou T helper.

Começam a surgir processos acidentários envolvendo trabalhadores portadores do vírus da SIDA-AIDS, e a tendência é que o problema venha a aumentar nos próximos anos. Como se sabe, trata-se de um processo mórbido que se encontra em grande expansão em todo o mundo, até agora não curável pelos agentes terapêuticos conhecidos e, evidentemente, que está a gerar sérios problemas econômicos, emocionais e médicos, problemas esses que se estendem também aos segurados.

Algumas colocações precisam ser feitas sobre a questão: a primeira é a de que o art. 26 da Lei n. 8.213/91 enumera os benefícios que independem de carência. Ao tratar no inciso II do auxílio-doença e da aposentadoria por invalidez, ao lado dos acidentes de qualquer natureza e das doenças ocupacionais, inclui também os casos do segurado que, "após filiado ao Regime Geral de Previdência Social – RGPS, for acometido de alguma das doenças e afeções especificadas em lista elaborada pelos Ministérios da Saúde, do Trabalho e da Previdência Social a cada 3 (três) anos, de acordo com os critérios de estigma, deformação, mutilação, deficiência, ou outro fator que lhe confira especificidade e gravidade que mereçam tratamento particularizado".

Ora, essa lista "provisória" vem especificada no art. 151 do mesmo diploma legal, e ao lado de tuberculose ativa, hanseníase etc. está a síndrome de imunodeficiência adquirida (SIDA-AIDS), que foi acrescentada ao art. 30, § 2º, XIV, do Decreto n. 3.048/99 pelo Decreto n. 10.410/2020. Portanto, num primeiro momento basta a condição de segurado para usufruir dos benefícios previdenciários independentemente de carência.

A segunda questão diz respeito ao nexo entre a eventual contaminação dos trabalhadores e o trabalho.

Se a contaminação do segurado tiver nexo direto com o trabalho, já estará cumprido um dos requisitos. Profissionais que trabalham diretamente com pacientes portadores do vírus, tais como médicos, enfermeiros, odontólogos, técnicos de bancos de sangue etc., podem acidentalmente vir a ter contato com sangue, fezes, urina ou sêmen contaminados; contudo, a probabilidade de se infectarem é muito remota, quantificada em cem vezes menor que com o vírus de hepatite B[1]. Para outros profissionais, como cabeleireiros, barbeiros, esteticistas, maquiadores, manicures e pedicures, embora tenham contato direto com seus clientes, o risco de se infectarem é ainda menor, já que dificilmente terão contato com o sangue eventualmente contaminado. Contudo, se infectados, o reconhecimento do nexo causal com o trabalho à evidência é direto.

Tormentosa, porém, é a questão do nexo causal indireto, ou seja, com supedâneo na teoria da concausalidade. Já tivemos oportunidade

---

1. Sebastião Ivone Vieira, *Medicina básica do trabalho*, v. 3, p. 532.

de discorrer sobre tal questão[2]. Entendemos plenamente aplicáveis à SIDA-AIDS os mesmos critérios utilizados para os demais casos. Por que deveria ser diferente? Mais uma discriminação? Assim se a SIDA-AIDS atuar como agravamento ou concausa de outra moléstia ocupacional e até de um acidente, e desse fato resultar redução da capacidade para o trabalho, cabível será o benefício acidentário. Não há diferença entre o doente de SIDA-AIDS e os demais, por exemplo, de saturnismo, benzenismo etc. É que para um trabalhador hígido pode não haver redução da capacidade laborativa, mas para o portador do vírus sim. Nesse sentido manifestam-se José de Oliveira[3] e Irineu Pedrotti[4].

O Decreto n. 3.048/99, no anexo II, ao relacionar as doenças com os agentes patogênicos causadores, na lista B – "doenças infecciosas e parasitárias relacionadas com o trabalho", ao lado da tuberculose, da febre amarela e das hepatites virais, coloca no item X as doenças provocadas pelo vírus da Imunodeficiência Humana (HIV) (B-20 a B-24). Como agentes ou fatores de risco relaciona principalmente aqueles encontrados em trabalhadores da saúde, em decorrência de acidentes perfurocortantes com agulhas ou material cirúrgico contaminados, da manipulação, acondicionamento ou emprego de sangue ou seus derivados, e do contato com materiais provenientes de pacientes infectados.

A terceira questão diz respeito ao fato de o trabalhador ser portador do vírus HIV (soro positivo), mas, sem clínica, estaria coberto pelo SAT?

Precisamos ter presente que o SAT não indeniza doenças, mas incapacidade para o trabalho. Assim, mesmo que o segurado seja portador do vírus mas não esteja incapacitado ainda que parcial e temporariamente para o trabalho, não há que falar em direito a qualquer benefício de natureza infortunística. *A contrario sensu*, a partir do momento em que houver redução da capacidade laborativa, temporária ou definitiva, parcial ou total, fará jus ao benefício correspondente.

---

2. *Vide* primeira parte, Capítulo 1, item 4.4.
3. *Acidentes*, cit., p. 21.
4. *Doenças*, cit., p. 749.

Como a SIDA-AIDS é uma síndrome *sui generis*, o tratamento infortunístico a ser dado ao segurado deve ser também diferenciado. Dessa forma, o conceito de redução da capacidade laborativa deve adquirir contornos especiais, até por causa da discriminação social da qual é vítima o portador do vírus. Queremos dizer com isso que fatores como idade, sexo, ambiente social, grau de profissionalização e sobretudo o estado psicológico do segurado devem ter grande peso no momento da perícia acidentária que vai conceder ou negar o benefício.

Embora problema relativamente recente, já existe entendimento jurisprudencial assegurando os benefícios, comprovadas a causalidade ou concausalidade e a incapacidade[5].

Evidente que, em relação à incapacidade, há de se analisar a peculiar condição do trabalhador e a moléstia, conforme Súmula 78 da Turma Nacional de Uniformização dos Juizados Especiais Federais: "comprovado que o requerente de benefício é portador do vírus HIV, cabe ao julgador verificar as condições pessoais, sociais, econômicas e culturais, de forma a analisar a incapacidade em sentido amplo, em face da elevada estigmatização social da doença" (*DOU* 17-9-2014).

2. DAS PNEUMOCONIOSES

Podemos conceituar a pneumoconiose como toda doença pulmonar decorrente da inalação de poeiras inorgânicas (minerais) e orgânicas em suspensão nos ambientes de trabalho, levando a alterações do parênquia e suas possíveis manifestações clínicas, radiológicas e da função pulmonar[6].

---

5. "Ao contrário do que sustenta o recorrente, o fato de ser portador de SIDA, não garante o automático reconhecimento de sua incapacidade total, isto porque o fato gerador do benefício não é a doença e sim a comprovação do estado de incapacidade, o que não ficou demonstrado nos autos" (STJ, AgInt no AREsp 550.168, 1ª Turma, rel. Min. Napoleão Maia Nunes, j. em 20-9-2018).

6. Conceituação prática adotada pela Norma Técnica do Ministério da Previdência e Assistência Social, aprovada pela Ordem de Serviço n. 609, de 5 de agosto de 1998, publicada no *DOU* de 19-8-1998, p. 53.

Embora as pneumoconioses possam ser preveníveis e passíveis de erradicação, no Brasil, apesar do conhecimento ocupacional e clínico acumulado da experiência de outros países, os meios para implementar e controlar programas de controle de riscos são sofríveis pela estrutura de saúde pública vigente. É por isso que as pneumoconioses são as doenças profissionais mais frequentes, não só no Brasil como nos países em desenvolvimento[7].

A maioria (embora não todas) das pneumoconioses denomina-se de acordo com o tipo de poeira a que o trabalhador está exposto. Para saber se uma pneumoconiose causa ou não incapacidade para o trabalho, vai depender da quantidade de tecido pulmonar afetado, a tal ponto que tenha perdido sua capacidade funcional em consequência da acumulação da poeira, ou pelo tecido cicatrizado produzido pela sua presença, ou ambas as causas. Em sentido contrário, enquanto haja tecido pulmonar que funcione normalmente e em quantidade suficiente, não se pode falar em incapacidade. Por isso que o aparecimento de uma insuficiência respiratória consecutiva a uma pneumoconiose dependerá da quantidade inalada da poeira e variará de acordo com sua capacidade fibrogênica. Assim é que uma poeira potencialmente muito fibrogênica é capaz de inutilizar uma grande área de tecido pulmonar com exposições mais reduzidas que outra poeira com um potencial fibrogênico menor.

Entre as pneumoconioses provocadas por poeiras fibrogênicas, a silicose e a asbestose são as mais importantes.

2.1. Da silicose

É uma das principais pneumopatias existentes no Brasil. Não há dados disponíveis e suficientes que nos permitam estimar a prevalência ou incidência da silicose ou de outras pneumoconioses. Por outro lado, devemos admitir que incidência e prevalência aqui como em outros países vêm decaindo em função da melhoria de condições no meio ambiente de trabalho com a abolição ou diminuição da poeira de sílica.

---

7. *Enciclopedia de salud y seguridad en el trabajo*; Ministerio de Trabajo y Seguridad Social – OIT, edição espanhola, 1989, p. 1611.

O agente patogênico é a poeira de sílica-livre (SiO_2) ou dióxido de silício na forma cristalina. A sílica pode existir em forma livre (quartzo, areia, feldspato) ou combinada com outros óxidos metálicos, formando silicatos. O quartzo é o principal agente etiológico da silicose e é largamente utilizado como matéria-prima na fabricação de louças (de cozinha, sanitárias), cerâmicas etc.

As partículas da sílica atingem os alvéolos dos pulmões, formando nódulos que os enrijecem e que levam à redução da capacidade respiratória.

A silicose na forma clássica ou crônica se verifica com a exposição moderada à poeira, com menos de 30% de quartzo, durante um período de vinte a quarenta e cinco anos[8]. Nesse estágio de silicose com nódulos geralmente de cinco milímetros ou menos nos alvéolos baixos, a queda da capacidade da função pulmonar não é comum.

Já a forma acelerada se verifica com a exposição moderadamente alta à poeira, com 40% a 80% de quartzo, de cinco a quinze anos[9]. É uma forma intermediária entre a silicose crônica e a aguda, e os nódulos estão presentes em grande quantidade e em vários estágios de desenvolvimento.

A terceira forma de silicose é a chamada aguda. É uma forma rara que é encontrada em indivíduos com forte exposição à poeira e em altíssimas concentrações de sílica. Desenvolve-se num período de um a três anos de exposição e progride para a morte por falência respiratória[10]. Embora a literatura nos diga que é pouco frequente essa forma de silicose, no Brasil ainda se pode encontrar no jateamento de areia, cavadores de poços no Nordeste e na indústria de sabões abrasivos, enfim, em ambientes fechados, mal ventilados e sem o uso de equipamentos de proteção adequados.

Do ponto de vista infortunístico não resta dúvida de que, em qualquer das formas em que se apresente, trata-se de uma doença

---

8. *Occupational Health*, edição de Barry Levy David H. Wegman, 3. ed., 1995, p. 171.
9. *Occupational Health*, cit., p. 71.
10. *Occupational Health*, cit., p. 71.

profissional. O agente patogênico sílica vem relacionado no item 18 do anexo II do Regulamento, o qual explicita que as atividades mais comuns potenciadoras do risco são a extração de minérios, decapagem e limpeza de metais, foscamento de vidros com jatos de areia, trabalho em pedreiras etc. Cabe, pois, indenização acidentária, precedida do afastamento do trabalho[11].

2.2. Da asbestose

Ao lado da silicose, a asbestose é atualmente uma das formas mais comuns de pneumoconioses que se verificam no Brasil. É causada pela exposição ao asbesto ou amianto. Os efeitos tóxicos do asbesto decorrem de seus potenciais carcinogênico e fibrogênico.

A asbestose assume importância relevante, porque os efeitos mais graves da exposição, além da pneumoconiose ou fibrose pulmonar intersticial difusa, são o câncer de pulmão, a inflamação e calcificação da pleura e o mesotelioma maligno, os quais, via de regra, sobretudo o último, aparecem muito tempo depois, quando os trabalhadores expostos se encontram na quinta ou sexta décadas[12].

---

11. "ACIDENTÁRIA. EXPEDIENTE DA PRESIDÊNCIA. ANTERIOR ACÓRDÃO PROFERIDO POR ESTA CÂMARA COM A SEGUINTE EMENTA: 'ACIDENTE DO TRABALHO. APELAÇÃO DE AMBAS AS PARTES E REEXAME NECESSÁRIO. DOENÇA OCUPACIONAL. SILICOSE. SENTENÇA DE PROCEDÊNCIA. NEXO CAUSAL E INCAPACIDADE. A moléstia pericialmente constatada impede o obreiro de permanecer na mesma função, mas não de exercer inúmeras outras sem exposição à sílica, a configurar incapacidade parcial e permanente...'" (Ap. 1001795-47.2017.8.26.0125, 16ª Câmara de Direito Público, rel. Antonio Tadeu Ottoni, j. em 24-2-2022).

"REMESSA NECESSÁRIA. Ação acidentária. Sentença de procedência para concessão de aposentadoria por invalidez. Autor exercia atividade de jateador. Perícia técnica revelou que o obreiro sofre de enfermidade pulmonar que o incapacita de forma total e permanente para o trabalho. Vistorias ambientais realizada em reclamações trabalhistas constaram a insalubridade da atividade devido à exposição à poeira e à sílica. Atividade classificada de risco pelo Anexo II do Decreto 3.048/1999 em razão da exposição ao agente patogênico óxido de silício. Aposentadoria por invalidez acidentária devida..." (Ap 1007979-36.2019.8.26.0032, 17ª Câmara de Direito Público, rel. Francisco Shintate, j. em 26-1-2021).

12. Sebastião Ivone Vieira, *Medicina básica*, cit., v. 3, p. 284.

A questão do amianto no Brasil nos últimos anos ultrapassou os limites da medicina ocupacional, entrando na esfera político-econômica e político-sindical. É que, enquanto de um lado forte corrente sindical, apoiada por técnicos capazes, queria o banimento total do uso do amianto, alguns setores ainda preferem o "seu uso controlado". O Brasil é o maior produtor de amianto da América Latina e um dos mais importantes do mundo, chegando a produzir duzentas e vinte mil toneladas no final da década de 1980. Hoje a maior mina em lavra é a Canabrava, em Goiás, controlada pela SAMA S.A. – Mineração de Amianto.

Por outro lado, a exposição não se dá apenas na extração do amianto, mas nas atividades de tratamento, como as operações de britagem, secagem, beneficiamento etc., além da manufatura dos produtos do asbesto. O Grupo Interinstitucional do Asbesto – GIA, do qual participam diversos órgãos públicos e trabalhadores, estimou que em 1988 mais de doze mil pessoas estariam expostas diretamente ao asbesto, número este que cresceria para trinta mil, incluindo-se aí os que manipulam os produtos acabados.

Tudo isso levou à promulgação da Lei n. 9.055, de 1º de junho de 1995, que disciplina o uso do amianto no Brasil, incluindo-se a importação. Essa lei proibia a extração, produção, industrialização, utilização e comercialização da actinolita, da antofilita e da termolita, mas no art. 2º permitia a extração e comercialização do amianto do grupo crisotila ou amianto branco. Aliás, essa é a forma mais encontrada no mundo (97%), a quase totalidade produzida no Brasil, e é também a que apresenta maior risco de câncer do pulmão[13].

Contudo, essa lei ficou letra morta, até porque não havia interesse por parte das empresas em comunicar ao Ministério da Saúde, através do SUS, os casos de trabalhadores doentes, e muito menos de certos setores governamentais em implementá-la. A regulamentação dessa lei apenas se concretizou mais de dois anos depois, através do Decreto n. 2.350, de 15 de outubro de 1997, publicado no *Diário Oficial da União* do dia seguinte. Coincidência ou não, nessa

---

13. Sebastião Ivone Vieira, *Medicina básica*, cit., v. 3, p. 275.

data se realizava em Bruxelas o Congresso Internacional sobre o amianto no mundo. Esse Regulamento prevê a criação da Comissão Nacional Permanente do Amianto – CNPA[14].

O asbesto ou amianto está relacionado no anexo II do Regulamento (item 02), e os trabalhos que contêm o risco de acordo com o texto legal são aqueles já citados, incluindo o Regulamento "qualquer colocação ou demolição de produtos de amianto que produza partículas atmosféricas de amianto".

Devemos destacar que o Estado e o Município de São Paulo avançaram ainda mais na legislação e proibiram o uso do amianto, conforme a Lei Estadual n. 12.684/2007 e a Lei Municipal n. 13.113/2001. O Supremo Tribunal, em duas decisões, sinalizou pela validade dessas leis, negando liminar de suspensão, conforme julgados na ADPF/109, Min. Ricardo Lewandowski, decisão de 14-4-2009, com decisão de mérito publicada em 1-2-2019, e na ADIn 3.937, rel. Min. Marco Aurélio, decisão plenária de 4-6-2008, com decisão de mérito em 2017 e que, ao final, declararam constitucionais as leis do Estado e do Município e, ainda, inconstitucional o art. 2º da Lei n. 9.055/95, em decisão com trânsito em julgado em 10-5-2023[15], colocando um ponto-final na questão, não havendo mais

---

14. Essa comissão é composta por dois representantes do Ministério do Trabalho; dois do Ministério da Saúde; dois do Ministério da Indústria, do Comércio e do Turismo; um do Ministério do Meio Ambiente, dos Recursos Hídricos e da Amazônia Legal; quatro representantes de entidades de classe representativas de empregados e quatro de empregadores. Trata-se de uma comissão tripartite com caráter consultivo (art. 14 do Regulamento).

15. "ARGUIÇÃO DE DESCUMPRIMENTO DE PRECEITO FUNDAMENTAL. DIREITO CONSTITUCIONAL. LEI 13.113/2001 E DECRETO 41.788/2002, QUE DISPÕE SOBRE A PROIBIÇÃO DO USO DE MATERIAIS, ELEMENTOS CONSTRUTIVOS E EQUIPAMENTAS DA CONSTRUÇÃO CIVIL CONSTITUÍDOS DE AMIANTO NO MUNICÍPIO DE SÃO PAULO. EXERCÍCIO LEGÍTIMO DA COMPETÊNCIA DOS MUNICÍPIOS PARA SUPLEMENTAREM A LEGISLAÇÃO FEDERAL. ARGUIÇÃO JULGADA IMPROCEDENTE. 1. Ante a declaração incidental de inconstitucionalidade do art. 2º da Lei 9.055/95, não invade a competência da União prevista nos arts. 24, V, VI e XII, da Constituição da República, a legislação municipal que, suplementando a lei federal, impõe regra restritiva de comercialização do amianto. 2. Trata-se de competência concorrente atribuída à União, aos Estados e Distrito Federal para legislar sobre produção, consumo,

proteção do meio ambiente e proteção e defesa da saúde, tendo os Municípios competência para suplementar a legislação federal e estadual no que couber. 3. Espaço constitucional deferido ao sentido do federalismo cooperativo inaugurado pela Constituição Federal de 1988. É possível que Estados-membros, Distrito Federal e Municípios, no exercício da competência que lhes são próprias, legislem com o fito de expungirem vácuos normativos para atender a interesses que lhe são peculiares, haja vista que à União cabe editar apenas normas gerais na espécie. 4. Arguição de Descumprimento de Preceito Fundamental julgada improcedente, com a declaração incidental da inconstitucionalidade do art. 2º da Lei 9.055/95" (STF, Pleno, rel. Min. Edson Fachin, j. em 30-11-2017).

"Ação direta de inconstitucionalidade. Lei n. 12.684/2007 do Estado de São Paulo. Proibição do uso de produtos, materiais ou artefatos que contenham quaisquer tipos de amianto ou asbesto. Produção e consumo, proteção do meio ambiente e proteção e defesa da saúde. Competência legislativa concorrente. Impossibilidade de a legislação estadual disciplinar matéria de forma contrária à lei geral federal. Lei federal n. 9.055/1995. Autorização de extração, industrialização, utilização e comercialização do amianto da variedade crisotila. Processo de inconstitucionalização. Alteração nas relações fáticas subjacentes à norma jurídica. Natureza cancerígena do amianto crisotila e inviabilidade de seu uso de forma efetivamente segura. Existência de matérias-primas alternativas. Ausência de revisão da legislação federal, como determina a Convenção n. 162 da OIT. Inconstitucionalidade superveniente da Lei Federal n. 9.055/1995. Competência legislativa plena dos estados. Constitucionalidade da Lei estadual n. 12.684/2007. Improcedência da ação. 1. A Lei n. 12.684/2007, do Estado de São Paulo, proíbe a utilização, no âmbito daquele Estado, de produtos, materiais ou artefatos que contenham quaisquer tipos de amianto ou asbesto, versando sobre produção e consumo (art. 24, V, CF/88), proteção do meio ambiente (art. 24, VI) e proteção e defesa da saúde (art. 24, XII, CF/88). Dessa forma, compete, concorrentemente, à União a edição de normas gerais e aos estados suplementar a legislação federal no que couber (art. 24, §§ 1º e 2º, CF/88). Somente na hipótese de inexistência de lei federal é que os estados exercerão a competência legislativa plena (art. 24, § 3º, CF/88). 2. A Constituição de 1988 estabeleceu uma competência concorrente não cumulativa, na qual há expressa delimitação dos modos de atuação de cada ente federativo, os quais não se sobrepõem. Compete à União editar as normas gerais (art. 24, § 1º), não cabendo aos estados contrariar ou substituir o que definido em norma geral, mas sim o suplementar (art. 24, § 2º). Se, por um lado, a norma geral não pode impedir o exercício da competência estadual de suplementar as matérias arroladas no art. 24, por outro, não se pode admitir que a legislação estadual possa adentrar a competência da União e disciplinar a matéria de forma contrária à norma geral federal, desvirtuando o mínimo de unidade normativa almejado pela Constituição Federal. A inobservância dos limites constitucionais impostos ao exercício da competência concorrente implica a inconstitucionalidade formal da lei. 3. O art. 1º da Lei Federal n. 9.055/1995 proibiu a extração, a produção, a industrialização, a utilização e a comercialização de todos os tipos de amianto, com exceção da crisotila. Em seu art. 2º, a lei autorizou a extração, a industrialização, a utilização e a comercialização do amianto da variedade crisotila (asbesto branco) na forma definida na lei. Assim, se a lei federal admite, de modo restrito, o uso do amianto, em tese, a lei estadual não poderia proibi-lo totalmente, pois, desse modo, atuaria de forma contrária à prescrição da norma geral federal. Nesse caso, não há norma suplementar, mas norma contrária/substitutiva à lei geral, em detrimento da competência legislativa da União. 4. No entanto, o art. 2º da Lei Federal n. 9.055/1995 passou por um processo de inconstitucionalização, em razão da alteração nas relações fáticas subjacentes à norma jurídica, e, no momento atual, não mais se compatibiliza com a Constituição de 1988. Se, antes, tinha-se notícia dos possíveis riscos à saúde e ao meio ambiente ocasionados pela utilização da crisotila, falando-se, na época da edição da lei, na possibilidade do uso controlado dessa substância, atualmente, o que se observa é um consenso em torno da natureza altamente cancerígena do mineral e da inviabilidade de seu uso de forma efetivamente segura, sendo esse o entendimento oficial dos órgãos nacionais e internacionais que detêm autoridade no tema da saúde em geral e da saúde do trabalhador. 5. A Convenção n. 162 da Organização Internacional do Trabalho, de junho de 1986, prevê, dentre seus princípios gerais, a necessidade de revisão da legislação nacional sempre que o desenvolvimento técnico e o progresso no conhecimento científico o requeiram (art. 3º, § 2º). A convenção também determina a substituição do amianto por material menos danoso, ou mesmo seu efetivo banimento, sempre que isso se revelar necessário e for tecnicamente viável (art. 10). Portanto, o Brasil assumiu o compromisso internacional de revisar sua legislação e de substituir, quando tecnicamente viável, a utilização do amianto crisotila. 6. Quando da edição da lei federal, o país não dispunha de produto qualificado para substituir o amianto crisotila. No entanto, atualmente, existem materiais alternativos. Com o advento de materiais recomendados pelo Ministério da Saúde e pela ANVISA e em atendimento aos compromissos internacionais de revisão periódica da legislação, a Lei Federal n. 9.055/1995 que, desde sua edição, não sofreu nenhuma atualização, deveria ter sido revista para banir progressivamente a utilização do asbesto na variedade crisotila, ajustando-se ao estágio atual do consenso em torno dos riscos envolvidos na utilização desse mineral. 7. (i) O consenso dos órgãos oficiais de saúde geral e de saúde do trabalhador em torno da natureza altamente cancerígena do amianto crisotila, (ii) a existência de materiais alternativos à fibra de amianto e (iii) a ausência de revisão da legislação federal revelam a inconstitucionalidade superveniente (sob a óptica material) da Lei Federal n. 9.055/1995, por ofensa ao direito à saúde (art. 6º e 196, CF/88), ao dever estatal de redução dos riscos inerentes ao trabalho por meio de normas de saúde, higiene e segurança (art. 7º, inciso XXII, CF/88), e à proteção do meio ambiente (art. 225, CF/88). 8. Diante da invalidade da norma geral federal, os estados-membros passam a ter competência legislativa plena sobre a matéria, nos termos do art. 24, § 3º, da CF/88. Tendo em vista que a Lei n. 12.684/2007 do Estado de São Paulo proíbe a utilização do amianto crisotila nas atividades que menciona, em consonância com os preceitos constitucionais (em especial, os arts. 6º, 7º, inciso XXII; 196 e 225 da CF/88) e com os compromissos internacionais subscritos pelo Estado brasileiro, não incide ela no mesmo vício de inconstitucionalidade material da legislação federal 9. Ação direta julgada improcedente, com a declaração incidental de inconstitucionalidade do art. 2º da Lei 9.055/1995, com efeito *erga* autorização para exploração, comercialização ou uso de qualquer tipo de amianto (asbesto branco, marrom e azul).

O Tribunal de Justiça do Estado de São Paulo chegou a suspender liminarmente a lei (ADIn 152.105.0/4-00), mas em sede da Reclamação n. 5.571, formulada pelo Estado de São Paulo, o Ministro Ayres Brito suspendeu os efeitos da liminar e, em 6-9-2023, o órgão especial julgou improcedente a ação: "AÇÃO DIRETA DE INCONSTITUCIONALIDADE. Lei Estadual n. 12.684/07, que proíbe o uso de materiais ou artefatos que contenham quaisquer tipos de amianto ou asbesto ou outros minerais que, acidentalmente, tenham fibras de amianto na sua composição. Processo objetivo sustentado em princípios de proteção do meio ambiente. Normas de reprodução obrigatória da Constituição Federal. Inteligência do art. 25 da CF. Superveniente julgamento da ADI 3.937-DF, que proclamou a constitucionalidade do texto ora impugnado. Eficácia erga omnes e efeito vinculante em relação aos órgãos do Poder Judiciário. Inteligência do art. 28, parágrafo único, da Lei n. 9.868/99. Inconstitucionalidade. Inocorrência. Doutrina. Pedido improcedente" (rel. Tasso Duarte de Melo).

A inconstitucionalidade foi afastada não apenas pela existência de legislação internacional que proíbe expressamente a produção de amianto, mas também porque, no Direito Comparado, países integrantes da União Europeia, notadamente França, Polônia, Islândia, Alemanha, Holanda e Reino Unido, de há muito baniram esse produto dos seus mercados.

Ademais, em matéria de proteção à saúde e de defesa do meio ambiente, a competência legislativa é concorrente, a teor do art. 24, VI e XII, da Constituição.

Finalmente, a defesa da saúde, conforme estabelece o art. 196 da Carta Magna, é competência do Estado, entendido genericamente. Portanto, não é apenas da União, mas também dos Estados-membros, do Distrito Federal e dos Municípios.

---

omnes e vinculante" (STF, Pleno, ADI 3.937/SP, rel. p/ acórdão Min. Dias Toffoli, maioria, j. em 24-8-2017).

Assim, estamos diante de uma doença tipicamente profissional. Sem entrarmos na polêmica do banimento do amianto em nosso meio laboral, ou do seu uso controlado, o fato é que a doença é grave e o trabalhador afetado deve ser indenizado e afastado das atividades laborativas.

Destaca-se que o Supremo Tribunal Federal, no julgamento da ADIn 4066, rel. Min. Rosa Weber, em 24-8-2017, por maioria, entendeu que, "À luz do conhecimento científico acumulado sobre a extensão dos efeitos nocivos do amianto para a saúde e o meio ambiente e à evidência da ineficácia das medidas de controle nela contempladas, a tolerância ao uso do amianto crisotila, tal como positivada no art. 2º da Lei n. 9.055/1995, não protege adequada e suficientemente os direitos fundamentais à saúde e ao meio ambiente equilibrado (arts. 6º, 7º, XXII, 196, e 225 da CF), tampouco se alinha aos compromissos internacionais de caráter supralegal assumidos pelo Brasil e que moldaram o conteúdo desses direitos, especialmente as Convenções n. 139 e n. 162 da OIT e a Convenção de Basileia", mas não se atingiu quórum para deliberar pela constitucionalidade ou não, pelo que prevalecem as regras, inclusive estaduais. Tanto que, em novembro daquele ano, o Pleno, reiterando o posicionamento e agora por sete votos a dois, julgou constitucional a lei do Rio de Janeiro que proibia a comercialização do produto (ADIns 3.406 e 3.470).

Outras pneumoconioses que ocorrem entre nós são a "aluminose", nos trabalhadores expostos à poeira de alumínio; a "bisinose", nos trabalhadores expostos à poeira de algodão; a "barinose", nos trabalhadores expostos à poeira de cana; a "antracose", nos trabalhadores expostos à poeira de carvão; "a siderose", nos trabalhadores expostos à poeira de ferro.

3. DA DERMATOSE OCUPACIONAL

Podemos conceituar a dermatose ocupacional como "toda a alteração da pele, mucosas e anexos, direta ou indiretamente, condicionada, mantida ou agravada por tudo aquilo que seja utilizado na atividade profissional ou existia no ambiente de trabalho"[16].

---

16. *Medicina básica*, cit., v. 1, p. 303.

No Brasil, bem como na maioria dos países em desenvolvimento, as dermatoses ocupacionais ainda representam um agravo à saúde muito comum, ao contrário do que se verifica na maioria dos países desenvolvidos, onde esse problema vem sendo eliminado através de medidas de higiene e segurança.

A etiologia das dermatoses ocupacionais é variada, dependendo do agente patogênico. A Previdência Social considera as dermatoses como doença profissional. O anexo II do Regulamento relaciona diversos agentes patogênicos, começando pelos agentes químicos. Nessa classe há um grande número de substâncias dermatógenas, como ácidos, álcalis, sabões, solventes, tintas, vernizes etc.

O mesmo Regulamento, no item 25, cuida dos agentes biológicos, classe esta também importante causadora das dermatoses ocupacionais. Temos assim os vírus, as bactérias, os fungos etc. ligados a diversas atividades também relacionadas paralelamente com os agentes biológicos no mesmo anexo II. Portanto, trabalhadores em agricultura, veterinária, esgoto etc. estão expostos ao risco direto de vir a ser portadores de dermatose ocupacional, portanto, de doença profissional.

As dermatoses também podem ter como agentes patogênicos os físicos, estando alguns deles relacionados no anexo II do Regulamento, como as vibrações e radiações ionizantes, frio, calor etc.

As dermatoses ocupacionais, em princípio, são de fácil diagnóstico. Contudo, dermatoses existem de causa não ocupacional, as quais podem dificultar ou até levantar dúvidas quanto ao diagnóstico correto. Assim, há necessidade de ser feito o chamado diagnóstico diferencial, como em muitas outras doenças ocupacionais.

4. DAS VARIZES

Podemos conceituar as varizes como a dilatação permanente de uma veia.

Embora haja consenso atual da opinião médica de que não há evidência da relação direta causa-efeito com o trabalho, também não há dúvida de que o trabalho pode agravar seriamente o desenvolvimento da doença[17].

---

17. *Enciclopedia de salud y seguridad en el trabajo*, cit., p. 2525.

O aparecimento das varizes pode seguir-se à oclusão de veias profundas, ou a fatores mecânicos (forma secundária), porém, geralmente, a causa não é imediatamente aparente (forma primária). Ainda que o excesso de peso não desempenhe um papel ativo, sem dúvida representa um fator desfavorável, por ser conducente à insuficiência venosa crônica.

A frequência das varizes aumenta com a idade, e estudos realizados em trabalhadores da Basileia comprovaram que 38% de mulheres e 21% dos homens tinham algum problema relacionado com as varizes.

O estudo das varizes relacionado com o trabalho não é novo. Já Bernardo Ramazzini, considerado o "Pai da Medicina do Trabalho", a ele se dedicou em sua famosa obra *De morbis artificum diatriba*. Referia o mestre que "aqueles que nas artes têm de ficar de pé, os operários estão propensos, sobretudo, às varizes. Pelo movimento tônico dos músculos, é retardado o curso, quer fluente, quer refluente, do sangue que então se estanca nas veias e válvulas das pernas, produzindo aquelas tumefações chamadas varizes"[18].

Hoje em dia muitas atividades laborativas exigem uma posição ortostática muito semelhante à descrita por Ramazzini, e nas quais se podem verificar as características por ele descritas no que tange ao movimento tônico dos músculos. Nada mais justo, pois, que a jurisprudência venha aceitando a concausalidade no aparecimento e agravamento das varizes para certas funções exercidas por longo lapso de tempo na mesma posição, sem muita deambulação, tais como vendedor-balconista, vigia de banco, porteiro etc. Outras categorias profissionais também sujeitas ao risco de adquirir essa doença são aquelas em que, além da posição ortostática, os trabalhadores ficam expostos a ambiente com excesso de calor.

5. DA EPILEPSIA

A epilepsia, no dizer de Abadie[19], "não é inata e herdada, mas individual e adquirida". Sua importância reside no fato de que no

---

18. Tradução brasileira por Raimundo Estrêla, São Paulo: Fundacentro, 1988, p. 107.
19. *Medicina básica*, cit., v. 3, p. 343.

Brasil há uma incidência variável de 1% a 2%, considerando os pacientes que possam ter crises eventuais. Por outro lado, as estatísticas mostram que 0,5% a 6% da população mundial sofre dessa afecção, compreendendo-se a diferença estatística pelos critérios utilizados nos diversos países. É considerada um dos problemas sociais mais graves no mundo atual.

A questão que se coloca é: não sendo diretamente relacionada com o trabalho, estaria excluída da indenização acidentária?

Ora, sabemos que nossa legislação infortunística adota o princípio da concausalidade. Assim, circunstâncias há em que o trabalho age como concausa. Nesses casos não há como negar o nexo causal.

Como exemplo da concausalidade podemos citar o trabalho exercido em ambiente ruidoso, que pode funcionar como circunstância desencadeadora da crise. Outro exemplo é a chamada fadiga crônica.

Mas nem por isso o epiléptico está impedido de trabalhar. Vai depender muito da forma e da gravidade da doença, das condições sociais e médico-ocupacionais em que se desenvolve o trabalho. Estatisticamente, apenas 25% dos portadores do problema apresentam maiores dificuldades para o trabalho, e os totalmente incapacitados representam uma proporção muito pequena[20].

Há determinadas tarefas que são contraindicadas para o epiléptico por representarem perigo não só para ele como para os colegas de trabalho.

Não podemos esquecer ainda que, se, numa crise epiléptica, o trabalhador vier a sofrer um acidente do trabalho, a epilepsia assume o papel de causa preexistente, figura já analisada no capítulo próprio. Nessa hipótese não há dúvida de que se configura o acidente do trabalho. O fato ocorreu durante a prestação do serviço; não foi causado propositadamente pelo trabalhador, nem tem culpa o obreiro de ser portador de uma doença preexistente ao fato.

---

20. *Enciclopedia de salud y seguridad en el trabajo*, cit., p. 934.

6. DA HIPERTENSÃO E DAS DOENÇAS CARDÍACAS

A hipertensão arterial pode ser conceituada como um estado prolongado de pressão persistentemente elevado. Contudo, a definição do que venha a ser "pressão alta" não é de fácil entendimento, até porque não há limites precisos entre o que venha a ser pressão normal e pressão anormal. Denomina-se esse estado "hipertensão arterial sistêmica" (HAS).

Importante ressaltar que em torno de 90% dos casos de hipertensão a causa é desconhecida, chamando-se a esse tipo de hipertensão de "essencial ou primária". Distingue-se assim da chamada "secundária", cujas causas são mais bem definidas, principalmente as de natureza renal e endócrina.

A maioria dos autores, acompanhados pela jurisprudência, considera as causas da hipertensão essencial como não relacionadas ao trabalho. Mas, se de um lado é verdade que a hipertensão arterial essencial tem como substrato etiológico a predisposição hereditária, constitucional, de outro condições ambientais especiais em que o trabalho é desenvolvido podem concorrer para o agravamento. Dentre essas condições destacam-se as que impõem aumento persistente do trabalho cardíaco, tais como esforço físico e exposição a calor ou a temperaturas baixas, e as capazes de provocar reação de estresse com liberação de catecolaminas na circulação. Neste último caso caracteriza-se a exposição a níveis elevados de pressão sonora e a condições psíquicas adversas ao trabalho.

É que a hipertensão arterial, por si, já determina uma sobrecarga de trabalho da bomba cardíaca. As situações descritas agravam essa sobrecarga do coração hipertenso, determinando sua hipertrofia e insuficiência funcional. Certas substâncias químicas, como o chumbo, que lesa os glomérulos renais, também podem concorrer para a hipertensão arterial.

Se isso se verificar, não há como desconhecer o princípio da concausalidade, uma vez que se acentuam significativamente os efeitos da predisposição hereditária. A hipertensão arterial não constitui, por si só, doença ocupacional. Mas o surgimento de suas complicações (cardíacas, vasculares ou renais) pode, sem dúvida, decorrer das condições especialmente agressivas em que se exerce o trabalho, caracterizando-se o nexo causal. Assim, a hipertensão arterial deverá ser considerada como doença do trabalho, ensejando a indenização acidentária.

Por sua vez, a hipertensão pode vir associada às doenças do coração. Como relacionar assim as doenças do coração com os fatores de risco do meio ambiente de trabalho?

Não se pode negar que a grande difusão das doenças do coração na população em geral e a falta de especificidade clínica das cardiopatias profissionais tornam sempre imperativo um diagnóstico diferencial[21]. Mais ainda se tivermos presente a influência exercida por fatores não relacionados com o trabalho e preexistentes às causas profissionais. Assumem importância fundamental fatores extralaborais, que podem ser divididos em três categorias: pessoais, hereditários e de meio ambiente[22]. Entre os fatores sociais podemos destacar o sexo, a idade, a raça, o colesterol, a hipertensão, o fumo etc. O risco de desenvolver uma coronariopatia (CHD – *coronary heart disease*) é oito vezes maior na pessoa que fuma, tem o colesterol fora dos limites e pressão anormal[23].

Não há como negar, contudo, que a exposição contínua e prolongada a certos agentes patogênicos pode influenciar seu aparecimento e agravamento. Nesse sentido vamos encontrar cardiopatias ligadas a agentes químicos, poeiras, gases irritantes e agentes alérgicos. As mais conhecidas estão relacionadas com os agentes químicos.

Esses agentes podem exercer sua ação patogênica diretamente sobre o aparelho cardiocirculatório, mas mais importante é o mecanismo de ação indireta. De acordo com alguns estudos, poucos são os casos em que uma cardiopatia estaria diretamente ligada ao trabalho. Nos Estados Unidos da América do Norte a *American Heart Association* reconhece esse problema e recomenda que seja incrementado o estudo sobre o problema.

---

21. *Trattato di medicina del lavoro*, Padova: Piccin Ed., 1981, v. 3, p. 749.
22. *Occupational Health*, cit., p. 563.
23. *Occupational Health*, cit., p. 564.

Até há pouco tempo no nosso meio discutia-se muito se a hipertensão e as doenças cardiovasculares dos pilotos de avião eram ou não de natureza ocupacional. Laudos periciais das mais variadas fontes contrapunham-se uns aos outros. Os tribunais reconheceram alguns casos, mas o Ministério da Aeronáutica sistematicamente entendia que não havia relação direta com o trabalho. Em alguns casos isolados pode ser admitida a concausalidade.

7. CONCLUSÃO

O tratamento infortunístico a ser dado a qualquer doença profissional ou do trabalho fundamentalmente é sempre o mesmo.

Nesta segunda parte do livro procuramos analisar diferencialmente as doenças mais complexas e comuns no dia a dia do trabalhador. Mas nada impede que outras doenças, como o acidente vascular cerebral (AVC), doenças mentais etc., possam ser caracterizadas como doenças do trabalho. Presentes as condições do art. 20, II, da Lei n. 8.213/91 e sobretudo a previsão da primeira parte do art. 21, independentemente de o agente patogênico estar ou não relacionado no anexo II do Regulamento, a indenização infortunística é devida ao beneficiário do seguro acidentário.

CAPÍTULO 5
DA FIBROMIALGIA

Sumário: 1. Introdução. 2. Fatores desencadeantes e sintomas. 3. Diagnóstico e tratamento. 4. Fibromialgia e LER/DORT. 5. Conclusão.

1. INTRODUÇÃO

Na sétima edição deste trabalho resolvemos inserir um capítulo abordando a "síndrome da fibromialgia". A isso nos levaram notícias de sérias confusões que vêm ocorrendo no dia a dia das perícias médicas, seja na esfera administrativa, seja na judicial, envolvendo essa patologia com as LER/DORT e gerando injustiça para os trabalhadores acometidos por estas últimas. Não raro os segurados postulam o benefício auxílio-doença de natureza acidentária (B-91) entendendo ser sua doença profissional ou do trabalho e o perito concluindo pela síndrome da fibromialgia, a qual, em princípio, não possui nexo causal com o labor. Por outro lado, também há situações cujos sintomas dessa patologia podem confundir-se com os das LER/DORT, mas não têm relação alguma com as atividades do obreiro e nem sequer pode-se alegar o princípio da concausalidade, já estudado em capítulos anteriores.

2. FATORES DESENCADEANTES E SINTOMAS

O que hoje é conhecido como síndrome da fibromialgia (SFM) era trabalhado e tratado como "dor muscular crônica". Foi sobretudo a partir da década de oitenta que foram intensificadas as pesquisas e se buscou uma redefinição para o que era tido como "um quadro confuso de uma condição comum". Em 1987 a fibromialgia teria sido reconhecida pela *American Medical Association* como uma síndrome distinta, mas somente em 1990 o *American College of Rheumatology* (ACR) deu a definição da SFM.

Dentro dos limites das considerações a que nos propusemos neste capítulo, podemos resumir a SFM do ACR em:

1. Uma história de dor generalizada por pelo menos três meses, considerando-se como tal quando presentes os seguintes sintomas: dor nos lados esquerdo e direito do corpo, abaixo e acima da cintura; dor axial (coluna cervical ou parte anterior do peito ou coluna torácica ou lombar).

2. Dor em 11 dos 18 pontos sensíveis quando submetidos à pressão digital de 4K[1].

Embora o critério da dor nos 11 pontos dos 18 esteja de acordo com as propostas acadêmicas e de pesquisa, muitos pacientes com fibromialgia têm menos de 11 pontos sensíveis nos locais definidos. Contudo, eles apresentam outros sintomas e descobertas típicas que permitem ao médico diagnosticar a fibromialgia.

Em resumo, a fibromialgia é uma síndrome dolorosa incidente, sobretudo nos músculos, mas que pode também acometer tendões, ligamentos e articulações. Diz-se *síndrome* porque é identificada mais pelo número de sintomas do que de má função específica. A dor é o mais importante sintoma descrito pelos pacientes, tais como "ardência, incômodo, rigidez ou fisgadas, geralmente variando com horário, tipo de atividade exercida, estação climática, padrões de sono, e principalmente, estresse"[2]. Fadiga de moderada a severa está presente na maioria dos portadores da SFM. A fibromialgia parece estar relacionada a alterações nos mecanismos de modulação da dor, com

---

1. Figuras com esses pontos e mais detalhes sobre o tema, *vide* Leon Chaitow, *Síndrome da fibromialogia*: um guia para o tratamento. Tradução de Eduardo Rissi, Barueri: Manole, 2002, p. 5.
2. João Celso Fares Perez, *Meio ambiente industrial,* ano IX, edição 50, julho/agosto de 2004.

diminuição da serotonina (substância analgésica) e aumento da substância P (uma substância que provoca dor). Não raro ocorrem distúrbios do sono. Pode haver irritabilidade intestinal e rigidez generalizada do corpo ao levantar pela manhã. Há ainda referência ao sistema nervoso, às mudanças de humor, desânimo, ansiedade e depressão, o que levou os médicos a denominar essa abordagem psiquiátrica de "somatoforme da dor".

Estima-se que no Brasil 5% da população possa desenvolver essa síndrome. No mundo, em torno de 2% satisfazem os critérios do ACR. Vale salientar que estatísticas comprovam que entre 80% e 90% são pacientes do sexo feminino, e na faixa etária de 30 a 50 anos.

A fibromialgia também é conhecida como fibrosite, dor muscular crônica, reumatismo psicogênico e mialgia por tensão.

3. DIAGNÓSTICO E TRATAMENTO

O diagnóstico das fibromialgias é essencialmente clínico, não apresentando alterações laboratoriais. O exame físico é, pois, essencial para uma correta avaliação, ressaltando a literatura que os pacientes com síndrome de fibromialgia frequentemente sentem dor como resposta a estímulos que normalmente não causam dor, ou seja, têm hipersensibilidade à dor. O paciente com SFM reclamará de dor muscular intensa e persistente. Como a dor é muito subjetiva por definição, é difícil de ser quantificada, já que "sua percepção é influenciada por múltiplos fatores, tais como convicções pessoais, educação, diferenças culturais, experiências aprendidas e genéticas"[3]. Não é incomum que o paciente refira "estou todo quebrado"; "é como que se tivesse levado uma surra"; "um trator passou por cima de mim". Embora o exame físico geral possa parecer normal, um exame cuidadoso dos músculos revela áreas sensíveis em determinados locais. São os chamados "tender point", cuja presença é fundamental para o diagnóstico diferenciado.

---

3. Leon Chaintow, *Síndrome da fibromialgia*, cit., p. 113.

Esses pontos sensíveis e predeterminados no corpo, como já referimos, são nove de cada lado, dezoito no total. Deve haver onze, dos dezoito, sensíveis e positivos à dor consoante o ACR. Contudo, não significa que o diagnóstico não será firmado se menos de onze pontos forem positivados. A anamnese detalhada sobre a dor com importância de como ela afeta as atividades diárias é de suma importância no diagnóstico. Cabe ao médico, com sua habilidade e experiência, reproduzir as queixas do paciente identificando os pontos-gatilho em exame, decidindo sobre outras causas de parestesias, como radiculopatia ou lesão de nervos. Em suma, um histórico cuidadoso e um exame físico bem-feito podem facilmente diagnosticar a SFM, como, aliás, na maioria dos diagnósticos médicos.

Não há um único tratamento para essa síndrome. Vários tratamentos podem ser implementados, com ênfase na individualização, pois o que pode dar certo para um não necessariamente o será para os demais. A conduta mais prudente é o trabalho multidisciplinar, desde a compreensão da síndrome, sobretudo a informação de que não evolui para deformação ou paralisia, até o uso de medicamentos, tais como analgésicos, anti-inflamatórios, relaxantes musculares, antidepressivos e modificadores de sono etc. Mais do que em outras situações, há de haver muita atenção aos efeitos colaterais potenciais dos medicamentos. Médico e paciente precisam atuar juntos para avaliar o custo-benefício.

Fisioterapia, com ênfase nos exercícios de alongamento muscular, técnicas de relaxamento, terapias psicológicas, participação em grupos de ajuda, entre outros tratamentos, podem ser benéficos.

Ainda que a fibromialgia não possa ser curada neste momento, os médicos que a tratam podem melhorar a qualidade de vida dos pacientes, propiciando-lhes vida útil e profissional.

4. FIBROMIALGIA E LER/DORT

Dissemos na introdução deste capítulo que vêm ocorrendo distorções, sobretudo nas perícias médicas, na hora de concluir por SFM ou LER/DORT. Se por um lado não teria de haver dúvidas no diagnóstico de uma ou outras até porque, como vimos no Capítulo 2 desta segunda parte e nos itens acima deste capítulo, os fatores desencadeantes, os sintomas e o exame clínico as diferenciam, por outro lado, não raro, as circunstâncias do diagnóstico ou da perícia aliadas à falta de informações mais precisas podem induzir os senhores peritos a erro, acarretando prejuízos aos pacientes, seja do ponto de vista médico, seja como detentores de direitos previdenciários.

Consabido que o Seguro de Acidentes do Trabalho – SAT e a Previdência Social de uma forma geral só indenizam a incapacidade, não a doença em si. Mister, pois, que o perito seja objetivo em sua conclusão, vale dizer, se o caso é de incapacidade, e se há ou não nexo com o trabalho. A SFM em si não é doença ocupacional (nem profissional, nem do trabalho). Mas nem por isso deixa de ser incapacitante ou até mesmo decorrente de outras doenças que podem ter sua origem laboral. Na primeira hipótese, como qualquer outra que, de forma temporária ou definitiva, incapacita o trabalhador para a sua atividade, enseja o direito ao auxílio-doença de natureza comum (B-31) ou a aposentadoria por invalidez (B-32). O paciente não consegue executar sua atividade profissional e tem comprometida até sua vida social e familiar. Já na segunda, o auxílio-doença de natureza acidentária do trabalho (B-91), ou a aposentaria por invalidez (B-92). É nesta segunda situação que deve ser dada uma atenção especial com as LERT/DORT.

Em primeiro lugar estas últimas já estão bem definidas na literatura médica, com sintomas específicos e formas clínicas, como estudado no item 4 do Capítulo 2 da Parte II. Assim, não se confunde uma "tendinite de ombros", mesmo que o trabalhador não eleve os membros superiores acima de 90° (noventa graus)[4], com uma situação caracterizadora da SFM, mesmo que a dor esteja situada na mesma região supraespinhal. Em segundo lugar, as LERs/DORTs são reconhecidas como doença do trabalho desde 1987 e constam do anexo II do Decreto n. 2.048/2000, item XXII. Finalmente, ainda está em vigor a Instrução Normativa INSS/DC, n. 98, de 5 de outubro de 2003, valendo frisar a seção II, que cuida da Avaliação da Incapacidade Laborativa.

---

4. *Vide* "Esclarecimentos do perito" no laudo encartado no proc. n. 886/2006 da 6ª Vara de Acidentes do Trabalho da Capital.

5. CONCLUSÃO

Dentro da proposta inicial de escrever este capítulo, podemos concluir que identificamos atualmente duas tendências antagônicas na literatura médica: a primeira é a de reduzir "tudo" à SFM, descaracterizando o nexo com o trabalho, não se aplicando, sequer, o princípio da concausalidade[5]. Para essa tendência a fibromialgia é uma "panaceia diagnóstica" sempre que o paciente apresentar a sintomatologia acima descrita, sobretudo a dor muscular. Para a segunda, tecnicamente, a SFM é "um dos diagnósticos diferenciais das moléstias englobadas no grande grupo das LER/DORT (Lesões por Esforços Repetitivos/Distúrbios Osteomusculares Relacionados ao Trabalho), devendo-se ter muita atenção no discernimento destas entidades clínicas para efeitos de tratamento e posicionamento perante a Justiça, em termos de laudos e pareceres judiciais"[6].

Não somos nós no âmbito desta abordagem, e até porque não somos médicos, que vamos defender uma ou outra posição. Concla-

---

5. "ACIDENTÁRIA. TRANSTORNOS PSÍQUICOS E FIBROMIALGIA. LIAME OCUPACIONAL E PREJUÍZO FUNCIONAL AFASTADOS PELA PERÍCIA. IMPROCEDÊNCIA. Atestado pela perícia médica, de forma cabal e taxativa, que a autora não ostenta nenhuma sequela incapacitante decorrente de moléstia de origem ocupacional, não há que se cogitar de indenização no âmbito da infortunística" (TJSP, Ap.1062219-38.2021.8.26.0053, 16ª Câmara de Direito Público, rel. Luiz De Lorenzi, j. em 28-11-2022).

"ACIDENTE DO TRABALHO. AUXILIAR DE COZINHA. MALES NOS MEMBROS SUPERIORES, COLUNA E FIBROMIALGIA. INCAPACIDADE LABORATIVA NÃO COMPROVADA. NEXO CAUSAL COM O LABOR DESCARTADO. LAUDO PERICIAL CONCLUSIVO. DESNECESSÁRIA RENOVAÇÃO/ COMPLEMENTAÇÃO DA PROVA. BENEFÍCIO INDEVIDO. Preliminar rejeitada e, no mérito, recurso desprovido" (TJSP, Ap. 1004904-82.2021.8.26.0625, 16ª Câmara de Direito Público, rel. João Negrini Filho, j. em 20-9-2022).

"Explicou o *expert* que o sintoma principal dos pacientes de fibromialgia é a dor difusa e crônica, atingindo músculos, tendões e ligamentos e causando dores e rigidez destes tecidos moles. Tal moléstia 'não é um processo grave, mas a persistência dos sintomas pode interferir na vida diária de modo muito importante'. Diante desse diagnóstico, o perito médico afastou a presença de LER/DORT de origem ocupacional, bem como o mal colunar, uma vez que as doenças diagnosticadas não decorrem do exercício profissional" (TJSP, Ap. 0070062-34.2007.8.26.0224, 17ª Câm. Dir. Público, rel. Adel Ferraz, j. em 9-8-2011).

6. João Celso Fares Perez, *Meio ambiente industrial*, cit.

mamos, sim, que o médico tem a obrigação de identificar a entidade da qual é acometido o paciente e orientá-lo corretamente. Por sua vez, quando o perito é chamado a se manifestar administrativamente ou em processo judicial, deve analisar com extremo cuidado o histórico do municipiando, valorizar o exame clínico e não desprezar eventual vistoria no meio ambiente do trabalho.

Os operadores do direito dependem muito dos estudos técnicos sobre as questões ora levantadas, aguardando-se para os próximos anos mais esclarecimentos e certezas sobre a SFM, sobretudo em cotejo com as LER/DORT.

CAPÍTULO 6
DO ASSÉDIO MORAL NO TRABALHO

Sumário: 1. Introdução. 2. Conceitos e distinções necessárias. 3. Assédio organizacional. 4. Assédio moral – conceito e elementos. 4.1. Assédio vertical. 4.2. Assédio horizontal. 4.3. Assédio misto. 4.4. A palavra do Ministério do Trabalho e Emprego. 5. Consequências do assédio moral. 5.1. Para o trabalhador. 5.2. Para a empresa. 5.3. Síndrome de Burnout. 6. Conclusão.

1. INTRODUÇÃO

O assédio moral no trabalho, violência no trabalho, ou simplesmente assédio moral, não são doenças do trabalho nem doenças profissionais, como já definidas neste livro[1]. Contudo são situações altamente provocadoras de diversas síndromes, estas, sim, passíveis de serem caracterizadas como doenças ocupacionais. Muito pesquisado, sobretudo nas últimas duas décadas, embora problema não tão moderno nos ambientes de trabalho, este tema mereceu da nossa parte um estudo sob o enfoque laboral, vale dizer, como o trabalho, o meio ambiente do trabalho e a organização do trabalho podem estar viciados a ponto de criarem este mal do século XXI, que tantos prejuízos vem causando à saúde do trabalhador e à coletividade da classe laboral.

---

1. *Vide* primeira parte, Capítulo 1, item 4.2.

Não é nossa pretensão aprofundarmos o tema do ponto de vista doutrinário e conceitual, até porque há estudos, teses, pesquisas e trabalhos acadêmicos mais completos sobre o assunto. Nosso objetivo é tentar fazer algumas distinções obrigatoriamente necessárias e de como o que denominamos assédio moral permeia o meio ambiente do trabalho, apontando como o comportamento do chefe ou do colega, a organização do trabalho, as metas a serem atingidas etc. tipificam uma agressão ao trabalhador, provocando, sim, doenças relacionadas com o trabalho e, como tais, passíveis de serem objeto de processos administrativos e judiciais, com sérias consequências no mundo empresarial e do trabalho.

2. CONCEITOS E DISTINÇÕES NECESSÁRIAS

Diversas são as concepções de assédio moral de acordo com os autores que o estudam, embora se identifiquem muitas características semelhantes, como veremos adiante.

Mundialmente o fenômeno não é novo. Atribuem-se ao psicólogo alemão naturalizado sueco Heinz Leymann os primeiros estudos sobre o sofrimento no trabalho. Esse autor partiu do termo *mobbing*, utilizado por Peter-Paul Heinemann, em 1972, para designar condutas agressivas praticadas por crianças contra outras crianças em escolas, e constatou que esse fenômeno se dava também nas empresas suecas. Em 1993 publicou o primeiro trabalho em que, mesmo não utilizando a expressão "assédio moral", define as situações encontradas nos ambientes de trabalho que impõem ao indivíduo danos psíquicos e físicos, tipo confrontos, maus-tratos, desprezo e agressões frequentes. Não demorou para que outros estudiosos se preocupassem com esse tema. O francês Christophe Dejours publicou em 1998 seu livro *Souffrancee em France*: la banalisation de l'injustice sociale. Ele também não empregou a expressão "assédio moral", utilizando a expressão *males do trabalho*, que consiste em ameaças, chantagens, insinuações, perseguição àqueles que, na visão das chefias, não colaboram. Mais tarde, em 2006, destacou que esses trabalhadores são deixados de lado ou transferidos para um setor execrável, ou ainda colocados diante de condições insuficientes para cumprir suas tarefas.

Mas foi a psiquiatra e pesquisadora francesa Marie-France Hirigoyen quem, em 1998, criou a expressão "assédio moral – *harassment*", avaliando-o como mais adequado que *mobbing,* já que o termo "assédio" encerra em si a conotação de pequenos ataques ocultos e insidiosos, tanto de um indivíduo quanto de um grupo, contra uma ou várias pessoas.

Alguns autores preferem ainda o termo *bullying* para descrever condutas abusivas de conotação sexual ou agressões físicas. A OMS reconhece a expressão *mobbing* como equivalente a *bullying* e a outras semelhantes. Já OIT, na terceira edição do relatório *Violência no trabalho*, de 2006, explicita detalhes diferenciativos entre esses dois termos: *bullying* seria a conduta praticada por um indivíduo; *mobbing,* por um grupo. Mas para alguns autores o *bullying* deve ser avaliado do ponto de vista do comportamento do agressor, enquanto no *mobbing* a atenção estaria centralizada na vítima.

No Brasil, o tema passou a ser estudado no final do século XX, valendo destacar a tradução do livro de Marie-France Hirigoyen[2] e a dissertação de mestrado em Psicologia Social na PUCSP da médica Margarida Barreto, no ano 2000, com o título *Uma jornada de humilhações*. Hoje pode citar-se, entre outros, Maria Ester de Freitas, *Assédio moral e assédio sexual*: faces do poder perverso nas organizações (2001); Roberto Heloani (2003); Maria Ester de Freitas (2006); Regina Heloisa Maciel e Rosemary Cavalcante Gonçalves (2008); Lis Andréa Pereira Soboll (2008) etc. Consagrou-se entre nós a expressão "assédio moral", ou "assédio moral no trabalho", para identificar todo aquele conjunto de situações descritas pelos autores estrangeiros. Essa expressão vem sendo aceita e ganhando terreno entre os pesquisadores, tendo adquirido reconhecimento social e até judicial, como teremos oportunidade de a ele nos referir.

Terminando este item, podemos afirmar que há uma tendência a identificar como equivalentes os termos até agora citados. Na tradição europeia aplicam-se os termos *mobbing* e *bullying* como sinônimos. Os americanos preferem utilizar expressões como "abuso

---

2. *Assédio moral*: a violência perversa do cotidiano, São Paulo: Bertrand, 2000.

emocional", maus-tratos. Na França, além de *harassment*, também se emprega *harcèlement moral*. Na Espanha usa-se o termo *acosto* ou *maltrato psicológico*. Em Portugal utiliza-se a expressão *coação moral* e, na Itália, *molestie psicologiche*[3].

3. ASSÉDIO ORGANIZACIONAL

Desde já queremos deixar claro que *assédio moral* não se confunde com *assédio organizacional*, embora façam parte de um mesmo universo, ou seja, o meio ambiente do trabalho. A partir do momento em que a sociedade moderna se estrutura sobre o aspecto econômico e o processo de trabalho tem sido seu maior representante, vale *quase tudo* para atingir as metas programadas e sempre cada vez mais elevadas. Isso implica, por óbvio, uma quebra de contrato, legitimando-se a competição em todos os níveis e individualizando-se culpas, e a guerra econômica funciona como causa a justificar a sobrevivência da empresa. Por isso fala-se em assédio organizacional.

O assédio organizacional, também chamado de assédio moral coletivo, caracteriza-se por não atingir uma pessoa em especial, mas visa controlar todo o grupo de trabalhadores indiscriminadamente. E aqui há de levar-se em conta que o ambiente organizacional é marcado por circunstâncias que podem ser confundidas com assédio. Exemplos dessa situação são o estresse, o conflito, as más condições de trabalho, as imposições profissionais etc. É que as empresas estão se tornando cada vez mais exigentes e duras, cobrando mais e mais de seus "colaboradores". Recorrem assim à chamada "gestão por pressão". Mas até aqui não se pode falar ainda em assédio, pois o objetivo da empresa é melhorar o desempenho. Hirigoyen assinala que é importante ter a consciência de que avaliações críticas construtivas, transferências, mudanças de função e outras atitudes, quando ocorrem de forma respeitosa, sem o propósito de perseguição ou represália, não podem ser consideradas assédio moral. Este começa quando gestores despreparados submetem seus funcionários à vio-

---

3. Soboll, *Assédio moral*, cit., p. 29.

lência, a insultos, a pressões e ao desrespeito. Essa gestão, denominada "gestão por injúria", implica uma conduta reiterada que viola direitos difusos, coletivos e individuais homogêneos relacionados com o trabalho. Caracteriza-se como ofensa ao direito fundamental à saúde no ambiente de trabalho e à dignidade da pessoa humana. Há um caráter despersonalizado do trabalhador.

O objetivo do assédio organizacional não é atingir uma pessoa em especial, mas, sim, controlar todo um grupo indiscriminadamente. Se assim é, difere do uso adequado do poder diretivo do empregador. Esse poder, de legítimo, torna-se ilegítimo a partir do momento em que não mais diz respeito ao desempenho e à produtividade, transformando-se em condutas abusivas que atentam contra a dignidade humana. O que vale ressaltar é que essas estratégias podem ser utilizadas como forma de gestão, sem a intencionalidade de prejudicar ou excluir alguém. Mas, se mal-conduzidas, e aí teremos o assédio moral coletivo, podem levar pessoas a não suportarem esse tipo de pressão, solicitando o desligamento da empresa, setor ou projeto. Isso equivale a um processo de "seleção natural" dos mais fracos, dos menos resistentes, ou, como diz Soboll, na linguagem organizacional, menos "resilientes". O que num primeiro momento parece visar à melhoria da produtividade, tornando-se assédio organizacional, pode derivar para um "darwinismo organizacional", vale dizer, um método que promove de maneira indiscriminada a exclusão dos menos adaptáveis às exigências da empresa[4]. Em suma, nesse tipo de assédio o agressor é a empresa, o empregador, através de seus gestores, e o objetivo é exercer o controle sobre a coletividade e garantir o alcance dos objetivos organizacionais e gerenciais.

4. ASSÉDIO MORAL – CONCEITO E ELEMENTOS

Focando agora o nosso tema de forma mais específica, defrontamo-nos desde já com a dificuldade de conceituá-lo. E isso porque dependendo de cada autor ou pesquisador são utilizados métodos de

---

4. Soboll, *Assédio moral*, cit., p. 22.

pesquisa diferentes e peculiaridades específicas do universo pesquisado. Mas, dentro da finalidade deste capítulo, podemos utilizar o conceito praticamente consagrado entre nós e que Soboll sintetiza: "O assédio moral é uma situação extrema de violência psicológica no trabalho, de natureza processual, pessoalidade, mal-intencionada e agressiva. Entendemos que o assédio moral se configura como um conjunto articulado de *armadilhas preparadas*, premeditadas, repetitivas e prolongadas. Os comportamentos hostis ocorrem repetidas vezes e por um período de tempo estendido. Sua prática é permeada de intencionalidade no sentido de querer prejudicar, anular ou excluir um ou alguns alvos escolhidos"[5].

A partir dessa conceituação, podemos melhor destacar os elementos essenciais que são intrínsecos ao assédio moral no trabalho. E isso porque, embora tenhamos hoje um número significativo de pesquisas sobre o assédio moral, a comparação dos estudos não é fácil, uma vez que não há uma padronização conceitual e metodológica. Vale lembrar, a esse respeito, que a OIT, já antes citada, traz dados díspares: se o assédio moral for considerado numa definição precisa e se referir a uma expectativa repetitiva e regular, os estudos indicam uma ocorrência menor que 5% da população. Se falarmos em ocorrências ocasionais, o número salta para 10%. Mas, se o estudo tem como finalidade uma análise de um ou mais comportamentos hostis no meio ambiente do trabalho, os índices podem alcançar até 40%.

A *habitualidade* é um elemento sempre presente no assédio moral. Um ato isolado não pode ser considerado assédio. É a repetição do comportamento hostil num período prolongado de tempo e o abuso do poder exercido sistematicamente que vão configurar a perversidade no local de trabalho. Não há como definir um período exato de tempo, até porque o assédio se define no tempo. Aliás, já Leymann, em seus primeiros estudos, citava que as ações hostis deveriam ser *frequentes e persistentes,* ao menos uma vez por semana e durante um tempo não inferior a seis meses. No Brasil Maria Ester de Freitas identifica a repetição e a sistematicidade como traços do assédio. Ela reforça que, se as primeiras manifestações de hostilida-

---

5. Soboll, *Assédio moral*, cit., p. 32.

de não forem combatidas ou denunciadas, diante do silêncio da pessoa em face do abuso de poder, as desqualificações e as agressões vão se reproduzir a tal ponto que a vítima se sente acuada, inferiorizada, submetida regularmente a manobras hostis e degradantes[6].

Ao lado da habitualidade vamos encontrar a *violência psicológica*. Os ataques psicológicos não necessariamente devam assumir a forma de conduta. Não é incomum, até pela definição do termo "assédio", traduzirem-se em omissões induzindo ao desconforto psicológico que ofende, humilha e que apresenta gravidade significativa. Mas, geralmente, o assédio moral vem acompanhado de condutas abusivas, intencionais, frequentes e repetidas.

A intenção de prejudicar encontra-se também entre os elementos do assédio moral. Não existe assédio sem intencionalidade. O alvo é o próprio indivíduo, com um interesse maior ou menor de prejudicá-lo. Não se trata de melhorar a produtividade ou otimizar os resultados, mas de se livrar de uma pessoa porque, de uma forma ou de outra, ela incomoda. Roberto Heloani, ao cuidar especificamente desse elemento, esclarece que o assédio moral caracteriza-se pela intencionalidade maldosa; consiste na constante e deliberada desqualificação da vítima, seguida de sua consequente fragilização, com o intuito de neutralizá-la em termos de poder. Sem dúvida trata-se de um processo disciplinador em que se procura anular a vontade daquele que, para o agressor, se apresenta como ameaça[7].

Por fim, há o elemento *pessoalidade*. Aqui se diferencia o assédio moral do assédio organizacional, como relatado. O alvo das agressões é uma pessoa específica, não se dando de forma generalizada como no assédio organizacional. Isso não quer dizer que duas ou mais pessoas pertencentes ao mesmo grupo ou setor da organização não possam ser alvo das agressões simultaneamente. O que se reforça neste momento é que o processo de perseguição é direcionado e pessoal.

---

6. Maria Ester de Freitas, Assédio moral: faces do poder perverso nas organizações, *Revista de Administração de Empresas*, São Paulo, v. 41, n. 2. abril/junho de 2001, p. 9.
7. Roberto Heloani, Assédio moral: um ensaio sobre a expropriação da dignidade no trabalho (versão eletrônica), *RAE – Revista de Administração de Empresas,* janeiro/junho de 2004, p. 5.

4.1. Assédio vertical

O assédio vertical está relacionado com a hierarquia e assume duas vertentes: a vertical descendente e a vertical ascendente. A primeira, a mais comum, é praticada de cima para baixo. Via de regra, se dá quando o superior hierárquico deseja que o assediado saia da empresa. É o mais frequente e o que causa mais danos aos trabalhadores, pelo fato de o superior utilizar-se de sua posição para submeter o empregado a situações humilhantes e constrangedoras.

A segunda vertente é a ascendente. Esta é mais rara. Dá-se quando o assédio é praticado de baixo para cima, vale dizer, pelo subordinado em relação ao superior. É o chamado boicote. Verifica-se nos casos em que um novo empregado é contratado para um cargo superior, ou quando uma pessoa é promovida sem a "aprovação" das demais do mesmo grupo subordinado. Essa forma de assédio pode ser destruidora, e isso porque o assediado, sendo superior ao assediador, tem medo de denunciar o fato, pois demonstraria perante a organização ser uma pessoa fraca, ou não habilitada para o cargo ou função.

4.2. Assédio horizontal

O assédio horizontal é mais frequente do que se costuma imaginar. Ele se dá no mesmo nível hierárquico. É também perverso, pois extrapola a competitividade sadia na empresa, beirando a falta de ética entre os próprios colegas. Alguns autores, como a própria Hirigoyen e, entre nós, Márcia Novais Guedes[8], também associam essa forma de assédio a casos de discriminação, como por opção sexual, opção religiosa, deficiência física e até por raça. Nesse tipo de assédio não há abuso de poder diretivo, mas omissão da empresa em não coibir e às vezes até "fechar os olhos" para esse comportamento. Assemelha-se ao *bullying* praticado entre crianças ou jovens ou a pressões psicológicas existentes dentro de grupos reclusos como o exército ou um tipo esportivo.

---

8. *Terror psicológico no trabalho*, São Paulo: LTr, 2003.

4.3. Assédio misto

O assédio misto é citado por Hirigoyen e Guedes. Caracteriza-se por um prolongamento do assédio horizontal e pelo fato de o superior hierárquico começar a praticá-lo também, caracterizando um assédio vertical descendente. Sobra para o assediado, que será sempre o culpado pelo que der errado.

4.4. A palavra do Ministério do Trabalho e Emprego

Finalizando este item, não poderíamos deixar de citar a posição oficial do Ministério do Trabalho e Emprego, que, em 2011, assim definiu o assédio moral: "É toda e qualquer conduta abusiva (gesto, palavra, escritos, comportamento, atitude etc.) que, intencional e frequentemente, fira a dignidade e a integridade física ou psíquica de uma pessoa, ameaçando seu emprego ou degradando o clima de trabalho".

As condutas mais comuns, dentre outras, são:
- instruções confusas e imprecisas ao(à) trabalhador(a);
- dificultar o trabalho;
- atribuir erros imaginários ao(à) trabalhador(a);
- exigir, sem necessidade, trabalhos urgentes;
- sobrecarga de tarefas;
- ignorar a presença do(a) trabalhador(a), ou não cumprimentá--lo(a) ou, ainda, não lhe dirigir a palavra na frente dos outros, deliberadamente;
- fazer críticas ou brincadeiras de mau gosto ao(à) trabalhador(a) em público;
- impor horários injustificados;
- retirar-lhe, injustificadamente, os instrumentos de trabalho;
- agressão física ou verbal, quando estão sós o(a) assediador(a) e a vítima;
- revista vexatória;
- restrição ao uso de sanitários;

- ameaças;
- insultos;
- isolamento.

5. CONSEQUÊNCIAS DO ASSÉDIO MORAL

O assédio moral no meio ambiente do trabalho afeta o trabalhador, a empresa e a sociedade como um todo. Sem dúvida o trabalhador é a maior vítima deste mal, que parece ser o mal do século se não forem tomadas as medidas necessárias.

5.1. Para o trabalhador

A percepção do assédio moral para o trabalhador pode ser entendida por exemplos extraídos de pesquisas realizadas com os bancários, sem dúvida a categoria mais atingida pelo problema e também a mais pesquisada entre nós. Via de regra, o bancário vê o assédio moral como um movimento descendente e como uma estratégia usada para se alcançar o cumprimento de metas, que se caracteriza por condutas agressivas e causa transtornos psicológicos. Identifica-se uma gestão por pressão com traços marcantes de cobrança, imposição e ameaça para o alcance de resultados. Eis o que uma bancária, com 33 anos de banco e 53 de idade, respondeu ao pesquisador: *"Sabe o que acontece, os bancos estabeleceram essa questão de metas, tudo você tem que atingir meta. Meta para dar lucro, então, essas metas, aí, o cara que te fiscaliza, ele já tem que ter esse perfil (de assediador) para ele poder conseguir, dentre os comandados dele, atingir a meta da agência, fazer o que tem que ser feito, pra satisfazer leão (a Diretoria), senão ele perde o cargo dele"*[9]. *"Assédio moral, deixa eu ver se consigo captar bem. É quando um funcionário sofre perseguições pelo seu chefe imediato, superior ou até pelos seus próprios colegas. Ele sofre algum tipo de pressão e isso*

---

9. Lena Rodrigues Soares e Wilza Vieira Villela, O assédio moral na perspectiva dos bancários, *Revista Brasileira de Saúde Ocupacional*, São Paulo, v. 37, n. 126, jul./dez. 2012.

é bem direcionado, não é só uma vez, são vários acontecimentos e que levam a crer que essa pessoa está sendo prejudicada ou até perseguida em seu ambiente de trabalho"[10]. Por essas duas falas podemos captar que o trabalhador tem consciência de que esse tipo de violência não é uma reação impulsiva e ocasional de um indivíduo diante de um problema pontual vivenciado no trabalho, mas um comportamento sistemático, repetido, em que há, por parte do assediador, o propósito de prejudicar. A maioria refere ofensas, ameaças e agressões verbais explícitas, feitas ostensivamente na presença de colegas, e não agressões veladas, insidiosas e implícitas. Este último dado chama a atenção de alguns pesquisadores para os quais o assédio moral implica um aspecto velado, insidioso, implícito, o que é pouco apontado nas pesquisas citadas.

Uma coisa é certa. O trabalhador fica isolado, completamente fora de seu campo de atuação-formação, como uma estratégia para privá-lo do apoio social e, desse modo, dificultar uma possível reação. Ninguém lhe dirige a palavra, é ignorado por todos, nem um bom dia nem um boa tarde. Simplesmente não existe. Tratando-se de uma instituição financeira cercada de competitividade, focada em lucros e resultados, com os valores humanos postos em segundo plano, o assédio moral passa a ser utilizado como uma ferramenta para disciplinar as pessoas da organização ou como um modo deliberado de exercer o poder com o propósito de atingir os objetivos da empresa.

A esta altura, o trabalhador está a um passo de adoecer. O sentimento de inferioridade, o julgamento negativo, a culpa do que não fez, o medo, a perda da autoestima, a depressão, a angústia, a desestabilização no ambiente de trabalho, em suma, a pessoa sofre uma crise de identidade capaz de implicar prejuízos à saúde mental e ao bem-estar social. Não é incomum, neste estágio, ter que afastar o trabalhador para o auxílio-doença muitas vezes já portador da Síndrome de Burn-Out, esta sim já considerada uma doença ocupacional[11], sob o título "Transtornos mentais e do comportamento relacio-

---

10. O assédio moral na perspectiva dos bancários, cit.
11. Regulamento da Previdência Social. Decreto n. 3.048/99. Anexo II, Lista B. Grupo V da CID-10.

nados com o trabalho". A síndrome está prevista no item XII e vem assim descrita: "Sensação de Estar Acabado". Tem como agentes etiológicos ou fatores de riscos de natureza ocupacional o *"Ritmo de trabalho perigoso e outras dificuldades físicas e mentais relacionadas com o trabalho"*. Sem dúvida o assédio moral está contido nesse Grupo V da Lista B até porque há outros itens semelhantes, tais como o de n. VIII, "Reações ao 'Estresse Grave e Transtornos de Adaptação. Estado de Estresse Pós-traumático'". Os agentes são *"Outras dificuldades físicas e mentais relacionadas com o trabalho; reação após acidente do trabalho grave ou catastrófico, ou após assalto no trabalho. Circunstâncias relativas às condições de trabalho"*.

Alguns autores afirmam que as mulheres têm sido as maiores vítimas de assédio moral no ambiente de trabalho. Esse dado seria explicado pelo fato de a mulher ser vista como um ser frágil, estando assim mais vulnerável a tal violência. Isso não significa que não seja grande o número de casos de assédio moral entre os homens[12]. Sob esse enfoque, pesquisa publicada na *Revista Brasileira de Saúde Ocupacional*, fruto de uma investigação sobre assédio moral em trabalhadores acometidos por LER/DORT realizada durante perícia judicial numa ação coletiva de trabalhadores de uma instituição bancária, identificou uma potencialização de sobrecarga mental e psíquica desses trabalhadores por sujeição a pressões para que desistissem de comprovar a relação da doença com o trabalho[13].

5.2. Para a empresa

O trabalhador sofre, e muito, com o assédio moral no trabalho. Mas a empresa pode vir a ter, e agora mais do que nunca, sérios problemas e de diversas ordens.

Da visão exposta nos itens anteriores, pode-se concluir que tanto no assédio organizacional quanto no assédio moral há res-

---

12. Maria Ester de Freitas, *Assédio moral*: faces do poder perverso nas organizações, cit.
13. *Revista Brasileira de Saúde Ocupacional*, São Paulo, v. 39, n. 129, jan./jun. 2014.

ponsabilidades da organização. E todos sabemos que a empresa é responsável pelos atos de seus prepostos (Súmula 341 do STF)[14]. Pois bem, a situação criada pelo assédio moral no trabalho, via de regra, causa danos morais e até materiais à pessoa, passíveis de indenização. Esse é o primeiro aspecto: se a empresa se omite, ou pior ainda, incentiva as situações que caracterizam violação de direitos da pessoa humana como descritos anteriormente certamente será punida. Hoje o Ministério Público do Trabalho está muito atuante, sobretudo quando se trata do assédio organizacional. Algumas ações já foram exitosas nesse campo, e todas elas sob o fundamento e com os argumentos de que a organização, pelas mais diversas formas, submete o trabalhador ao assédio. O Ministério Público atua quando há interesse coletivo e, sobretudo, no assédio horizontal, quando a empresa se omite porque, a rigor, é a organização que leva a vantagem da competitividade ferrenha e desleal entre os próprios funcionários.

No mais das vezes, a sentença obriga a empresa a se abster de submeter, permitir ou tolerar atos que manifestem preconceito, assédio ou discriminação de qualquer espécie para com os empregados, aplicando punições a seus autores, previstas na legislação trabalhista, conforme a gradação do ato faltoso; abster-se igualmente de submeter ou tolerar qualquer tratamento desrespeitoso para com seus empregados, observando em todos os seus atos e procedimentos o princípio do respeito à dignidade humana; formalizar circular aos empregados que ocupem funções de gerência, supervisão ou direção, comunicando expressamente a existência dos canais de reclamações existentes, bem como de que as denúncias, quando realizadas, serão objeto de efetiva apuração e punição quando e como legalmente previsto. Tudo isso além de indenização vultosa, como na ACP n. 00000388-102013.5.02.0314, no valor de R$ 700.000,00[15].

---

14. *Vide*, a respeito da responsabilidade, o capítulo especial no final da Parte III do livro.
15. Existem dezenas de ações e inúmeros TACs, segundo dados do MPT.

Quando se trata de assédio moral, mas de natureza pessoal, cabe à própria vítima tomar as providências através de um advogado. Aqui as provas se tornam mais difíceis. Mas, se de um lado vigora o princípio de que o ônus da prova é de quem alega o fato, do outro, hoje em dia, com as facilidades da internet – *e-mails*, mensagens de celular, postagens nas redes sociais, fotografias e vídeos, da prova testemunhal etc. –, o trabalhador tem grande chance de ganhar uma ação indenizatória por assédio moral na empresa[16]. Nem nos referimos a custos indiretos, pois o assédio moral implica redução da produtividade, gastos com reabilitação do agredido e na qualificação de um novo contratado, em face da alta rotatividade, além de gerar certa deterioração da imagem da empresa, tanto interna quanto externa.

Aqui não podemos deixar de citar a importância que tem a área de Recursos Humanos da empresa. Atualmente não se pode mais conceber um RH no sistema tradicional, que vai do Recrutamento e Seleção e termina no tradicional Departamento de Pessoal. A ela cabe investir em políticas preventivas, incluindo palestras com pes-

---

16. O *site* "Migalhas", em 27-2-2015, trouxe uma notícia que vem ao encontro do quanto acabamos de afirmar: "Uma vendedora receberá indenização por dano moral por comprovar ter sofrido assédio moral de seu gerente no WhatsApp. Em mensagens compartilhadas diariamente com a equipe, o supervisor chamava a subordinada, entre outros, de "gorda" e "bunda mole" e fazia piadas com o seu corpo. Em 1ª Instância, a empresa foi condenada a pagar R$ 3 mil em verbas decorrentes da rescisão indireta do contrato, mas a funcionária teve negado o pedido de indenização.

A 1ª Câmara do TRT da 12ª Região entendeu que os atos repetitivos do gerente acabaram criando um ambiente hostil e tornaram insustentável a permanência da funcionária na empresa. O desembargador relator Garibaldi Tadeu Pereira Ferreira apontou que o depoimento de testemunha confirmou que o gerente tinha o hábito de chamar a autora de gorda, feia, bunda mole e bigoduda, bem como de fazer piadas do gênero "tens tanta celulite por quê? Senta-se na brita né?".

"*Ora, se é indene de dúvidas que o gerente da ré – cargo sabidamente de grande expressão numa loja – tratava a demandante, diariamente, de forma desrespeitosa como a que acima foi noticiada, é imperioso que se reconheça nesse comportamento uma atitude capaz de tornar insustentável a continuidade da relação de emprego e, portanto, como motivo suficiente para levar a acionante a postular o rompimento do vínculo por falta grave cometida pelo empregador, ou seja, indiretamente.*"

Assim, concluiu que "*as humilhações pelas quais passou a autora constituíram verdadeiro assédio moral*" e fixou indenização de R$ 10 mil. O voto foi unânime. Processo: 0002421-48.2014.5.12.0022.

soas especializadas e a divulgação interna do problema, através de cartilhas e panfletos educativos visando à conscientização dos trabalhadores. Evidentemente que muitas vezes e, sobretudo, se o assédio já está instalado no ambiente de trabalho, há de ser revista a própria cultura organizacional, mapeando os porquês da agressão e promovendo formas amigáveis de reconciliação. Pesquisas entre os empregados e até a criação de um código de ética podem ser iniciativas de grande valia.

Nesse sentido, o Sindicato dos Trabalhadores nas Indústrias Químicas, Farmacêuticas, Plásticas e Similares de São Paulo, Taboão da Serra, Embu-Guaçu e Itapecerica da Serra dedicou integralmente ao tema a 3ª edição da "Coleção Saúde do Trabalhador e Meio Ambiente" – abril de 2011. Ao final, a revista apresenta as cinco "dicas" da médica Margarida Barreto, anteriormente citada como uma das pioneiras no Brasil a estudar o assédio moral no trabalho, para a ação individual e coletiva entre os trabalhadores, visando a evitar esse tipo de violência psicológica no dia a dia: Resista; Fortaleça laços; Solidariedade; Visibilidade social; Anote situações vivenciadas.

O tema também foi pauta da Convenção Coletiva 2013/2014 do Sindicato dos Bancários de São Paulo. Ela introduz uma cláusula que diz: *"No monitoramento de resultados, os bancos não exporão publicamente, o* ranking *individual de seus empregados"*. No mesmo artigo, define-se ser *"vedada a cobrança de cumprimento de resultados por torpedos (SMS), pelo gestor, no telefone particular do empregado"*. Outro resultado dessa negociação coletiva foi a criação de um "Grupo de Trabalho Bipartite – Análise dos Afastamentos do Trabalho", que foi instalado em 7 de novembro de 2013. O grupo, composto por representantes dos trabalhadores e empregadores e médicos do trabalho, agora está começando a elaborar um diagnóstico profundo sobre os afastamentos dos trabalhadores bancários. Por sua vez, o Secretário de Saúde do Sindicato dos Bancários de Osasco e Região traz uma estatística alarmante: no ano de 2013 foram afastados do serviço mais de 18 mil bancários e, de acordo com o INSS, 24,6% por LER/DORT e 27% por transtornos mentais e comportamentais, como estresse, depressão e síndrome do pânico. Esse Sindicato também incluiu na Convenção de Trabalho uma cláusula, segundo a qual o *"monitoramento dos resultados"* – como os bancos chamam a cobrança de metas – *"seja feito com equilíbrio, respeito e de forma positiva para prevenir conflitos nas relações de trabalho"*. Outra cláusula proíbe o gestor de enviar mensagens para o telefone celular particular do empregado, principalmente se for para cobrar o cumprimento de metas. A cláusula veda, ainda, a publicação de *ranking* de resultados.

5.3. Síndrome de Burnout

A Síndrome de Burnout ou Síndrome do Esgotamento Profissional foi reconhecida pela Organização Mundial de Saúde como síndrome crônica e identificada pelo CID-11 no item QD85 (Classificação Estática Internacional de Doenças e Problemas Relacionados a Saúde, versão de 1-1-2022), integrando o rol de doenças ocupacionais do Ministério da Saúde[17]; é um distúrbio emocional com sintomas de exaustão extrema, estresse e esgotamento físico resultante de situações desgastantes, provenientes de um local de trabalho que não foi gerenciado com sucesso.

O termo "burnout" foi criado pelo psicanalista alemão Herbert Freudenberg em 1974, que significa, em inglês, "queimar por completo". Essa expressão tem sido utilizada com frequência para descrever um estado de esgotamento mental que é justificado pelo excesso de trabalho.

A Síndrome de Burnout é caracterizada por três dimensões: 1) sensação de esgotamento ou de exaustão; 2) falta de pertencimento ou humor deprimido, relacionados ao trabalho; e 3) sensação de ineficácia e de falta de realização[18].

---

17. Portaria GM/MS n. 1.999, de 27 de novembro de 2023 (*DOU* de 29-11-2023): "Capítulo V – Esgotamento de Burnout. Transtornos mentais e comportamentais. CID 10 – Z73.0: Fatores psicossociais relacionados a: gestão organizacional; e/ou contexto da organização do trabalho; e/ou característica das relações sociais no trabalho; e/ou conteúdo das tarefas do trabalho; e/ou condição do ambiente de trabalho; e/ou interação pessoa-tarefa; e/ou jornada de trabalho; e/ou violência e assédio moral/sexual no trabalho; e/ou discriminação no trabalho e/ou risco de morte e trauma no trabalho".

18. "Description: (...) It is characterised by three dimensions: 1) feelings of energy depletion or exhaustion; 2) increased mental distance from one's job, or

Segundo o item QD85 do CID-11, burnout é uma síndrome conceituada como o resultado de um meio ambiente do trabalho dotado de estresse crônico, que não foi gerenciado com sucesso[19].

Assim, teoricamente, está diretamente ligada a elementos do ambiente de trabalho, por isso é equiparada a um acidente de trabalho, havendo indenização uma vez comprovados o nexo e a incapacidade:

"Apelação cível. Acidente do trabalho. Síndrome de Burnout e sintomas depressivos recorrentes. Concessão de benefício. Admissibilidade. Presença de incapacidade total e permanente e do nexo causal a justificar o deferimento da 'aposentadoria por incapacidade permanente' na modalidade acidentária. Ação julgada procedente. Recurso da autarquia e reexame necessário considerado interposto nos autos. Abono anual também a ser pago ao segurado. Juros de mora e correção monetária a serem empregados conforme a decisão proferida pelo Col. STF no julgamento do RE 870.947/SE, relativo ao Tema 810 da Repercussão Geral, aplicando-se a partir de 09.12.2021 a taxa Selic para a atualização do débito e a compensação da mora, nos termos do art. 3º, da EC nº 113/21. Apelo do INSS não provido, provido, em parte, o outro recurso" (Ap. 1001720-15.2019.8.26.0294, 17ª Câmara de Direito Público, rel. Aldemar Silva, j. em 26-3-2024).

"Acidente do trabalho. Gerente bancária. Males psíquicos (burnout). Laudo pericial conclusivo. Incapacidade parcial e permanente comprovada. Nexo concausal reconhecido. Benefício devido. Sentença de procedência mantida. Apelo da autarquia e remessa oficial improvidos" (Ap. 1000327-46.2022.8.26.0554, 16ª Câmara de Direito Público, rel. José Tadeu Picolo Zanoni, j. em 27-6-2023).

"Acidente do trabalho. Auxiliar de garçom/Mordomo de Hospedagem. Transtornos de ansiedade, síndrome do pânico, síndrome

---

feelings of negativism or cynicism related to one's job; and 3) a sense of ineffectiveness and lack of accomplishment. (...)" (WORLD HEALTH ORGANIZATION. ICD-11: international classification of diseases. 11. ed.).

19. "Description: Burnout is a syndrome conceptualized as resulting from chronic workplace stress that has not been successfully managed. (...)" (WORLD HEALTH ORGANIZATION. ICD-11: international classification of diseases. 11. ed).

de Burnout e quadro depressivo recorrente alegadamente oriundos de assédio moral sofrido durante o pacto laboral. Conversão dos auxílios-doença previdenciários nos correspondentes homônimos acidentários determinada na sentença *a quo*. Apelação do INSS. Retorno dos autos à origem para submissão da impugnação da autarquia aos esclarecimentos do perito. Nexo concausal admitido pela perita. Laudo não desconstituído. Devida a conversão dos auxílios-doença previdenciários percebidos em seus homônimos acidentários, sem vantagem pecuniária. Sentença mantida. Recurso autárquico improvido (Ap. 1029965-51.2017.8.26.0053, 16ª Câmara de Direito Público, rel. João Antunes dos Santos Neto, j. em 13-10-2022).

"Apelação cível e reexame necessário. Ação acidentária. Transtornos psiquiátricos. Aposentadoria por invalidez. Sentença de procedência. 1. Perícia médica judicial que constatou a incapacidade total e permanente para o trabalho decorrente da moléstia que acomete o autor. Nexo de concausalidade estabelecido entre a doença e o labor. Prova testemunhal que confirmou o assédio moral a que estava submetido o autor no ambiente de trabalho, o que agravou o quadro psicótico já existente. Aposentadoria por invalidez. Cabimento. 2. Termo inicial. Auxílio-doença antecedente em que já reportado pelo perito do INSS a existência e agravamento da doença de cunho psiquiátrico. Inteligência do art. 43 da Lei n. 8.213/92. Impossibilidade de fixação do termo inicial à data de juntada do laudo pericial judicial. Mantido, todavia, o termo inicial à data do requerimento administrativo da aposentadoria por invalidez, fixado pela sentença, porque ausente irresignação da parte autora. 3. Valores em atraso. Juros moratórios e correção monetária. Cômputo nos termos da tese firmada pelo Supremo Tribunal Federal no julgamento do RE n. 870.947 (Tema 810). 4. Custas processuais. Isenção da autarquia. Leis Estaduais n. 4.952/1985 e 11.608/2003. Despesas processuais se comprovadas são devidas. 5. Honorários advocatícios. Fixação em liquidação. Art. 85, § 4º, II, do CPC, com observância do que decidir o e. STJ ao apreciar o Tema 1.105, que revisa a Súmula 111. Sentença parcialmente reformada. Recurso voluntário desprovido e parcialmente provida a remessa necessária" (Ap. 1031055-89.2020.8.26.0053, 17ª Câmara de Direito Público, rel. Francisco Shintate, j. em 31-1-2022).

Mais que caracterização de acidente do trabalho, a síndrome, se comprovada estar ligada ao ambiente de trabalho e à forma de desenvolvimento deste, incluindo a questão do assédio moral, gera o dever de indenização no campo da reparação civil.

Como anota Laura Thais Silva Carvalho[20]: "É importante salientar que um ambiente de trabalho onde há desordem, relações tensas e falta de recursos estruturais, pode gerar no empregado sintomas emocionais negativos como: insatisfação, sentimento de insuficiência, incapacidade para a prática do trabalho, desequilíbrio emocional, irritabilidade dentre outros. Cabe ao empregador a responsabilidade de garantir um ambiente de trabalho salubre e digno com base em princípios fundamentais e sociais".

Ou, ainda: "Se não foi gerenciado com sucesso, é de se concluir, *ipso facto*, que o empregador descumpriu duas normas-princípios labor-ambientais, extraíveis do art. 7º, inciso XXII, da Constituição da República: 1. a norma-princípio do risco mínimo regressivo, de modo que o meio ambiente do trabalho deve ser 100% seguro ou minimamente agressivo; e 2. a norma-princípio da retenção do risco na fonte, pelo que o empregador deve adotar todas as medidas possíveis, com base no atual estado da técnica, para não expor o trabalhador a riscos que degradem a sua vida ou saúde"[21].

A própria CLT, no art. 843, permite ao empregado a rescisão do contrato, quando evidenciadas condutas do empregador que caracterizam assédio, tais como:

a) forem exigidos serviços superiores às suas forças, defesos por lei, contrários aos bons costumes, ou alheios ao contrato;

b) for tratado pelo empregador ou por seus superiores hierárquicos com rigor excessivo;

---

20. A responsabilidade civil do empregador diante da Síndrome de Burnout. *Migalhas*, 9-4-2024. Disponível em: https://www.migalhas.com.br/depeso/405007/a--responsabilidade-civil-do-empregador-diante-da-sindrome-de-burnout. Acesso em: 11 abr. 2024.

21. Igor de Oliveira Zwicker. A responsabilidade civil do empregador em caso de síndrome de burnout. *Migalhas*, 30-5-2022. Disponível em: https://www.migalhas.com.br/depeso/366983/a-responsabilidade-civil-do-empregador-em-caso-de-sindrome-de-burnout.

c) correr perigo manifesto de mal considerável;

d) não cumprir o empregador as obrigações do contrato;

e) praticar o empregador ou seus prepostos, contra ele ou pessoas de sua família, ato lesivo da honra e boa fama;

f) o empregador ou seus prepostos ofenderem-no fisicamente, salvo em caso de legítima defesa, própria ou de outrem;

g) o empregador reduzir o seu trabalho, sendo este por peça ou tarefa, de forma a afetar sensivelmente a importância dos salários.

Evidente que o ônus da prova é de quem alega ser vítima de assédio, conforme o TRT, 2ª Região, RO 0001680-13.2012.5.02.0036, 13ª Turma, julgado em 10-2-2015, mas, uma vez comprovado, admite a reparação civil:

"RECURSO ORDINÁRIO EMPRESSARIAL. SÍNDROME DO ESGOTAMENTO PROFISSIONAL (BURNOUT). GERENTE BANCÁRIO. NEXO DE CAUSALIDADE CONFIRMADO. O conjunto fático probatório, especialmente a perícia médica produzida nos autos, aponta de maneira incontestável que a enfermidade psiquiátrica que acomete o Reclamante (síndrome do esgotamento profissional) decorreu das atividades desempenhadas perante o Empregador, desvencilhando-se a contento do encargo processual de demonstrar o nexo causal. Apelo improvido, no aspecto" (TRT-6, ROT 00007478720175060251, 2ª T., rel. Eneida Melo Correia de Araújo, j. em 12-11-2019).

"DOENÇA OCUPACIONAL. SÍNDROME DE BURNOUT. INDENIZAÇÃO. Agredidos os direitos da personalidade do trabalhador, submetido habitualmente ao comando de prepostos despreparados, que o levaram a quadro de adoecimento compatível com a Síndrome de Burnout (síndrome do 'esgotamento profissional'), o empregador responsabiliza-se pelas indenizações de cunho moral, nos termos dos arts. 186 e 927 do CCB e art. 5º, incisos V e X da Constituição Federal" (TRT-3, RO 0011486-43.2015.5.03.0132, 4ª T., rel. Denise Alves Horta).

"REPARAÇÃO POR DANOS MORAIS. SÍNDROME DE BURNOUT. DOENÇA OCUPACIONAL EQUIPARADA A ACIDENTE DE TRABALHO. VALOR ARBITRADO À CONDENA-

ÇÃO. R$ 30.000,00, A TÍTULO DE DANOS MORAIS, REDUZIDO PARA R$ 10.000,00 PELO TRIBUNAL REGIONAL. STRESS OCUPACIONAL E QUALIDADE DE VIDA NO TRABALHO. MAJORAÇÃO DEVIDA. R$ 60.000,00. Dallegrave Neto define o burnout como 'um esgotamento profissional provocado por constante tensão emocional no ambiente de trabalho', ocasionado por um sistema de gestão competitivo, com sujeição do empregado às agressivas políticas mercantilistas da empresa. Segundo Michael P. Leiter e Christina Maslach 'a carga de trabalho é a área da vida profissional que está mais diretamente associada à exaustão. Exigências excessivas de trabalho provenientes da qualidade de trabalho, da intensidade dos prazos ou da complexidade do trabalho exaurem a energia pessoal'. Os autores também identificam que, do ponto de vista organizacional, a doença está associada ao absenteísmo (faltas ao trabalho), maior rotatividade, má qualidade dos serviços prestados e maior vulnerabilidade de acidentes no local de trabalho. A síndrome de burnout integra o rol de doenças ocupacionais do MTE. Está inserida no Anexo II do regulamento da Previdência Social. O mencionado Anexo identifica os agentes patogênicos causadores de doenças profissionais ou do trabalho, conforme previsão do art. 20 da Lei 8.213/91. Entre os transtornos mentais e de comportamento relacionados ao trabalho (Grupo V da CID-10) consta, no item XII, a síndrome de burnout – 'Sensação de Estar Acabado (Síndrome de Burnout, Síndrome do Esgotamento profissional)', que na CID-10 é identificado pelo número Z73.0. No caso específico dos autos, a gravidade do distúrbio psicológico que acometeu a reclamante é constatada pelas informações de natureza fática registradas no acórdão regional: longo período de afastamento do trabalho, com a concessão de benefício acidentário pelo INSS e o consumo de medicamentos antidepressivos, além de dois laudos periciais reconhecendo que a incapacidade laboral da autora é total, a doença é crônica e não há certeza sobre a possibilidade de cura. Por oportuno, este Relator já teve a oportunidade de se manifestar em matéria semelhante, em que se reconhece como passível de reparação por dano moral a exigência excessiva de metas de produtividade, isso porque o sentimento de inutilidade e fracasso causado pela pressão psicológica extrema do empregador não gera apenas desconforto, é potencial desencadeador de psicopatologias, como a síndrome de burnout e a depressão, o que representa prejuízo moral de difícil reversão ou até mesmo irreversível, mesmo com tratamento psiquiátrico adequado. Atenta-se ao fato de que, além da observância ao meio ambiente de trabalho seguro e saudável, conforme assegura a CF/88, imprescindível considerar, ainda, que cada indivíduo deve ser respeitado em sua singularidade, daí a necessidade de se ajustar o contexto ocupacional à capacidade, necessidade e expectativas razoáveis de cada trabalhador. O Tribunal Regional de origem, ao fixar o valor da reparação por danos morais em R$ 10.000,00, não atentou para as circunstâncias que geraram a psicopatologia que acarretou a invalidez da reclamante, oriunda exclusivamente das condições de trabalho experimentadas no Banco reclamado, período em que sempre trabalhou sob a imposição de pressão ofensiva e desmesurada, com o objetivo de que a trabalhadora cumprisse as metas que lhe eram impostas. Portanto, cabível a majoração do valor da indenização por dano moral para R$ 60.000,00. Recurso de revista conhecido e provido" (TST, RR 9593320115090026, 2ª T., rel. José Roberto Freire Pimenta, j. em 29-4-2015).

O reconhecimento da Organização Mundial de Saúde na alteração da classificação da síndrome, reclassificada de "problemas relacionados com a organização de seu modo de vida", para "uma síndrome resultante do stress crônico do local de trabalho que não foi gerenciado com sucesso", traz à tona que a Síndrome de Burnout vai além do estresse, deixando evidente a fragilidade do ser humano em contato com agentes e/ou situações estressantes.

6. CONCLUSÃO

Para concluir o capítulo, devemos noticiar que o assédio moral ainda está sendo regulamentado pela legislação, sendo que tramitam no Congresso Nacional inúmeros projetos de lei que tratam do tema.

Na CLT, como já referido, vamos encontrar o art. 483, trazendo algumas condutas que podem ser até consideradas como assédio moral. Mas o anexo II da NR 17, que regulamenta o trabalho em teleatendimento e *telemarketing*, aprovado pela Portaria SIT n. 9, de 30 de março de 2007, já utiliza o termo "assédio moral" no item 5.13

ao dispor que "*É vedada a utilização de métodos que causem assédio moral, medo ou constrangimento, tais como:*

a) estímulo abusivo à competição entre trabalhadores ou grupos/ equipes de trabalho;

b) exigência de que os trabalhadores usem, de forma permanente ou temporária, adereços, acessórios, fantasias e vestimentas com o objetivo de punição, promoção e propaganda;

c) exposição pública das avaliações de desempenho dos operadores".

Recentemente foi promulgada a Lei n. 14.457/2022, que instituiu o programa Emprega + Mulheres, com normas de proteção à mulher, com prevenção e combate ao assédio sexual e outras formas de violência no âmbito do trabalho[22].

---

22. "Art. 23. Para a promoção de um ambiente laboral sadio, seguro e que favoreça a inserção e a manutenção de mulheres no mercado de trabalho, as empresas com Comissão Interna de Prevenção de Acidentes e de Assédio (Cipa) deverão adotar as seguintes medidas, além de outras que entenderem necessárias, com vistas à prevenção e ao combate ao assédio sexual e às demais formas de violência no âmbito do trabalho:

I – inclusão de regras de conduta a respeito do assédio sexual e de outras formas de violência nas normas internas da empresa, com ampla divulgação do seu conteúdo aos empregados e às empregadas;

II – fixação de procedimentos para recebimento e acompanhamento de denúncias, para apuração dos fatos e, quando for o caso, para aplicação de sanções administrativas aos responsáveis diretos e indiretos pelos atos de assédio sexual e de violência, garantido o anonimato da pessoa denunciante, sem prejuízo dos procedimentos jurídicos cabíveis;

III – inclusão de temas referentes à prevenção e ao combate ao assédio sexual e a outras formas de violência nas atividades e nas práticas da Cipa; e

IV – realização, no mínimo a cada 12 (doze) meses, de ações de capacitação, de orientação e de sensibilização dos empregados e das empregadas de todos os níveis hierárquicos da empresa sobre temas relacionados à violência, ao assédio, à igualdade e à diversidade no âmbito do trabalho, em formatos acessíveis, apropriados e que apresentem máxima efetividade de tais ações.

§ 1º O recebimento de denúncias a que se refere o inciso II do caput deste artigo não substitui o procedimento penal correspondente, caso a conduta denunciada pela vítima se encaixe na tipificação de assédio sexual contida no art. 216-A do Decreto-Lei n. 2.848, de 7 de dezembro de 1940 (Código Penal), ou em outros crimes de violência tipificados na legislação brasileira.

§ 2º O prazo para adoção das medidas previstas nos incisos I, II, III e IV do *caput* deste artigo é de 180 (cento e oitenta) dias após a entrada em vigor desta Lei."

Por outro lado, diversos municípios e Estados já possuem leis que tratam especificamente do assédio moral nas relações de trabalho, como é o caso do município de São Paulo, através da Lei n. 13.288/2002[23].

No âmbito da administração pública, também foi promulgada a recente Lei n. 14.540/2023, que "Institui o Programa de Prevenção e Enfrentamento ao Assédio Sexual e demais Crimes contra a Dignidade Sexual e à Violência Sexual no âmbito da administração pública, direta e indireta, federal, estadual, distrital e municipal"[24].

23..Para outros Municípios e Estados que já possuem leis próprias, *vide* <www.assediomoral.org>.

24. "Art. 4º São objetivos do Programa de Prevenção e Enfrentamento ao Assédio Sexual e demais Crimes contra a Dignidade Sexual e à Violência Sexual:

I – prevenir e enfrentar a prática do assédio sexual e demais crimes contra a dignidade sexual e de todas as formas de violência sexual nos órgãos e entidades abrangidos por esta Lei;

II – capacitar os agentes públicos para o desenvolvimento e a implementação de ações destinadas à discussão, à prevenção, à orientação e à solução do problema nos órgãos e entidades abrangidos por esta Lei;

III – implementar e disseminar campanhas educativas sobre as condutas e os comportamentos que caracterizam o assédio sexual e demais crimes contra a dignidade sexual e qualquer forma de violência sexual, com vistas à informação e à conscientização dos agentes públicos e da sociedade, de modo a possibilitar a identificação da ocorrência de condutas ilícitas e a rápida adoção de medidas para a sua repressão.

Art. 5º Os órgãos e entidades abrangidos por esta Lei elaborarão ações e estratégias destinadas à prevenção e ao enfrentamento do assédio sexual e demais crimes contra a dignidade sexual e de todas as formas de violência sexual, a partir das seguintes diretrizes:

I – esclarecimento sobre os elementos que caracterizam o assédio sexual e demais crimes contra a dignidade sexual e as formas de violência sexual;

II – fornecimento de materiais educativos e informativos com exemplos de condutas que possam ser caracterizadas como assédio sexual ou outro crime contra a dignidade sexual, ou qualquer forma de violência sexual, de modo a orientar a atuação de agentes públicos e da sociedade em geral;

III – implementação de boas práticas para a prevenção ao assédio sexual e demais crimes contra a dignidade sexual, ou a qualquer forma de violência sexual, no âmbito da administração pública, direta e indireta, federal, estadual, distrital e municipal;

IV – divulgação da legislação pertinente e de políticas públicas de proteção, de acolhimento, de assistência e de garantia de direitos às vítimas;

No Direito Comparado, países como França, Chile, Noruega, Uruguai, Portugal, Suíça, Suécia e Bélgica já contam com legislação e projetos de lei sobre o assédio moral[25].

O assédio moral não é crime, devendo aplicar-se os princípios constitucionais da proteção ao direito à intimidade, dignidade, igualdade, honra e vida privada. O Código Penal possui o Capítulo V do Título I da Parte Especial, crimes contra a honra cujos tipos legais podem vir a ser utilizados. Dependendo do caso concreto, também pode incidir a conduta do art. 146, constrangimento ilegal.

Questão crucial é a indagação da conveniência de tornar o assédio moral no trabalho um tipo penal específico. Já há um projeto nesse sentido, de iniciativa do deputado Marcos de Jesus (PL-PE). A tipificação seria mais ou menos esta: *"aquele que, de qualquer modo, reiteradamente, depreciar, em razão de subordinação hierárquica funcional ou laboral, o desempenho ou a imagem do servidor público ou empregado, colocando em risco ou afetando sua saúde física ou psíquica".*

O Projeto do "Novo Código Penal" criminaliza o *bullying* no art. 148 com o nome de "intimidação vexatória", mas não no meio ambiente de trabalho. A descrição típica é: "intimidar, constranger,

---

V – divulgação de canais acessíveis para a denúncia da prática de assédio sexual e demais crimes contra a dignidade sexual, ou de qualquer forma de violência sexual, aos servidores, aos órgãos, às entidades e aos demais atores envolvidos;

VI – estabelecimento de procedimentos para o encaminhamento de reclamações e denúncias de assédio sexual e demais crimes contra a dignidade sexual, ou de qualquer forma de violência sexual, assegurados o sigilo e o devido processo legal;

VII – criação de programas de capacitação, na modalidade presencial ou a distância, que abranjam os seguintes conteúdos mínimos:

a) causas estruturantes do assédio sexual e demais crimes contra a dignidade sexual e da violência sexual;
b) consequências para a saúde das vítimas;
c) meios de identificação, modalidades e desdobramentos jurídicos;
d) direitos das vítimas, incluindo o acesso à justiça e à reparação;
e) mecanismos e canais de denúncia;
f) instrumentos jurídicos de prevenção e de enfrentamento ao assédio sexual e demais crimes contra a dignidade sexual e a todas as formas de violência sexual disponíveis no ordenamento jurídico brasileiro."

25. .*Vide* <www.assediomoral.org>.

ameaçar, assediar sexualmente, ofender, castigar, agredir, segregar a criança ou o adolescente, de forma intencional e reiterada, direta ou indiretamente, por qualquer meio (inclusive pela internet – *cyberbullying*), valendo-se de situação de superioridade e causando sofrimento físico, psicológico ou dano patrimonial". A conduta é punida com prisão de um a quatro anos e depende de representação para que se deflagre a ação penal.

Devemos admitir, porém, que se cuida de fenômeno altamente complexo e que carece de maior reflexão, sobretudo à luz da forte tendência contemporânea à implantação do minimalismo penal, do garantismo penal, do princípio da fragmentariedade do Direito Penal e outras teorias da atualidade. Vale lembrar, a esse respeito, as críticas doutrinárias ferrenhas quando da criação do tipo legal do assédio sexual (art. 216-A do Código Penal), pela Lei n. 10.224, de 15-5-2001. Em nosso entender, a intervenção do Direito Penal só deve ocorrer quando comprovada a incapacidade dos demais mecanismos de controle social para resolver adequadamente o problema a ser enfrentado.

PARTE III

CAPÍTULO 1
DO CONFLITO APARENTE DE NORMAS

Sumário: 1. Da vigência das Leis n. 8.213/91 e n. 9.032/95. 2. Da retroatividade ou irretroatividade das leis acidentárias. 3. Da não comunicação do infortúnio laboral – lei aplicável.

1. DA VIGÊNCIA DAS LEIS N. 8.213/91 E N. 9.032/95

É norma geral de direito prevista no art. 1º da Lei de Introdução às Normas do Direito Brasileiro que, salvo disposição em contrário, a lei começa a vigorar em todo o País quarenta e cinco dias após sua publicação.

Essa, que era e continua sendo a regra geral, tornou-se nos dias de hoje exceção, até porque, com a avalanche de medidas provisórias editadas com força da lei, essa disposição tornou-se praticamente letra morta. Mesmo quando se trata de lei no sentido estrito, dificilmente é aplicado esse dispositivo, sendo que, com raras exceções, atualmente as leis entram em vigor na data de sua publicação.

Com a Lei n. 8.213/91, que "dispõe sobre os Planos de Benefícios da Previdência Social e dá outras providências", verificou-se uma situação simplesmente esdrúxula. É que, datada de 24 de julho de 1991, teria entrado em vigor, nos termos do art. 155, na data de sua publicação, ou seja, no dia 25 de julho de 1991. Contudo, o art. 145 desse diploma legal reza que: "Os efeitos desta lei retroagirão a 5 de abril de 1991, devendo os benefícios de prestação continuada concedidos pela Previdência Social, a partir de então, terem, no prazo máximo de 30 (trinta) dias, suas rendas mensais iniciais recalculadas e atualizadas de acordo com as regras estabelecidas nesta lei".

Eis aí uma questão a ser resolvida. Qual a data efetiva de sua vigência?

Nossa posição, em resumo, é a seguinte:

a) A Lei n. 8.213/91, entendida em seu todo, entrou em vigor na data da publicação (25-7-1991), nos termos do art. 155.

b) Atendendo ao preceito constitucional dos trinta meses, os efeitos retroativos aos quais se refere o art. 145 aplicam-se aos benefícios concedidos a partir de 5 de abril de 1991, no que tange apenas ao recálculo e à atualização desses benefícios, aplicando-se as normas dessa lei, que ainda não estaria em vigor. A essa conclusão nos leva a expressão utilizada pelo legislador: "recalculadas e atualizadas de acordo com as regras estabelecidas nesta lei". Esta nos parece ser a melhor interpretação, pois devemos combinar o art. 145 com o que o precede, o 144.

c) Os infortúnios laborais entre 5 de abril de 1991 e a vigência da lei – 25 de julho de 1991 – deverão ser tratados pela antiga lei acidentária (Lei n. 6.367/76), no que tange ao tipo, vigência, percentual etc.

Quanto à Lei n. 9.032/95, que alterou substancialmente uma série de dispositivos da Lei n. 8.213/91, em prejuízo dos segurados, como já estudamos[1], não apresenta quaisquer dificuldades relacionadas à sua vigência. Entrou em vigor na data de sua publicação, ou seja, 29 de abril de 1995 (art. 7º). Prescindiu de regulamentação, prevendo apenas que o Poder Executivo deveria consolidar os textos das Leis n. 8.212/91 e n. 8.213/91 no prazo de sessenta dias. Quanta saudade temos da CLPS! ...

Hoje vigora como se fosse uma consolidação o Decreto n. 3.048, de 6 de maio de 1999, com as alterações introduzidas pelo Decreto n. 3.265/1999 e posteriores, sendo o último o Decreto n. 10.410/2020, o qual, de forma abrangente, regula não só o direito e a concessão de

---

1. *Vide* primeira parte, Capítulo 1, item 3.

benefícios, como principalmente a organização e o plano de custeio da Seguridade Social.

2. DA RETROATIVIDADE OU IRRETROATIVIDADE DAS LEIS ACIDENTÁRIAS

É princípio fundamental do direito que a lei não retroage, respeitando o ato jurídico perfeito, o direito adquirido e a coisa julgada[2]. Em se tratando, contudo, de lei penal, se for mais benéfica para o réu, a retroatividade é que prevalece[3]. Essa é a segurança exigida nas relações sociais, pois, se outra fosse a regra, viveríamos em contínua incerteza jurídica. Já ensinava Roubier que a não retroatividade da lei é uma das colunas da ordem jurídica.

Como interpretar o conflito intertemporal das leis da Previdência Social, já que, como vimos, são abundantes e quase sempre tratam das mesmas questões, ou seja, relação entre segurado e Previdência Social?

Essa questão, como a anteriormente suscitada, também não é pacífica, embora de mais fácil solução.

Parte da doutrina e grande parte da jurisprudência mantém a regra básica do direito de que *tempus regit actum*, ou seja, que se aplica a lei vigente à época do acidente ou da doença ocupacional. Será essa a lei que deve regular a indenização a que o segurado fizer jus. Embora reconhecido o caráter da ordem pública e a natureza alimentar dos benefícios, esse princípio deve ser respeitado.

Entretanto, é a partir da Lei n. 6.367/76 que vários argumentos vêm-se opondo à vigência desse princípio, entendendo que a lei previdenciário-acidentária pode retroagir para beneficiar o obreiro em face do seu caráter social. Na doutrina, Tupinambá Miguel Castro do Nascimento posiciona-se a favor da retroatividade "quando as

---

2. CF, art. 5º, XXXVI, e art. 6º da LINDB.
3. CF, art. 5º, XL, e CP, art. 2º, parágrafo único.

regras de direito material forem mais benéficas"[4]. Arruda Rebouças adota a seguinte posição: "as contribuições sociais somente poderão ser exigidas após o decurso de noventa dias da publicação da lei que as instituir ou modificar (Constituição Federal, art. 195, § 6º). Relativamente aos benefícios, admite-se a incidência da norma mais favorável trazida pela lei nova. Trata-se de retroação benéfica, que só pode abranger, todavia, os fatos pendentes, ou seja, as situações ainda não resolvidas entre o beneficiário e o INSS, seja na esfera administrativa, seja na judicial. A questão da retroatividade benéfica envolve polêmica, não sendo assunto pacífico"[5].

Doutrinariamente, nossa posição sempre foi a favor da retroatividade, se mais benéfica, sobretudo pela natureza alimentar dos benefícios previdenciário-acidentários, pois o segurado é considerado hipossuficiente economicamente. Por outro lado, se o Estado altera a legislação criando condições mais favoráveis ao trabalhador, amiúde nos depararíamos com injustiças, já que muitos segurados recorrem ao Poder Judiciário após a vigência do novo diploma legal, e a conclusão seria que para situações iguais teríamos soluções diferentes em prejuízo do acidentado. Veja-se, por exemplo, o auxílio-acidente se concedido com base nas Leis n. 6.367/76, n. 8.213/91 ou com a alteração da Lei n. 9.032/95. O mesmo benefício, a mesma redução da capacidade laborativa poderia dar ensejo a indenizações díspares. Essa posição não invalida o dito anteriormente quanto à vigência da Lei n. 8.213/91. Aqui se trata de conflito intertemporal de normas. Lá, da vigência de uma lei isoladamente[6].

Vale, pois, que, com propriedade, ensina Julio Fabbrini Mirabete[7], a questão da retroatividade tem o fundamento de que "a lei

---

4. *Comentários à nova Lei de Acidentes do Trabalho*, 1976.
5. Apostila *Seguridade Social*, 3. ed., 1997, editada para os alunos do MPM, p. 140.
6. No julgamento dos Recursos Extraordinários n. 415.454 e 416.827, o Pleno do STF, em 8-2-2007, entendeu que as decisões que deferem a revisão para 100% do salário de benefício das pensões por morte instituídas antes da vigência da Lei n. 9.032/95, que alterou o art. 75 da Lei n. 8.213/91, contrariam o art. 5º, inciso XXXVI, e o art. 195, § 5º, da Constituição.
7. *Processo penal*, 8. ed., São Paulo: Atlas, 1998.

nova presumidamente é mais ágil, mais adequada aos fins do processo, mais técnica, mais receptiva das novas e avançadas correntes do pensamento jurídico".

Os tribunais brasileiros, aos poucos, consolidaram entendimento pela irretroatividade.

O STJ, por um longo período, admitiu a retroatividade da lei mais benéfica (EREsp 238.816, rel. Min. Gilson Dipp, j. em 24-4-2002).

O próprio Supremo Tribunal Federal, num primeiro momento, entendeu que a legislação nova, mais benéfica, poderia ser aplicada para fatos passados, irradiando seus efeitos para o futuro (RE 422.268, rel. Min. Eros Grau, j. em 30-5-2005, *RT* 841/197).

Mas, posteriormente, passou a posicionar-se contrariamente. De fato, nos julgamentos dos RE 415.454 e 416.827, o Pleno, em 8-2-2007, deliberou "que as decisões que deferem a revisão para 100% do salário de benefício das pensões por morte instituídas antes da vigência da Lei n. 9.032, que alterou o art. 75 da Lei n. 8.213/91, contrariam o art. 5º, XXXVI, e o art. 195, § 5º, da Constituição".

E mais, o Pleno, no julgamento do RE 597.389, acolheu a seguinte proposta de repercussão geral por questão de ordem:

"1. Questão de ordem. Recurso Extraordinário. 2. Previdência Social. Revisão de benefício previdenciário. Pensão por morte. 3. Lei n. 9.032, de 1995. Benefícios concedidos antes de sua vigência. Inaplicabilidade. 4. Aplicação retroativa. Ausência de autorização legal. 5. Cláusula indicativa de fonte de custeio correspondente à majoração do benefício previdenciário. Ausência. 6. Jurisprudência pacificada na Corte. Regime da repercussão geral. Aplicabilidade. 7. Questão de ordem acolhida para reafirmar a jurisprudência do Tribunal e determinar a devolução aos tribunais de origem dos recursos extraordinários e agravos de instrumento que versem sobre o mesmo tema, para adoção do procedimento legal. 8. Recurso extraordinário a que se dá provimento" (STF, RE 597.389, Repercussão geral por questão de ordem. Recurso Extraordinário. Pleno, j. em 22-4-2009).

Este entendimento que prevalecia, também, em relação a outros benefícios (AI 634.246, 1ª T., rel. Min. Ricardo Lewandowski, j. em

15-9-2009, e AI 744.139, 1ª T., rel. Min. Cármen Lúcia, j. em 22-9-2009), passou a ser uniforme a partir do julgamento do RE 613.033, rel. Min. Dias Toffoli, j. em 14-4-2011, com repercussão geral (Tema 388): "Direito previdenciário. Revisão de benefício. Auxílio-acidente. Lei n. 9.032/95. Benefícios concedidos antes de sua vigência. Inaplicabilidade. Jurisprudência pacificada na corte. Matéria com repercussão geral. Reafirmação da jurisprudência do Supremo Tribunal Federal".

E, mais recentemente, no julgamento da ADIns 2.110 e 2.111.

3. DA NÃO COMUNICAÇÃO DO INFORTÚNIO LABORAL – LEI APLICÁVEL

A não emissão da CAT quando obrigatória, situação muito comum hoje em dia, às vezes com o aval do trabalhador, que, de um lado, não quer ser estigmatizado como um acidentado contumaz, e do outro porque o valor do benefício é o mesmo independentemente de sua natureza, leva-nos a uma situação ainda não estudada no que diz respeito à aplicação da lei. Não se trata agora de perquirir a retroatividade ou não da lei, mas sim qual a legislação aplicável a esses casos não comunicados administrativamente ao segurador obrigatório e a serem dirimidos na esfera judicial.

A questão que se coloca é se a lei aplicável é a vigente à época do evento danoso (fato gerador da constituição do direito) ou a vigente em outro momento do processo judicial (citação, perícia judicial, sentença etc.).

Pouco ou nada se tem escrito ou discutido sobre esse problema na doutrina. Entendemos que, não tendo havido qualquer tipo de comunicação ao segurador obrigatório, o momento em que ele assume a responsabilidade é aquele em que é constituído em mora, ou seja, o da citação. Assim, a lei aplicável deverá ser não a da época do acontecimento, mas a do início do benefício concedido judicialmente (citação, laudo pericial em juízo etc.)[8].

---

8. *Vide* a respeito a primeira parte, Capítulo 3, item 5.2.

CAPÍTULO 2
DA COMPETÊNCIA

Sumário: 1. Da ação de conhecimento. 2. Da ação revisional. 3. Do foro. 4. Da incompetência declarada de ofício.

1. DA AÇÃO DE CONHECIMENTO

Apesar de figurar no polo passivo da ação acidentária uma autarquia instituída pela União Federal, a competência para processar e julgar as causas relativas ao acidente do trabalho está afeta à Justiça Comum dos Estados e do Distrito Federal. É que, da mesma forma que as Constituições de 1946 (art. 201) e de 1967 (Emenda n. 1, de 1969)[1], a Constituição Federal de 1988, no art. 109, I, mantém a excepcionalidade.

No mesmo sentido, a Lei n. 8.213/91, no art. 129, assim preleciona: "Os litígios e medidas cautelares relativos a acidentes de trabalho serão apreciados: (...) II – na via judicial, pela Justiça dos Estados e do Distrito Federal, segundo o rito sumaríssimo, inclusive durante as férias forenses...". Se houver varas especializadas, segundo a organização judicial de cada Estado, a estas será deferida a competência.

---

1. O § 2º do art. 141 assim dispunha: "Os litígios relativos a acidentes do trabalho são de competência da justiça ordinária dos Estados, do Distrito Federal e dos Territórios".

A questão, ante o texto constitucional, é incontroversa, mesmo após a instituição do auxílio-acidente, de cunho previdenciário, este sim a ser dirimido junto à Justiça Federal[2].

O STF sempre se posicionou a respeito da competência da Justiça estadual. Ainda sob a égide da CF de 1946, editou a Súmula 235: "É competente para a ação de acidente do trabalho a Justiça cível comum, inclusive em segunda instância, ainda que seja parte autarquia seguradora" (Sessão de 13-12-1963), e depois, já em vigor a CF de 1967, com redação da EC n. 1/69, editou a Súmula 501, aprovada na sessão de 3-12-1969: "Compete à Justiça ordinária estadual o processo e o julgamento, em ambas as instâncias, das causas de acidente do trabalho, ainda que promovidas contra a União, suas autarquias, emprêsas públicas ou sociedades de economia mista".

Já sob a égide da CF de 1988, reafirmou, em repercussão geral, a competência da justiça estadual[3], com aprovação do Tema 414: ("Compete à Justiça Comum Estadual julgar as ações acidentárias que, propostas pelo segurado contra o Instituto Nacional do Seguro Social (INSS), visem à prestação de benefícios relativos a acidentes de trabalho").

Importante registro: os Juizados Especiais da Fazenda Pública não têm competência para julgar ações acidentárias em face do INSS. O STJ, por meio do Tema 1.053, definiu: "Os Juizados Especiais da Fazenda Pública não têm competência para o julgamento de ações decorrentes de acidente de trabalho em que o Instituto Nacional do Seguro Social figure como parte" (REsp 1.859.931/MT, REsp 1.865.606/MT e REsp 1.866.015/MT).

Destacamos que, com a entrada em vigor do Código de Processo Civil de 2015 – Lei n. 13.105, de 16 de março de 2015 –, o procedimento a ser seguido será o ordinário, por força do art. 318 e do que está previsto nos arts. 319 e seguintes.

---

2. A Emenda Constitucional n. 45, de 8-12-2004, mantém a competência na Justiça Estadual, ao contrário do projeto inicial discutido na Câmara dos Deputados e lá rejeitado quanto à proposta de mudança para a Justiça do Trabalho.
3. RE 638.483, rel. Min. Cesar Peluso, j. em 9-6-2011.

Assim, as novas ações seguiam o procedimento ordinário, e essa mudança provocou algumas alterações, tais como: inexistência de possibilidade de antecipação da prova pericial, término da polêmica da possibilidade de desistência da ação após a perícia e antes da contestação, isso porque, estando em ordem a inicial, há determinação de citação e designação de audiência de conciliação, e, inexistindo composição, será apresentada a contestação desde logo.

É bom ressaltar que, na prática, essa inovação não se aplicava com êxito às ações previdenciárias e acidentárias. A fase de conciliação, por força do disposto nos arts. 131 e 132 da Lei n. 8.213/91, está condicionada às hipóteses aí previstas: declaração de inconstitucionalidade proferida pelo Supremo Tribunal Federal; Súmula ou jurisprudência consolidada do STF ou dos Tribunais Superiores e anuência do Presidente do INSS, dependendo do valor da causa[4]. Por isso, certamente, os autores irão, na inicial, optar pela não realização da audiência (art. 319, VII).

Em bom momento, a Lei n. 14.331/2022 incluiu o art. 129-A à Lei n. 8.213/91 e admitiu a antecipação da perícia antes da citação: "§ 3º Se a controvérsia versar sobre outros pontos além do que exige exame médico-pericial, observado o disposto no § 1º deste artigo, o juízo dará seguimento ao processo, com a citação do réu".

Por certo que, mesmo sem a citação, as partes precisam ser intimadas para acompanhar a perícia, impugnar o nome do perito, indicar assistente técnico, formular quesitos e falar sobre o laudo pericial.

---

4. "Art. 132. A formalização de desistência ou transigência judiciais, por parte de procurador da Previdência Social, será sempre precedida da anuência, por escrito, do Procurador-Geral do Instituto Nacional do Seguro Social – INSS, ou do presidente desse órgão, quando os valores em litígio ultrapassarem os limites definidos pelo Conselho Nacional de Previdência Social – CNPS.

§ 1º Os valores, a partir dos quais se exigirá a anuência do Procurador-Geral ou do presidente do INSS, serão definidos periodicamente pelo CNPS, através de resolução própria.

§ 2º Até que o CNPS defina os valores mencionados neste artigo, deverão ser submetidos à anuência prévia do Procurador-Geral ou do presidente do INSS a formalização de desistência ou transigência judiciais, quando os valores, referentes a cada segurado considerado separadamente, superarem, respectivamente, 10 (dez) ou 30 (trinta) vezes o teto do salário de benefício."

2. DA AÇÃO REVISIONAL

Ao falarmos desse tipo de ação, queremos apenas abordar a questão da revisão dos índices de reajuste dos benefícios acidentários concedidos na esfera administrativa pelo INSS. Isso porque, em se tratando de ação revisional cujo objeto é rever o tipo de benefício ou o seu percentual (no caso de auxílio-acidente), dúvidas não há de que o enfoque é o mesmo acima exposto.

A questão, pois, é a de saber se quando se trata de rever os índices aplicados continuaria a ser competente a Justiça Comum dos Estados e do Distrito Federal, ou a competência seria deslocada para a Justiça Federal.

O ordenamento jurídico não explicita a questão como deveria, cabendo ao intérprete fazê-lo. Para nós não há dúvida de que permanece a competência na Justiça Comum. É que não basta que a autarquia conceda ao acidentado o benefício cujo *nomen iuris* seja o correto. Deve ser também pago de acordo com as correções legais, pois somente assim o INSS estará cumprindo seu papel de segurador obrigatório. Ora, não se pode deixar de admitir que valores, índices e correções não estejam incluídos na expressão mais abrangente de "litígios" utilizada pela Lei n. 8.213/91, no art. 129, ou no preceito constitucional, quando emprega o termo "causas". Todas essas questões constituem casos típicos de litígios acidentários.

Não seria, pois, lógico nem jurídico que a ação de conhecimento fosse de competência da Justiça Comum, e, após concedido o benefício, se deslocasse para a Justiça Federal a discussão quanto a índices a serem aplicados aos valores concedidos aos beneficiários. É do bom direito que o menos (verificação de índices) siga o mais (a aferição do direito). Foi trilhando esse raciocínio que o Superior Tribunal de Justiça editou a Súmula 15, do seguinte teor: "Compete à Justiça Estadual processar e julgar os litígios decorrentes de acidentes do trabalho". Por sua vez, não é outra a posição do Egrégio Tribunal Regional Federal da 3ª Região. No mesmo diapasão, por tratar-se de questão constitucional, vem-se manifestando o Supremo Tribunal Federal, cuja Súmula 235 assim vem redigida: "É competente para a ação de acidente do trabalho a Justiça cível comum, inclusive em segunda instância, ainda que seja parte a autarquia seguradora". Conforme exposto nas edições anteriores, a questão não estava pacificada diante do entendimento da 3ª Seção do Superior Tribunal de Justiça, sob o fundamento de que a revisão salarial e o reajuste de benefícios não são prolongamento da ação acidentária, daí por que a competência dessa ação revisional ser da Justiça Federal. Mas, posteriormente, o Supremo Tribunal Federal decidiu, por ambas as Turmas e pelo Pleno, que a competência é da Justiça Estadual, alterando o entendimento no Superior Tribunal de Justiça[5].

3. DO FORO

A competência do foro, também denominada "competência territorial", é fixada de acordo com critério geral ou especial. O critério geral da competência de foro no processo civil é o do domicílio do réu, segundo o art. 46 do CPC/2015. Já o foro especial é fixado de forma diferente dessa regra.

Em termos de acidentes do trabalho é hoje questão pacífica que se trata de foro especial. Assim, por analogia com a ação de alimentos, já que a ação acidentária tem caráter alimentar, o segurado pode promover a ação em seu domicílio, nos termos do art. 53, II, do CPC/2015. De outro lado, esse tipo de ação também não deixa de ser uma ação de reparação de dano.

Por essa razão é que o foro pode ser também o do local do ato ou fato (art. 53, IV, *a*, do CPC/2015). Por isso, e até porque a regra

---

5. "EXTRAORDINÁRIO COM AGRAVO. **PREVIDENCIÁRIO**. REVISÃO DE **BENEFÍCIO** ACIDENTÁRIO. **COMPETÊNCIA** DA JUSTIÇA ESTADUAL. PRECEDENTES" (STF, ARE 1201545, rel. Min. Carmem Lucia, j. em 14/08/2019).
"O advento da Lei n. 9.528/1997 consagrou tão somente a extensão do reconhecimento do direito do segurado de receber benefício previdenciário decorrente da redução de sua capacidade laborativa em razão de qualquer infortúnio, antes restrito ao acidente de trabalho. É imprescindível para determinar a natureza do benefício-acidente o exame do substrato fático que ampara o pedido e a causa de pedir deduzidos em juízo. Envolvendo a relação processual matéria acidentária em si mesma, compete à Justiça Estadual processar e julgar a presente demanda, consoante dispõe o enunciado da Súmula n. 15 do STJ" (STJ, CParcial 37.435, 3ª Seção, rel. Min. Laurita Vaz, j. em 28-5-2003).

da competência de foro visa a facilitar o trâmite para o trabalhador, pacificou-se a dupla possibilidade a critério do acidentado[6].

Em suma, é facultado ao segurado optar pelo foro de seu domicílio ou pelo foro do domicílio da empresa onde se verificou o infortúnio laboral. Não pode a seu bel-prazer promover a ação acidentária fora dessas duas possibilidades[7].

Não cabe a escolha, por exemplo, na sede da autarquia onde reside: "AGRAVO DE INSTRUMENTO. ACIDENTE DO TRABALHO. Declinação da competência, com determinação de remessa dos autos à comarca onde reside o autor. Recurso interposto pelo segurado. Pretensão à reforma da decisão, sob o argumento de que é possível optar pela capital do estado, onde a autarquia mantém sua sede. Conhecimento do agravo. Possibilidade. Tema 988/STJ. Ação que deve ser proposta no foro do domicílio do autor ou no local onde ocorreu o acidente. Inteligência do artigo 53, inciso IV, 'a', do Código de Processo Civil. Ausência de qualquer vínculo com a comar-

---

6. "Agravo de Instrumento. Trabalhador. Competência. Foro do domicílio do autor ou local do fato. Inteligência do artigo 100, incisos II e V, 'a', do CPC. Recurso desprovido" (AI 2070715-96.2024.8.26.0000, 17ª Câmara de Direito Público, rel. Ricardo Graccho, j. em 3-4-2024).
7. "APELAÇÃO CÍVEL – Acidentária – Acidente de trajeto – Lesões ortopédicas – Concessão de 'auxílio-acidente' – Ajuizamento da ação em foro diverso do domicílio da autora ou do local onde ocorreu o infortúnio – Inviabilidade – Inteligência do art. 53, IV, 'a', do CPC – Ausência de vínculo com a comarca onde originalmente proposta a lide – Prioridade de princípios constitucionais ante a Súmula n. 33, do Col. STJ – Aplicação ao caso, ademais, do art. 64, § 3º, do CPC – Ação julgada procedente – Apelo do INSS e reexame necessário – Preliminar acolhida para que seja anulada a r. sentença e determinada a remessa dos autos ao foro competente – Precedentes – Recursos providos para esses fins. APELAÇÃO CÍVEL – Acidentária – Acidente de trajeto – Lesões ortopédicas – Concessão de 'auxílio-acidente' – Ajuizamento da ação em foro diverso do domicílio da autora ou do local onde ocorreu o infortúnio – Inviabilidade – Inteligência do art. 53, IV, 'a', do CPC – Ausência de vínculo com a comarca onde originalmente proposta a lide – Prioridade de princípios constitucionais ante a Súmula n. 33, do Col. STJ – Aplicação ao caso, ademais, do art. 64, § 3º, do CPC – Ação julgada procedente – Apelo do INSS e reexame necessário – Preliminar acolhida para que seja anulada a r. sentença e determinada a remessa dos autos ao foro competente – Precedentes – Recursos providos para esses fins" (Ap. 1065310-68.2023.8.26.0053, 17ª Câmara de Direito Público, rel. Aldemar Silva, j. 26-3-2024).

ca onde originalmente proposta a ação. Inadmissível abuso de direito que deve ser coibido. Autarquia que responde igualmente, independentemente do local onde interposta a ação, pois tem abrangência em toda a federação. Princípio da celeridade processual. Entendimento consolidado desta 17ª Câmara de Direito Público. Decisão mantida. Recurso desprovido" (AI 2015688-31.2024.8.26.0000, 17ª Câmara de Direito Público, rel. Marco Pelegrini, j. em 9-4-2024).

Registramos, no entanto, que o Tribunal de Justiça de Minas Gerais e o Tribunal de Justiça do Rio de Janeiro admitem a indicação, pelo trabalhador, do foro da sede ou superintendência da autarquia (TJMG, AI 1.0000.20.495883-9/001, 9ª Câmara Cível, rel. Pedro B. de Oliveira, j. em 10-2-2021; Ap. 1.0015.11.001986-4/001, rel. Luciano Pinto, j. em 16-3-2016; TJRJ, AI 097943-12.2023.8.19.0000, 6ª Câmara de Direito Público, rel. Adriana Ramos de Mello, j. em 6-2-2024).

Observamos que não são aplicáveis as regras dos §§ 1º a 3º do art. 109 da Constituição, porque a competência não é da Justiça Federal, mas sim da Justiça Estadual (art. 109, I, da CF), como exposto no item 1; "Compete à Justiça Comum Estadual julgar as ações acidentárias que, propostas pelo segurado contra o Instituto Nacional do Seguro Social (INSS), visem à prestação de benefícios relativos a acidentes de trabalho", pelo que, *data venia*, entendemos equivocadas as posições adotadas pelos tribunais mineiro e carioca. Não se trata de competência delegada (art. 109, § 3º, da CF), e tampouco de aplicação da Súmula 689 do STF[8], eis que a competência é expressa da Justiça Estadual.

Vale relembrar, como explicado *supra*, que o art. 129-A, § 3º, da Lei n. 8.213/91, na redação dada pela Lei n. 14.331/2022, estabelece que a citação do INSS se dará após a realização do exame médico pericial, o que vai interferir no momento da alegação da incompetência relativa.

---

8. "O segurado pode ajuizar ação contra a instituição previdenciária perante o Juízo Federal do seu domicílio ou nas Varas Federais da capital do Estado-membro."

4. DA INCOMPETÊNCIA DECLARADA DE OFÍCIO

Referimo-nos aqui à incompetência em face da questão territorial e não *ratione materiae*.

Ora, é sabido que esse tipo de competência é relativo, e o Superior Tribunal de Justiça já editou a Súmula 33, segundo a qual "a incompetência relativa não pode ser declarada de ofício". Isso quer dizer que, se o réu não a suscitar na contestação, como matéria preliminar (arts. 335 e 337 do CPC/2015), a incompetência relativa se prorroga, sendo defeso ao juiz, de ofício, declinar de sua competência, conforme regras expressas (arts. 337, § 5º, do CPC/2015)[9].

Era, também, o entendimento do TJSP[10], que, entretanto, mais recentemente, vem admitindo a declaração de ofício, seja pelo abuso que vem sendo verificado, com demandas em comarcas que mais beneficiam o advogado da parte, pela alteração legislativa do trâmite do processo ou, ainda, pela decisão do STF no Tema 734, de re-

---

9. "A regra do art. 109, § 3º, da Constituição Federal estabelece que as causas intentadas contra a instituição de previdência social são de **competência** do juízo do foro de domicílio do segurado. Erigida com o escopo de conferir maior efetividade à prestação jurisdicional, aproximando o processo do local das provas, a regra, porém, não é absoluta.

Por envolver questão **territorial**, não deixa de ser regra de **competência** relativa. Assim, caso haja alguma irregularidade quanto ao lugar onde a ação foi proposta, cabe à parte contrária aventar a incompetência do juízo em preliminar da contestação, o que que não ocorreu no presente caso, ocorrendo a prorrogação da **competência**.

Logo, não há falar em **declaração** de incompetência **territorial** *ex officio* pelo juízo. Neste sentido é o entendimento já sumulado pelo STJ (Súmula 33), que assegura a impossibilidade de o magistrado declinar da **competência** sem que haja provocação para tanto.

(...)

A decisão do juízo suscitado, de encaminhar os autos à Comarca do domicílio da autora, salvo melhor juízo, contraria a súmula do C. STJ" (STJ, CC 166209, rel. Min. Benedito Gonçalves, *DJ* de 10-6-2019).

10. "Acidente do trabalho. Processo civil. Incompetência relativa reconhecida de ofício. Vedação pela Súmula 33 do C. STJ. Petição inicial indeferida, extinguindo-se o processo sem julgamento de mérito, nos termos do art. 485, inciso I, do CPC. Impossibilidade, porquanto ausente hipótese prevista no art. 330 do CPC. Recurso provido para afastar a extinção do processo" (Ap 1008821-17.2019.8.26.0161, 17ª Câmara de Direito Público, rel. Marco Pelegrini, j. em 12-11-2019).

percussão geral, que determinou que a "regra prevista no § 2º do art. 109 da Constituição Federal também se aplica às ações movidas em face de autarquias federais", conforme:

"AGRAVO DE INSTRUMENTO. BENEFÍCIO ACIDENTÁRIO. Insurgência contra decisão que que declinou da competência de ofício. CABIMENTO. Hipótese não elencada no art. 1.015 do CPC/2015. Taxatividade mitigada. Tema 988/STJ. RECURSO CONHECIDO. INCOMPETÊNCIA RELATIVA. Ação acidentária. Decisão que determinou a redistribuição do feito a uma das varas cíveis da Comarca do segurado. Possibilidade. Valoração de princípios constitucionais frente à Súmula 33 do STJ. Ajuizamento perante o foro do domicílio do autor ou do local onde ocorreu o acidente. Inadmissibilidade fora dessas duas possibilidades. Inteligência do art. 53, inciso IV, do CPC. Ausência de vínculo com a Comarca onde foi proposta a ação originariamente. Decisão mantida, redistribuindo-se os autos para o Juízo competente. Entendimento assentado desta Egrégia 17ª Câmara de Direito Público. Decisão agravada mantida. Recurso desprovido" (AI 2045054-18.2024.8.26.0000, 17ª Câmara de Direito Público, rel. Richard Pae Kim, j. 27-3-2024).

"Competência. Ação acidentária contra o INSS. Propositura na comarca de São Paulo. Inadmissibilidade. Ausência de qualquer relação com referida comarca. Residência do segurado situada em Indaiatuba. Acidente ocorrido em Campinas. Necessidade de serem respeitadas as regras de competência. Mantida a ordem de redistribuição para a comarca de Indaiatuba. Precedentes" (AI 2076296-92.2024.8.26.0000, 17ª Câmara de Direito Público, rel. Antonio Moliterno, j. 26-3-2024).

"Agravo de instrumento. Acidentária. Decisão que determinou a redistribuição dos autos a uma das varas cíveis da comarca de Itapevi. Admissibilidade. Ajuizamento da demanda no foro do domicílio do autor ou no local onde ocorreu o acidente. Inviabilidade fora dessas duas circunstâncias. Inteligência do art. 53, IV, 'a', do CPC. Ausência de vínculo com a comarca onde originalmente proposta a ação Prioridade de princípios constitucionais ante a Súmula n. 33, do Col. STJ. Precedentes. Decisão mantida. Recurso não provido" (AI 2136062-13.2023.8.26.0000, 17ª Câmara de Direito Público, rel. Aldemar Silva, j. 7-8-2023).

"Ação acidentária. Decisão que declinou da competência de ofício. Possibilidade. Valoração de princípios constitucionais frente à Súmula 33 do C. STJ. Ajuizamento perante o foro do domicílio do autor ou do local onde ocorreu o acidente. Inadmissibilidade fora dessas duas possibilidades. Ausência de vínculo com a Comarca onde foi proposta a ação originariamente. Decisão mantida, redistribuindo-se os autos para o Juízo competente. Recurso não provido." (AI 2223896-88.2022.8.26.0000, 17ª Câmara de Direito Público, rel. Carlos Monnerat, j. 23-9-2022).

CAPÍTULO 3
DOS ASPECTOS PROCESSUAIS

Sumário: 1. Dos princípios da lide acidentária e o formalismo processual. 2. Do rito. 3. Da petição inicial. 4. Do pedido e sua extensão. 5. Das provas. 5.1. Da prova pericial. 5.2. Dos outros meios de prova. 6. Da desistência da ação. 7. Da assistência e da denunciação da lide. 8. Da sentença e do recurso de ofício. 9. Do precatório. 10. Da determinação de implantação do benefício e multa.

1. DOS PRINCÍPIOS DA LIDE ACIDENTÁRIA E O FORMALISMO PROCESSUAL

Com o ingresso em juízo da ação acidentária busca o segurado encontrar uma reparação para eventuais males que sofreu por causa do infortúnio laboral, os quais lhe reduziram a capacidade laborativa de forma parcial ou total, temporária ou permanente.

Embora a compensação financeira não vá devolver ao trabalhador a saúde perdida ou a capacidade para o trabalho, pelo menos vai lhe proporcionar uma menor dificuldade para a sobrevivência na sua vida pessoal, social e profissional.

Por sua própria natureza na ação acidentária, mais do que em outros tipos de ação, deve-se a todo custo buscar a verdade real, querendo dizer com isso o grau verdadeiro da incapacidade laborativa após o infortúnio do trabalho. Na dúvida a questão deve ser resolvida a favor do trabalhador. Vige aqui o princípio consagrado em direito de que *in dubio pro misero*. É que não estamos diante de um mero seguro de acidentes pessoais compulsório por lei, mas diante de um direito constitucional que deve ser visto dentro do contexto de um estado de Seguridade Social, como pretende ser o atual estágio da Seguridade no Brasil.

Podemos, pois, afirmar que muitas vezes há necessidade de deixar de lado o rigorismo formal que informa o processo civil, renovando-se a prova pericial, formulando-se quesitos suplementares, exigindo-se a realização de exames, ouvindo testemunhas e o próprio autor, se assim o entender o juiz. Enfim, não se pode perder de vista que o objetivo último da ação acidentária é a busca da indenização ou não do segurado.

Já afirmamos alhures que no direito infortunístico não se exige um juízo de certeza, bastando o juízo de admissibilidade. É que estamos diante de uma questão que envolve não só a saúde e a vida do cidadão brasileiro protegidas expressamente pela Constituição Federal, mas toda a sociedade. É ela, incluindo-se aqui o próprio autor da ação, que contribui para a Seguridade Social dentro do princípio da teoria do risco social, que informa nosso direito infortunístico: todos contribuem para o bem-estar de todos (arts. 194, V, e 195 da CF).

Pela regra do art. 285-A do CPC/73, aplicável às lides acidentárias e previdenciárias, pode haver julgamento de plano quando há prévio entendimento do juízo sobre o tema. Na sistemática do Código de Processo Civil de 2015, as regras de julgamento antes mesmo da citação estão previstas no art. 332 e incisos, quando houver: I – enunciado do STF ou do STJ; II – acórdãos do STF ou do STJ em julgamento de recursos repetitivos; III – entendimento firmado em incidente de resolução de demandas repetitivas ou de assunção de competência; IV – enunciado de súmula de tribunal de justiça local. Também será cabível quando se verificar a prescrição ou decadência.

Esses dispositivos deverão ter aplicação frequente com relação a questões envolvendo índices de reajuste (redutor, aplicação integral) ou majoração de benefício em face da legislação mais recente, pagamento de honorários, juros etc.

Importante lembrar que, pela regra do CPC/73, art. 518, § 1º, o magistrado poderia deixar de receber o recurso de apelação quando a sentença estivesse em conformidade com súmula do Supremo Tribunal Federal ou do Superior Tribunal de Justiça. Essa regra inexiste no CPC/2015, pois não há mais juízo de admissibilidade (art. 1.010, § 3º), entretanto passa a ser razão de improcedência direta da ação.

2. DO RITO

Com a entrada em vigor do CPC/2015, a ação seguirá o rito ordinário, por não ser mais previsto o rito sumário (art. 318), ou seja, a inicial deve preencher os requisitos do art. 319, ser despachada e, não sendo caso de julgamento de plano (art. 332) ou de indeferimento (art. 330), o INSS será citado para oferecer contestação, seguindo-se, após, a coleta da prova.

A ação acidentária que seguia o rito sumário, previsto na Lei n. 8.213/91 e no Código de Processo Civil de 1973, tinha concentração dos atos processuais. É que, por força da Lei n. 9.245/95, recebida a inicial e processada a citação, é designada a audiência de conciliação, oportunidade em que o réu apresenta sua defesa, argui eventuais preliminares, e o juiz fixa os pontos controvertidos da lide, determinando a expedição de ofícios "de praxe" (ao INSS para saber se o benefício requerido já foi concedido na esfera administrativa, bem como para cotejar outros dados com os da inicial, tipo renda mensal, salário de benefício adotado, laudos periciais etc., e às empresas, para futura comparação desses dados). É também o momento da determinação da perícia judicial.

Na verdade, porém, os atos processuais desenvolvem-se de forma diferente. É que essa audiência de conciliação tem se tornado inócua nas lides acidentárias em face da impossibilidade legal de o INSS, nessa fase processual, firmar acordo ou transigir[1]. A contestação acaba sendo genérica e absolutamente inútil do ponto de vista do direito substantivo, atendendo apenas ao preceito processual, até porque o réu, o INSS, não possui naquele momento qualquer elemento fático, já que será a perícia que irá constatar ou não a incapacidade reclamada, e que ainda não foi realizada. Isso sem falar da falta de quaisquer outros elementos a serem alegados pela autarquia.

---

1. As exceções são as restritas às hipóteses previstas no art. 131 da Lei n. 8.213/91 e às do art. 1º da Lei n. 9.469/97.

O rito previsto na legislação anterior apresentava melhores resultados práticos, na medida em que o INSS era citado, apresentava quesitos, realizava-se a prova pericial, expediam-se os ofícios à empregadora e ao INSS, e somente depois, com todos os elementos necessários já encartados nos autos, é que se designava audiência de conciliação, instrução e julgamento, onde era apresentada a contestação e produzidas eventuais provas complementares.

Vale destacar, como já abordamos, que a Lei n. 14.331/2022 (que deu nova redação ao art. 129-A, § 3º, da Lei n. 8.213/91) alterou a parte inicial do procedimento, estabelecendo que a perícia médica será realizada antes da citação, o que é um avanço.

3. DA PETIÇÃO INICIAL

Como toda petição inicial, a da ação acidentária deve preencher os requisitos do art. 319 do Código de Processo Civil de 2015 (art. 282 do CPC/73).

Deve-se descrever o acidente-tipo, ou a doença ocupacional, as sequelas advindas e o pedido de indenização, ainda que genérico, de acordo com o grau de incapacidade, incluindo os consectários legais e os meios de prova etc. E, ainda, comprovação de ter requerimento administrativo indeferido. No caso, as principais provas são a perícia e a prova oral para comprovação do acidente ou do nexo causal, devendo o rol de testemunhas ser apresentado com a inicial.

Também tem valia, em algumas situações, a prova documental, como fichas de tratamento médico, registro da empregadora, boletins de ocorrência etc. Mas, não são tais documentos exigíveis para recebimento da inicial.

Atenção especial deve ser dada para aquelas situações em que há necessidade da prova do nexo causal, ou seja, acidentes e doenças que não foram comunicados à autarquia ou não foram por ela aceitos. De fato, quando se expede a CAT e o INSS concede ao obreiro o auxílio-doença acidentário, significa dizer que ele aceitou a existência do nexo causal e da incapacidade, ainda que temporária e parcial. Nesses casos, não há que se perquirir, na via judicial, a existência do nexo, mas tão somente o grau de incapacidade resultante. A inicial já deve mencionar esse fato, requerendo os meios de prova que pretende produzir.

Entretanto, nos casos em que o acidente ou a doença ocupacional não foram comunicados tempestivamente ao INSS, ou foram desconsiderados pelo órgão, a inicial deve mencionar esse fato, bem como a forma com que pretende provar não só a existência do direito material, mas também a ocorrência do fato gerador. Ou seja, precisa provar o fato, o nexo e a incapacidade laborativa.

Alertamos que a Lei n. 14.331/2022 acrescentou o art. 129-A na Lei n. 8.213/91, com a seguinte redação:

"Art. 129-A. Os litígios e as medidas cautelares relativos aos benefícios por incapacidade de que trata esta Lei, inclusive os relativos a acidentes do trabalho, observarão o seguinte:

I – quando o fundamento da ação for a discussão de ato praticado pela perícia médica federal, a petição inicial deverá conter, em complemento aos requisitos previstos no art. 319 da Lei n. 13.105, de 16 de março de 2015 (Código de Processo Civil):

a) descrição clara da doença e das limitações que ela impõe;

b) indicação da atividade para a qual o autor alega estar incapacitado;

c) possíveis inconsistências da avaliação médico-pericial discutida; e

d) declaração quanto à existência de ação judicial anterior com o objeto de que trata este artigo, esclarecendo os motivos pelos quais se entende não haver litispendência ou coisa julgada, quando for o caso;

II – para atendimento do disposto no art. 320 da Lei n. 13.105, de 16 de março de 2015 (Código de Processo Civil), a petição inicial, qualquer que seja o rito ou procedimento adotado, deverá ser instruída pelo autor com os seguintes documentos:

a) comprovante de indeferimento do benefício ou de sua não prorrogação, quando for o caso, pela administração pública;

b) comprovante da ocorrência do acidente de qualquer natureza ou do acidente do trabalho, sempre que houver um acidente apontado como causa da incapacidade;

c) documentação médica de que dispuser relativa à doença alegada como a causa da incapacidade discutida na via administrativa."

4. DO PEDIDO E SUA EXTENSÃO

O autor deverá formular o pedido certo na forma estabelecida no art. 322 do Código de Processo Civil de 2015 (art. 286 do CPC/73), ou seja, narrando o acidente ou a doença, as sequelas deles resultantes e pleiteando a indenização correspondente e seus consectários legais.

Diante da natureza da ação, como já dito anteriormente, não é necessário que se explicite qual benefício se requer, pois este será definido pelo juiz, após a perícia, a qual indicará o grau da incapacidade.

No que se refere à extensão das sequelas, nem sempre é possível, desde logo, determiná-la na inicial, especialmente nos casos de algumas moléstias que só serão confirmadas pela perícia.

Da mesma forma, sem ofensa a qualquer princípio ou dispositivo legal, é permitido ao magistrado apreciar a questão e conceder a indenização, ainda que no pedido inicial não conste expressamente tal moléstia e não haja aditamento formal, após a perícia. Se houver, o aditamento deve ser aceito, respeitando-se as regras do art. 329 do Código de Processo Civil de 2015.

Isso porque, nas ações de acidente do trabalho, a causa de pedir é a incapacidade decorrente do acidente do trabalho ou da doença, e doenças que vierem a ser comprovadas. Assim, sem conhecimento técnico por parte do autor, é difícil peticionar, explicitar a moléstia e sua extensão para requerer o benefício. Daí por que não se pode falar em decisão *extra* ou *ultra petita* quando é reconhecido, pela sentença, pedido diverso daquele constante da inicial.

5. DAS PROVAS

Na ação acidentária também prevalece o princípio de que o alegado deve ser provado. *Actori incumbit onus probandi*[2]. Dessa forma, alegado mas não provado é o mesmo que não alegado[3].

---

2. Ao autor incumbe o ônus da prova (D., XXII, III, 21).

3. "Acidentária – Pedreiro – Alegação de acidente típico de trabalho – Amputação de parte do dedo polegar da mão esquerda – Pretensão de percepção de auxílio-doença acidentário e conversão em auxílio-acidente – Vínculo empregatício

5.1. Da prova pericial

A prova pericial está para o processo acidentário como a confissão está para o processo penal: é a rainha das provas. É ela indispensável não só à confirmação do nexo com o trabalho, mas sobretudo quanto à constatação ou não da incapacidade laborativa e seu grau. Segue as regras do art. 464 do Código de Processo Civil de 2015, devendo a perícia ser elaborada por perito nomeado pelo juiz, independentemente da existência ou não de quadro oficial. Pelo estatuto processual de 2015, pode e deve ser antecipada para fornecer subsídios à defesa do réu.

As partes têm prazo para apresentar seus quesitos, indicar assistentes técnicos, os quais, assim como o perito nomeado, devem cumprir os prazos do art. 477 do Código de Processo Civil de 2015.

O perito é um auxiliar do juiz. Este continua sendo o *peritus peritorum*, podendo e devendo renovar a perícia se assim o entender, ou requisitando explicações complementares daquele. É que, tratando-se muitas vezes de questões controvertidas na medicina, há necessidade de um mínimo de certeza do nexo com o trabalho e da incapacidade laborativa para que o obreiro faça jus à indenização correspondente. Sobretudo a certeza negativa na perícia acidentária deve vir calcada em exames subsidiários, militando sempre a favor do segurado o brocardo *in dubio pro misero*, bem como o princípio da dúvida.

Não queremos dizer com isso que deve ser concedida a indenização sem um mínimo de prova da existência de sequela incapacitante ou da falta de nexo causal. Também não se justifica a renovação da prova pericial só porque o primeiro laudo foi negativo. Há que haver indícios de sua imprestabilidade. Se assim não fosse, os pro-

---

na data do infortúnio não comprovado pelos elementos dos autos – Ausente o vínculo laboral e, portanto, o nexo causal, o trabalhador não faz jus ao benefício acidentário pleiteado – Ônus da prova do obreiro – Sentença sujeita ao reexame necessário – Sentença *a quo* que merece reforma – Recursos oficial e autárquico providos para, reformando a r. sentença de primeiro grau, decretar a improcedência da pretensão inicial" (TJSP, Ap. 1003899-63.2015.8.26.0066, 16ª Câm. Dir. Público, rel. Des. João Antunes dos Santos Neto, j. em 22-5-2018).

cessos cuja perícia fosse desfavorável ao autor correriam o risco de se tornar infindáveis. Nesse ponto deve prevalecer o bom senso da atuação do promotor de justiça na função de *custos legis*, acompanhado de despacho judicial bem fundamentado.

Destacamos que a já citada Lei n. 14.331/2022 estabeleceu, no § 1º do art. 129-A da Lei n. 8.213/91, que o perito judicial "no caso de divergência com as conclusões do laudo administrativo, deve indicar em seu laudo, de forma fundamentada, as razões técnicas e científicas que amparam o dissenso, especialmente no que se refere à comprovação da incapacidade, sua data de início e a sua correlação com a atividade laboral do municipiando".

A perícia médica vem geralmente acompanhada de vistoria no ambiente de trabalho onde o obreiro exerça sua atividade. Essa prova é quase que imprescindível quando se trata de certas doenças do trabalho, como PAIR e LER (DORT). As partes devem ficar atentas a esse dado, sob pena de retardamento da prestação jurisdicional. A vistoria somente poderá ser substituída por outro tipo de prova (a oral, *v.g.*), quando houver ocorrido mudança do processo de produção e do meio ambiente de trabalho, encerramento das atividades da empresa etc.

Em relação aos custos da perícia judicial, temos quatro questões importantes para abordar:

1. Antecipação dos pagamentos

A antecipação do pagamento deve ser feita pelo réu (INSS), na forma do art. 1º, §§ 5º e 7º, II, da Lei n. 13.876/2019, com redação dada pela Lei n. 14.331/2022[4]. Tal regra já estava prevista na Lei n. 8.620/93 (art. 8º, § 2º, que foi revogado).

---

4. Lei n. 13.876/2019:
"Art. 1º (...)
§ 5º A partir de 2022, nas ações a que se refere o caput deste artigo, fica invertido o ônus da antecipação da perícia, cabendo ao réu, qualquer que seja o rito ou procedimento adotado, antecipar o pagamento do valor estipulado para a realização da perícia, exceto na hipótese prevista no § 6º deste artigo. (Incluído pela Lei n. 14.331, de 2022)
§ 7º O ônus da antecipação de pagamento da perícia, na forma do § 5º deste artigo, recairá sobre o Poder Executivo federal e será processado da seguinte forma: (Incluído pela Lei n. 14.331, de 2022)
II – nas ações de acidente do trabalho, de competência da Justiça Estadual, os honorários periciais serão antecipados pelo INSS".

Há uma exceção, pois o § 6º do artigo supracitado prevê que: "Os autores de ações judiciais relacionadas a benefícios assistenciais à pessoa com deficiência ou a benefícios previdenciários decorrentes de incapacidade laboral previstas no *caput* deste artigo que comprovadamente disponham de condição suficiente para arcar com os custos de antecipação das despesas referentes às perícias médicas judiciais deverão antecipar os custos dos encargos relativos ao pagamento dos honorários periciais".

2. Custo final

A Lei n. 14.331/2022, que alterou a Lei n. 13.876/2019, fixou no art. 1º: "O ônus pelos encargos relativos ao pagamento dos honorários periciais referentes às perícias judiciais realizadas em ações em que o Instituto Nacional do Seguro Social (INSS) figure como parte e se discuta a concessão de benefícios assistenciais à pessoa com deficiência ou benefícios previdenciários decorrentes de incapacidade laboral ficará a cargo do vencido, nos termos da legislação processual civil, em especial do § 3º do art. 98 da Lei nº 13.105, de 16 de março de 2015 (Código de Processo Civil)".

A bem da verdade, os custos sempre serão suportados só pelo INSS, ou pelo Estado, uma vez que o autores das ações são beneficiários da justiça gratuita e estão isentos do pagamento de custas e verbas da sucumbência (art. 129, parágrafo único, da Lei n. 8.213/91: "O procedimento judicial de que trata o inciso II deste artigo é isento do pagamento de quaisquer custas e de verbas relativas à sucumbência").

Por isso que o STJ já fixou tese no Tema 1.044: "Nas ações de acidente do trabalho, os honorários periciais adiantados pelo INSS, constituirão despesa a cargo do Estado, nos casos em que sucumbente a parte autora, beneficiária da isenção de ônus sucumbenciais, prevista no parágrafo único do art. 129 da Lei n. 8.213/91" (sessão de 25-10-2021).

O Tribunal Paulista entende que a obrigação da restituição do que foi adiantado, nos casos de improcedência, é da Fazenda Pública, mas devem ser buscados via ação autônoma e não nos próprios autos, como vem pretendendo a autarquia, para se assegurar o contraditório, a ampla defesa e o devido processo legal, já que a Fazenda não foi parte no processo acidentário: "Ap. 1027554-25.2023.8.26.0053, 16ª Câmara de Direito Público, rel. Luiz de Lorenzi, j. em 12-4-2024; Ap. 1026.804-23.8.26.0053, 16ª Câmara de Direito Público, rel. Nazir David Milano Filho, j. em 12-4-2024; Ap. 1062440-50.2023.8.26.0053, 17ª Câmara de Direito Público, rel. Alberto Gentil, j. em 12-4-2024; Ap. 102265-83.2023.8.26.0224, 17ª Câmara de Direito Público, rel. Ricardo Graccho, j. em 12-4-2024).

Por seu turno, o Tribunal de Justiça do Rio Grande do Sul entende que pode ser nos próprios autos da acidentária: "APELAÇÕES CÍVEIS. PATOLOGIAS ORTOPÉDICAS. PERÍCIA JUDICIAL. AUSÊNCIA DE NEXO CAUSAL/CONCAUSAL E REDUÇÃO DA CAPACIDADE LABORATIVA. AUXÍLIO-ACIDENTE INDEVIDO. SENTENÇA DE IMPROCEDÊNCIA MANTIDA. DETERMINADO O RESSARCIMENTO DOS HONORÁRIOS PERICIAIS PELO ESTADO DO RIO GRANDE DO SUL, QUE DEVERÁ SER EFETIVADO NOS PRÓPRIOS AUTOS EM QUE FORAM ANTECIPADOS PELA AUTARQUIA FEDERAL. (...) 3. O direito ao ressarcimento dos honorários periciais pagos de forma adiantada pela autarquia federal é questão assentada pelo Superior Tribunal de Justiça, em sede de julgamento de Recursos Repetitivos (REsp 1.823.402/PR e REsp 1.824.823/PR). 4. O reembolso dos valores deverá ocorrer nos próprios autos em que foram antecipados pela autarquia federal, sem que, para tanto, seja necessária a presença do Estado do Rio Grande do Sul no polo passivo da demanda. Apelação do autor desprovido. Apelação do INSS provida" (Ap. 50011632020228213001, 10ª Câmara Cível, rel. Thais Coutinho de Oliveira, j. em 27-6-2023).

3. Abrangência dos custos periciais

Por óbvio que está a cargo da autarquia o pagamento dos custos dos honorários do perito judicial e eventuais exames complementares que este determinar, para completa análise e diagnóstico preciso das condições de trabalho do segurado.

O INSS vem questionando a obrigatoriedade de custear tais exames, em mais uma tese desarrazoada.

O argumento de que o art. 8º, § 2º, da Lei n. 8.620/93, que previa a antecipação dos honorários periciais nas ações acidentárias, foi revogado pela Lei n. 14.331/2022 não se sustenta, porque o art. 1º, § 5º, da Lei n. 13.876/2019, com redação dada pela Lei n. 14.331/2022, deixou expresso que: "A partir de 2022, nas ações a que se refere o *caput* deste artigo, fica invertido o ônus da antecipação da perícia, cabendo ao réu, qualquer que seja o rito ou procedimento adotado, antecipar o pagamento do valor estipulado para a realização da perícia, exceto na hipótese prevista no § 6º deste artigo". E o § 7º do mesmo artigo estipulou que: "O ônus da antecipação de pagamento da perícia, na forma do § 5º deste artigo, recairá sobre o Poder Executivo federal e será processado da seguinte forma: (...) II – nas ações de acidente do trabalho, de competência da Justiça Estadual, os honorários periciais serão antecipados pelo INSS". Portanto, nada mudou em relação ao regramento da Lei n. 8.620/93.

De longa data, quando ainda em vigor a Lei n. 8.620/93, o STJ e o Tribunal de Justiça de São Paulo tinham posição firme:

"PROCESSUAL CIVIL E PREVIDENCIÁRIO. ART. 8º, § 2º, DA LEI N. 8.620/1993. ABRANGÊNCIA DAS DESPESAS NECESSÁRIAS À CONFECÇÃO DO LAUDO PERICIAL. ALEGAÇÃO DE DIVERGÊNCIA JURISPRUDENCIAL. AUSÊNCIA DE SIMILITUDE FÁTICA. 1. É entendimento pacífico neste Superior Tribunal que os exames complementares, por serem necessários à realização da perícia, estão abrangidos pelo art. 8º, § 2º, da Lei n. 8.620/1993. Precedentes. 2. A alegada divergência jurisprudencial não prospera, por não terem os julgados indicados tratado do dispositivo legal em questão, carecendo, pois, de similitude fática. 3. Agravo interno a que se nega provimento" (AgInt no AREsp 458.803/SC, 2ª T., rel. Min. Og Fernandes, j. em 18-5-2017).

"PREVIDENCIÁRIO. AGRAVO EM RECURSO ESPECIAL. BENEFÍCIO PREVIDENCIÁRIO POR INCAPACIDADE. EXAMES DE RESSONÂNCIA MAGNÉTICA DE COLUNA CERVICAL E ULTRASSONOGRAFIA DE OMBRO DIREITO DEMANDADOS PELO PERITO JUDICIAL PARA A CONCLUSÃO DO LAUDO. PEDIDO DE JUSTIÇA GRATUITA. DETERMINAÇÃO DO MAGISTRADO PARA QUE O INSS CUSTEIE O EXAME. RESPONSABILIDADE DA AUTARQUIA PELO PAGAMENTO. ART. 8º, § 2º, DA LEI N. 8.620/93. CONSONÂNCIA COM A JU-

RISPRUDÊNCIA DESTA CORTE. SÚMULA 83/STJ. AGRAVO DO INSS DESPROVIDO" (AREsp 538.957/SC, rel. Min. Napoleão Nunes Maia Filho, decisão monocrática em 19-8-2016).

"Acidente do trabalho. Agravo de instrumento. Autarquia. Necessidade de realização de exame complementar requisitado por perita judicial. Providência a cargo do INSS. Inteligência do art. 8º, § 2º, da Lei n. 8.620/93. Recurso não provido" (TJSP, AI 2109015-06.2019.8.26.0000, rel. Ricardo Graccho, j. 28-1-2020).

"AGRAVO DE INSTRUMENTO. Ação acidentária. Despesas com a realização de exames complementares necessários para a elaboração do laudo pericial. Responsabilidade da autarquia. Interpretação do art. 8º, § 2º, da Lei n. 8.620/93. Entendimento jurisprudencial do STJ e desta Câmara. Recurso provido" (TJSP, AI 2047738-91.2016.8.26.0000, rel. Nuncio Theophilo Neto, j. em 13-12-2016).

Já o Tribunal Paulista, enfrentando essa nova tese do INSS, já sob a ótica da nova lei, pacificou entendimento contrário a ela:

"AGRAVO DE INSTRUMENTO. ACIDENTE DO TRABALHO. Decisão na qual foi determinado ao INSS o pagamento de exames complementares solicitados pelo perito judicial para a conclusão do laudo. Jurisprudência firmada com base no artigo 8º, § 2º, da Lei n. 8.620/93, que dava ao texto legal interpretação extensiva, determinando ao INSS o custeio dos exames. Revogação do precitado parágrafo pela Lei n. 14.331/2022. Inclusão, contudo, do inciso II, do artigo 1º, da Lei n. 13.876/2019. Autarquia que continua a ser a responsável pela antecipação dos honorários periciais. Inexistência de qualquer alteração substancial. Jurisprudência firmada com base na legislação revogada que pode continuar a ser aplicada, dada a redação da lei nova. Decisão mantida. Recurso desprovido" (AI 2001941-14.2024.8.26.0000, 17ª Câmara de Direito Público, rel. Marco Pelegrini, j. em 5-3-2024).

"Processual civil. Exames complementares solicitados pelo perito judicial. Imposição do custeio à autarquia. Admissibilidade. Inteligência do art. 1º, II, da Lei n. 13.876/2019, incluído pela Lei n. 14.331/2022. Jurisprudência firmada com base na legislação revogada (art. 8º, § 2º, da Lei n. 8.620/93) que pode continuar sendo aplicada, dada a redação da lei nova. Precedentes das 16ª e 17ª Câmaras de Direito Público deste Egrégio Tribunal, com competência específica para demandas acidentárias contra o INSS. Negado provimento ao recurso" (AI 2259107-88.2022.8.26.0000, 17ª Câmara de Direito Público, rel. Antonio Moliterno, j. 18-11-2022).

"ACIDENTE DO TRABALHO. AGRAVO DE INSTRUMENTO. EXAMES MÉDICOS PERICIAIS. CUSTEIO A CARGO DA AUTARQUIA. CABIMENTO. O ônus pelo pagamento dos honorários periciais a cargo da autarquia deve ser interpretado de forma ampla, englobando-se aí as despesas com exames médicos, sendo estes indispensáveis ao completo diagnóstico do mal que acomete o obreiro, para que então se possa aquilatar sobre a necessidade ou não de reparação no âmbito infortunístico. Recurso provido" (AI 2029639-63.2022.8.26.0000, 16ª Câmara de Direito Público, rel. João Negrini Filho, j. 15-6-2022).

4. Número de perícias custeadas pelo INSS

A Lei supracitada, alterando a redação de dispositivos da Lei n. 13.876/2019, determinou que o INSS, a princípio, é responsável pelo pagamento de uma única perícia, conforme redação do § 4º do art. 1º: "O pagamento dos honorários periciais limita-se a 1 (uma) perícia médica por processo judicial, e, excepcionalmente, caso determinado por instâncias superiores do Poder Judiciário, outra perícia poderá ser realizada".

É um absurdo exigir que somente o Tribunal possa referendar a necessidade de pagamento de uma segunda perícia, ou perícia complementar. Essa decisão, a respeito da necessidade de prova, é do juiz de primeiro grau, a quem compete, mediante a análise do acervo probatório, proferir decisão de mérito. Por isso que, de acordo com o art. 370 do CPC, caberá a ele, de ofício ou a requerimento das partes, determinar as provas necessárias ao julgamento do mérito.

No mais, o juiz será assistido por perito quando a prova do fato depender de conhecimento técnico ou científico, na forma do art. 156 do CPC, o que pode necessitar de mais de um perito, havendo expressa previsão dessa possibilidade no art. 480 do CPC: "O juiz determinará, de ofício ou a requerimento da parte, a realização de nova perícia quando a matéria não estiver suficientemente esclarecida".

Ademais, sobre a "necessidade de produção de prova", observa José Roberto dos Santos Bedaque[5]: "Na dúvida sobre a relevância da prova, melhor determinar a produção, para evitar o cerceamento de defesa. Mesmo que o juiz esteja convencido dos fatos em que fundamentará sua decisão se a prova for pertinente e contribuir para esclarecer melhor algum ponto, conveniente admitir-se a diligência, mesmo porque o órgão recursal pode considerá-la imprescindível".

Como bem pontuou o Tribunal de Justiça Paulista: "Dúvida sobre a relevância da prova é que autoriza a sua produção, sob pena de cerceamento de defesa" (AI 2013631-79.2020.8.26.0000, 2ª Câmara de Direito Privado, rel. José Joaquim dos Santos, j. em 9-3-2020).

Ora, se a lei não traz a previsão de pagamento, pelo INSS, para os trabalhos do segundo perito, este pode não aceitar o encargo, dificultando a realização da prova, pois o autor está isento do pagamento. E, assim, até se dirimir se há obrigação da autarquia de pagar a segunda perícia, haverá retardamento da prestação jurisdicional, o que é inaceitável.

Mais ainda, a partir da vigência do Tema 1.044 do STJ, que determina caber à Fazenda Pública arcar com os honorários periciais em caso de improcedência da demanda, não há razão para que haja essa regra que beneficia exclusivamente o INSS e prejudica em muito o segurado.

Nas lições de José Antonio Savaris[6]:

"O direito à previdência social é um direito humano fundamental. Não é vão lembrar que a proteção previdenciária corresponde a um direito intimamente ligado às noções de mínimo existencial e dignidade da pessoa humana. Ao referir a existência de normas de proteção social em Tratados Internacionais de Direitos Humanos, é curial reconhecer que nada obstante à diversidade de nações e de culturas, a preocupação com os estados de necessidade é ínsita à percepção de que a humanidade é o valor dos valores. A seguridade

---

5. *Poderes instrutórios do juiz.* 2. ed. São Paulo: Revista dos Tribunais, 1994 apud Antonio Carlos Marcato, *Código de Processo Civil interpretado*, São Paulo: Atlas, 2008, p. 386.

6. *Direito processual previdenciário*, 7. ed., Curitiba: Alteridade Ed., 2018, p. 56-57.

social, enquanto meio de tutela da vida humana em situações de risco de subsistência, é um instrumento de salvaguarda deste valor de singular importância. (...) A expressão da dignidade humana não será aperfeiçoada sem um esquema de proteção social que propicie ao indivíduo a segurança de que, na hipótese de cessação da fonte primária de sua subsistência, contará com proteção social adequada. Quando discutimos em juízo o direito a um benefício previdenciário, não é demais recordar, estamos em face de uma sensível questão: o autor alega fazer jus a direito de elevada magnitude. Dizer-lhe que não detém o direito invocado é recusar-lhe o gozo de direito fundamental aos meios de subsistência em situação de adversidade. E esse direito não perde tal natureza ainda que as causas se multipliquem ou ainda que a máquina judiciária se encontre congestionada. Um bem jurídico previdenciário corresponde à ideia de uma prestação indispensável à manutenção do indivíduo que a persegue em juízo. Essa primeira noção é reconhecidamente basilar, mas extremamente importante: uma prestação previdenciária tem natureza alimentar; destina-se a prover recursos de subsistência digna para os beneficiários da previdência social que se encontrem nas contingências sociais definidas em lei; destina-se a suprir as necessidades primárias, vitais e presumivelmente urgentes do segurado e às de sua família, tais como alimentação, saúde, higiene, vestuário, transporte, moradia etc.

O que está em jogo em uma ação previdenciária são valores *sine qua non* para a sobrevivência de modo decente. É o direito de não depender da misericórdia ou auxílio de outrem. O direito à previdência social é um direito humano fundamental. Não é vão lembrar que a proteção previdenciária corresponde a um direito intimamente ligado às noções de mínimo existencial e dignidade da pessoa humana. Ao referir a existência de normas de proteção social em Tratados Internacionais de Direitos Humanos, é curial reconhecer que nada obstante à diversidade de nações e de culturas, a preocupação com os estados de necessidade é ínsita à percepção de que a humanidade é o valor dos valores. A seguridade social, enquanto meio de tutela da vida humana em situações de risco de subsistência, é um instrumento de salvaguarda deste valor de singular importância.

(...) A expressão da dignidade humana não será aperfeiçoada sem um esquema de proteção social que propicie ao indivíduo a segurança de que, na hipótese de cessação da fonte primária de sua subsistência, contará com proteção social adequada. Quando discutimos em juízo o direito a um benefício previdenciário, não é demais recordar, estamos em face de uma sensível questão: o autor alega fazer jus a direito de elevada magnitude. Dizer-lhe que não detém o direito invocado é recusar-lhe o gozo de direito fundamental aos meios de subsistência em situação de adversidade. E esse direito não perde tal natureza ainda que as causas se multipliquem ou ainda que a máquina judiciária se encontre congestionada. O sofrimento humano não pode ser banalizado.

O direito à proteção previdenciária é, com efeito, um direito constitucional fundamental. Sua fundamentalidade não decorre apenas de uma determinação topológica, pelo fato – importante, reconheça-se – de a previdência social estar expressa na Constituição da República como um direito social inscrito no título 'Dos Direitos e Garantias Fundamentais' (CF/88, art. 6º)".

O próprio Supremo Tribunal Federal, nos julgamentos do RE 626.489 (rel. Min. Roberto Barroso, j. em 23-9-2014), que deu origem ao Tema 313, e da ADIn 6.096 (rel. Min. Edson Fachin, j. em 13-10-2020), deixou assentado o caráter protetivo do sistema previdenciário, constituindo este um direito fundamental do cidadão.

Sem dúvida, a norma viola o princípio da inafastabilidade da jurisdição, do contraditório e da ampla produção probatória, garantias constitucionais de qualquer litigante no processo judicial.

Registramos uma decisão do TRF4 que mostra a dificuldade que os acidentados terão para o andamento do processo e apuração da real situação da capacidade de trabalho e recebimento de benefício:

"AGRAVO DE INSTRUMENTO. PREVIDENCIÁRIO E PROCESSUAL CIVIL. HONORÁRIOS PERICIAIS. PAGAMENTO DA SEGUNDA PERÍCIA. LEI N. 13.876/2019. Conforme o artigo 1º, § 4º, da Lei n. 13.876/2019, com a redação dada pela Lei n. 14.331/2022, somente em caso de determinação de perícia pelas Instâncias Superiores é possível o pagamento de mais de uma perícia por processo judicial" (TRF4, AG 5029875-09.2022.4.04.0000, 9ª T., rel. João Batista Lazzari, juntado aos autos em 24-10-2022).

No corpo do voto as razões, pelas quais invocamos supra, para que a lei não seja aplicada, e que, infelizmente, não foram consideradas:

"De seu teor, depreende-se que resta assegurado o pagamento relativo a honorários periciais referentes a **uma perícia médica por processo judicial**, a qual já foi realizada no processo originário. Como se observa, o parágrafo 4º acima transcrito, apenas ***excepciona a regra, permitindo a realização de uma segunda perícia médica no mesmo processo judicial*** às expensas do Poder Executivo Federal, em caso de ser determinada pela Instância Superior, o que não se coaduna ao caso concreto.

Na hipótese, o juiz determinou a segunda perícia, em razão de indicação do perito judicial e pedido da parte (evento 52, MANIF1), tendo assim referido:

'...Por fim, reitera-se o pedido de designação de perícia com profissional da área psiquiátrica, avaliação também indicada no presente laudo pericial. ...'

Assim, embora a nomeação de perito especialista mostre-se importante na situação fática, em razão das patologias e das considerações do laudo já elaborado, a legislação assegura o pagamento relativo a honorários periciais referentes a **uma perícia médica por processo judicial**, a qual já foi realizado no processo originário".

Com o devido respeito, é uma decisão que, embora adote uma interpretação literal da lei, afronta os princípios constitucionais apontados *supra*.

5.2. Dos outros meios de prova

A primeira prova a ser produzida no processo acidentário é a do vínculo empregatício, ou a condição de trabalhador avulso ou especial. Via de regra o vínculo empregatício é provado pelo registro na CTPS, mas este é apenas um dos meios de prova. Na ausência do registro, o vínculo pode ser provado por outro meio, por exemplo, pela prova oral.

Por sua vez, a prova do acidente ou da doença ocupacional, em tese, já deveria ter sido feita na esfera administrativa através da emissão da CAT pela empresa ou pelas demais pessoas autorizadas pelo art. 22, § 2º, da Lei n. 8.213/91. Mas nada impede que também essa prova, da mesma forma que a prova do vínculo, possa ser realizada por qualquer outro meio permitido em direito, até por prova emprestada de outro juízo, como o da Justiça do Trabalho, cível ou até criminal.

Se o autor quiser produzir prova oral, deverá arrolar as testemunhas logo na inicial, sob pena de preclusão. Contudo, dentro do princípio do não formalismo rígido da ação acidentária, decisões há admitindo o oferecimento do rol das testemunhas mesmo intempestivamente. Por outro lado, o juiz pode a qualquer momento antes da sentença baixar os autos em diligência para produção de quaisquer outras provas visando ao seu livre convencimento.

6. DA DESISTÊNCIA DA AÇÃO

É regra geral em processo civil que, após a citação e resposta do réu, o autor somente poderá desistir da ação se aquele consentir. A Súmula 12 do E. 2º Tribunal de Alçada Civil do Estado de São Paulo, revogada em Sessão Plenária de 13 de abril, publicada no *DOE* de 26 de abril de 1999, ia mais longe, impedindo a desistência por parte do autor se já consumada a prova pericial, independentemente da contestação[7].

Ora, na sistemática antiga a súmula editada sob a égide da Lei n. 6.367/76 até se justificava, já que a contestação apenas se dava na audiência de instrução e julgamento após a elaboração da perícia e a realização de praticamente todos os atos processuais. Nesse caso o réu já havia oferecido quesitos, sofrido ônus com a perícia, mas apenas não havia contestado formalmente a ação.

---

7. "Nas ações acidentárias, antecipada a prova pericial, não pode o autor desistir da ação, independentemente do consentimento do réu, antes do momento do oferecimento da contestação."

O Código de Processo Civil de 2015 estabeleceu uma alteração do rito processual, uma vez que a defesa (contestação) será apresentada desde logo, vedada a desistência da demanda, sem consentimento do réu (art. 485, § 4º). Não cabe a alegação, em nosso modo de entender, de que o autor pode a qualquer momento postular de novo em juízo, causando maiores prejuízos para ele e para o réu. Nesse detalhe não há como alegar a hipossuficiência do autor, até porque na maioria das vezes a desistência se dá após a vinda do laudo aos autos desfavorável à pretensão do obreiro. Pode requerer, sim, a desistência, mas o juiz deve ouvir o réu e somente com a concordância deste decidir por ela. O INSS tem o direito processual de ver julgado o mérito da ação se o processo está pronto para julgamento.

Em suma, não se trata de saber se já houve perícia ou não, se foram praticados atos processuais e que tipo de ato. O que deve prevalecer, por uma questão de equidade processual, é se houve ou não contestação da ação por parte do réu.

Uma medida legislativa importante, já comentada, é que a Lei n. 14.331/2022 incluiu o art. 129-A à Lei n. 8.213/91 e admitiu a antecipação da perícia antes da citação: "§ 3º Se a controvérsia versar sobre outros pontos além do que exige exame médico-pericial, observado o disposto no § 1º deste artigo, o juízo dará seguimento ao processo, com a citação do réu".

E outra observação, pois a já mencionada Lei n. 14.331/2022 trouxe outra inovação, agora prevista no § 2º do art. 129-A da Lei n. 8.213/91, qual seja, a possibilidade de improcedência da ação, após a realização da perícia: "Quando a conclusão do exame médico pericial realizado por perito designado pelo juízo mantiver o resultado da decisão proferida pela perícia realizada na via administrativa, poderá o juízo, após a oitiva da parte autora, julgar improcedente o pedido". É uma forma de abreviar o processo.

Registramos, ainda, que a Lei n. 9.469/97, em seu art. 3º, permite que a autoridade competente do INSS possa concordar com pedido de desistência da ação, nas causas de quaisquer valores, desde que o autor renuncie expressamente ao direito sobre o qual se funda a ação. O STJ referendou a norma por meio do Tema 524: "Após o oferecimento da contestação, não pode o autor desistir da ação, sem o consentimento do réu (art. 267, § 4º, do CPC), sendo que é legítima a oposição à desistência com fundamento no art. 3º da Lei 9.469/97, razão pela qual, nesse caso, a desistência é condicionada à renúncia expressa ao direito sobre o qual se funda a ação" (Sessão de 27-6-2012).

7. DA ASSISTÊNCIA E DA DENUNCIAÇÃO DA LIDE

A questão da intervenção de terceiros na lide acidentária cujo réu é sempre o INSS vem tomando vulto apenas nos últimos tempos, sobretudo a partir da Constituição Federal de 1988 e da Lei n. 8.213/91.

O art. 119 do Código de Processo Civil de 2015 torna praticamente pacífica a possibilidade da existência de interesse jurídico e não só econômico para que um terceiro se habilite como assistente nesse tipo de ação. Quem tem o legítimo interesse é a empregadora onde ocorreu o acidente ou se verificou a doença ocupacional[8].

É que não raro o segurado, ao mesmo tempo que promove a ação acidentária pleiteando seus direitos previdenciário-infortunísticos, litiga com a empresa na Justiça do Trabalho, em especial para manter a estabilidade de doze meses após o retorno do auxílio-doença de natureza acidentária, prevista no art. 118 da Lei n. 8.213/91. Dessa forma, obtido êxito nesse tipo de ação, poderá fazer prova emprestada naquela outra, embora uma e outra sejam independentes.

Por outro lado, após a Constituição Federal de 1988, nos termos do art. 7º, XXVIII, parte final, o direito do trabalhador ao seguro de acidentes do trabalho não excluiu "a indenização a que este (empregador) está obrigado, quando incorrer em dolo ou culpa". Assim, pode ter o empregador todo o interesse, desde logo, em fazer prova do não vínculo empregatício, da não ocorrência do fato, do nexo causal e até da não incapacidade do autor.

---

8. Para verificar a existência de interesse jurídico de terceiro, para intervir no processo como assistente de uma das partes, há de partir-se da hipótese de vitória da parte contrária para indagar se dela lhe adviria prejuízo juridicamente relevante (STF-Pleno, *RTJ, 132*:652).

Diferentemente da assistência, não há o menor cabimento na pretensão da autarquia na denúncia da lide à empregadora[9]. Em primeiro lugar porque não se enquadra em nenhum dos casos do art. 70 do Código de Processo Civil de 1973, em que ela é obrigatória, ou do art. 125 do diploma processual de 2015, em que passa a ser facultativa. Por outro lado, o INSS é o segurador obrigatório, sua responsabilidade é objetiva e intransferível, e seus fundamentos encontram-se na Constituição e na Lei n. 8.213/91. Já a responsabilidade da empresa, eventualmente denunciada, é de outra natureza jurídica, já que, como vimos, fundamenta-se no dolo ou na culpa.

Por fim, não há que confundir a ação regressiva prevista na Lei n. 8.213/91, art. 120, pois esta é uma ação própria e autônoma, e, se o INSS dela quiser fazer uso, deverá fazê-lo por via própria. Esse tipo de ação, como descrito do dispositivo citado, tem seu fundamento na "negligência quanto às normas-padrão de segurança e higiene do trabalho indicadas para a proteção individual e coletiva", bem diferente, pois, da responsabilidade objetiva que tem a Previdência Social de pagar os benefícios ao segurado.

8. DA SENTENÇA E DO RECURSO DE OFÍCIO

Sentenciado o feito a favor do INSS, o autor pode ou não recorrer segundo seu interesse. A questão que se coloca é a de que, se a sentença for desfavorável à autarquia, deverá o juiz recorrer de ofício,

---

9. "Acidente do trabalho – Denunciação da lide – Inadmissibilidade. Acidente do trabalho – Acidente típico – Lesão no quadril – Conjunto probatório dando conta da incapacidade parcial e permanente – Nexo causal comprovado – Auxílio-acidente devido. Termo inicial a partir da cessação do auxílio-doença acidentário concedido na via administrativa, conforme critério legal – Juros e correção monetária que deverão observar o decidido pelo STF no julgamento das ADIs n. 4.357, 4.372, 4.400 e 4.425 e na Repercussão Geral n. 810 – Honorários advocatícios fixados em 15% sobre as parcelas vencidas até a data deste acórdão. Apelação provida para julgar procedente a demanda, com observação" (Ap.4004622-21.2013.8.26.0577, 17ª Câmara de Direito Público, rel. Afonso Celso da Silva, j. em 19-6-2018).

ou seja, estará essa sentença sujeita ao duplo grau de jurisdição para produzir seus efeitos nos termos do art. 475 e inciso II do Código de Processo Civil[10] de 1973, sendo que essa regra foi mantida no Código de Processo Civil de 2015 (art. 496, I)[11].

Desse problema de há muito não se cogitava até que ressurgiu das cinzas com a Medida Provisória n. 1.561/97, transformada na Lei n. 9.469, de 10 de julho de 1997.

É que em seu art. 10 dispõe que se aplica às autarquias e fundações públicas o disposto nos arts. 188 e 475, *caput* e inciso II, do Código de Processo Civil de 1973. O art. 188 cuidava dos prazos especiais, e o 475, como vimos, do recurso de ofício. Sendo o INSS uma autarquia federal, teria esse artigo ressuscitado para as ações acidentárias o recurso *ex officio*?

A princípio, entendíamos que não se aplicava o recurso *ex officio* às ações acidentárias, e vários eram os argumentos expostos: natureza alimentar da ação; falta de previsão na legislação acidentária; inexistência de execução provisória; falta de lógica, porquanto nas ações acidentárias o dinheiro da indenização não é da Autarquia ou da União, e sim do próprio segurado, sendo o INSS um mero "administrador" com a obrigação de indenizar; contradição entre o disposto no art. 7º da Lei n. 9.469/97 e o previsto no art. 131 da Lei n. 8.213/91, ou seja, possibilidade de desistência do recurso por parte do INSS "sempre que a ação versar sobre matéria sobre a qual o Tribunal Federal houver expedido Súmula de Jurisprudência favorável aos beneficiários"[12]. Esse dispositivo foi posteriormente alterado pela Lei n. 9.528/97, que atribuiu essa faculdade ao Ministro da Previdência e Assistência Social, acrescentou alguns incisos e o parágrafo único, do qual a alínea *c* assim vem redigida: "formular desistência de ações de execução fiscal já ajuizadas, bem como deixar de interpor recursos de decisões judiciais".

---

10. Redação dada pela Lei n. 10.352/2001.
11. "Art. 496. Está sujeita ao duplo grau de jurisdição, não produzindo efeito senão depois de confirmada pelo tribunal, a sentença:
I – proferida contra a União, os Estados, o Distrito Federal, os Municípios e suas respectivas autarquias e fundações de direito público; (...)."
12. Redação dada pela Lei n. 8.620/93.

A jurisprudência, num primeiro momento, corroborou aquela nossa posição[13], havendo, posteriormente, divergência entre as diversas Câmaras do Segundo Tribunal de Alçada Civil de São Paulo, em face da posição adotada pelo Superior Tribunal de Justiça, razão pela qual houve a instauração do Incidente de Uniformização n. 619.428-01/6, julgado em 20 de novembro de 2001, que concluiu pela aplicabilidade da regra, e, também, a edição da Súmula 31: "A sentença prolatada no processo de conhecimento contrária aos interesses do INSS, autarquia federal, publicada após a edição da Medida Provisória n. 1.561/97, convertida na Lei n. 9.469/97, está sujeita ao duplo grau de jurisdição".

Com a edição da Lei n. 10.352, de 26 de dezembro de 2001, que alterou diversos dispositivos do então vigente Código de Processo Civil, entre os quais o art. 475, não havia mais margem a dúvidas quanto à obrigatoriedade do duplo grau de jurisdição. Havia, contudo, duas exceções: valor certo da condenação não excedente a sessenta salários mínimos e decisão fundada em jurisprudência do Tribunal Superior competente. Mas, no julgamento do EREsp 934.642/PR, a Corte Especial do Superior Tribunal de Justiça pacificou entendimento no sentido de que "a sentença ilíquida (...) por definição, não tem valor certo, estando consequentemente sujeita ao duplo grau de jurisdição, e não a exceção contemplada no § 2º do art. 475 do Código de Processo Civil" (rel. Min. Ari Pargendler, *DJe* de 26-11-2009). Posteriormente, editou a Súmula 490: "A dispensa de reexame necessário, quando o valor da condenação ou do direito controvertido for inferior a sessenta salários mínimos, não se aplica a sentenças ilíquidas" (Corte Especial, 28-6-2012). Portanto, como as condenações nas ações acidentárias são ilíquidas, estão sujeitas ao duplo grau de jurisdição.

Com a entrada em vigor do atual CPC e a previsão, no art. 496, § 3º, I, de que não se aplica o recurso necessário quando a condenação ou o proveito econômico obtido na causa for de valor certo e líquido inferior a 1.000 (mil) salários mínimos para a União e as respectivas autarquias e fundações de direito público, seria viável que

---

13. 2º TAC, AgI 501.362, 5ª Câm., rel. Juiz Laerte Sampaio, j. em 27-8-1997; Ap. 501.729, 1ª Câm., rel. Juiz Magno Araújo, j. em 24-11-1997.

o STJ revisasse a Súmula 490, diante do expressivo valor agora previsto, e dispensasse o recurso *ex officio* (pela sistemática do CPC de 1973, o valor era de 60 salários mínimos).

De fato, embora aparentemente ilíquida, dificilmente, em uma ação acidentária, se chegará ao valor global da condenação superior a 1.000 salários mínimos.

Já encontramos entendimento de inúmeros tribunais estaduais nesse sentido. Destacamos as posições dos Tribunais de Justiça do Rio Grande do Sul, Santa Catarina, Minas Gerais, Rio de Janeiro, Bahia, Mato Grosso do Sul, Amazonas, que, justamente, entendem que, por estimativa e pelos dados do processo, mesmo ilíquidas, as condenações não irão atingir 1.000 salários mínimos e, portanto, não se submetem ao reexame necessário[14].

---

14. "REEXAME NECESSÁRIO. AÇÃO ACIDENTÁRIA. ESTIMATIVA DE CONDENAÇÃO OU PROVEITO ECONÔMICO INFERIOR A MIL SALÁRIOS MÍNIMOS. DESCABIDO O DUPLO GRAU DE JURISDIÇÃO OBRIGATÓRIO. Considerando que há estimativa de que o montante final a ser pago pela autarquia não ultrapassará o teto de 1.000 (mil) salários mínimos, não é caso de conhecimento do Reexame Necessário, consoante o disposto no parágrafo 3º, inciso I, do artigo 496 do CPC/2015 e na esteira da jurisprudência do STJ e desta Colenda Corte. Reexame necessário não conhecido" (TJRS, Remessa Necessária Cível 50001280420198210132, 10ª Câmara Cível, rel. Thais Coutinho de Oliveira, j. em 8-4-2024).
"REMESSA NECESSÁRIA. ACIDENTE DE TRABALHO. BENEFÍCIO PREVIDENCIÁRIO. NÃO CONHECIMENTO. VALOR DA CONDENAÇÃO DETERMINÁVEL E INCAPAZ DE ATINGIR O TETO ESTABELECIDO PELO ART. 496, § 3º, I, DO CPC/2015. 1. Nos termos do CPC/2015, o teto estabelecido como parâmetro para a submissão ao reexame necessário, para a União, respectivas autarquias e fundações de direito público, passou de 60 (sessenta) para 1.000 (mil) salários mínimos – valor da condenação ou proveito econômico obtido (art. 496, § 3º, I, CPC). 2. De acordo com o entendimento firmado pela Câmara, aplicando os atuais dispositivos legais aos processos julgados por este colegiado (ações previdenciárias promovidas contra o INSS decorrentes de acidente de trabalho) é descabida a reapreciação em sede de remessa oficial. Isto porque, ainda que se trate de sentenças 'ilíquidas', é certo que o valor das condenações aqui impostas contra o INSS não ultrapassa o teto estabelecido pelo NCPC, de 1.000 salários mínimos. É possível mensurar o valor das condenações, pois as decisões estabelecem todos os parâmetros de termo inicial da condenação – considerando prescrição quinquenal, juros e correção monetária. Por outro lado, o valor que corresponde a 1.000 salários mínimos, na data da prolação da sentença, é R$ 1.412.000,00 (um milhão quatrocentos e doze mil reais) – importância que está muito além do valor das condenações impostas pela Câmara em ações previdenciárias contra o INSS. Remessa necessária não co-

nhecida" (TJRS, Remessa Necessária Cível 50125719120218210010, 9ª Câmara Cível, rel. Eduardo Kraemer, j. em 5-4-2024).

"ACIDENTE DO TRABALHO. AUXÍLIO-DOENÇA. REEXAME NECESSÁRIO. SENTENÇA ILÍQUIDA. VALORES ESTIMADOS SEGURAMENTE AQUÉM DA ALÇADA DE MIL SALÁRIOS MÍNIMOS (ART. 496, § 3º, INC. I, DO CPC). REMESSA NÃO CONHECIDA. TEMA 1.081 DO STJ. SOBRESTAMENTO QUE É LIMITADO A RECURSOS ÀQUELA CORTE. PLEITOS DO INSS PARA MODIFICAÇÃO OU EXCLUSÃO DAS ASTREINTES. CUMPRIMENTO DA TUTELA ANTECIPADA APÓS APELAÇÃO. PERDA SUPERVENIENTE DO INTERESSE RECURSAL. 1. Mesmo que a regra seja, incerto o valor patrimonial em disputa, conhecer da remessa, isso não pode valer quando for visível que a alçada legal não é atingida – mil salários mínimos do art. 496, § 3º, I, do NCPC. Correto o pronunciamento do sentenciante ao dispensar a remessa necessária. Tema 1.081 do Superior Tribunal de Justiça, que trata de tal assunto, determinou a suspensão apenas dos recursos dirigidos para a tal Corte. Quanto ao mais, não existe interesse em o INSS, mediante apelação, requerer o julgamento de reexame necessário. 2. A decisão antecipatória da tutela foi cumprida, o que retira o interesse recursal quanto ao debate a respeito de astreintes. 3. Apelação não conhecida" (TJSC, Ap. 5056535-32.2022.8.24.0038, 5ª Câmara de Direito Público, rel. Hélio do Valle Pereira, j. em 19-12-2023).

"APELAÇÃO CÍVEL. PREVIDENCIÁRIO. DEMANDA JULGADA PROCEDENTE NA ORIGEM, A FIM DE CONCEDER AUXÍLIO-ACIDENTE AO AUTOR. REEXAME NECESSÁRIO DISPENSADO. CONDENAÇÃO INFERIOR AO VALOR DE ALÇADA PREVISTO NO ART. 496, § 3º, INC. I, DO CÓDIGO DE PROCESSO CIVIL. RECURSO DO INSS. (1) Ausência de prova quanto ao nexo de causalidade. Tese que não subsiste. Relação estabelecida. Benefício de natureza acidentária concedido pela autarquia. Indícios mínimos caracterizados. (2) Inconformismo quanto ao caráter vitalício atribuído ao benefício deferido. Impossibilidade de cumulação de auxílio-acidente e aposentadoria. Com razão. Súmula 507 do Superior Tribunal de Justiça. Benefício devido até a obtenção de aposentadoria ou óbito do segurado (art. 86, § 1º, da Lei n. 8.213/1991). Recurso conhecido e parcialmente provido" (TJSC, Ap. 5016633-72.2022.8.24.0038, 2ª Câmara de Direito Público, rel. Sérgio Roberto Baasch Luz, j. em 21-3-2023).

"REEXAME NECESSÁRIO. CONDENAÇÃO INFERIOR A MIL SALÁRIOS MÍNIMOS. NÃO CONHECIMENTO. PREVIDENCIÁRIO. INCAPACIDADE PARCIAL E PERMANENTE. REABILITAÇÃO. TEMA 177 TNU. AUSÊNCIA DE EFEITO VINCULANTE. REVISÃO DOS BENEFÍCIOS PELO INSS. POSSIBILIDADE. A orientação da Súmula 490 do STJ não se aplica às sentenças ilíquidas nos feitos de natureza previdenciária a partir dos novos parâmetros definidos no art. 496, § 3º, I, do CPC/2015, que dispensa do duplo grau obrigatório as sentenças contra a União e suas autarquias cujo valor da condenação ou do proveito econômico seja inferior a mil salários mínimos. – Em relação inobservância do julgamento, pelo TNU, do tema 177, ressalta-se que por ausência de previsão legal, o referido julgamento não tem efeito vinculante. – A determinação judicial de que o benefício de auxílio-doença acidentário perdure até a reabilitação profissional não impede que o INSS possa fazer a revisão do benefício periodicamente, bem como não contraria o que restou definido pela TNU no julgamento do Tema nº 177" (TJMG, Ap. Cível/

Remessa Necessária 1.0000.23.114806-5/001, 21ª Câmara Cível Especializada, rel. Des. Moacyr Lobato, j. em 20-9-2023, publicação da Súmula em 21-9-2023).
"REMESSA NECESSÁRIA. DISPENSA. APELAÇÃO CÍVEL. DEMANDA PREVIDENCIÁRIA. ACIDENTE DE TRABALHO. AUXÍLIO-ACIDENTE. INSS. NEXO DE CAUSALIDADE ENTRE AS LESÕES INCAPACITANTES E ACIDENTE DE TRABALHO. COMPROVADO. – Dispensa-se o Reexame Necessário de sentenças, ainda que ilíquidas, cujo valor condenatório não se aproxima do piso legal, estipulado pelo inciso I do § 3º do art. 496 do CPC, de mil salários a ensejar hipótese de reexame necessário, conforme simples cálculo aritmético. – Os benefícios previdenciários decorrentes de acidentes de trabalho dependem da comprovação do nexo causalidade da lesão com o exercício da função laboral para sua concessão. Nos termos do art. 86 da Lei 8.213/91, o auxílio-acidente será concedido, como indenização, ao segurado quando, após consolidação das lesões decorrentes de acidente de qualquer natureza, resultarem sequelas que impliquem redução da capacidade para o trabalho que habitualmente exerça" (TJMG, Ap./Remessa Necessária 1.0000.22.159269-4/001, 21ª Câmara Cível Especializada, rel. Alexandre Victor de Carvalho, j. em 31-8-2022).

"AÇÃO PREVIDENCIÁRIA. INSS. REEXAME NECESSÁRIO. SENTENÇA ILÍQUIDA. NOVOS PARÂMETROS DO CPC/2015. CONDENAÇÃO OU PROVEITO ECONÔMICO INFERIOR À MIL SALÁRIOS MÍNIMOS. VALORES AFERÍVEIS POR SIMPLES CÁLCULOS ARITMÉTICOS. DISPENSA DA REMESSA NECESSÁRIA. ART. 496, § 3º, I, CPC. REEXAME NECESSÁRIO NÃO CONHECIDO" (TJRJ, Remessa Necessária 0057313-38.2019.8.19.0004, 14ª Câmara Cível, rel. João Marcos de Castello Branco Fantinato, j. em 14-3-2024).

"REEXAME NECESSÁRIO. DIREITO PREVIDENCIÁRIO. ACÃO ACIDENTÁRIA. SENTENÇA QUE JULGOU PROCEDENTE O PEDIDO. RESTABELECIMENTO DE BENEFÍCIO PREVIDENCIÁRIO DE CUNHO ACIDENTÁRIO NÃO CONHECIMENTO DA REMESSA NECESSÁRIA. 1. O artigo 496, I, do Código de Processo Civil, dispõe que está sujeita ao duplo grau de jurisdição a sentença proferida contra a União, os Estados, o Distrito Federal, os Municípios e suas respectivas autarquias e fundações de direito público. 2. O parágrafo terceiro do mesmo artigo estabelece que não caberá remessa necessária quando a condenação ou o proveito econômico obtido na causa for de valor certo e líquido inferior a 1.000 (mil) salários mínimos para a União e as respectivas autarquias e fundações de direito público. 3. O juízo *a quo* julgou procedente o pedido para condenar o INSS a restabelecer o benefício previdenciário de cunho acidentário, desde 27/09/2012, perfazendo o valor devido, até a data atual, um débito aproximado de 133 salários mínimos, mais atualizações. 4. O STJ possui entendimento recente, que negou provimento ao recurso do INSS sob o argumento de que, na vigência do Código de Processo Civil de 2015, a sentença ilíquida proferida contra a autarquia previdenciária está dispensada da remessa necessária na hipótese do artigo 496, § 3º, I. 5. A condenação em sentença que objetiva o pagamento de benefício acidentário é verificável por simples cálculos aritméticos. 6. Na hipótese, o valor da condenação não alcança os mil salários mínimos previstos no CPC, afastando assim, a observância do duplo grau de jurisdição" (TJRJ,

Remessa Necessária 0000391-73.2013.8.19.0040, 3ª Câmara de Direito Público, rel. Alvaro Henrique Teixeira de Almeida, j. em 31-1-2024). "REEXAME NECESSÁRIO. AÇÃO PREVIDENCIÁRIA. AUXÍLIO-DOENÇA ACIDENTÁRIO. SENTENÇA ILÍQUIDA. CONDENAÇÃO EM VALOR AFERÍVEL MEDIANTE SIMPLES CÁLCULOS ARITMÉTICOS. IMPORTÂNCIA INFERIOR AO TETO PREVISTO NO ART. 496, 3º, INCISO I, DO CPC/2015. INAPLICABILIDADE DA SÚMULA N. 490, DO STJ. NÃO CONHECIMENTO. CORREÇÃO MONETÁRIA E JUROS DE MORA COM BASE NO IPCA-E E JUROS DE MORA NA CADERNETA DE POUPANÇA. ENTENDIMENTO PERFILHADO NO JULGAMENTO DO RE 870.947/SE E NO RESP 1.495.146/MG. INEXISTÊNCIA DE *REFORMATIO IN PEJUS*. MATÉRIA DE ORDEM PÚBLICA REMESSA NECESSÁRIA PARCIALMENTE CONHECIDA, E NA PARTE CONHECIDA, REFORMADA PARCIALMENTE A SENTENÇA DE PRIMEIRO GRAU. 1. Na presente hipótese, denota-se que a condenação supramencionada, embora não estabeleça o *quantum debeatur*, disponibiliza todos os parâmetros necessários para que, mediante simples cálculos aritméticos, seja constatada a sua liquidez, trazendo o valor efetivamente devido pelo INSS, que em nada se aproxima do quantitativo de 1.000 (um mil) salários mínimos preceituados no art. 496, inciso I, § 3º, I, do CPC/2015, o que dispensa, parcialmente, a sua sujeição ao duplo grau de jurisdição. 2. Todavia, na parte conhecida do Reexame Necessário, e diante da modificação das regras propostas para a correção monetária e juros de mora em condenações contra a Fazenda Pública, deve-se observar no julgamento do presente feito o seguinte procedimento: Considerando que no período do ajuizamento da ação (30/04/2015) já se encontrava em vigor a Lei n. 11.960/2009 (30/06/2009), que alterou o art. 1º-F, da Lei n. 9.494/1997, aplica-se a correção monetária com base no IPCA-E, fazendo incidir, sobre o resultado, a taxa mensal de juros aplicados à caderneta de poupança. 3. Registre-se, por oportuno, que sendo as matérias referentes a juros e correção monetária decorrentes de consectários legais da condenação principal e, portanto, de ordem pública, pode ser analisado, inclusive, de ofício, pelo Magistrado, de forma que não se pode falar em eventual *reformatio in pejus*. 4. Reexame necessário parcialmente conhecido e, na parte conhecida, reformada em parte a sentença de primeiro grau" (TJBA, Ap. 0301491-40.2015.8.05.0256, rel. Icaro Almeida Matos, publicado em: 7-10-2020).

"REMESSA NECESSÁRIA – AÇÃO PREVIDENCIÁRIA DE RESTABELECIMENTO DE BENEFÍCIO DE AUXÍLIO-DOENÇA C/C APOSENTADORIA POR INVALIDEZ – VALOR INFERIOR AO PREVISTO NO ART. 496, § 3º, I, DO CPC – NÃO CONHECIMENTO DA REMESSA NECESSÁRIA. É dispensável a remessa necessária nas sentenças ilíquidas proferidas em desfavor do INSS, cujo valor mensurável da condenação ou do proveito econômico seja inferior a mil salários mínimos (STJ. 1ª Turma. REsp 1.735.097-RS, Rel. Min. Gurgel de Faria, julgado em 08/10/2019)" (TJMS, Ap. 0819502-44.2021.8.12.0001, 4ª Câmara Cível, rel. Vladimir Abreu da Silva, j. em 21-3-2024).

"REMESSA NECESSÁRIA CÍVEL. REMESSA NECESSÁRIA. DIREITO PROCESSUAL CIVIL. LIMITE DE ALÇADA NÃO ATINGIDO. ART. 496, § 3º, I, DO CPC. APARENTE ILIQUIDEZ QUE NÃO IMPEDE A AFERIÇÃO DO

O STJ ainda não definiu posição sólida sobre o tema. Há decisões apontando a necessidade do recurso de ofício, impedindo-se a análise do valor por estimativa[15]. No entanto, há outras em sentido oposto, de ambas as Turmas, admitindo o uso da estimativa, considerando o valor máximo dos benefícios:

"PROCESSUAL CIVIL. EMBARGOS DE DECLARAÇÃO RECEBIDOS COMO AGRAVO INTERNO. PRINCÍPIOS DA FUNGIBILIDADE E DA INSTRUMENTALIDADE DAS FORMAS. AÇÃO DE COBRANÇA. DIFERENÇAS DE DÉCIMO TERCEIRO SALÁRIO E TERÇO DE FÉRIAS. SENTENÇA ILÍQUIDA. CPC/2015. NOVOS PARÂMETROS. CONDENAÇÃO

QUANTUM CONDENATÓRIO DEVIDO. REEXAME OBRIGATÓRIO NÃO CONHECIDO. – Conquanto a sentença revista não contemple, de imediato, o montante da condenação relativa às diferenças remuneratórias, constam dos autos e da própria decisão os elementos suficientes para sua definição, dependendo esta, portanto, de mero cálculo aritmético, constituindo, desta maneira, sentença líquida na forma do CPC e da jurisprudência do STJ. – Não se conhece da remessa necessária quando a sentença líquida condena o Estado ao pagamento de indenização cujo valor não supera o limite de 500 (quinhentos) salários mínimos, como previsto no inciso II do § 3º do art. 496 do CPC. – Reexame necessário não conhecido" (TJAM, Ap. 0653944-47.2018.8.04.0001, 3ª Câmara Cível, rel. Flávio Humberto Pascarelli Lopes, j. em 19-4-2021).

"REMESSA NECESSÁRIA CÍVEL. REMESSA NECESSÁRIA. DIREITO PROCESSUAL CIVIL. CAUSA PREVIDENCIÁRIA. LIMITE DE ALÇADA NÃO ATINGIDO. ART. 496, § 3º, I, DO CPC. APARENTE ILIQUIDEZ QUE NÃO IMPEDE A AFERIÇÃO DO QUANTUM CONDENATÓRIO DEVIDO. REEXAME OBRIGATÓRIO NÃO CONHECIDO. – Conquanto a sentença revista não contemple, de imediato, o montante da condenação relativa às parcelas vencidas do benefício, constam dos autos e da própria decisão os elementos suficientes para sua definição, dependendo esta, portanto, de mero cálculo aritmético, constituindo, desta maneira, sentença líquida na forma do CPC e da jurisprudência do STJ. – Nas causas de natureza previdenciária movidas contra o INSS, considerando o texto máximo estabelecido e o prazo prescricional fixado na lei, a condenação ou o proveito econômico obtidos jamais alcançarão o limite estabelecido pelo art. 496, § 3º, inc. I, do CPC. – Reexame necessário não conhecido" (TJAM, Ap. 0639826-71.2015.8.04.0001, 3ª Câmara Cível, rel. Mirza Telma de Oliveira Cunha, j. em 14-10-2019).

15. "A jurisprudência da Segunda Turma do Superior Tribunal não tem admitido o afastamento do **reexame necessário** com fundamento em **estimativa** do valor da condenação, pressupondo a certeza de que ela não superará o teto previsto, seja no art. 475 do CPC/1973, seja no art. 496 do CPC/2015" (AgInt no AREsp 1.716.261, rel. Min. Og Fernandes, j. em 23-5-2022).

OU PROVEITO ECONÔMICO INFERIOR A MIL SALÁRIOS MÍNIMOS. REMESSA NECESSÁRIA. DISPENSA. INOVAÇÃO DE TESE NO RECURSO DE APELAÇÃO. MATÉRIA NÃO SUSCITADA EM PRIMEIRA INSTÂNCIA. IMPOSSIBILIDADE.

(...)

5. A Corte Especial do STJ, no julgamento do REsp 1.101.727/PR, representativo de controvérsia, fixou a orientação de que, tratando-se de sentença ilíquida, deverá ser ela submetida ao reexame necessário, uma vez que não possui valor certo, estabelecendo que a dispensabilidade da remessa necessária pressupunha a certeza de que o valor da condenação não superaria o limite de 60 salários mínimos.

6. No entanto, a nova legislação processual excluiu da remessa necessária a sentença proferida em desfavor da União e suas respectivas Autarquias cujo proveito econômico seja inferior a mil salários mínimos.

7. Não obstante a aparente iliquidez das condenações em causas de natureza previdenciária, a sentença que defere benefício previdenciário ou reconhece devido valores remuneratórios a servidores públicos é espécie absolutamente mensurável, visto que pode ser aferível por simples cálculos aritméticos, os quais são expressamente previstos na lei de regência, e, invariavelmente, não alcançará valor superior a 1.000 salários mínimos, razão pela qual está dispensada da Remessa Necessária.

8. Nos termos do art. 515 do CPC/1973 (art. 1.013 do CPC/2015), a Apelação devolve ao tribunal o conhecimento da matéria impugnada, bem como das questões suscitadas e discutidas no processo, sendo vedado o conhecimento de matéria não suscitada oportunamente perante o magistrado de primeiro grau, com exceção das questões de ordem pública.

9. Na hipótese dos autos, a Corte local foi clara ao afirmar que as matérias alegadas pelo ora recorrente não poderiam ser apreciadas, uma vez que a questão não teria sido suscitada em primeira instância, o que afastaria a devolutividade da matéria em segundo grau.

10. Embargos de Declaração recebidos como Agravo Interno ao qual se nega provimento" (EDcl no REsp 1.891.064/MG, 2ª T., rel. Min. Herman Benjamin, j. em 16-12-2020, *DJe* 18-12-2020).

"PROCESSUAL CIVIL E PREVIDENCIÁRIO. RECURSO ESPECIAL. REMESSA NECESSÁRIA. SENTENÇA ILÍQUIDA. ART. 496, § 3º, I, DO CÓDIGO FUX. CONDENAÇÃO OU PROVEITO ECONÔMICO INFERIOR A MIL SALÁRIOS MÍNIMOS. VALOR AFERÍVEL POR CÁLCULO ARITMÉTICO. POSSIBILIDADE DE MENSURAÇÃO. RECURSO ESPECIAL DO INSS A QUE SE NEGA PROVIMENTO.

1. Esta Corte, no julgamento do REsp 1.101.727/PR, representativo de controvérsia, fixou a orientação de que, tratando-se de sentença ilíquida, deverá ser ela submetida ao reexame necessário, uma vez que não possui valor certo, estabelecendo que a dispensabilidade da remessa necessária pressupunha a certeza de que o valor da condenação não superaria o limite de 60 salários mínimos.

2. Contudo, a nova legislação processual excluiu da remessa necessária a sentença proferida em desfavor da União e suas respectivas Autarquias cujo proveito econômico seja inferior a 1.000 salários mínimos.

3. As ações previdenciárias, mesmo nas hipóteses em que reconhecido o direito do Segurado à percepção de benefício no valor do teto máximo previdenciário, não alcançarão valor superior a 1.000 salários mínimos.

4. Assim, não obstante a aparente iliquidez das condenações em causas de natureza previdenciária, a sentença que defere benefício previdenciário é espécie absolutamente mensurável, visto que pode ser aferível por simples cálculos aritméticos, os quais são expressamente previstos na lei de regência, e, invariavelmente, não alcançará valor superior a 1.000 salários mínimos.

5. Recurso Especial do INSS a que se nega provimento" (REsp 1.844.937/PR, 1ª T., rel. Min. Napoleão Nunes Maia Filho, j. em 12-11-2019, *DJe* 22-11-2019).

"PROCESSUAL CIVIL E PREVIDENCIÁRIO. NEGATIVA DE PRESTAÇÃO JURISDICIONAL. INEXISTÊNCIA. SENTENÇA ILÍQUIDA. CPC/2015. NOVOS PARÂMETROS. CONDENAÇÃO OU PROVEITO ECONÔMICO INFERIOR A MIL SALÁRIOS MÍNIMOS. REMESSA NECESSÁRIA. DISPENSA.

1. (...)

3. A controvérsia cinge-se ao cabimento da remessa necessária nas sentenças ilíquidas proferidas em desfavor da Autarquia Previdenciária após a entrada em vigor do Código de Processo Civil/2015.

4. A orientação da Súmula 490 do STJ não se aplica às sentenças ilíquidas nos feitos de natureza previdenciária a partir dos novos parâmetros definidos no art. 496, § 3º, I, do CPC/2015, que dispensa do duplo grau obrigatório as sentenças contra a União e suas autarquias cujo valor da condenação ou do proveito econômico seja inferior a mil salários mínimos.

5. A elevação do limite para conhecimento da remessa necessária significa uma opção pela preponderância dos princípios da eficiência e da celeridade na busca pela duração razoável do processo, pois, além dos critérios previstos no § 4º do art. 496 do CPC/15, o legislador elegeu também o do impacto econômico para impor a referida condição de eficácia de sentença proferida em desfavor da Fazenda Pública (§ 3º).

6. A novel orientação legal atua positivamente tanto como meio de otimização da prestação jurisdicional – ao tempo em que desafoga as pautas dos Tribunais – quanto como de transferência aos entes públicos e suas respectivas autarquias e fundações da prerrogativa exclusiva sobre a rediscussão da causa, que se dará por meio da interposição de recurso voluntário.

7. Não obstante a aparente iliquidez das condenações em causas de natureza previdenciária, a sentença que defere benefício previdenciário é espécie absolutamente mensurável, visto que pode ser aferível por simples cálculos aritméticos, os quais são expressamente previstos na lei de regência, e são realizados pelo próprio INSS.

8. Na vigência do Código Processual anterior, a possibilidade de as causas de natureza previdenciária ultrapassarem o teto de sessenta salários mínimos era bem mais factível, considerado o valor da condenação atualizado monetariamente.

9. Após o Código de Processo Civil/2015, ainda que o benefício previdenciário seja concedido com base no teto máximo, observada a prescrição quinquenal, com os acréscimos de juros, correção mo-

netária e demais despesas de sucumbência, não se vislumbra, em regra, como uma condenação na esfera previdenciária venha a alcançar os mil salários mínimos, cifra que no ano de 2016, época da propositura da presente ação, superava R$ 880.000,00 (oitocentos e oitenta mil reais).

9. Recurso especial a que se nega provimento" (REsp 1.735.097/RS, 1ª T., rel. Min. Gurgel de Faria, j. em 8-10-2019).

Assim, só o tempo definirá se esse entendimento de vanguarda e absolutamente lógico – da estimativa do valor final, considerando o valor e o teto dos benefícios, a ser feita por simples conta aritmética – prevalecerá, o qual seria benéfico ao trabalhador e representaria menor demanda ao Poder Judiciário.

Por fim, não cabe recurso *ex officio* das decisões em sede de embargos à execução que os julgam improcedentes (art. 496, II, do CPC).

9. DO PRECATÓRIO

O precatório é um documento (ofício) emitido pelo Presidente do Tribunal de Justiça para que o INSS deposite a quantia de que é devedor em relação ao autor da demanda. Para que o Tribunal possa emitir esse documento, é necessário que o juiz do feito oficie ao Tribunal, fornecendo todos os elementos para essa emissão. Como a Previdência Social trabalha com orçamento, os precatórios devem dar entrada o mais rápido possível no INSS. Assim, os precatórios não protocolados, até 30 de junho de cada ano, já não entrarão no exercício seguinte, mas apenas no subsequente.

A lei acidentária previa, no art. 128, a possibilidade de pagamento de quantias pequenas sem a necessidade de precatório, apenas com a expedição de ofício requisitório do próprio juiz de direito. No entanto, considerando o disposto no art. 100 da Constituição Federal, o Colendo Supremo Tribunal Federal, na ADIn 1.252, com decisão publicada no *DOU* de 6-6-1997, rel. Min. Maurício Corrêa, declarou inconstitucionais as expressões contidas no art. 128 da Lei n. 8.213/91, que permitiam o pagamento de quantias pequenas (até R$ 5.000,00, aproximadamente) por meio de ofício requisitório do juiz de direito.

Com essa decisão, toda e qualquer quantia, a partir daquela data, a ser recebida pelo autor acidentado, passou a estar sujeita às disposições do art. 534 do Código de Processo Civil de 2015 (arts. 730 e 731, CPC/73). Para tentar minorar os problemas dos segurados, em 24 de setembro de 2003, o Supremo Tribunal Federal editou a Súmula 655, admitindo a preferência dos créditos de natureza alimentar em relação aos demais, todos sujeitos à expedição de precatório. Esta Súmula, aliás, reafirmava o entendimento do Superior Tribunal de Justiça expresso na Súmula 144, publicada no *DOU* de 18-8-1995: "Os créditos de natureza alimentícia gozam de preferência, desvinculados os precatórios da ordem cronológica dos créditos de natureza diversa".

O art. 100 da Constituição passou por diversas alterações, sendo as mais importantes:

1. Em 15 de dezembro de 1998, a Emenda Constitucional n. 20 alterou o § 3º, admitindo a dispensa do precatório aos pagamentos de obrigações definidas em lei como de pequeno valor que a Fazenda Federal, Estadual ou Municipal deva fazer em virtude de sentença judicial transitada em julgado.

2. Em 13 de setembro de 2000, a Emenda Constitucional n. 30 explicitou aquela decisão já referida do STF e, no § 1º-A, estabeleceu que: "Os débitos de natureza alimentícia compreendem aqueles decorrentes de salários, vencimentos, proventos, pensões e suas complementações, benefícios previdenciários e indenizações por morte ou invalidez, fundadas na responsabilidade civil, em virtude de sentença transitada em julgado".

3. Em 12 de junho de 2002, a Emenda Constitucional n. 37 alterou a redação do § 4º, determinando serem "vedados a expedição de precatório complementar ou suplementar de valor pago, bem como fracionamento, repartição ou quebra do valor da execução, a fim de que seu pagamento não se faça, em parte, na forma estabelecida no § 3º deste artigo e, em parte, mediante expedição de precatório".

4. Em 9 de dezembro de 2009, a Emenda Constitucional n. 62 reiterou, no *caput*, a proibição de pagamentos sem observância à ordem cronológica; manteve, no § 1º, a ordem de preferência aos créditos decorrentes de salários, vencimentos, proventos, pensões e suas complementações, benefícios previdenciários e indenizações

por morte ou por invalidez, fundadas em responsabilidade civil, em virtude de sentença judicial transitada em julgado[16]. Esta Emenda manteve a previsão da desnecessidade da expedição de precatório aos pagamentos de obrigações definidas em leis como de pequeno valor.

Vale lembrar que, para regulamentar a Emenda n. 30, havia sido promulgada a Lei n. 10.099, de 19 de dezembro de 2000, que alterou a redação do art. 128 da Lei n. 8.213/91 e instituiu o pagamento através de ofício requisitório, em 60 (sessenta) dias, mas somente se presentes as seguintes condições: valor máximo de R$ 5.180,25; impossibilidade de utilização do requisitório para valores maiores, fracionando-os; vedação de expedição de precatório complementar. Para dívidas maiores, se o credor quiser receber via ofício requisitório, deve renunciar ao crédito excedente e dar quitação do débito pleiteado na ação.

Essa previsão legal, como vimos anteriormente, ficou explicitada na Emenda Constitucional n. 37, de 12 de junho de 2002, que impede a expedição de precatório complementar ou suplementar e o fracionamento, repartição ou quebra do valor da execução para pagamento, na forma do § 3º e por via de precatório. Essa regra foi mantida pela Emenda n. 62, agora inserida no § 8º do art. 100, sendo a única exceção a referente a pessoas com mais de 60 anos ou portadora de graves doenças, na forma do § 2º, já comentado.

Quanto ao montante do valor passível de ser recebido sem expedição de precatório, a Emenda n. 62, no § 4º, estabeleceu que: "Para os fins do disposto no § 3º, poderão ser fixados, por leis próprias, valores distintos às entidades de direito público, segundo as diferentes capacidades econômicas, sendo o mínimo igual ao valor do maior benefício do regime geral de previdência social".

---

16. O § 2º prevê uma preferência aos credores com mais de 60 (sessenta) anos ou portadores de doença grave e ainda a possibilidade de fracionamento do crédito: "Os débitos de natureza alimentícia cujos titulares tenham 60 (sessenta) anos de idade ou mais na data de expedição do precatório, ou sejam portadores de doença grave, definidos na forma da lei, serão pagos com preferência sobre todos os demais débitos, até o valor equivalente ao triplo do fixado em lei para os fins do disposto no § 3º deste artigo, admitido o fracionamento para essa finalidade, sendo que o restante será pago na ordem cronológica de apresentação do precatório".

Portanto, a princípio, o trabalhador que quiser receber o crédito, já com decisão transitada em julgado, de forma célere terá de se contentar em receber até R$ 5.180,25 e renunciar a eventual valor excedente.

Esse valor será corrigido, anualmente, pelos mesmos índices de reajuste dos benefícios previdenciários.

Ressalte-se, contudo, que em 13 de julho de 2001 entrou em vigor a Lei n. 10.259, que instituiu os Juizados Especiais Cíveis e Criminais no âmbito da Justiça Federal, hoje apreciando apenas causas cujo réu é o INSS. O art. 3º dessa lei definiu, como critério de competência, o valor da causa de até 60 (sessenta) salários mínimos (R$ 30.600,00 a partir de 1º de janeiro de 2010). Assim, perfeitamente possível que se adote esse valor como parâmetro também para fins de definição de débito de pequeno valor na ação acidentária porquanto da mesma natureza. Não é lógico dar tratamento diverso aos segurados em questões de cunho previdenciário ou acidentário. Ademais, tal qual previsto na Lei n. 10.352, de 26 de dezembro de 2001, que alterou o art. 475 do Código de Processo Civil, e excluiu do reexame necessário ações cujo valor seja inferior a 60 (sessenta) salários mínimos, a Lei n. 10.259/2001 também tem essa previsão no art. 13. Ou seja, todas as disposições são harmônicas e têm por objetivo acelerar o recebimento do crédito devido ao segurado. Em suma, à ação acidentária, por tramitar no juízo estadual, não se podem aplicar critérios diferentes, até porque mais prejudiciais ao segurado.

Aliás, é inconcebível que o trabalhador acidentado do trabalho, muitas vezes inválido, tenha maiores dificuldades para receber o benefício, que substitui o salário e se torna a única fonte de renda, só porque de valor superior a pouco mais de R$ 5.000,00. Em contrapartida, o segurado possuidor de crédito de cunho previdenciário pode se beneficiar da agilidade do procedimento permitido pela lei para valores até R$ 30.600,00.

A Constituição Federal assegura a igualdade de direitos entre os cidadãos (art. 5º), e, se há identidade dos benefícios, e unificação de valor dos benefícios previdenciários e acidentários, não se justifica a existência de tratamento diverso, seja quanto ao procedimento, seja quanto ao valor a receber. Já existem julgados corroborando esta tese[17].

Registre-se, ainda, a esse respeito, que a Lei n. 12.153, de 22 de dezembro de 2009 *(DOU* de 23-12-2009), que instituiu os Juizados Especiais da Fazenda Pública no âmbito dos Estados, do Distrito Federal, dos Territórios e dos Municípios, fixou, no art. 2º, a sua competência em até o valor de 60 (sessenta) salários mínimos, a reafirmar a tese de que os benefícios acidentários devem ter o mesmo tratamento de outros créditos de diferentes naturezas.

A Emenda n. 62 trouxe algumas outras novidades. Primeiro a possibilidade do sequestro da quantia devida que não tenha sido integralmente quitada nos casos de preterimento de direito de precedência ou de não alocação orçamentária do valor necessário à satisfação do débito, a pedido do credor e por ordem do Presidente do Tribunal de Justiça (§ 6º).

Outra novidade diz respeito à atualização do débito no período do precatório. Como houve proibição da expedição do precatório

---

17. "Acidente do trabalho – Execução – *Quantum debeatur* – Valor apurado inferior a 60 salários mínimos. Expedição de ofício requisitório. Cabimento. Agilização do feito. Direito do credor. Recurso provido" (TJSP, AI, 8968435500, 16ª Câm., rel. Des. Valdecir José do Nascimento, j. em 24-8-2009).

"O art. 128 da Lei n. 8.213/91 deve ser aplicado em consonância com as demais normas que disciplinam o pagamento de débitos judiciais de pequeno valor, ou seja, de até 60 salários mínimos (parágrafo 1º, do art. 17, da Lei n. 10.259/2001), uma vez que os recursos orçamentários para o pagamento destes débitos advêm de estimativas anuais para inclusão na Lei Orçamentária anual do exercício seguinte, permitindo-se, assim, que se consigne aos Tribunais Regionais Federais créditos necessários para atender, dentro do prazo de 60 dias, todas as requisições de pequeno valor (RPV) que sejam apresentadas ao longo do exercício" (TRF, 3ª Região, 10ª T., rel. Juiz Sérgio Nascimento, AI 187.885-SP, *DJ* de 23-1-2004).

"Crédito de pequeno valor prescinde de expedição de precatório. No que se refere à aplicação da Lei n. 10.259/2001, apesar da referida lei disciplinar os Juizados Especiais Federais, a possibilidade de pagamento dos créditos de pequeno valor, no prazo de sessenta dias, a contar da requisição por ordem judicial, sob pena de sequestro do numerário suficiente ao cumprimento da decisão, deve ser estendida também aos procedimentos ordinários, para que não seja violado o princípio da isonomia" (STJ, RMS 20.079, 2ª T., rel. Min. Humberto Martins, j. em 21-9-2006).

complementar[18], o crédito tem de ser atualizado monetariamente, conforme o § 5º: "É obrigatória a inclusão no orçamento das entidades de direito público, de verba necessária ao pagamento de seus débitos, oriundos de sentenças transitadas em julgado, constantes de precatórios judiciários apresentados até 2 de abril (redação dada pela EC n. 114/2021) o fazendo-se o pagamento até o final do exercício seguinte, quando terão seus valores atualizados monetariamente".

O critério da atualização foi fixado no § 12: "A partir da promulgação desta Emenda Constitucional, a atualização de valores de requisitórios, após sua expedição, até o efetivo pagamento, independentemente de sua natureza, será feita pelo índice oficial de remuneração básica da caderneta de poupança e, para fins de compensação da mora, incidirão juros simples no mesmo percentual de juros incidentes sobre a caderneta de poupança[19], ficando excluída a incidência de juros compensatórios".

Esta regulamentação põe fim a algumas questões que atormentavam os segurados e os operadores do direito: a questão da atualização de precatórios, até então feita pelo IPC-A (Índice de Preços ao Consumidor Amplo – série especial), por força das Leis de Diretrizes Orçamentárias da União (Leis n. 10.266/2001, n. 10.524/2002 e n. 10.707/2003), e a questão da incidência de juros no período compreendido entre a expedição e o pagamento do precatório[20].

Em relação aos juros, o Supremo Tribunal Federal, por meio do Tema 96 (trânsito em julgado em 16-8-2018), assentou: "Incidem os juros da mora no período compreendido entre a data da realização dos cálculos e a da requisição ou do precatório".

---

18. "É vedada a expedição de precatórios complementares ou suplementares de valor pago, bem como o fracionamento, repartição ou quebra do valor da execução para fins de enquadramento de parcela do total ao que dispõe o § 3º deste artigo."
19. Art. 12, inciso II, da Lei n. 8.177/91.
20. "Recurso Extraordinário. 2. Precatórios. Juros de mora. 3. Art. 100, § 1º, da Constituição Federal. Redação anterior à Emenda 30, de 2000. 4. Inclusão no orçamento das entidades de direito público. Apresentação até 1º de julho, data em que terão seus valores atualizados. 5. Prazo constitucional de pagamento até o final do exercício seguinte. 5. Descaracterização da mora, quando não há atraso na satisfação dos débitos. 6. Recurso Extraordinário provido" (STF, RE 298.616, 2ª T., rel. Min. Gilmar Mendes, j. em 31-10-2002).

Já por meio da Súmula Vinculante 17 determinou que: "Durante o período previsto no parágrafo 1º do artigo 100 da Constituição, não incidem juros de mora sobre os precatórios que nele sejam pagos" (*DJ* 10-11-2009).

Essa Súmula foi mantida pelo Pleno do STF, mesmo depois da Emenda n. 62, que alterou o art. 100, § 1º, da CF: "§ 12. A partir da promulgação desta Emenda Constitucional, a atualização de valores de requisitórios, após sua expedição, até o efetivo pagamento, independentemente de sua natureza, será feita pelo índice oficial de remuneração básica da caderneta de poupança, e, para fins de compensação da mora, incidirão juros simples no mesmo percentual de juros incidentes sobre a caderneta de poupança, ficando excluída a incidência de juros compensatórios". A tese de repercussão geral definida no RE 1.169.289, julgado em 16 de junho de 2020, foi: "O enunciado da Súmula Vinculante 17 não foi afetado pela superveniência da Emenda Constitucional 62/2009, de modo que não incidem juros de mora no período de que trata o § 5º do art. 100 da Constituição. Havendo o inadimplemento pelo ente público devedor, a fluência dos juros inicia-se após o 'período de graça'".

Como ainda existem execuções em tramitação pelo sistema antigo, vale destacar que em caso de expedição de precatório complementar a competência é do Juízo da Execução. Tal entendimento foi definido pelo Supremo Tribunal Federal no julgamento da ADIn 1.098-1/SP, julgada em 11 de setembro de 1996, que discutia o art. 337 do Regimento Interno do Tribunal de Justiça de São Paulo, sobre a competência do Presidente para questões de precatório. O Plenário do Supremo Tribunal Federal (rel. Min. Marco Aurélio) decidiu que os poderes do Presidente do Tribunal de Justiça são limitados, competindo ao Tribunal apenas proceder às correções e inexatidões dos cálculos sem ferir a coisa julgada ou as decisões das instâncias inferiores[21]. Em outras palavras, a decisão é de natureza administrativa, e, ocorrendo mudança legal de índice, durante a tramitação do precatório, os cálculos devem ser feitos pelo departamento competente

---

21. *DJU* de 25-10-1996, *JSTF*, Ed. Lex, *220*:20.

do Tribunal de Justiça, seguindo as novas regras. Essa atuação do Presidente do Tribunal não pode desnaturar a sentença liquidanda, nem retira o poder do Juízo da Execução concernente a questões outras, alheias ao precatório expedido, como discussão quanto a índices, diferenças etc., devendo, se o caso, o Juiz da Execução fornecer novos dados para a expedição de um segundo precatório[22].

Se a decisão é administrativa, a principal consequência é que não cabem Recurso Especial e Recurso Extraordinário[23].

Também deve ser destacado que a jurisprudência majoritária entende, de forma correta, que não há necessidade de citação do INSS em caso de expedição de novo precatório decorrente da atualização do débito remanescente. Com efeito, seria mais uma razão para se eternizar a execução acidentária com a exigência de nova citação, apresentação de novos embargos etc.[24].

Porém, o Supremo Tribunal passou a entender de forma diversa, exigindo nova citação, conforme: "Expedição de precatório complementar. Necessidade de citação da Fazenda Pública. Ratificação da jurisprudência firmada por esta Suprema Corte. Existência de repercussão geral" (STF, RE 605481, 2ª T., rel. Min. Ellen Gracie, j. 29-4-2010).

Como já foi por diversas vezes mencionado neste livro, o Supremo Tribunal Federal, no julgamento das ADIns 4.357 e 4.425, julgadas em 14-3-2014, em decisão sobre questão de ordem (Plenário, 25-3-2015), modulou os julgados sobre o precatório:

"QUESTÃO DE ORDEM. MODULAÇÃO TEMPORAL DOS EFEITOS DE DECISÃO DECLARATÓRIA DE INCONSTITUCIONALIDADE (LEI N. 9.868/99, ART. 27).

---

22. "Precatório complementar. Juízo da execução. Competência" (TJSP, AgI 355.308-5/9-00, 4ª Câm. Dir. Publ., rel. Des. Viana Santos, j. em 28-1-2004).

23. Súmula 733 – STF: "Não cabe recurso extraordinário contra decisão proferida no processamento de precatórios". Súmula 311 – STJ: "Os atos do presidente do tribunal que disponham sobre processamento e pagamento de precatório não têm caráter jurisdicional".

24. "O Superior Tribunal de Justiça já pacificou o entendimento de que a expedição de precatório complementar prescinde da citação da Fazenda Pública. Inteligência do art. 730 do Código de Processo Civil" (STJ, ARAgI 563.359, 2ª T., rel. Min. João Otávio de Noronha, j. em 10-5-2004).

Possibilidade. Necessidade de acomodação otimizada de valores constitucionais conflitantes.

Precedentes do STF. Regime de execução da Fazenda Pública mediante precatório. Emenda Constitucional n. 62/2009. Existência de razões de segurança jurídica que justificam a manutenção temporária do regime especial nos termos em que decidido pelo Plenário do Supremo Tribunal Federal.

1. A modulação temporal das decisões em controle judicial de constitucionalidade decorre diretamente da Carta de 1988 ao consubstanciar instrumento voltado à acomodação otimizada entre o princípio da nulidade das leis inconstitucionais e outros valores constitucionais relevantes, notadamente a segurança jurídica e a proteção da confiança legítima, além de encontrar lastro também no plano infraconstitucional (Lei n. 9.868/99, art. 27). Precedentes do STF: ADI n. 2.240; ADI n. 2.501; ADI n. 2.904; ADI n. 2.907; ADI n. 3.022; ADI n. 3.315; ADI n. 3.316; ADI n. 3.430; ADI n. 3.458; ADI n. 3.489; ADI n. 3.660; ADI n. 3.682; ADI n. 3.689; ADI n. 3.819; ADI n. 4.001; ADI n. 4.009; ADI n. 4.029.

2. *In casu*, modulam-se os efeitos das decisões declaratórias de inconstitucionalidade proferidas nas ADIns n. 4.357 e 4.425 para manter a vigência do regime especial de pagamento de precatórios instituído pela Emenda Constitucional n. 62/2009 por 5 (cinco) exercícios financeiros a contar de primeiro de janeiro de 2016.

3. Confere-se eficácia prospectiva à declaração de inconstitucionalidade dos seguintes aspectos da ADI, fixando como marco inicial a data de conclusão do julgamento da presente questão de ordem (25-3-2015) e mantendo-se válidos os precatórios expedidos ou pagos até esta data, a saber: (i) fica mantida a aplicação do índice oficial de remuneração básica da caderneta de poupança (TR), nos termos da Emenda Constitucional n. 62/2009, até 25-3-2015, data após a qual (a) os créditos em precatórios deverão ser corrigidos pelo Índice de Preços ao Consumidor Amplo Especial (IPCA-E) e (b) os precatórios tributários deverão observar os mesmos critérios pelos quais a Fazenda Pública corrige seus créditos tributários; e (ii) ficam resguardados os precatórios expedidos, no âmbito da administração pública federal, com base nos arts. 27 das Leis n. 12.919/13 e n.

13.080/15, que fixam o IPCA-E como índice de correção monetária. A modulação temporal das decisões em controle judicial de constitucionalidade decorre diretamente da Carta de 1988 ao consubstanciar instrumento voltado à acomodação otimizada entre o princípio da nulidade das leis inconstitucionais e outros valores".

10. DA DETERMINAÇÃO DE IMPLANTAÇÃO DO BENEFÍCIO E MULTA

A questão que se coloca é se a sentença pode ou não fixar prazo para a implantação do benefício na esfera administrativa, após o trânsito em julgado da sentença, e impor pagamento de multa em caso de descumprimento.

Essa indagação tem sido objeto de análise pelos operadores do direito. Os que sustentam a legitimidade da medida fundamentam-se nos arts. 497 e 536, § 4º, do Código de Processo Civil de 2015 por entenderem que se trata de obrigação de fazer, pelo que cabível o pagamento de *astreintes*. Entendemos correta essa interpretação. Com efeito, a condenação na órbita infortunística envolve não só uma obrigação de pagar, relacionada às prestações em atraso, como também uma obrigação de fazer, consistente em implantar o benefício na esfera administrativa, colocando-o em regime de manutenção contínua. É, assim, correta a fixação de prazo para sua implantação e multa em caso de descumprimento.

O ilustre juiz Renzo Leonardi, do extinto 2º Tribunal de Alçada Civil de São Paulo, relator da Apelação n. 535.559, bem definiu a questão: "... tratando-se, na espécie, de demanda que encerra no seu bojo o cumprimento de obrigação de fazer, a multa não reveste de ilegalidade, mas, ao reverso, encontra supedâneo jurídico nas regras contidas nos artigos 461, §§ 3º e 4º, e 644 do CPC, com as redações conferidas pelas leis 8.952/94 e 8.953/94".

Vale ressaltar que mesmo após a edição da Lei n. 10.444, de 7 de maio de 2002, que deu nova redação ao art. 644 do Código de Processo Civil (atualmente, arts. 536, §4º, e 814 do CPC/2015) o Superior Tribunal de Justiça manteve posição pela aplicação da multa[25].

É, também, o entendimento dominante junto ao E. Tribunal de Justiça de São Paulo e do Colendo Tribunal de Justiça do Rio Grande do Sul:

"AGRAVO DE INSTRUMENTO. CUMPRIMENTO DE SENTENÇA. RECURSO DO INSS. HONORÁRIOS ADVOCATÍCIOS. APLICABILIDADE DA SÚMULA 111/STJ. QUESTÃO DECIDIDA NO TEMA 1.105/STJ. A BASE DE CÁLCULO DA VERBA HONORÁRIA CORRESPONDE ÀS PARCELAS VENCIDAS ATÉ A DATA DA SENTENÇA. MULTA COMINATÓRIA. INSURGÊNCIA CONTRA INTERLOCUTÓRIA QUE MANTEVE O VALOR APURADO PELA EXEQUENTE. BENEFÍCIO IMPLANTADO POSTERIORMENTE AO PRAZO FIXADO. ADMISSIBILIDADE DA FIXAÇÃO DE PENA DE MULTA. ART. 139, INCISO IV, DO CPC. EXORBITÂNCIA DO SANCIONAMENTO

---

25. "PROCESSUAL CIVIL. PREVIDENCIÁRIO. APOSENTADORIA RURAL POR IDADE. PREENCHIMENTO DAS CONDIÇÕES. JULGAMENTO *EXTRA PETITA*. NÃO OCORRÊNCIA. ASTREINTES. POSSIBILIDADE.

I – Esta Corte Superior, em causas de natureza previdenciária, calcada no princípio da proteção social, não constitui julgamento extra ou ultra petita a decisão que, verificando a inobservância dos pressupostos para concessão do benefício pleiteado na inicial, concede benefício diverso, desde que preenchidos seus requisitos. Precedentes: REsp 1320820/MS, rel. Min. Regina Helena Costa, 1ª T., j. em 10-5-2016, *DJe* de 17-5-2016; REsp 1296267/RS, rel. Min. Napoleão Nunes Maia Filho, 1ª T., j. em 1º-12-2015, *DJe* 11-12-2015.

II – É possível a cominação de multa diária ao INSS por descumprimento de obrigação de fazer. Precedentes: AgRg no REsp 1457413/SE, rel. Min. Mauro Campbell Marques, 2ª T., j. em 19-8-2014, *DJe* 25-8-2014; AREsp 99.865/MT, 2ª T., rel. Min.Cesar Asfor Rocha, *DJe* 15-3-2012; AREsp 134.571/MT, 2ª T., rel. Min. Humberto Martins, *DJe* 12-3-2012.

III – Agravo interno improvido" (AgInt no REsp 1614984 / PI, T2, 2ª T., Min. Francisco Falcão, j. em 7-8-2018).

"Processual civil e previdenciário. Agravo regimental no recurso especial. Deferimento do benefício. Obrigação de fazer. Condenação em *astreintes*. Possibilidade. Precedentes. Desproporcionalidade do valor da multa diária. Súmula 7/STJ. Agravo regimental não provido. É possível a cominação de multa diária ao INSS por Descumprimento de obrigação de fazer" (STJ, AgRg no REsp 1457413, 2ª T., rel. Min. Mauro Campbell Marques, j. em 19-8-2014).

PECUNIÁRIO VERIFICADA. CABIMENTO DA REDUÇÃO DO VALOR. DECISÃO REFORMADA EM PARTE. 1. Recurso da autarquia. Pretensão de aplicação da regra contida na Súmula 111/STJ. Título executivo judicial delegando o arbitramento dos honorários de advogado para a fase de liquidação de sentença, nos termos do art. 85, § 4º, inciso II, do CPC. Incidência obrigatória da Súmula 111/STJ nas lides acidentárias, mesmo após a vigência do CPC/2015. Tese vinculante firmada no Tema 1.105/STJ. 2. Pedido de afastamento da multa diária arbitrada. Cumprimento extemporâneo da determinação de implantação do benefício. Cabimento das astreintes. Art. 139, inciso IV, do CPC. Alegação de desproporcionalidade do valor do sancionamento. Redução necessária, sob pena de enriquecimento ilícito da beneficiária da injuntiva. Ausência de violação à coisa julgada. Possibilidade de alteração da multa cominatória a qualquer tempo. Entendimento firmado no Tema 706/STJ. Decisão agravada parcialmente reformada. Recurso provido em parte" (AI 2042599-80.2024.8.26.0000, 17ª Câmara de Direito Público, rel. Richard Pae Kim, j. em 5-4-2024).

"AGRAVO DE INSTRUMENTO – Tutela de urgência – Concessão de auxílio-acidente – Admissibilidade – Presentes os pressupostos previstos em lei – Artigo 300 do Código de Processo Civil em vigor – Decisão mantida. AGRAVO DE INSTRUMENTO – Multa diária – Implantação de benefício – Obrigação de fazer – Admissibilidade – Recurso improvido" (AI 2344236-27.2023.8.26.0000, 17ª Câmara de Direito Público, rel. Alberto Gentil, j. em 14-1-2024).

"AGRAVO DE INSTRUMENTO. ACIDENTE DO TRABALHO. Cumprimento de sentença. Decisão que rejeitou a impugnação da autarquia e manteve a imposição de *astreintes*, fixadas em R$ 500,00 por dia, totalizando R$ 8.000,00. Pretensão ao afastamento da multa cominatória ou sua redução. Acolhimento em parte. Jurisprudência do Superior Tribunal de Justiça considera que a implantação de benefício previdenciário se reveste de obrigação de fazer, admitindo imposição de *astreintes* ao ente público. Autarquia que confessou o atraso de doze dias úteis para implantação do benefício. Pertinência da multa cominatória. Cômputo em dias úteis e redução do valor. Possibilidade. Inteligência dos arts. 219 e 537 do Código de Processo Civil. Decisão que comina *astreintes* não preclui, não fazendo tampouco coisa julgada. Observância aos princípios da proporcionalidade e razoabilidade e ao caráter coercitivo da medida. Recurso provido em parte" (AI 2229583-46.2022.8.26.0000, 17ª Câmara de Direito Público, rel. Marco Pelegrini, j. em 23-11-2022).

"AGRAVO DE INSTRUMENTO. TUTELA ANTECIPADA. Restabelecimento de auxílio por incapacidade temporária acidentário. Presentes os requisitos do art. 300 do CPC/2015. Probabilidade do direito e perigo de dano demonstrados. Decisão mantida. MULTA DIÁRIA. Implantação de benefício previdenciário pelo INSS. Obrigação de fazer. Viável a imposição de multa diária (*astreintes*) em caso de descumprimento. Precedentes do C. STJ. Prazo insuficiente para cumprimento da ordem. Fixação em 45 dias corridos. Valor arbitrado mantido. Excesso não demonstrado. Recurso parcialmente provido" (TJSP, AI 2248592-91.2022.8.26.0000, 17ª Câmara de Direito Público, rel. Carlos Monnerat, j. em 11-11-2022).

"AGRAVO DE INSTRUMENTO. DECISÃO JUDICIAL QUE DETERMINOU A IMPLANTAÇÃO DO BENEFÍCIO DE AUXÍLIO-DOENÇA ACIDENTÁRIO. DESNECESSIDADE DE INTIMAÇÃO PESSOAL DO GERENTE EXECUTIVO DO INSS. DEMORA NO CUMPRIMENTO. FIXAÇÃO DE *ASTREINTES*. CABIMENTO. CONTAGEM EM DIAS ÚTEIS. APLICAÇÃO DA REGRA PREVISTA NO ART. 219 DO CÓDIGO DE PROCESSO CIVIL. 1. As *astreintes* se caracterizam como verdadeira pena pecuniária imposta ao devedor de determinada obrigação, sendo sua função justamente constranger ao cumprimento de decisão, dentro de prazo razoável e valor compatível com a obrigação. No caso concreto, restou evidenciada a demora no cumprimento da decisão judicial que determinou a implantação do benefício de auxílio-doença acidentário à agravada, razão pela qual de ser mantida a fixação de multa diária. 2. Em se tratando de decisão judicial, cujo prazo tem natureza processual, a contagem do período de descumprimento também deverá considerar apenas os dias úteis, consoante previsão do art. 219 do CPC. Precedentes do STJ e do TJRS. 3. A Procuradoria Regional Federal da 4ª Região foi intimada da decisão que deferiu a tutela em 19.03.2020, portanto, não há necessidade de intimação pessoal da gerência da autarquia para cumprimento da obrigação de fazer. Agravo de instrumento parcialmente provido" (AI 70085058683, 10ª Câmara Cível, rel. Thais Coutinho de Oliveira, j. em 25-2-2022).

"REMESSA OFICIAL. *BENEFÍCIO PREVIDENCIÁRIO.* SENTENÇA CONDENATÓRIA. VALOR INSUSCETÍVEL DE ATINGIR O LIMITE PREVISTO NO INCISO I, DO § 3º, ART. 496 DO CPC. REMESSA NECESSÁRIA NÃO CONHECIDA... MULTA DIÁRIA. A efeito de ver assegurado o resultado prático equivalente ou a efetivação da tutela específica concedida, é autorizado ao juízo a fixação de multa diária. Natureza jurídica da multa para efetividade do cumprimento das decisões judiciais. Meio de coerção imposto ao devedor para atendimento da prestação. Manutenção da sentença. CUSTAS PROCESSUAIS. PAGAMENTO POR METADE. De acordo com a Lei da Lei Estadual n. 8.121/85. Inaplicabilidade da Lei Estadual n. 14.634/14, vez que só é aplicável aos processos ajuizados a partir do exercício seguinte à data de sua publicação (art. 25), circunstância na qual não se enquadra o presente caso. REMESSA NECESSÁRIA NÃO CONHECIDA. APELO DESPROVIDO" (TJRS, Apelação e Reexame Necessário, n. 70079506572, 9ª Câmara Cível, rel. Tasso Caubi Soares Delabary, j. em 18-12-2018).

CAPÍTULO 4
DO INTERESSE DE AGIR

Sumário: 1. Introdução. 2. Da emissão da CAT e do pedido administrativo. 3. Da falta de registro na CTPS. 4. Da propositura da ação quando ainda em gozo do benefício auxílio-doença.

1. INTRODUÇÃO

O CPC, no art. 17, exige, para se postular em juízo, ter interesse e legitimidade.

O interesse processual, na definição de Vicente Greco Filho, "é uma relação de necessidade e uma relação de adequação, porque é inútil a provocação da tutela jurisdicional se ela, em tese, não for apta a produzir a correção da lesão arguida na inicial"[1].

O interesse de agir do obreiro, na ação acidentária, está representado pela necessidade de buscar, no Judiciário, reparação das lesões decorrentes do trabalho.

Nesse passo, para o ajuizamento da ação, basta o segurado fazer prova da ocorrência do acidente de trabalho e da existência de lesões, ainda não reparadas.

---

1. *Direito processual civil brasileiro*, 6. ed., São Paulo: Saraiva, p. 81, v. 1.

2. DA EMISSÃO DA CAT E DO PEDIDO ADMINISTRATIVO

A empresa deverá comunicar o acidente do trabalho à Previdência Social, até o primeiro dia útil seguinte ao da ocorrência (art. 22 da Lei n. 8.213/91), mediante o preenchimento e envio da CAT. Nessa hipótese, o INSS, através de perícia administrativa, avalia a situação do obreiro, podendo conceder-lhe afastamento do trabalho e pagamento do auxílio-doença acidentário (a partir do 16º dia do afastamento) ou até mesmo benefício em caráter definitivo.

Não sendo expedida a CAT pela empresa, outras entidades podem fazê-lo, inclusive o próprio segurado e seus dependentes (§ 2º do mesmo artigo). Contudo, nesse caso é conveniente que juntamente com a CAT seja protocolado o pedido da concessão do benefício na agência do INSS, aguardando a decisão administrativa.

O art. 129, II, da Lei n. 8.213/91 exige que a inicial seja instruída com a CAT. A falta desse documento, ou do pedido administrativo, entretanto, por muito tempo, foi admitida pela jurisprudência, ainda sob a égide da Lei n. 6.367/76 (Superior Tribunal de Justiça, Súmula 89: "Ação acidentária prescinde do exaurimento da via administrativa".

O principal argumento é o desrespeito ao princípio constitucional do livre acesso ao Judiciário (art. 5º, XXXV, da Constituição).

O assunto que já estava pacificado na jurisprudência sofreu uma reviravolta, isso porque o Supremo Tribunal Federal, no julgamento do RE 631.240, inicialmente, reconheceu repercussão geral na questão envolvendo a exigência de prévia postulação administrativa – Tema 350 (rel. Min. Joaquim Barbosa, j. em 9-12-2010). E, posteriormente, no mérito, já sob relatoria do Min. Luís Barroso, em julgamento datado de 10 de setembro de 2014 (trânsito em julgado em 3-5-2017), o Pleno decidiu:

"Recurso extraordinário. Repercussão geral. Prévio requerimento administrativo e interesse em agir.

1. A instituição de condições para o regular exercício do direito de ação é compatível com o art. 5º, XXXV, da Constituição. Para se

caracterizar a presença de interesse em agir, é preciso haver necessidade de ir a juízo.

2. A concessão de benefícios previdenciários depende de requerimento do interessado, não se caracterizando ameaça ou lesão a direito antes de sua apreciação e indeferimento pelo INSS, ou se excedido o prazo legal para sua análise. É bem de ver, no entanto, que a exigência de prévio requerimento não se confunde com o exaurimento das vias administrativas.

3. A exigência de prévio requerimento administrativo não deve prevalecer quando o entendimento da Administração for notória e reiteradamente contrário à postulação do segurado.

4. Na hipótese de pretensão de revisão, restabelecimento ou manutenção de benefício anteriormente concedido, considerando que o INSS tem o dever legal de conceder a prestação mais vantajosa possível, o pedido poderá ser formulado diretamente em juízo – salvo se depender Ementa e Acórdão da análise de matéria de fato ainda não levada ao conhecimento da Administração –, uma vez que, nesses casos, a conduta do INSS já configura o não acolhimento ao menos tácito da pretensão.

5. Tendo em vista a prolongada oscilação jurisprudencial na matéria, inclusive no Supremo Tribunal Federal, deve-se estabelecer uma fórmula de transição para lidar com as ações em curso, nos termos a seguir expostos.

6. Quanto às ações ajuizadas até a conclusão do presente julgamento (3-9-2014), sem que tenha havido prévio requerimento administrativo nas hipóteses em que exigível, será observado o seguinte: (i) caso a ação tenha sido ajuizada no âmbito de Juizado Itinerante, a ausência de anterior pedido administrativo não deverá implicar a extinção do feito; (ii) caso o INSS já tenha apresentado contestação de mérito, está caracterizado o interesse em agir pela resistência à pretensão; (iii) as demais ações que não se enquadrem nos itens (i) e (ii) ficarão sobrestadas, observando-se a sistemática a seguir.

7. Nas ações sobrestadas, o autor será intimado a dar entrada no pedido administrativo em 30 dias, sob pena de extinção do processo. Comprovada a postulação administrativa, o INSS será intimado a se

manifestar acerca do pedido em até 90 dias, prazo dentro do qual a Autarquia deverá colher todas as provas eventualmente necessárias e proferir decisão. Se o pedido for acolhido administrativamente ou não puder ter o seu mérito analisado devido a razões imputáveis ao próprio requerente, extingue-se a ação. Do contrário, estará caracterizado o interesse em agir e o feito deverá prosseguir.

8. Em todos os casos acima – itens (i), (ii) e (iii) –, tanto a análise administrativa quanto a judicial deverão levar em conta a data do início da ação como data de entrada do requerimento, para todos os efeitos legais.

9. Recurso extraordinário a que se dá parcial provimento, reformando-se o acórdão recorrido para determinar a baixa dos autos ao juiz de primeiro grau, o qual deverá intimar a autora – que alega ser trabalhadora rural informal – a dar entrada no pedido administrativo em 30 dias, sob pena de extinção. Comprovada a postulação administrativa, o INSS será intimado para que, em 90 dias, colha as provas necessárias e profira decisão administrativa, considerando como data de entrada do requerimento a data do início da ação, para todos os efeitos legais. O resultado será comunicado ao juiz, que apreciará a subsistência ou não do interesse em agir".

Vejamos trechos do v. acórdão:

"(...) É muito importante não confundir – como às vezes faz a jurisprudência – a exigência de prévio requerimento com o exaurimento das vias administrativas. A regra do art. 153, § 4º, da Constituição anterior (na redação dada pela EC n. 7/77), que autorizava a lei a exigir o exaurimento das vias administrativas como condição para ingresso em juízo, não foi reproduzida pela Constituição de 1988. Esta a razão pela qual foram editadas a Súmula 213/TFR ('O exaurimento da via administrativa não é condição para a propositura de ação de natureza previdenciária'), a Súmula 89/STJ ('A ação acidentária prescinde do exaurimento da via administrativa') e a Súmula 9/TRF3 ('Em matéria previdenciária, torna-se desnecessário o prévio exaurimento da via administrativa, como condição de ajuizamento da ação'). Esclareça-se, porém, que o requisito do prévio requerimento se satisfaz com a mera postulação administrativa do benefício, perante a primeira instância com atribuição para conhe-

cê-lo, enquanto o exaurimento significa a efetiva utilização de todos os recursos administrativos cabíveis.

As principais ações previdenciárias podem ser divididas em dois grupos: (i) demandas que pretendem obter uma prestação ou vantagem inteiramente nova ao patrimônio jurídico do autor (concessão de benefício, averbação de tempo de serviço e respectiva certidão etc.); e (ii) ações que visam ao melhoramento ou à proteção de vantagem já concedida ao demandante (pedidos de revisão, conversão de benefício em modalidade mais vantajosa, restabelecimento, manutenção etc.).

No primeiro grupo, como regra, exige-se a demonstração de que o interessado já levou sua pretensão ao conhecimento da Autarquia e não obteve a resposta desejada. No segundo grupo, precisamente porque já houve a inauguração da relação entre o beneficiário e a Previdência, não se faz necessário, de forma geral, que o autor provoque novamente o INSS para ingressar em juízo.

Isto porque, como previsto no art. 88 da Lei n. 8.213/91, o serviço social do INSS deve "esclarecer junto aos beneficiários seus direitos sociais e os meios de exercê-los e estabelecer conjuntamente com eles o processo de solução dos problemas que emergirem da sua relação com a Previdência Social, tanto no âmbito interno da instituição como na dinâmica da sociedade". Daí decorre a obrigação de a Previdência conceder a prestação mais vantajosa a que o beneficiário faça jus, como prevê o Enunciado n. 5 do Conselho de Recursos da Previdência Social ('A Previdência Social deve conceder o melhor benefício a que o segurado fizer jus, cabendo ao servidor orientá-lo nesse sentido').

Assim, uma vez requerido o benefício, se for concedida uma prestação inferior à devida, está caracterizada a lesão a direito, sem que seja necessário um prévio requerimento administrativo de revisão. A redução ou supressão de benefício já concedido também caracteriza, por si só, lesão ou ameaça a direito sindicável perante o Poder Judiciário. Nestes casos, a possibilidade de postulação administrativa deve ser entendida como mera faculdade à disposição do interessado.

Portanto, no primeiro grupo de ações (em que se pretende a obtenção original de uma vantagem), a falta de prévio requerimento *administrativo de concessão deve implicar a extinção do processo judicial sem resolução de mérito, por ausência de interesse de agir. No segundo grupo (ações que visam ao melhoramento ou à proteção de vantagem já concedida), não é necessário prévio requerimento administrativo para ingresso em juízo, salvo se a pretensão depender da análise de matéria de fato ainda não levada ao conhecimento da Administração. Há, ainda, uma terceira possibilidade: não se deve exigir o prévio requerimento administrativo quando o entendimento da Autarquia Previdenciária for notoriamente contrário à pretensão do interessado. Nesses casos, o interesse em agir estará caracterizado".*

Em que pesem os argumentos do V. Acórdão, e os utilizados pela autarquia (inexistência de prejuízo financeiro; celeridade do procedimento; existência de servidores treinados e capacitados), não podemos desconhecer a realidade brasileira: filas, morosidade e o numeroso número de indeferimentos administrativos, corrigidos via judicial. Destacamos que, pelo Tema 350 do STF[2], é dispensável o

---

2. "Tese aprovada: A concessão de benefícios previdenciários depende de requerimento do interessado, não se caracterizando ameaça ou lesão a direito antes de sua apreciação e indeferimento pelo INSS, ou se excedido o prazo legal para sua análise. É bem de ver, no entanto, que a exigência de prévio requerimento não se confunde com o exaurimento das vias administrativas; II – A exigência de prévio requerimento administrativo não deve prevalecer quando o entendimento da Administração for notória e reiteradamente contrário à postulação do segurado; III – Na hipótese de pretensão de revisão, restabelecimento ou manutenção de benefício anteriormente concedido, considerando que o INSS tem o dever legal de conceder a prestação mais vantajosa possível, o pedido poderá ser formulado diretamente em juízo – salvo se depender da análise de matéria de fato ainda não levada ao conhecimento da Administração –, uma vez que, nesses casos, a conduta do INSS já configura o não acolhimento ao menos tácito da pretensão; IV – Nas ações ajuizadas antes da conclusão do julgamento do RE 631.240/MG (03/09/2014) que não tenham sido instruídas por prova do prévio requerimento administrativo, nas hipóteses em que exigível, será observado o seguinte: (a) caso a ação tenha sido ajuizada no âmbito de Juizado Itinerante, a ausência de anterior pedido administrativo não deverá implicar a extinção do feito; (b) caso o INSS já tenha apresentado contestação de mérito, está caracterizado o interesse em agir pela resistência à pretensão; e (c) as demais ações que não se enquadrem nos itens (a) e (b) serão sobrestadas e baixadas ao juiz de primeiro grau, que deverá intimar o autor a dar entrada no pedido administrativo em até 30 dias, sob pena de extinção do processo por falta de interesse em agir. Comprovada a postulação administrativa, o juiz intimará o INSS para se manifestar acerca do pedido em até 90 dias. Se o pedido for acolhido administrativa-

requerimento prévio administrativo nas hipóteses em que a matéria fática já seja de conhecimento da autarquia, como nos casos de prévio requerimento de auxílio-doença.

Por fim, amoldando-se ao julgamento acima citado, o STJ aprovou o Tema 660: "(...) **a concessão de benefícios previdenciários depende de requerimento administrativo**", conforme decidiu o Plenário do Supremo Tribunal Federal, no julgamento do RE 631.240/MG, sob o rito do art. 543-B do CPC, observadas "**as situações de ressalva e fórmula de transição a ser aplicada nas ações já ajuizadas até a conclusão do aludido julgamento (3-9-2014)**".

3. DA FALTA DE REGISTRO NA CTPS

A falta de registro na CTPS não exclui o interesse de agir[3]. É que o registro em Carteira é uma das formas de prova do vínculo empregatício. Este pode ser provado por outros meios: recibos de pagamento, por exemplo, prova oral, decisão trabalhista[4] etc. A autarquia não pode invocar, já em preliminar, a carência da ação, pois trata-se de questão de mérito.

---

mente ou não puder ter o seu mérito analisado devido a razões imputáveis ao próprio requerente, extingue-se a ação. Do contrário, estará caracterizado o interesse em agir e o feito deverá prosseguir; V – Em todos os casos acima – itens (a), (b) e (c) –, tanto a análise administrativa quanto a judicial deverão levar em conta a data do início da ação como data de entrada do requerimento, para todos os efeitos legais" (Sessão de 3-9-2014).

3. *Vide* Parte I, Capítulo 2, item 3.3.
4. "APELAÇÃO CÍVEL. AÇÃO ACIDENTÁRIA. AUXÍLIO-ACIDENTE. RECLAMATÓRIA TRABALHISTA. QUALIDADE DE SEGURADO. SENTENÇA DE PROCEDÊNCIA MANTIDA. (...) Embora o vínculo formal de emprego do autor com a empresa J.C. Petter Construtora Ltda. tenha início posterior ao acidente de trabalho, restou reconhecido em sentença proferida no âmbito da Justiça Laboral que o trabalho teve início antes da data registrada na CTPS. A sentença proferida na esfera trabalhista, portanto, é suficiente ao reconhecimento da qualidade de segurado. Precedentes desta Corte. 3. Mantida a sentença que concedeu o benefício de auxílio-acidente ao autor. Apelação desprovida, no quanto conhecida" (TJRS, Ap. 50033028820178210003, 10ª Câmara Cível, rel. Thais Coutinho de Oliveira, j. em 27-10-2023).

O autor, desde que provado o vínculo, o acidente e seu nexo com o trabalho, constatada a incapacidade através do laudo judicial, terá seus direitos atendidos pela Justiça. Não cabe nessa sede discutir se a empresa registra ou não o empregado, ou se o faz depois de alguns meses de trabalho para fugir aos encargos sociais. A fiscalização cabe ao próprio INSS e ao Ministério do Trabalho. A incúria deles não pode prejudicar duplamente o trabalhador, que, além da perda dos direitos trabalhistas inerentes ao contrato de trabalho, ainda se veria privado dos benefícios acidentários.

Recentes decisões do Tribunal Paulista e do Rio Grande do Sul:

"APELAÇÃO CÍVEL E REMESSA NECESSÁRIA. Ação acidentária. Acidente típico. Qualidade de segurado. Ausência de registro na CTPS. Irrelevância ante a comprovação do vínculo laboral. Precedentes. Redução parcial permanente da capacidade laborativa e nexo de causalidade comprovados. Auxílio-acidente devido. Termo inicial. Data do requerimento administrativo, diante da prévia postulação junto ao INSS. Valores em atraso. Juros moratórios e correção monetária computados de acordo com o art. 3º da EC n. 113/2021. Honorários advocatícios. Art. 85, § 4º, II, do CPC. Fixação em liquidação, observada a súmula 111/STJ, que permanece aplicável mesmo após a vigência do CPC/15. Tema 1105/STJ. Sentença reformada em parte. Reexame necessário parcialmente provido. Apelação não provida" (Ap. 1018618-64.2022.8.26.0564, 17ª Câmara de Direito Público, rel. Francisco Shintate, j. em 9-5-2023).

"APELAÇÃO CÍVEL. AÇÃO ACIDENTÁRIA. QUALIDADE DE SEGURADO. PROVA ORAL QUE COMPROVOU O VÍNCULO EMPREGATÍCIO 'INFORMAL' NA DATA DO ACIDENTE DE TRÂNSITO. PRINCÍPIO DO *IN DUBIO PRO MISERO*. NECESSIDADE DA REALIZAÇÃO DE PERÍCIA MÉDICA PARA AFERIÇÃO DO DIREITO AOS BENEFÍCIOS POSTULADOS. SENTENÇA DESCONSTITUÍDA. 1. Com relação à qualidade de segurado, o conjunto probatório posto nos autos, mais precisamente a prova oral colhida na origem, corrobora o vínculo empregatício 'informal' do autor na data do alegado infortúnio, pois sofreu o acidente de trânsito quando estava indo trabalhar na empresa onde passou a fazer bicos após a rescisão na Carteira de Trabalho. Trata-se de situação corriqueira, em que o segurado permanece prestando serviço ao empregador sem, no entanto, manter o contrato de trabalho formalizado e registrado na CTPS. 2. Em havendo dúvida acerca do preenchimento, ou não, dos requisitos para a concessão de benefício, a solução deve se dar, sempre que possível, em prol do segurado, pois além der ser parte hipossuficiente na relação previdenciária havida com a autarquia, almeja benefício de natureza alimentar. 3. Considerando a necessidade da realização de perícia médica para aferição do direito aos benefícios postulados, impõe-se a desconstituição da sentença com a reabertura da instrução na origem. Apelação provida, por maioria" (TJRS, Ap. 50027278120208210001, 10ª Câmara Cível, rel. Thais Coutinho de Oliveira, j. em 15-12-2022).

De qualquer forma, como há necessidade de prévio pedido administrativo, o INSS estará ciente da ocorrência antes da propositura da ação, não sendo a falta de registro óbice ao pleito administrativo.

"Apelação – Trabalhador – Apontamento do cumprimento da determinação do juízo singular – Ausência de prévio requerimento administrativo – Matéria fática – Decisão de 1ª Instância que está alinhada com o julgado do STF – Recurso desprovido" (TJSP, Proc. 100229.93.2019.8.26.0567, 17ª Câmara de Direito Público, rel. Ricardo Graccho, j. em 14-11-2019).

"ACIDENTÁRIA – Concessão de benefício acidentário – Ausência de prévio requerimento administrativo – Extinção do feito sem julgamento do mérito – Cabimento da exigência, diante da orientação do STF a respeito da matéria – Recurso desprovido" (Ap. 1002301-91.2019.8.26.0597, 16ª Câmara de Direito Público, rel. Cyro Bonilha, j. em 5-11-2019).

"ACIDENTÁRIO E PROCESSUAL CIVIL – INTERESSE DE AGIR. Consoante entendimento firmado pelo STF no RE 631.240/MG, com repercussão geral reconhecida, é imprescindível o prévio requerimento administrativo para caracterização do interesse de agir. Inexistência de violação ao princípio da inafastabilidade da jurisdição. Extinção da ação, contudo, que se mostra prematura na espécie, porquanto não foi dada oportunidade para o INSS se manifestar acerca do requerimento administrativo formulado pelo autor, no prazo estabelecido no aludido aresto. Recurso provido" (TJSP, Ap. 1024695-31.2014.8.26.0577, 17ª Câmara de Direito Público, rel. Des. Nuncio Theophilo Neto, j. em 2-6-2015).

4. DA PROPOSITURA DA AÇÃO QUANDO AINDA EM GOZO DO BENEFÍCIO AUXÍLIO-DOENÇA

É comum a propositura de ações acidentárias quando o obreiro ainda se encontra em tratamento médico e em gozo de auxílio-doença acidentário.

Haveria, nesses casos, interesse na propositura da demanda?

A resposta é negativa. Com efeito, se a autarquia está pagando o benefício temporário, por entender que não há definitividade da lesão, não pode o obreiro precipitar-se e ajuizar a ação.

Sequer se pode falar em resistência da autarquia no deferimento da indenização, visto que, se o obreiro se encontra afastado, em gozo de benefício, é porque entendeu que existiam lesões incapacitantes e nexo com o trabalho. Durante o tratamento e verificação da definitividade da sequela incapacitante, confere ao obreiro o pagamento do auxílio-doença acidentário, que corresponde a 91% do salário de benefício.

Somente após a alta médica e a consolidação das lesões é que haverá parâmetros para avaliar a necessidade de deferimento de benefício permanente, no caso o auxílio-acidente ou aposentadoria por invalidez acidentária[5].

A propositura da ação nessas hipóteses só se justifica se a autarquia permanecer por um tempo muito prolongado sem uma defi-

---

5. "Acidentária – Lesões por esforços repetitivos em membro superior direito – Autora beneficiária de auxílio doença previdenciário no momento do ajuizamento da ação – Pedido administrativo de prorrogação do benefício deduzido ainda dentro do período de amparo previdenciário – Benefício estendido até o ano de 2025 – Falta de interesse de agir configurada – Extinção do feito" (Ap. 1020579-84.2023.8.26.0053, 16ª Câmara de Direito Público, rel. Luiz Felipe Nogueira, j. em 11-1-2024).

nição sobre o término do auxílio-doença (alta médica) ou aposentadoria. É que nesses casos haverá um verdadeiro prejuízo para o trabalhador. De um lado voltaria a trabalhar além do recebimento de eventual auxílio-acidente. Do outro, o percentual da aposentadoria é de 100% do salário de benefício, e o do auxílio-doença acidentário de 91%. Nessas situações deve prevalecer o bom senso, e cabe ao perito judicial uma avaliação definitiva sobre a alta com ou sem sequela incapacitante definitiva, que pode ser parcial ou total.

Questões de difícil solução ocorreriam se uma sentença fosse proferida durante esse interregno, o que prova mais uma vez o erro de alguns advogados em não aguardarem a alta médica. Qual o termo inicial do benefício definitivo? Da citação, do laudo judicial? Como fica o recebimento do benefício provisório enquanto não há o trânsito em julgado da decisão e implantação do benefício definitivo? Estaria o obreiro obrigado a devolver os valores recebidos a maior (91% do auxílio-doença contra 50% do auxílio-acidente) entre a data da sentença e a implantação do benefício?

Em verdade, a precipitação da propositura da ação só acarreta transtornos à máquina judiciária e ao próprio segurado.

Na prática, o que se tenta fazer para minimizar o problema é suspender o andamento do feito, até a alta definitiva, para não prejudicar o autor. Mas tal providência, além de não encontrar respaldo legal, acarreta inúmeros problemas ao cartório judicial e desnecessário controle dos autos, com a expedição periódica de ofícios às agências do INSS para saber da real situação do periciando, deixando de priorizar o andamento daquelas ações já em condições de prosseguimento e de julgamento.

Como tudo no direito, há situações em que deve prevalecer o bom senso. É que, sendo visível a definitividade da lesão, especialmente em casos de aposentadoria, a indefinição do INSS pode ser prejudicial ao obreiro e, nessas hipóteses, até se admite a ação sem a alta, competindo à perícia a avaliação da definitividade da sequela.

CAPÍTULO 5
DA PRESCRIÇÃO EM MATÉRIA ACIDENTÁRIA

Sumário: 1. Introdução. 2. Das prestações devidas e não requeridas. 3. Do fundo de direito. 4. Dos infortúnios não comunicados.

1. INTRODUÇÃO

O instituto da prescrição no direito civil é complexo a tal ponto que o Código Civil de 1916 lhe dedicava todo o Título III do Livro II, incluindo-a, pois, entre os "Fatos Jurídicos". O novo Código Civil trata da prescrição e da decadência no Título IV, dedicando o capítulo I (arts. 189 a 206) à prescrição e o Capítulo II (arts. 207 a 211) à decadência, da qual não cuidava de forma específica o Código anterior. A doutrina estabelece nítida diferenciação entre as duas figuras jurídicas. A prescrição difere da decadência, porque, enquanto esta atinge diretamente o direito e apenas por via oblíqua, ou reflexa, extingue a ação, aquela atinge diretamente a ação, e por via oblíqua faz desaparecer o direito por ela tutelado.

A definição de prescrição mais consagrada é a de Clóvis Beviláqua[1]: a perda da ação atribuída a um direito e de toda a sua capacidade defensiva em consequência do não uso dela durante certo espa-

---

1. *Comentários ao Código Civil*, v. 1, p. 476.

ço de tempo. É um fato jurídico, como dissemos, porque produz efeitos jurídicos. A prescrição pressupõe a inércia do titular, que não se utiliza da ação existente para a defesa de seu direito, no prazo marcado pela lei, *dormientibus non succurrit ius*. Admite interrupção, suspensão e não corre nos casos previstos em lei (*v.g.*, arts. 197 a 204 do CC) e é renunciável (art. 191). Só pode ser declarada de ofício se favorecer o absolutamente incapaz[2], pela regra do Código Civil. Mas poderá ser declarada de ofício pelo juiz, segundo o Código de Processo Civil de 2015, inclusive sendo causa de improcedência de plano da ação (art. 332, § 1º).

Já na decadência, ao contrário, o direito é outorgado para ser exercido dentro de determinado prazo; se não exercido, extingue-se. O prazo não admite suspensão nem interrupção. Ele corre contra todos; é fatal, peremptório e não admite renúncia se fixado em lei (art. 209), podendo, nessas hipóteses, ser conhecida de ofício pelo juiz (art. 210).

O novo Código Civil, como dissemos, é minucioso na questão da prescrição, procurando nos arts. 189 a 211 cuidar das situações mais comuns da vida em sociedade, já que o interesse social se sobrepõe ao particular. É um instituto absolutamente indispensável numa sociedade organizada. Está, portanto, em consonância com a equidade e com a moral.

No que tange à prescrição nas ações acidentárias, a questão torna-se mais tormentosa ainda, pela própria natureza da lide, até porque não há qualquer referência expressa nos dispositivos do Código Civil, o que poderia ensejar a aplicação subsidiária do art. 205, vale dizer, prescrição em dez anos. É a lei acidentária que vai balizar a prescrição nas ações referentes aos infortúnios laborais. Vamos assim analisar as hipóteses mais comuns, indicando a solução que nos parece ser a mais adequada.

Desde já vale lembrar que há uma aparente contradição entre as disposições dos arts. 202, I, do Código Civil e 802, parágrafo único,

---

2. O art. 194 do Código Civil permite ao juiz reconhecer a prescrição se ela favorecer o absolutamente incapaz.

do Código de Processo Civil de 2015 (redação similar no art. 219, § 1º, do CPC/73). Com efeito, a lei adjetiva determina que a interrupção da prescrição retroaja à data da propositura da ação, enquanto a lei civil dispõe que a interrupção da prescrição se opera com o despacho do juiz ordenando a citação.

Na verdade, não há nenhuma incongruência entre os dispositivos, basta lembrar que o Código Civil de 1916 determinava, no art. 172, I, que a interrupção da prescrição se operava com a citação, tal qual previsto tanto no Código de Processo Civil de 2015 (art. 802) como no art. 219, *caput*, do Código de Processo Civil de 1973, que, desde 13 de dezembro de 1994, com a vigência da Lei n. 8.952/94, que introduziu o § 1º, trazia a previsão da retroatividade dos feitos da interrupção da prescrição à data da propositura da ação. Não se pode esquecer que, durante a longa tramitação do projeto do novo Código Civil, houve a alteração acima indicada no Código de Processo Civil, em evidente avanço legislativo, que passou desapercebida ao legislador.

A melhor interpretação é pela aplicação da regra do Código de Processo Civil, até para evitar prejuízo ao segurado nas hipóteses em que a prescrição se consuma no período entre a data da distribuição da ação e o despacho que manda citar. Doutrina e jurisprudência inclinam-se a esse posicionamento[3].

Importante ressaltar, ainda, que a Lei n. 10.839/2004 acrescentou o art. 103-A à Lei n. 8.213/91 e estabeleceu à Previdência Social o prazo decadencial de dez anos para anular atos administrativos de que decorram efeitos favoráveis para os seus beneficiários, contado da data em que foram praticados (percepção do primeiro pagamento), salvo comprovada má-fé.

---

3. "Ajuizamento da ação no último dia anterior à prescrição. Citação ordenada posteriormente. Irrelevância, diante do comando do § 1º do art. 219 do Código de Processo Civil, com redação dada pela Lei n. 8.952/94, ao determinar que 'A interrupção da prescrição retroagirá à data da propositura da ação'. Prescrição afastada" (Ap. 694.968-00/6, 10ª Câm., rel. Juiz Soares Levada, j. em 26-2-2003). "... possibilita que a parte fosse penalizada pela eventual demora do juiz em proferir o cite-se, ou seja, pela falha do próprio mecanismo judiciário, o que é inadmissível" (Pedro da Silva Dinamarco, *Código de Processo Civil interpretado*, coord. Antonio Carlos Marcato, São Paulo: Atlas, 2004, p. 586).

2. DAS PRESTAÇÕES DEVIDAS E NÃO REQUERIDAS

O art. 103 da Lei n. 8.213/91, em sua versão original, assim vinha redigido: "Sem prejuízo do direito ao benefício, prescreve em 5 (cinco) anos o direito às prestações não pagas nem reclamadas na época própria, resguardado o direito dos menores dependentes, dos incapazes e ausentes".

Numa primeira leitura, pois, estaria claro o entendimento de que a prescrição atingiria apenas as prestações devidas e não reclamadas no quinquênio que antecede a propositura da ação nos termos do art. 802, parágrafo único, do Código de Processo Civil de 2015 (art. 219, § 1º, CPC/73, com redação dada pela Lei n. 8.952, de 13 de dezembro de 1994). Além do que, na lição de Caio Mário da Silva Pereira, "tratando-se de prestações periódicas, mas autônomas, cada uma está sujeita à prescrição, pelo que o perecimento do direito das mais antigas não prejudica o pagamento das mais recentes"[4].

Mas o art. 104 da mesma lei parece induzir a outra interpretação ao dizer que "As ações referentes à prestação por acidente de trabalho prescrevem em 5 (cinco) anos, observado o disposto no art. 103 desta lei, contados da data: I – do acidente, quando dele resultar a morte ou a incapacidade temporária, verificada esta em perícia médica a cargo da Previdência Social; ou II – em que for reconhecida, pela Previdência Social, a incapacidade permanente ou o agravamento das sequelas do acidente".

A leitura desse artigo, contudo, deve ser combinada, como ele mesmo refere, com a do artigo anterior. É que o art. 103 utiliza a expressão "o direito às prestações", enquanto no art. 104 a expressão utilizada é "ações referentes à prestação". Ora, o termo "prestação" poderia levar a uma interpretação mais abrangente, incluindo o próprio direito, e, por ser genérico, pode ser interpretado até como a própria prestação jurisdicional nos casos de acidente do trabalho. Mas não é essa a interpretação correta. O art. 104 apenas dispõe sobre os termos iniciais (data do acidente e data da incapa-

---

4. *Instituições de direito civil*, 3. ed., Rio de Janeiro: Forense, v. 1, p. 60.

cidade permanente) para efeito da contagem quinquenal das prestações devidas mas não pagas nem reclamadas, conforme se depreende da remissão expressa ao art. 103.

Este era, e ainda é, o entendimento majoritário sobre a questão. Contudo, a Medida Provisória n. 1.523/96 e sucessivamente a n. 1.596-14/97, e as sucessoras de ambas, as Leis n. 9.528/97, n. 9.711/98, n. 10.839/2004 e, por fim, Lei n. 13.846, de 2019, querendo talvez esclarecer, complicaram o problema, pois deram nova redação ao art. 103 da Lei n. 8.213/91 e lhe acrescentaram o parágrafo único. Assim, o *caput* do artigo possuía a seguinte redação:

"O prazo de decadência do direito ou da ação do segurado ou beneficiário para a revisão do ato de concessão, indeferimento, cancelamento ou cessação de benefício e do ato de deferimento, indeferimento ou não concessão de revisão de benefício é de 10 (dez) anos, contado:

I – do dia primeiro do mês subsequente ao do recebimento da primeira prestação ou da data em que a prestação deveria ter sido paga com o valor revisto; ou

II – do dia em que o segurado tomar conhecimento da decisão de indeferimento, cancelamento ou cessação do seu pedido de benefício ou da decisão de deferimento ou indeferimento de revisão de benefício, no âmbito administrativo".

Destacamos, entretanto, que na ADIn 6.096, julgada em 13-10-2020, o STF, por maioria, julgou inconstitucional a redação do art. 103 da Lei n. 8.213/91, dada pela Lei n. 13.846/2019, constando da ementa:

"6. O núcleo essencial do direito fundamental à previdência social é imprescritível, irrenunciável e indisponível, motivo pelo qual não deve ser afetada pelos efeitos do tempo e da inércia de seu titular a pretensão relativa ao direito ao recebimento de benefício previdenciário. Este Supremo Tribunal Federal, no RE 626.489, de relatoria do i. Min. Roberto Barroso, admitiu a instituição de prazo decadencial para a revisão do ato concessório porque atingida tão somente a pretensão de rediscutir a graduação pecuniária do benefício, isto é, a forma de cálculo ou o valor final da prestação, já que, concedida a pretensão que visa ao recebimento do benefício, encontra-se preservado o próprio fundo do direito.

7. No caso dos autos, ao contrário, admitir a incidência do instituto para o caso de indeferimento, cancelamento ou cessação importa ofensa à Constituição da República e ao que assentou esta Corte em momento anterior, porquanto, não preservado o fundo de direito na hipótese em que negado o benefício, caso inviabilizada pelo decurso do tempo a rediscussão da negativa, é comprometido o exercício do direito material à sua obtenção.

8. Ação direta conhecida em parte e, na parte remanescente, julgada parcialmente procedente, declarando a inconstitucionalidade do art. 24 da Lei n. 13.846/2019, no que deu nova redação ao art. 103 da Lei n. 8.213/91.

Por sua vez, o parágrafo único acrescentado ao artigo possui uma redação quase idêntica à primitiva redação do art. 103: "Prescreve em cinco anos, a contar da data em que deveriam ter sido pagas, toda e qualquer ação para haver prestações vencidas ou quaisquer restituições ou diferenças devidas pela Previdência Social, salvo o direito dos menores, incapazes e ausentes, na forma do Código Civil".

Na verdade, tanto o *caput* do artigo quanto o parágrafo único são de uma péssima redação; misturam até conceitos consagrados (beneficiários no lugar de dependentes, *v.g.*), além de mesclar decadência com prescrição sem uma precisão técnica, como seria de rigor num diploma que regulamenta questões tão importantes como as ligadas à Previdência Social. Por outro lado, não fazendo qualquer referência ao art. 104, pressupõe-se que este permanece, e com a mesma redação. Ora, sendo assim, como deve ser agora interpretada a referência feita ao art. 103 pelo art. 104, ao *caput* ou ao parágrafo único?

Uma interpretação literal dos atuais dispositivos nos levaria a conclusões absurdas: haveria um prazo decadencial de dez anos de todo e qualquer direito ou ação (como vimos, decadência não se refere a ação, mas a direito) para a revisão do ato da concessão do benefício. Por outro lado, continuaria a prescrição em cinco anos para qualquer ação que visasse às prestações vencidas ou a quaisquer restituições ou diferenças havidas. Ou seja, seríamos levados a pensar que o direito à ação acidentária somente poderia ser exercido no prazo máximo de dez anos (direito decadencial) e que só poderiam ser reclamadas as prestações dos últimos cinco anos. Como o prazo decadencial é peremptório, transcorrido o decênio, todo o direito estaria extinto.

Mas, numa interpretação sistemática e teleológica, não pode ser assim. Não tendo sido revogado o art. 104, sua referência ao art. 103 deve permanecer, agora em relação também ao parágrafo único, que, como salientamos, mantém substancialmente a mesma redação do antigo art. 103.

Em suma, o direito à ação acidentária continua imprescritível, prescrevendo apenas as prestações devidas mas não reclamadas, que precedem o quinquênio anterior à propositura da ação (art. 802, parágrafo único, do CPC/2015; art. 219, § 1º, do CPC/73), não havendo perda do direito de requerer o benefício, na forma do Tema 313 do STF: "I – Inexiste prazo decadencial para a concessão inicial do benefício previdenciário". Quanto às ações revisionais, há a perda do direito de não exercido no decênio cujo termo *a quo* é o previsto no atual *caput* do art. 103. É o que sedimentou o STJ no Tema 966: "Incide o prazo decadencial previsto no *caput* do artigo 103 da Lei 8.213/1991 para reconhecimento do direito adquirido ao benefício **previdenciário** mais vantajoso" (Sessão de 13-3-2019), e o STF no Tema 313: "II – Aplica-se o prazo decadencial de dez anos para a revisão de benefícios concedidos, inclusive os anteriores ao advento da Medida Provisória 1.523/1997, hipótese em que a contagem do prazo deve iniciar-se em 1º de agosto de 1997". E prescrevem de igual forma as prestações devidas e não reclamadas no quinquênio, conforme o parágrafo único deste artigo.

Registre-se que essas regras só se aplicaram a partir de suas edições em dezembro de 1997 e novembro de 1998.

O Supremo Tribunal Federal também entendeu dessa forma:

"Recurso extraordinário. Direito previdenciário. Regime Geral de Previdência Social (RGPS). Revisão do ato de concessão de benefício. Decadência. 1. O direito à previdência social constitui direito fundamental e, uma vez implementados os pressupostos de sua aquisição, não deve ser afetado pelo decurso do tempo. Como consequência, inexiste prazo decadencial para a concessão inicial do benefício previdenciário. 2. É legítima, todavia, a instituição de prazo decadencial de dez anos para a revisão de benefício já concedido, com fundamento no princípio da segurança jurídica, no interesse em evitar a eternização dos litígios e na busca de equilíbrio financeiro e atuarial para o sistema previdenciário. 3. O prazo decadencial de dez anos, instituído pela Medida Provisória 1.523, de 28-6-97, tem como termo inicial o dia 1º de agosto de 1997, por força de disposição nela expressamente prevista. Tal regra incide, inclusive, sobre benefícios concedidos anteriormente, sem que isso importe em retroatividade vedada pela Constituição. 4. Inexiste direito adquirido a regime jurídico não sujeito a decadência. 5. Recurso extraordinário conhecido e provido" (STF, RE 626.489, Pleno, rel. Min. Luís Roberto Barroso, j. em 16-10-2013, *DJ* de 22-9-2014).

3. DO FUNDO DE DIREITO

Como já ressaltamos anteriormente, a matéria de prescrição não é pacífica, muito menos nas ações acidentárias.

Uma corrente minoritária da jurisprudência entendeu, por longo tempo, pela possibilidade da prescrição do próprio fundo de direito ou da ação se houver a inércia do obreiro no prazo de cinco anos após a conclusão do laudo pericial.

Os que assim pensam ainda têm em mente a Súmula 230 do Supremo Tribunal Federal, cuja redação é: "A prescrição da ação de acidente do trabalho conta-se do exame pericial que comprovar a enfermidade ou verificar a natureza da incapacidade". Contudo, devemos entender que tal súmula foi editada em priscas eras, quando vigente ainda o Decreto-Lei n. 7.036/44, e, como ensina José de Oliveira (no RE 42.311), "justificou ele – o STF – o seu raciocínio, a respeito da Súmula, que não pretendia tornar imprescritíveis as ações de acidente do trabalho, mas evitar que empregadores ou seguradoras burlassem a lei, não impondo a perícia como termo inicial único e necessário, e muito menos disse que a perícia deva ser a judicial. O entendimento sumulado tinha endereço certo e determinada legislação"[5].

Por outro lado, não se pode olvidar que, a partir da Lei n. 5.316/67, outra foi a realidade em relação ao SAT, já que o tipo de

---

5. *Acidentes do trabalho*, cit., p. 207.

indenização (tarifária) transformou-se em benefícios de prestação continuada, o que, convenhamos, altera completamente a situação. Seja esse diploma legal, seja o que o seguiu (Lei n. 6.367/76), ambos cuidaram diferentemente da matéria. O primeiro, porque era de transição do sistema, e o segundo, porque consolidava a nova sistemática.

O mesmo autor citado concluiu que, "*data maxima venia*, não assiste razão alguma aos que afirmam a prescrição do próprio fundo de direito da ação de acidentes do trabalho, e não somente a prescrição das prestações vencidas há mais de cinco anos e não reclamadas"[6].

Outro não podia ser o nosso entendimento aqui esposado, até porque a própria Constituição Federal de 1988, no art. 58 do Ato das Disposições Constitucionais Transitórias, repete a expressão "os benefícios de prestação continuada", direcionando para o novo entendimento. Por sua vez, como já vimos, a legislação vigente dá tratamento diverso daquele representado pela corrente minoritária.

Ademais, o Superior Tribunal de Justiça editou a Súmula 85, publicada no *Diário da Justiça*, de 2 de julho de 2003, com o seguinte teor: "Nas relações jurídicas de trato sucessivo, em que a Fazenda Pública figure como devedora, quando não tiver sido negado o próprio direito reclamado, a prescrição atinge apenas as prestações vencidas antes do quinquênio anterior à propositura da ação". Há também a decisão do STF na ADIn 6.096 e a tese do Tema 313, como já abordamos.

4. DOS INFORTÚNIOS NÃO COMUNICADOS

Como entender a prescrição no caso em que o infortúnio laboral não foi comunicado?

Ora, dentro da conceituação infirmada na introdução deste capítulo, não há que falar *a priori* em prazo prescricional. O fato gerador ainda "não existe", e, portanto, não há prescrição.

Por outro lado, a segurança das relações sociais não pode ficar eternamente indefinida. Foi assim que se firmou a posição: para os

---

6. José de Oliveira, *Acidentes do trabalho*, cit., p. 213.

casos em que o acidente e sobretudo a moléstia ocupacional não foram comunicados, o lapso prescricional começará a fluir da apresentação do laudo. Mas, com a nova orientação definida pelo STF, essa questão desaparecerá, uma vez que a prescrição será contada a partir do indeferimento administrativo, por ser o requerimento pressuposto da ação.

CAPÍTULO 6
DE OUTRAS QUESTÕES PROCESSUAIS

Sumário: 1. Da tutela antecipada da lide – da tutela de urgência (CPC/2015). 2. Da extinção do processo. 3. Da identidade física do juiz. 4. Do agravo de instrumento. 5. Da litigância de má-fé. 6. Do recurso de apelação: efeitos.

1. DA TUTELA ANTECIPADA DA LIDE – TUTELA DE URGÊNCIA (CPC/2015)

O art. 273 do Código de Processo Civil de 1973, com a redação dada pelas Leis n. 8.952, de 13 de dezembro de 1994, e n. 10.444, de 7 de maio de 2002, permitia que o juiz, em decisão fundamentada[1], pudesse antecipar os efeitos da tutela pretendida no pedido desde que presentes os requisitos legais, ou seja, a possibilidade de dano irreparável, abuso do direito de defesa ou propósito protelatório do réu.

Essa tutela antecipada da lide, que era exclusiva do Código de Defesa do Consumidor, prevista no art. 84, §§ 3º e 5º, agora, por força da nova redação dos arts. 273 e 461, § 3º, dada pelas leis supracitadas, estende-se a todo o processo civil e não se confunde com a medida cautelar, embora se complementem. Esta não prescinde do *fumus boni iuris* e do *periculum in mora*, bem como da

---

1. § 1º do art. 273 do CPC.

menção, na inicial, da lide principal, sempre que não for medida satisfativa (art. 801, III, do CPC). Já a tutela antecipada da lide é específica, pode ser concedida exatamente como antecipação da prestação jurisdicional[2].

Embora a tutela antecipatória seja de aplicação restrita na ação acidentária, até porque sem a realização da perícia é impossível antecipar a tutela inicial, pois isso equivaleria a dar-lhe o caráter de execução provisória de uma sentença que não existe, a medida cautelar é expressamente prevista nos arts. 129, *caput*, e 129-A, *caput*, da Lei n. 8.213/91: "Os litígios e medidas cautelares relativos a acidentes de trabalho..." e "Os litígios e as medidas cautelares relativos aos benefícios por incapacidade de que trata esta Lei, inclusive os relativos a acidentes do trabalho...".

Pode ser deferida em situações de evidente abuso na cessação de benefício, como o auxílio doença, em flagrante situação de descompasso entre a decisão administrativa e o quadro clínico do autor, devidamente comprovado.

Importante ressaltar que a Lei n. 9.494/97, em seu art. 1º, limitou a concessão da tutela antecipada às ações em que a Fazenda seja parte. O Supremo Tribunal Federal, na Ação Declaratória de Constitucionalidade 4, sessão de 1-10-2008, julgou procedente a ação, mantendo a validade do dispositivo.

Entretanto, o próprio Supremo Tribunal Federal editou, em 26 de novembro de 2003, a Súmula 729, que assim dispõe: "A decisão na ADC-4 não se aplica à antecipação de tutela em causa de natureza previdenciária". Em outras palavras, pode-se conceder a tutela antecipada em ações acidentárias.

No Código de Processo Civil de 2015, a questão da tutela prévia está regulamentada de três formas: a) art. 300, tutela de urgência quando houver elementos que evidenciem a probabilidade do direito e o perigo de dano ou risco ao resultado útil do processo; b) art. 303, tute-

---

2. *Vide* Theotonio Negrão, *Código de Processo Civil e legislação processual em vigor*, 26. ed., São Paulo: Saraiva, nota aos arts. 273, 461 e 796, p. 258, 345 e 562, respectivamente.

la antecipada requerida em caráter antecedente (urgência contemporânea com a ação); e c) art. 311, tutela de evidência, quando: caracterizado o abuso do direito ou manifesto propósito protelatório, houver comprovação documental de situações em que já houve tese firmada em julgamento de casos repetitivos ou súmula vinculante; se tratar de pedido reipersecutório fundado em prova documental; houver instrução com prova documental suficiente dos fatos constitutivos do direito do autor a que o réu não oponha prova capaz de gerar dúvida razoável.

Observamos que o STJ aprovou, em 11-5-2022, o Tema 692: "A reforma da decisão que antecipa os efeitos da tutela final obriga o autor da ação a devolver os valores dos benefícios previdenciários ou assistenciais recebidos, o que pode ser feito por meio de desconto em valor que não exceda 30% (trinta por cento) da importância de eventual benefício que ainda lhe estiver sendo pago".

2. DA EXTINÇÃO DO PROCESSO

Prevê o Código de Processo Civil de 2015, em seu art. 485, a resolução do processo sem julgamento do mérito, nas mesmas hipóteses dos arts. 267 e 268 do CPC/73.

Algumas considerações importantes devem ser feitas. A primeira é a de que na ação acidentária certos atos são personalíssimos do autor. Por exemplo, a perícia. Assim, para a realização desta deve o acidentado ser intimado pessoalmente. Se a intimação for feita pelo *Diário Oficial*, na pessoa de seu patrono, pode não ser realizada por falta de conhecimento do segurado. Nesse caso, a extinção do feito pressupõe que se tenha recorrido a todos os meios para a localização e intimação pessoal do autor, ou, em última análise, para evitar alegações futuras de nulidade, a intimação por edital.

Diferente solução deve ser dada se não se tratar de ato personalíssimo do autor. Por exemplo, para a previsão legal do art. 485, III, do CPC/2015 (inciso III do art. 267 do CPC/73), basta a intimação do autor por meio de seu patrono, pois se trata de uma inércia genérica, para dar andamento ao feito.

Outra questão suscitada é a de se o juiz pode, de ofício, extinguir o feito. A resposta deve ser negativa, exceto nos casos do art. 485,

§ 3º, do CPC/2015 (ou do § 3º do mesmo art. 267 do estatuto de 1973). Esse também é o entendimento jurisprudencial.

Todos os meios devem ser esgotados para que o processo siga seu curso normal, até porque, naquelas hipóteses em que o processo for extinto, com exceção do inciso V do art. 485 do CPC/2015 (perempção, litispendência ou coisa julgada) ou do art. 267, V, do *Codex* de 1973, o art. 468 prevê a possibilidade de o autor intentar de novo a ação (regra também prevista no art. 268 do CPC/73). Por isso a melhor forma é evitar a todo custo a extinção do processo sem julgamento do mérito para que a tutela jurisdicional seja prestada o mais rápido possível, evitando-se nova propositura da ação.

3. DA IDENTIDADE FÍSICA DO JUIZ

Vigia em nosso direito processual civil o princípio da identidade física do juiz (art. 132 do CPC/73), que é considerado um subprincípio do princípio da oralidade. No entanto, na reforma efetivada, esse princípio não existe mais. Assim, o julgador que iniciar ou concluir a instrução processual não precisa, necessariamente, julgar a lide.

4. DO AGRAVO DE INSTRUMENTO

O Agravo de Instrumento sofreu, ao longo do tempo, diversas alterações. As previsões do CPC de 1973 sofreram restrições com a entrada em vigor das Leis n. 9.139/95 e n. 11.185/2005, e o processamento do agravo alterou-se completamente, dificultando sua utilização pelas partes. Assim, na maioria das vezes, o que sói acontecer utilizava-se do agravo retido.

Com a entrada em vigor do CPC de 2015, a matéria veio tratada nos arts. 1.015 a 1.020, elencando-se as hipóteses cabíveis e destacando-se, para fins das ações acidentárias, os seguintes incisos: I – tutelas provisórias, II – mérito do processo, V – rejeição do pedido de gratuidade, VI – exibição de documento.

O Agravo continua sendo enviado diretamente ao Tribunal, podendo o relator atribuir efeito suspensivo ou deferir, em antecipação de tutela, a pretensão recursal.

A regra anterior, inciso III do art. 527[3], expressamente previa que o relator poderia atribuir ao recurso efeito suspensivo, comunicando ao juiz tal decisão, sendo, pois, mantida.

Foi mantida a obrigatoriedade, sob pena de inadmissibilidade do recurso, da juntada do recurso nos autos principais (art. 1.018 e parágrafos).

5. DA LITIGÂNCIA DE MÁ-FÉ

Esta figura jurídico-processual vem contemplada no art. 80 do Código de Processo Civil de 2015 (mantendo-se o já estabelecido no art. 17 do CPC/73), no capítulo "dos deveres das partes e seus procuradores", e mais precisamente na Seção II, que trata "da responsabilidade das partes por dano processual".

Assim é que o Código mencionado considera litigante de má-fé aquele que deduz pretensão ou defesa contra texto expresso de lei ou fato incontroverso, altera a verdade dos fatos, usa do processo para conseguir objetivo ilegal, opõe resistência injustificada ao andamento do processo, procede de modo temerário em qualquer incidente ou ato do processo e provoca incidentes manifestamente infundados.

Por sua vez, o Estatuto da Ordem dos Advogados do Brasil (Lei n. 8.906, de 4-7-1994), no art. 34, XIV, considera infração disciplinar "deturpar o teor de dispositivo de lei, de citação doutrinária ou de julgado, bem como de depoimentos, documentos e alegações da parte contrária, para confundir o adversário ou iludir o juiz da causa".

Devemos reconhecer que, seja em primeira, seja em segunda instância, poucos são os casos de condenação por litigância de má-fé, de ofício ou a requerimento da parte. Mas, tratando-se de ações acidentárias, via de regra o INSS tem interesse em postergar ao máximo o pagamento das indenizações, acarretando grave prejuízo aos segu-

---

3. Redação do *caput* e incisos I a IV dada pela Lei n. 10.352/2001 e Lei n. 11.187/2005.

rados. Isto leva a que muitos atos processuais sejam efetivados apenas em escancarado caráter protelatório, o que deveria fazer incidir as sanções previstas no art. 18 do Código de Processo Civil.

Sobretudo em sede de recurso, deparamo-nos inúmeras vezes com questões como estas: divergência quanto ao grau de incapacidade do autor, quando o próprio assistente técnico da autarquia concordou com os termos do perito oficial; alegação de falta de prova do nexo causal, quando há emissão da CAT e até pagamento do benefício acidentário na esfera administrativa; insistência em teses vencidas, como aplicação de redutor na liquidação da conta; não cabimento do abono anual no auxílio-acidente de 30% etc.

Mais recentemente tais procedimentos estão começando a ser coibidos por nossos tribunais, que nada mais fazem do que aplicar os arts. 17 e 18 do Código de Processo Civil.

6. DO RECURSO DE APELAÇÃO: EFEITOS

O art. 130 da Lei n. 8.213/91 determinava que os recursos interpostos pela Previdência Social deveriam ser recebidos, exclusivamente, no efeito devolutivo, cumprindo-se, desde logo, a decisão ou sentença.

O Supremo Tribunal Federal, entretanto, na ADIn 675/4, deferiu liminar suspendendo a possibilidade de execução provisória, sendo que, ao final, a ação foi extinta, sem julgamento de mérito, pela alteração legislativa, por decisão da rel. Min. Ellen Gracie, em 13 de novembro de 2001. Tal ocorreu porque a Lei n. 9.528/97 (originária da MP n. 1.523/96) deu nova redação a tal dispositivo e, agora, segue-se a regra do art. 1.012 do CPC/2015, que manteve a regra do art. 520 do CPC/73; portanto, a sentença no processo de conhecimento da ação acidentária não pode ser executada provisoriamente, e o recurso deve ser recebido no duplo efeito.

CAPÍTULO 7
DOS HONORÁRIOS ADVOCATÍCIOS E DAS CUSTAS PROCESSUAIS

Sumário: 1. Da obrigação do INSS. 2. Do valor e da incidência sobre parcelas devidas. 3. Da incidência na fase de execução. 4. Da legitimidade ou não de o patrono recorrer. 5. Das custas processuais.

1. DA OBRIGAÇÃO DO INSS

Logo que foi editada a Lei n. 8.213/91, pelo teor do art. 129, II, parágrafo único, a saber: "o procedimento judicial de que trata o inciso II deste artigo é isento do pagamento de quaisquer custas e de verbas relativas à sucumbência", entenderam alguns que o INSS estaria isento do pagamento dessas verbas de sucumbência quando vencido. Esse dispositivo levou os procuradores e advogados credenciados da autarquia a postular e recorrer pleiteando a isenção.

Mas a toda evidência a questão assim colocada não era lógica. A tradição do direito brasileiro infortunístico jamais admitiu que esse entendimento se estendesse também ao INSS, sendo apenas privilégio do hipossuficiente se vencido na causa.

Para corrigir a imprecisão redacional do dispositivo, a jurisprudência imediatamente se posicionou contra a extensão pretendida, concluindo que ela se aplica apenas ao trabalhador e não ao INSS. A unanimidade dos arestos levou à edição da Súmula 110 do E. Superior

Tribunal de Justiça, do seguinte teor: "A isenção do pagamento de honorários advocatícios nas ações acidentárias é restrita ao segurado".

A condenação da autarquia ao pagamento da verba honorária é, pois, de rigor, até porque, ao admitir a não condenação da autarquia em honorários advocatícios (apenas para argumentar), estaríamos admitindo, por via oblíqua, a redução da plena indenização acidentária, já que o advogado do segurado, que não está obrigado a trabalhar de graça, certamente retiraria os seus honorários da própria indenização, acarretando a sua consequente redução. Ora, se isso viesse a se concretizar, estaríamos diante de grave infração constitucional, já que a Carta Magna assegurou ao trabalhador ampla indenização por acidente do trabalho, como se depreende do inciso XXVIII do art. 7º, além de que, como sabemos, os benefícios têm caráter alimentar.

Finalmente, outro argumento que afasta de vez essa possibilidade é o fato de o INSS haver sido equiparado à Fazenda Pública (Lei n. 8.620/93), beneficiando-se de vários prazos processuais. A Fazenda Pública, no entanto, não está isenta do ônus da sucumbência.

De se destacar que, em sede de execução, uma vez oferecidos embargos à execução, o INSS também se sujeita ao pagamento de honorários e o obreiro continua isento.

A obrigação de arcar com os honorários advocatícios permanece ainda que o segurado esteja representado pela Defensoria Pública, salvo quando atua contra pessoa jurídica de direito público à qual pertença (Súmula 421 do STJ), conforme: "É devida a fixação de honorários sucumbenciais em favor da Defensoria Pública se a parte por ela patrocinada for vencedora ao menos em parte" (TJMS, Ap. 2011.013877-4/0000-00, 3ª T. Cível, rel. Des. Fernando Mauro Moreira Marinho, j. em 28-6-2011). Como a demanda é contra autarquia federal, toda vez que a Defensoria Pública dos Estados estiver patrocinando interesses de acidentados, na Justiça Estadual, terá direito a honorários, caso a demanda seja acolhida.

2. DO VALOR E DA INCIDÊNCIA SOBRE PARCELAS DEVIDAS

Resolvida a questão do *an debeatur,* passemos a analisar como deve ser feito o cálculo do valor devido a título de honorários.

A disciplina da questão está no art. 85 do Código de Processo Civil de 2015, e prevê um percentual que varia de um mínimo de 10% a um máximo de 20% sobre o valor da condenação, atendendo, entre outras variáveis, ao grau de zelo e à natureza e importância da causa. Aliás, repete as regras do art. 20, § 3º, do Código de Processo Civil de 1973. No entanto, o novo estatuto processual, no art. 85, § 2º, acrescenta que, não sendo possível mensurar o proveito econômico obtido, a verba honorária será calculada sobre o valor atualizado da causa. Sendo condenada a Fazenda Pública, existem critérios na fixação da verba, estabelecidos nos §§ 3º e 4º do art. 85.

A jurisprudência sedimentou, ao longo de décadas, o entendimento de que a verba honorária é de 15% sobre as prestações vencidas até a sentença e mais um ano das vincendas.

Posteriormente, surgiu a Súmula 111 do Superior Tribunal de Justiça, que reza: "Os honorários advocatícios, nas Ações Previdenciárias, não incidem sobre prestações vincendas".

Iniciou-se, então, uma discussão sobre o que deveria ser entendido como prestações vencidas e vincendas. Houve, inicialmente, formação de duas correntes: *a)* vencidas são as prestações devidas até a prolação da sentença; *b)* consideram-se vencidas as prestações devidas até a apresentação da conta de liquidação.

A questão está superada porque, em 27-9-2006, a 3ª Seção alterou a redação da Súmula 111, que passou a ter a seguinte redação: "Os honorários advocatícios, nas ações previdenciárias, não incidem sobre as prestações vencidas após a sentença".

A 1ª Seção do STJ, sob o Tema Repetitivo 1.105, definiu que a Súmula 111 continua válida e eficaz, mesmo ante a vigência do CPC de 2015 (sessão de 8-3-2023): "Continua eficaz e aplicável o conteúdo da Súmula 111/STJ (com a redação modificada em 2006), mesmo após a vigência do CPC/2015, no que tange à fixação de honorários advocatícios".

3. DA INCIDÊNCIA NA FASE DE EXECUÇÃO

Em sede de execução também é devida verba honorária e deve ser fixada na forma do art. 85 do Código de Processo Civil de 2015 (art. 20, § 4º, CPC/73), desde que tenha havido impugnação (art. 85, § 7º).

No entanto, o percentual fixado deve incidir apenas sobre o valor controverso da execução.

Só não há condenação em verba honorária caso não haja interposição de embargos de devedor, isto porque a Medida Provisória n. 2.180-35, de 24 de agosto de 2001, ainda não convertida em lei, acrescentou o art. 1º-D à Lei n. 9.494/97, isentando, de forma expressa, a Fazenda Pública em tais hipóteses[1]. Até então, era admitida a condenação em honorários[2]. Ressalte-se, entretanto, que o Superior Tribunal de Justiça entende que a regra instituída pela medida provisória não alcança as execuções em andamento[3].

4. DA LEGITIMIDADE OU NÃO DE O PATRONO RECORRER

Julgada procedente a demanda e concedido o benefício requerido, juntamente com os consectários legais, incluindo-se aí a verba de patrocínio, questiona-se se o patrono pode pretender alterá-la em fase de recurso.

Em verdade, em nome do cliente, a resposta deveria ser negativa, mas é aceita pelos tribunais. É que, nesses casos, o autor não foi sucumbente, visto que conseguiu com a prolação da sentença a pre-

---

1. "Art. 1º-D. Não serão devidos honorários advocatícios pela Fazenda Pública nas execuções não embargadas."
2. "Por força do disposto no art. 20, § 4º, do Código de Processo Civil, as execuções, sejam elas calcadas em título judicial ou extrajudicial, mesmo que não embargadas, ensejam a condenação de honorários advocatícios" (AgI 834.239-00/0, 7ª Câm., rel. Juiz Paulo Ayrosa, j. em 9-3-2004).
3. "A regra que isenta a Fazenda Pública do pagamento de honorários em execução não embargada (MP 2.180-35, de 24-8-2001, art. 4º, que alterou a Lei n. 9.494, de 10-9-1997) não se aplica aos processos já em curso" (STJ, EREsp 435.537, Corte Especial, rel. Min. Ruy Rosado de Aguiar, j. em 1º-8-2003).

tensão jurisdicional requerida na inicial, com a concessão do benefício pleiteado e incluindo-se os consectários legais. Como ensina Vicente Greco Filho: "é pressuposto subjetivo dos recursos a sucumbência, que se identifica com o interesse de recorrer, é a situação de prejuízo causada pela parte"[4].

Ora a verba honorária, por força da previsão expressa no art. 23 da Lei n. 8.906/94, pertence exclusivamente ao patrono que representou o obreiro nos autos. Assim, se a verba não pertence ao autor, não tem ele legitimidade para pleitear a sua majoração. Portanto, o recurso a ser interposto pelo patrono em nome do autor não trará benefício para este. Entendemos, pois, que o advogado pode recorrer sim, mas em nome próprio, na qualidade de terceiro interessado, mas não em nome da parte.

Há que se admitir que houve derrogação do art. 20 do CPC de 1973, pois a expressão "pagará ao vencedor" não tem mais razão de existir porque a verba não será paga à parte vencedora, mas sim ao patrono desta. E, como este não é parte no processo, é forçoso reconhecer ser ele terceiro interessado. A questão foi corrigida, pois no CPC de 2015 está expresso que a sentença condenará o vencido a pagar honorários ao advogado do vencedor (art. 85).

E o § 14 desse artigo reafirma que a verba pertence ao advogado: "Os honorários constituem direito do advogado e têm natureza alimentar, com os mesmos privilégios dos créditos oriundos da legislação do trabalho, sendo vedada a compensação em caso de sucumbência parcial".

E, assim, o advogado é quem detém o legítimo interesse na majoração da verba. Afinal, como leciona Seabra Fagundes, "estão legitimados a recorrer todos os que forem prejudicados em seus direitos em consequência dos efeitos reflexos ou indiretos da sentença, originados daquela interdependência das relações jurídicas"[5]. No mesmo sentido, os ensinamentos de Yussef Said Cahali, porque "com a titularidade do direito aos honorários da sucumbência, que agora

---

4. *Direito processual civil brasileiro*, cit., v. 2, p. 279.
5. *Dos recursos em matéria civil*, Rio de Janeiro: Forense, 1946, p. 50.

lhe é expressamente atribuída, o advogado é introduzido, de alguma forma, na relação processual que se estabelece a partir da sentença condenatória nessa parte"[6].

O STJ admitiu a legitimidade concorrente, entre a parte e o advogado: "A própria parte, seja na vigência do CPC de 1973, inclusive após o reconhecimento do direito autônomo dos advogados sobre a verba honorária, ou mesmo na vigência do CPC de 2015, pode interpor, concorrentemente com o titular da verba honorária, recurso acerca dos honorários de advogado" (REsp 1.776.425/SP, 3ª T., rel. Min. Paulo de Tarso Sanseverino, j. em 8-6-2021).

O eminente Desembargador Sérgio Shimura, do Tribunal Paulista, abordando o tema, afirmou, de longa data: "Teria o advogado legitimidade para recorrer contra sentença que fixa os honorários advocatícios no processo de conhecimento? Para nós, a resposta é positiva. O advogado poderia recorrer como terceiro prejudicado. Se a verba honorária constitui direito autônomo, tem interesse na defesa desse direito. Negar-lhe legitimidade recursal é reconhecer que o sistema jurídico confere um direito sem a respectiva proteção. Seria o mesmo que lhe dar um direito com uma mão e retirar-lhe com outra. Impedir o mesmo de recorrer equivale a desarmá-lo para futura execução, impedindo-o de obter uma decisão justa quanto ao valor de seu crédito, que será objeto de futura execução"[7].

O Tribunal de Justiça de São Paulo, no julgamento do Agravo de Instrumento 259.078, através da 15ª Câmara Cível, relator o Desembargador Roberto Stucchi, julgado em 28 de março de 1995, admitiu a possibilidade de o advogado recorrer em nome próprio sobre honorários, aduzindo que o recorrente buscava tutela jurisdicional pessoal. A decisão que se pretendeu atacar tratava única e exclusivamente de parcela de interesse pessoal do advogado, tanto assim que recorreu em nome próprio.

Diante da divergência, o STJ, sob o Tema repetitivo 1.242, trará uma orientação única, pois a finalidade da discussão é "definir

---

6. *Honorários advocatícios*, 3. ed., São Paulo: Revista dos Tribunais, p. 808.
7. *Título executivo*, São Paulo: Saraiva, 1997, p. 177.

se há legitimidade concorrente do advogado e da parte para promover a execução dos honorários advocatícios".

Sob outro aspecto, pelo fato de a verba de patrocínio lhe pertencer, pode o advogado pleitear sua cobrança de forma autônoma, independentemente da vontade e do crédito do obreiro, assim, podem pleitear que o precatório seja expedido em favor deles e não da parte (TJSP, AI 990.10.025031-0, 17ª Câm. Dir. Público, rel. Des Valdecir José do Nascimento, j. em 10-10-2010); Súmula 135 do TJRJ[8]. São créditos distintos, inexistindo razão jurídica que imponha a satisfação conjunta de ambos (Súmula 306 do STJ: "os honorários advocatícios devem ser compensados quando houver sucumbência recíproca, assegurado o direito autônomo do advogado à execução do saldo sem excluir a legitimidade da própria parte").

Aliás, dois devem ser os precatórios. Para isso, a execução já deve ser feita de forma autônoma: referente ao crédito do acidentado e referente ao crédito do advogado[9]. Nesse sentido: "A verba honorária sucumbencial consubstancia um direito autônomo do advogado, nos termos do art. 23 da Lei 8.906/94 (Estatuto da OAB), podendo ele executar a sentença nessa parte, ou requerer que o precatório, quando necessário, seja expedido em seu favor" (STJ, AgRg no Ag 1.319.119, 1ª T., rel. Min. Luiz Fux, j. em 19-10-2010).

Mais recentemente, o STF se posicionou permitindo o fracionamento: "... E isso de sorte que, a verba honorária não se confundindo com o principal, o preceito não se aplica quando o titular do crédito decorrente de honorários pleiteie o seu recebimento. Ele não sendo titular de dois créditos não incide, no caso, o disposto no art. 100, § 4º, da Constituição do Brasil. A verba honorária consubstancia

---

8. "Os honorários advocatícios de sucumbência constituem verba autônoma, de natureza alimentar, podendo ser objeto de requisição específica e independente de requisitório correspondente à condenação devida à parte."
9. "AGRAVO REGIMENTAL. PRECATÓRIO. FRACIONAMENTO. PAGAMENTO EXCLUSIVO DE HONORÁRIOS ADVOCATÍCIOS. IMPOSSIBILIDADE. Prevalece nesta Turma o entendimento de que, uma vez ajuizada a execução, não é possível o fracionamento de precatório para se permitir o pagamento exclusivo de honorários advocatícios. Agravo regimental a que se nega provimento" (STF, AI 536720, 2ª T., rel. Min. Joaquim Barbosa, j. em 23-10-2007).

direito autônomo, podendo mesmo ser executada em separado. Não se confundindo com o crédito principal que cabe à parte, o advogado tem o direito de executar seu crédito nos termos do disposto nos arts. 86 e 87 do ADCT. A única exigência a ser, no caso, observada é a de que o fracionamento da execução ocorra antes da expedição do ofício requisitório, sob pena de quebra da ordem cronológica dos precatórios (RE 564.132, rel. p/ acórdão Min. Cármen Lúcia, j. em 30-10-2014).

Aplicam-se, na hipótese, as premissas da Súmula Vinculante 47 do STF: "Os honorários advocatícios incluídos na condenação ou destacados do montante principal devido ao credor consubstanciam verba de natureza alimentar cuja satisfação ocorrerá com a expedição de precatório ou requisição de pequeno valor, observada ordem especial restrita aos créditos dessa natureza".

5. DAS CUSTAS PROCESSUAIS

Seria questão pacífica quanto ao pagamento das custas processuais pelo INSS se ele amiúde não arguisse a ilegalidade dessa cobrança.

As custas processuais, nos termos do art. 84 do CPC/2015 (art. 20 e § 2º do CPC/73), são uma espécie das despesas às quais será condenado o vencido (art. 82, § 2º, do CPC/2015; art. 82, § 1º, do CPC/73). Dessa forma, não tem razão alguma o INSS em alegar a ilegalidade do pagamento das custas processuais. Se vencido, deve arcar com as despesas, entre as quais estão as custas processuais e a verba honorária, como já exposto.

O fundamento da impugnação do INSS diz respeito à aplicação da Lei n. 9.289, de 4 de julho de 1996, que dispõe sobre o pagamento de custas perante a Justiça Federal. É que no art. 4º, I, isenta as autarquias nos feitos junto à Justiça Federal.

Ora, as ações acidentárias processam-se perante a Justiça comum dos Estados e do Distrito Federal, não cabendo invocar, portanto, tal dispositivo, que expressamente se refere às causas que tramitam perante a Justiça Federal.

Dessa feita, quando o INSS for réu em ações de natureza previdenciária em sentido estrito (benefícios comuns, contagem de tempo de serviço etc.), está ele isento do pagamento das custas processuais. Mas no que tange às custas nas ações de natureza acidentária não se pode afirmar o mesmo.

A matéria já foi objeto da Súmula 178 do Superior Tribunal de Justiça, publicada no *Diário Oficial da União*, de 20 de dezembro de 1996: "O INSS não goza de isenção do pagamento de custas e emolumentos, nas ações acidentárias e de benefícios propostas na Justiça Estadual".

Convém esclarecer que a Súmula 178 teve origem em processos oriundos de Santa Catarina, onde não existia legislação estadual isentando a autarquia dos pagamentos das custas. E, como em matéria sobre custas e serviços forenses existe competência concorrente entre a União e os Estados-membros para legislar (art. 24, IV, da CF), na ausência da isenção estadual há obrigatoriedade de pagamento. No Estado de São Paulo esse conflito não existe porque o art. 5º da Lei n. 4.952/85 determina que: "A União, o Estado, o Município e respectivas autarquias, assim como o Ministério Público, estão isentos da taxa judiciária". No Rio Grande do Sul também há isenção (Lei n. 13.471/2010).

CAPÍTULO 8
DOS JUROS MORATÓRIOS

Sumário: 1. Introdução.

1. INTRODUÇÃO

Os juros moratórios consistem na compensação financeira devida ao credor em decorrência do atraso imotivado no cumprimento da obrigação por parte do devedor.

A obrigatoriedade do pagamento de juros moratórios decorre dos arts. 389 e 406 do Código Civil de 2002[1]. O Código Civil de 1916 estabelecia, em seu art. 1.062, a incidência de juros pelo valor de 12% ao ano se outra não fosse a taxa convencionada.

A regra agora é diversa. O Código Civil não fixa nenhum valor determinado para os juros. Assim, em não sendo convencionados, devem acompanhar a taxa que estiver em vigor para a mora do pagamento dos impostos devidos à Fazenda Nacional.

Na vigência do Código Civil de 1916, duas eram as correntes quanto ao valor dos juros. O extinto Segundo Tribunal de Alçada Civil do Estado de São Paulo, de forma quase unânime, adotava o percentual de 0,5% ao mês, com base no art. 1.062 da citada legisla-

---

1. Lei n. 10.406, de 10 de janeiro de 2002.

ção. No entanto, o Superior Tribunal de Justiça adotou o valor de 1% ao mês com fundamento no art. 3º do Decreto-Lei n. 2.322/87[2].

Também já foi utilizada como parâmetro a regra do art. 161, § 1º, da Lei n. 5.172/66 (Código Tributário Nacional)[3], com valor de 1% ao mês. Recentemente, a Lei n. 11.960 (*DOU* de 30-6-2009) alterou a redação do art. 1º-F da Lei n. 9.494, de 10 de setembro de 1997, introduzido pelo art. 4º da Medida Provisória n. 2.180-35, de 24 de agosto de 2001, que passou a vigorar com a seguinte redação: "Nas condenações impostas à Fazenda Pública, independentemente de sua natureza e para fins de atualização monetária, remuneração do capital e compensação da mora, haverá a incidência uma única vez, até o efetivo pagamento, dos índices oficiais de remuneração básica e juros aplicados à caderneta de poupança"[4].

Assim, os juros nas ações acidentárias passaram a ser iguais àqueles aplicados às cadernetas de poupança, no valor de 0,5% ao mês (art. 12, II, da Lei n. 8.177/91). O STJ entende que essa regra vale apenas para as ações que se iniciaram após a edição da lei, porque esta tem natureza de norma instrumental material, porquanto originam direitos patrimoniais às partes, motivo pelo qual não incide nos processos em andamento. Os tribunais estaduais passaram a adotar esse entendimento. Entretanto, o Supremo Tribunal Federal, nas ADIn 4425 e 4357, Pleno, Relator para acórdão Min. Luiz Fux, j. em 14 de março de 2013, decidiu pela inconstitucionalidade do art. 5º da Lei n. 11.960/2009, que tinha esta redação:

"Art. 5º O art. 1º-F da Lei n. 9.494, de 10 de setembro de 1997, introduzido pelo art. 4º da Medida Provisória n. 2.180-35, de 24 de agosto de 2001, passa a vigorar com a seguinte redação:

---

2. "Art. 3º Sobre a correção monetária dos créditos trabalhistas, de que trata o Decreto-lei n. 75, de 21 de novembro de 1966, e legislação posterior, incidirão juros, à taxa de 1% (um por cento) ao mês, capitalizados mensalmente."
3. "Ficam estabelecidos em 6% ao ano até 12-1-2003, concedidos desde a citação, incidindo de forma decrescente, mês a mês. Para as prestações vencidas a partir de 13-1-2003 ficam fixados em 1% ao mês nos termos do artigo 161, § 1º, do Código Tributário Nacional" (2º TAC, Ap. 674.162-00/6, 10ª Câm., rel. Juiz Irineu Pedrotti, j. em 17-9-2003).
4. "Art. 1º-F. Os juros de mora, nas condenações impostas à Fazenda Pública para pagamento de verbas remuneratórias devidas a servidores e empregados públicos, não poderão ultrapassar o percentual de seis por cento ao ano."

'Art. 1º-F. Nas condenações impostas à Fazenda Pública, independentemente de sua natureza e para fins de atualização monetária, remuneração do capital e compensação da mora, haverá a incidência uma única vez, até o efetivo pagamento, dos índices oficiais de remuneração básica e juros aplicados à caderneta de poupança'".

O acórdão está assim ementado:

"Direito constitucional. Regime de execução da Fazenda Pública mediante precatório. Emenda Constitucional n. 62/2009. Inconstitucionalidade formal não configurada. Inexistência de interstício constitucional mínimo entre os dois turnos de votação de emendas à lei maior (CF, art. 60, § 2º). Constitucionalidade da sistemática de 'superpreferência' a credores de verbas alimentícias quando idosos ou portadores de doença grave. Respeito à dignidade da pessoa humana e à proporcionalidade. Invalidade jurídico-constitucional da limitação da preferência a idosos que completem 60 (sessenta) anos até a expedição do precatório. Discriminação arbitrária e violação à isonomia (CF, art. 5º, *caput*). Inconstitucionalidade da sistemática de compensação de débitos inscritos em precatórios em proveito exclusivo da Fazenda Pública. Embaraço à efetividade da jurisdição (CF, art. 5º, XXXV), desrespeito à coisa julgada material (CF, art. 5º, XXXVI), ofensa à separação dos poderes (CF, art. 2º) e ultraje à isonomia entre o Estado e o particular (CF, art. 1º, *caput*, c/c art. 5º, *caput*). Impossibilidade jurídica da utilização do índice de remuneração da caderneta de poupança como critério de correção monetária. Violação ao direito fundamental de propriedade (CF, art. 5º, XXII). Inadequação manifesta entre meios e fins. Inconstitucionalidade da utilização do rendimento da caderneta de poupança como índice definidor dos juros moratórios dos créditos inscritos em precatórios, quando oriundos de relações jurídico-tributárias. Discriminação arbitrária e violação à isonomia entre devedor público e devedor privado (CF, art. 5º, *caput*). Inconstitucionalidade do regime especial de pagamento. Ofensa à cláusula constitucional do Estado de Direito (CF, art. 1º, *caput*), ao princípio da separação de poderes (CF, art. 2º), ao postulado da isonomia (CF, art. 5º, *caput*), à garantia do acesso à justiça e a efetividade da tutela jurisdicional (CF, art. 5º, XXXV) e ao direito adquirido e à coisa julgada (CF, art. 5º, XXXVI). Pedido julgado procedente em parte.

(...)

6. A quantificação dos juros moratórios relativos a débitos fazendários inscritos em precatórios segundo o índice de remuneração da caderneta de poupança vulnera o princípio constitucional da isonomia (CF, art. 5º, *caput*) ao incidir sobre débitos estatais de natureza tributária, pela discriminação em detrimento da parte processual privada que, salvo expressa determinação em contrário, responde pelos juros da mora tributária à taxa de 1% ao mês em favor do Estado (*ex vi* do art. 161, § 1º, do CTN). Declaração de inconstitucionalidade parcial sem redução da expressão 'independentemente de sua natureza', contida no art. 100, § 12, da CF, incluído pela EC n. 62/2009, para determinar que, quanto aos precatórios de natureza tributária, sejam aplicados os mesmos juros de mora incidentes sobre todo e qualquer crédito tributário.

7. O art. 1º-F da Lei n. 9.494/97, com redação dada pela Lei n. 11.960/2009, ao reproduzir as regras da EC n. 62/2009 quanto à atualização monetária e à fixação de juros moratórios de créditos inscritos em precatórios incorre nos mesmos vícios de juridicidade que inquinam o art. 100, § 12, da CF, razão pela qual se revela inconstitucional por arrastamento, na mesma extensão dos itens 5 e 6 *supra*".

Finalizado o julgamento da questão principal em 14-3-2014, a matéria ainda não transitou em julgado, pois houve apresentação de questão de ordem para modulação do julgado (sessão de 25-3-2015), ainda não concluída.

Em virtude disso houve, inicialmente, oscilação na jurisprudência, pela aplicação do art. 1º- F da Lei n. 9.494/97, com redação dada pela Lei n. 11.960/2009 (0,5% ao mês) ou do art. 161, § 1º, da Lei n. 5.172/66 (1% ao mês). O STJ entendeu que prevalece a regra da Lei 11.960/2009 em ações previdenciárias, não se aplicando a decisão do STF. Esta só incidiria nas lides tributárias, prevalecendo os juros aplicados à caderneta de poupança (STJ, REsp 1505887, rel. Min. Mauro Campbell Marques, *DJU* de 17-8-2015). Os Tribunais Estaduais acompanharam esse entendimento, que a nosso ver é o correto (TJSP, Ap. 0008764-18.2011.8.26.0348, 17ª Câmara de Direito Público, rel. Des. Nuncio Theophilo Neto, j. 25-8-2015; TJRS, Ap. 70065290603, 10ª Câm. Cível, rel. Des. Marcelo Cezar Muller, j.

27-8-2015, TJMG, Ap. 1.0153.11.002222-2/001, rel. Des. Mariangela Meyer, j. 18-8-2015).

Destacamos, ainda, que o STF atribuiu repercussão geral ao Recurso Extraordinário n. 870.947, com a seguinte ementa, aprovada na sessão de 16 de abril de 2015, rel. Min. Luiz Fux:

"DIREITO CONSTITUCIONAL. REGIME DE ATUALIZAÇÃO MONETÁRIA E JUROS MORATÓRIOS INCIDENTES SOBRE CONDENAÇÕES JUDICIAIS DA FAZENDA PÚBLICA. ART. 1º-F DA LEI N. 9.494/97 COM A REDAÇÃO DADA PELA LEI N. 11.960/09.

1. Reveste-se de repercussão geral o debate quanto à validade da correção monetária e dos juros moratórios incidentes sobre condenações impostas à Fazenda Pública segundo os índices oficiais de remuneração básica da caderneta de poupança (Taxa Referencial – TR), conforme determina o art. 1º-F da Lei n. 9.494/97 com redação dada pela Lei n. 11.960/09.

2. Tendo em vista a recente conclusão do julgamento das ADIs n. 4.357 e 4.425, ocorrido em 25 de março de 2015, revela-se oportuno que o Supremo Tribunal Federal reitere, em sede de repercussão geral, as razões que orientaram aquele pronunciamento da Corte, o que, a um só tempo, contribuirá para orientar os tribunais locais quanto à aplicação do decidido pelo STF, bem como evitará que casos idênticos cheguem a esta Suprema Corte.

3. Manifestação pela existência da repercussão geral".

O julgamento definitivo ocorreu em 20-9-2017, fixando-se as seguintes teses:

1) O art. 1º-F da Lei n. 9.494/97, com a redação dada pela Lei n. 11.960/2009, na parte em que disciplina os juros moratórios aplicáveis a condenações da Fazenda Pública, é inconstitucional ao incidir sobre débitos oriundos de relação jurídico-tributária, aos quais devem ser aplicados os mesmos juros de mora pelos quais a Fazenda Pública remunera seu crédito tributário, em respeito ao princípio constitucional da isonomia (CRFB, art. 5º, *caput*); quanto às condenações oriundas de relação jurídica não tributária, a fixação dos juros

moratórios segundo o índice de remuneração da caderneta de poupança é constitucional, permanecendo hígido, nessa extensão, o disposto no art. 1º-F da Lei n. 9.494/97, com a redação dada pela Lei n. 11.960/2009; e

2) o art. 1º-F da Lei n. 9.494/97, com a redação dada pela Lei n. 11.960/2009, na parte em que disciplina a atualização monetária das condenações impostas à Fazenda Pública segundo a remuneração oficial da caderneta de poupança, revela-se inconstitucional ao impor restrição desproporcional ao direito de propriedade (CRFB, art. 5º, XXII), uma vez que não se qualifica como medida adequada a capturar a variação de preços da economia, sendo inidônea a promover os fins a que se destina[5].

---

5. "DIREITO CONSTITUCIONAL. REGIME DE ATUALIZAÇÃO MONETÁRIA E JUROS MORATÓRIOS INCIDENTES SOBRE CONDENAÇÕES JUDICIAIS DA FAZENDA PÚBLICA. ART. 1º F DA LEI N. 9.494/97 COM A REDAÇÃO DADA PELA LEI N. 11.960/09. IMPOSSIBILIDADE JURÍDICA DA UTILIZAÇÃO DO ÍNDICE DE REMUNERAÇÃO DA CADERNETA DE POUPANÇA COMO CRITÉRIO DE CORREÇÃO MONETÁRIA. VIOLAÇÃO AO DIREITO FUNDAMENTAL DE PROPRIEDADE (CRFB, ART. 5º, XXII). INADEQUAÇÃO MANIFESTA ENTRE MEIOS E FINS. INCONSTITUCIONALIDADE DA UTILIZAÇÃO DO RENDIMENTO DA CADERNETA DE POUPANÇA COMO ÍNDICE DEFINIDOR DOS JUROS MORATÓRIOS DE CONDENAÇÕES IMPOSTAS À FAZENDA PÚBLICA, QUANDO ORIUNDAS DE RELAÇÕES JURÍDICOTRIBUTÁRIAS. DISCRIMINAÇÃO ARBITRÁRIA E VIOLAÇÃO À ISONOMIA ENTRE DEVEDOR PÚBLICO E DEVEDOR PRIVADO (CRFB, ART. 5º, *CAPUT*). RECURSO EXTRAORDINÁRIO PARCIALMENTE PROVIDO. 1. O princípio constitucional da isonomia (CRFB, art. 5º, *caput*), no seu núcleo essencial, revela que o art. 1º-F da Lei n. 9.494/97, com a redação dada pela Lei n. 11.960/09, na parte em que disciplina os juros moratórios aplicáveis a condenações da Fazenda Pública, é inconstitucional ao incidir sobre débitos oriundos de relação jurídico-tributária, os quais devem observar os mesmos juros de mora pelos quais a Fazenda Pública remunera seu crédito; nas hipóteses de relação jurídica diversa da tributária, a fixação dos juros moratórios segundo o índice de remuneração da caderneta de poupança é constitucional, permanecendo hígido, nesta extensão, o disposto legal supramencionado. 2. O direito fundamental de propriedade (CRFB, art. 5º, XXII) repugna o disposto no art. 1º-F da Lei n. 9.494/97, com a redação dada pela Lei n. 11.960/09, porquanto a atualização monetária das condenações impostas à Fazenda Pública segundo a remuneração oficial da caderneta de poupança não se qualifica como medida adequada a capturar a variação de preços da economia, sendo inidônea a promover os fins a que se destina. 3. A correção monetária tem como escopo preservar o poder aquisitivo da moeda diante da sua desvalorização nominal provocada pela inflação. É que a moeda

Controvérsias existem, também, no que diz respeito ao termo inicial do pagamento, bem como sobre quais prestações devem incidir e sobre sua incidência na fase de execução, tema que já foi abordado no Capítulo 3, n. 10.

Sobre o termo inicial do benefício, formaram-se três correntes:

1. Devidos a partir do débito

A primeira corrente entende que os juros moratórios são devidos pelo INSS porque este não cumpriu desde logo a obrigação devida para com o segurado, obrigando-o a se valer da via judicial.

Assim, não havendo sido concedido na esfera administrativa o benefício na data correta, e existindo, pois, o direito a prestações anteriores à citação judicial, os juros devem retroagir à data em que foi devida a primeira prestação.

Essa corrente apresenta-se, contudo, minoritária na jurisprudência de nossos tribunais.

2. Devidos a partir da citação, mas sobre todo o débito

Para esta segunda corrente há necessidade de compatibilizar a afirmação da primeira com o disposto no art. 240 do Código de Processo Civil de 2015 e no art. 219 do CPC/73 (momento da constituição em mora do devedor).

---

fiduciária, enquanto instrumento de troca, só tem valor na medida em que capaz de ser transformada em bens e serviços. A inflação, por representar o aumento persistente e generalizado do nível de preços, distorce, no tempo, a correspondência entre valores real e nominal (cf. MANKIW, N. G. *Macroeconomia*. Rio de Janeiro: LTC, 2010, p. 94; DORNBUSH, R.; FISCHER, S.; STARTZ, R. *Macroeconomia*. São Paulo: McGraw-Hill do Brasil, 2009, p. 10; BLANCHARD, O. *Macroeconomia*. São Paulo: Prentice Hall, 2006, p. 29). 4. A correção monetária e a inflação, posto fenômenos econômicos conexos, exigem, por imperativo de adequação lógica, que os instrumentos destinados a realizar a primeira sejam capazes de capturar a segunda, razão pela qual os índices de correção monetária devem consubstanciar autênticos índices de preços. 5. Recurso extraordinário parcialmente provido." (RE 870947, rel. Min. Luiz Fux, Tribunal Pleno, j. em 20-9-2017, *DJe* de 20-11-2017).

Anote-se que, em julgamento ocorrido em 3-10-2019, o C. Supremo Tribunal Federal rejeitou todos os Embargos de Declaração opostos contra o v. acórdão mencionado, Tema 810, e não modulou os efeitos da decisão anteriormente proferida, reafirmando a aplicabilidade do IPCA-E para correção monetária das prestações em atraso a partir de 30-6-2009.

Dessa forma teríamos:

Existindo débitos anteriores à citação válida, significa que há incidência de juros moratórios. Porém, nesses casos, eles serão contados de forma global, ou seja, calculando-se o montante da dívida desde a primeira prestação devida fixada na sentença até a citação, aplicando-se sobre o valor encontrado os juros legais (0,5% ao mês) da data da citação até a efetiva liquidação. A partir daí serão contados mês a mês, de forma decrescente, sobre o valor de cada parcela vencida.

Exemplificando: suponha-se que tenha sido concedido ao autor o pagamento de auxílio-acidente no valor de R$ 100,00 com termo inicial fixado na sentença em cinco meses antes da citação. Entre a data da citação e a do efetivo pagamento (apresentação da conta e citação para a liquidação) decorreram vinte meses. O cálculo dos juros será o seguinte: R$ 500,00 (5 × R$ 100,00 – débito global até a citação) multiplicado pelo número de meses entre a citação e o pagamento, no caso vinte meses, o que equivale a 10% do débito (0,5% ao mês). Portanto, o INSS arcará com o valor de R$ 50,00 a título de juros moratórios para as prestações anteriores à citação. Já para as prestações posteriores àquele termo arcará com o percentual de 0,5% ao mês sobre o valor de cada prestação (0,5% sobre R$ 100,00) da data da prestação vencida até o pagamento (valor estabelecido pelo revogado CC).

A jurisprudência é majoritária nesse sentido, já que essa fórmula não ofende, como muitas vezes alega o INSS, o art. 1.536, § 2º, do Código Civil de 1916 (revogado e sem correspondente no CC atual), nem o art. 219 do Código de Processo Civil, nem o art. 307, parágrafo único, do Código Civil vigente.

Após diversos julgados do Superior Tribunal de Justiça[6] nesse sentido, essa corte editou a Súmula 204, assim redigida: "Os juros de mora nas ações relativas a benefícios previdenciários incidem a partir da citação válida" (3ª Seção, 11-3-1998, *DJ* de 18-3-1998).

---

6. Em *RT*, 752:131 consta como precedente da súmula o seguinte julgado: "Previdenciário. Juros de mora incidem sobre as parcelas devidas até a citação, englobadamente, e após, mês a mês, até a liquidação" (REsp 99.661, 5ª T., rel. Min. José Dantas, j. em 24-2-1997).

3. Devidos a partir da citação, mas apenas sobre o débito posterior a esta

Para esta corrente, como o devedor só é constituído em mora a partir da citação, os juros somente são devidos sobre as prestações posteriores a ela, além do que, sendo a obrigação ilíquida, os juros só incidem a partir da citação (art. 1.536, § 2º, do CC de 1916).

É uma corrente minoritária que assim pensa, até porque essa situação, na verdade, acarreta sério prejuízo ao trabalhador acidentado. É que a Previdência Social, sabedora de seu débito nos casos da emissão da CAT, omitiu-se quanto ao pagamento, obrigando o segurado a ajuizar a ação para exigir o seu direito. Dessa forma, para o débito anterior à citação haveria um não pagamento devido a favor do inadimplente (INSS), o que não se pode admitir.

Para nós, pois, o entendimento mais correto é a segunda corrente, porque mais justa. Se há débito reconhecido em sentença anterior à citação é porque houve negligência do réu e portanto deve arcar com os juros moratórios, mas de forma global, para não ofender o art. 219 do Código de Processo Civil. Ou seja, o que não pode ser anterior à citação é o início de fluência dos juros, podendo sê-lo, porém, sua base de cálculo. Esse o sentido da expressão juros devidos a partir da citação, englobadamente, os quais se referem às prestações vencidas até essa data, a partir daí sendo devidos decrescentemente, mês a mês.

É a tese vencedora e prevalente nos tribunais:

"Juros de mora incidentes de forma englobada até a citação e, após, mês a mês, decrescentemente, à taxa de 1,0% ao mês, na forma do art. 406, do novo Código Civil, c.c. art. 161, § 1º, do Código Tributário Nacional, até a entrada em vigor da Lei n. 11.960/09, que deu nova redação ao art. 1º-F da Lei n. 9.497/97, quando, então, corresponderão ao índice de remuneração da caderneta de poupança, segundo uma das teses definidas pelo Col. STF no julgamento do RE 870.947/SE, ao apreciar o Tema 810, com repercussão geral reconhecida..." (Ap. 0002365-87.2008.8.26.0441, 17ª Câmara de Direito Público, rel. Aldemar Silva, j. em 16-4-2024).

"JUROS E CORREÇÃO MONETÁRIA. APLICABILIDADE DA LEI N. 11.960/09. Questão decidida pelo C. STF, no RE 870.947/SE (Tema 810 de repercussão geral), definindo o IPCA-E como índice de correção monetária das prestações em atraso e fixando os juros moratórios segundo o índice de remuneração da caderneta de poupança. A partir da vigência da EC n. 113/2021, deverá ser observada a taxa SELIC" (Ap. 1060051-63.2021.8.26.0053, 17ª Câmara de Direito Público, rel. Carlos Monnerat, j. em 25-7-2023).

"Para melhor direcionar a futura execução, pondero que os juros de mora, incidentes desde quando o benefício for devido, mês a mês, decrescentemente, corresponderão ao índice de remuneração da caderneta de poupança, na forma do art. 1º-F da Lei n. 9.494/97, com a redação dada pela Lei n. 11.960/2009, aplicando-se o IPCA-e na correção monetária dos atrasados desde 30-6-2009, data de vigência dessa última norma, segundo as teses definidas pelo Col. STF no julgamento do RE n. 870.947/SE, ao apreciar o Tema 810, com repercussão geral reconhecida.

Contudo, a partir de 9-12-2021, dia da entrada em vigor da EC n. 113/2021, a taxa Selic será empregada para a atualização monetária das prestações em atraso e a compensação da mora, nos moldes do disposto no art. 3º daquela alteração constitucional: 'Nas discussões e nas condenações que envolvam a Fazenda Pública, independentemente de sua natureza e para fins de atualização monetária, de remuneração do capital e de compensação da mora, inclusive do precatório, haverá a incidência, uma única vez, até o efetivo pagamento, do índice da taxa referencial do Sistema Especial de Liquidação e de Custódia (Selic), acumulado mensalmente'" (TJSP, 0002443-16.2018.8.26.0220, 17ª Câmara de Direito Público, rel. Aldemar Silva, j. em 22-12-2022).

"Com relação às verbas acessórias incidentes sobre as parcelas devidas, os juros de mora devem ser contados a partir da citação, de forma englobada sobre as prestações vencidas até aquele ato e, depois, de forma decrescente, mês a mês. Em 20-9-2017 (*DJe* de 20-11-2017), o C. Supremo Tribunal Federal firmou posicionamento exarado no RE n. 870.947/SE, Tema 810 de repercussão geral, no sentido de que os juros de mora devem ser os aplicáveis às cadernetas de poupança, declarando, todavia, ser incabível a utilização da TR como índice de atualização, a ser feita pelo IPCA-E" (TJSP, Apelação Cível 1003348-60.2018.8.26.0363, 17ª Câmara de Direito Público, rel. Carlos Monnerat, j. em 12-11-2019).

"JUROS DE MORA CONTADOS DA CITAÇÃO, DE FORMA ENGLOBADA ATÉ ELA E, DEPOIS, DE MODO DECRESCENTE, MÊS A MÊS, DE ACORDO COM OS ÍNDICES APLICÁVEIS À CADERNETA DE POUPANÇA –, EM RAZÃO DA SUPERVENIÊNCIA DA LEI N. 11.960/2009. APLICAÇÃO A PARTIR DA RESPECTIVA VIGÊNCIA. PREVALÊNCIA DA ALUDIDA NORMA, POSTO QUE NO JULGAMENTO DA ADI N. 4.357 PELO E. STF. NÃO FOI DECLARADA A INCONSTITUCIONALIDADE DAS DISPOSIÇÕES CONTIDAS NA LEI N. 11.960/2009 E NA EMENDA CONSTITUCIONAL N. 62/2009 ACERCA DO TEMA – JUROS DA MORA IGUAIS AO DA POUPANÇA" (TJSP, Ap. 103637817.2016.8.26.0053, 16ª Câmara de Direito Público, rel. Valdecir José do Nascimento, j. em 30-7-2019).

CAPÍTULO 9
DO MINISTÉRIO PÚBLICO

Sumário: 1. O Ministério Público e o advogado na ação acidentária. 2. Da atuação como fiscal da lei. 3. Legitimidade recursal do Ministério Público como fiscal da lei.

1. O MINISTÉRIO PÚBLICO E O ADVOGADO NA AÇÃO ACIDENTÁRIA

Historicamente, o Ministério Público intervinha nas ações acidentárias, em todas as fases do processo. Os fundamentos para a intervenção diziam respeito à natureza do direito em disputa, de cunho indisponível, de caráter alimentar e, ainda, pela qualidade da parte, ou seja, em prol do hipossuficiente. Essa intervenção ocorria como *custos legis* ou mesmo como representante do autor.

Com o advento da Constituição de 1988 e da edição do novo Estatuto da Ordem dos Advogados do Brasil (Lei n. 8.906/94), abriu--se uma discussão sobre a imprescindibilidade da presença de um advogado, inclusive nas esferas trabalhista e acidentária. Na trabalhista, ficou assentada a validade do art. 791 da CLT, podendo haver postulação junto às Varas do Trabalho, sem a presença do advogado.

Já no que tange à ação acidentária, a presença do advogado também era dispensável diante do previsto na Lei n. 6.367/76, art. 13: "Para pleitear direitos decorrentes desta lei, não é obrigatória a constituição de advogado". Era o entendimento do STF (RE 91.807,

2ª T., rel. Min. Djaci Falcão, j. em 8-8-1980). Em São Paulo, firmou-se posição de que esse dispositivo não foi revogado pela Lei n. 8.213/91, primeiro porque essa lei não revogou expressamente a de n. 6.367/76, limitando-se a dizer "revogam-se as disposições em contrário" (art. 156). Como esse diploma legal nada fala em contrário com aquele, não há por que entendê-lo revogado.

Em segundo lugar, a Lei n. 6.367/76 é uma lei especial, cuidando especificamente de matéria acidentária ("dispõe sobre o seguro de acidente do trabalho e dá outras providências"). Já a Lei n. 8.213/91 não trata somente do seguro de acidentes do trabalho, mas "dispõe sobre o Plano de Benefícios da Previdência Social e dá outras providências".

O Ministério Público de São Paulo tinha entendimento pela desnecessidade da presença do advogado.

No entanto, posteriormente, o Superior Tribunal de Justiça, através da Colenda 5ª Turma, ao julgar os Recursos Especiais 770.741 e 700.098, negou a legitimidade de o Ministério Público assistir ao autor acidentado.

"(...) II – O Ministério Público não detém legitimidade para propor ação objetivando a concessão de benefício previdenciário ou acidentário, por se tratar de direito individual disponível da parte, que dele pode abdicar. Precedente.

III – A intervenção do parquet nas ações acidentárias, a teor do enunciado da Súmula 226/STJ, restringe-se a sua atuação como *custos legis*" (REsp 700.741, rel. Min. Gison Dipp, j. em 20-4-2006).

"1. Nas lides acidentárias, o Ministério Público detém legitimidade para interpor recurso, atuando como fiscal da lei, mas não a tem para propor ação objetivando a concessão do benefício previdenciário, por se tratar de direito individual disponível da parte, que pode por ela ser abdicado. Não se configura, portanto, interesse individual indisponível, a reclamar a participação do Parquet, nos termos do art. 127 da Carta Magna" (REsp 700.098, rel. Min. Laurita Vaz, j. em 22-3-2005).

Também deve ser lembrado que, nos Estados, está constituída a Defensoria Pública, como São Paulo (LC n. 988, de 9-1-2006), órgão encarregado da orientação jurídica e da defesa, em todos os graus, dos necessitados (art. 134 da CF). Portanto, onde já houver a Defensoria Pública, não há legitimidade de o Ministério Público patrocinar a ação acidentária ou as ações civis *ex delicto* previstas no art. 68 do CPP, conforme entendimento do pleno do Supremo Tribunal Federal: "LEGITIMIDADE – AÇÃO 'EX DELICTO' – MINISTÉRIO PÚBLICO – DEFENSORIA PÚBLICA – ARTIGO 68 DO CÓDIGO DE PROCESSO PENAL – CARTA DA REPÚBLICA DE 1988. A teor do disposto no artigo 134 da Constituição Federal, cabe à Defensoria Pública, instituição essencial à função jurisdicional do Estado, a orientação e a defesa, em todos os graus, dos necessitados, na forma do artigo 5º, LXXIV, da Carta, estando restrita a atuação do Ministério Público, no campo dos interesses sociais e individuais, àqueles indisponíveis (parte final do artigo 127 da Constituição Federal). INCONSTITUCIONALIDADE PROGRESSIVA – VIABILIZAÇÃO DO EXERCÍCIO DE DIREITO ASSEGURADO CONSTITUCIONALMENTE – ASSISTÊNCIA JURÍDICA E JUDICIÁRIA DOS NECESSITADOS – SUBSISTÊNCIA TEMPORÁRIA DA LEGITIMAÇÃO DO MINISTÉRIO PÚBLICO. Ao Estado, no que assegurado constitucionalmente certo direito, cumpre viabilizar o respectivo exercício. Enquanto não criada por lei, organizada – e, portanto, preenchidos os cargos próprios, na unidade da Federação – a Defensoria Pública, permanece em vigor o artigo 68 do Código de Processo Penal, estando o Ministério Público legitimado para a ação de ressarcimento nele prevista. Irrelevância de a assistência vir sendo prestada por órgão da Procuradoria-Geral do Estado, em face de não lhe competir, constitucionalmente, a defesa daqueles que não possam demandar, contratando diretamente profissional da advocacia, sem prejuízo do próprio sustento" (STF, Pleno, RE 135.328/SP, rel. Min. Marco Aurélio, j. 29-6-1994).

No mesmo sentido: "Recurso Especial. Ministério Público. Legitimidade. Ação acidentária. Propositura. A *ratio essendi* da intervenção do Ministério Público nas ações acidentárias, calcadas na responsabilidade civil, é o interesse público consubstanciado na preocupação do Estado de defender aquele que sofre perda ou redução laboral ou, à família de quem é vitimado no trabalho. Nestes casos, atua o parquet como fiscal da lei. Não tem legitimidade para propor ação de reparação de danos, ainda que em favor de incapazes substituídos, pois, tal como nas ações alimentícias, não é função institucional deste órgão a defesa do direito material individual da parte. A situação de pobreza dos atingidos pelo acidente do trabalho não confere ao Ministério Público legitimidade para promover a ação indenitária, ficando a cargo da Defensoria Pública exercer o munus constitucional de orientar e defender gratuitamente os necessitados" (REsp 120.022, 3ª T., rel. Min. Nancy Andrighi, j. em 13-9-2001).

Assim, não cabe mais ao Ministério Público patrocinar as ações acidentárias.

2. DA ATUAÇÃO COMO FISCAL DA LEI

Quando não atua assistindo o acidentado e defendendo seus interesses, o Ministério Público, historicamente, como visto, vinha intervindo no feito na qualidade de *custos legis* (fiscal da lei). Sua não intervenção acarretava nulidade do feito nos termos dos arts. 82, III, e 84 do CPC de 1973. No entanto, pelo CPC de 2015, o art. 178 definiu: I – o Ministério Público só atua quando há interesse público ou social; II – quando houver interesse de incapaz. Suprimiu-se a necessidade de intervenção devido à natureza da lide ou à qualidade da parte (hipossuficiente). Sua intervenção, pelas regras atuais, como *custos legis*, justifica-se só quando há interesse de incapaz.

Mesmo antes da promulgação do atual Código de Processo Civil, o Ministério Público vinha formando entendimento pela racionalização da intervenção na esfera cível, adequando-a aos ditames da Constituição e, assim, o Conselho Nacional dos Corregedores-Gerais dos Ministérios Públicos Estaduais e da União, no ano de 2003, editou uma minuta de resolução a ser aplicada pelos Estados. No Estado de São Paulo, o Ato Normativo n. 313-PGJ-CGMP, de 24 de junho de 2003, já estabeleceu regras para a intervenção. Já o Ato Normativo n. 353/2004, no inciso X, explicitou a aplicação nas ações acidentárias.

Também por entendimento entre a Procuradoria-Geral de Justiça e a Presidência da Seção de Direito Público do E. Tribunal de Justiça do Estado de São Paulo, foi editado, por esta última, o Ato

Normativo n. 1/2006 – Presidência de Direito Público (*DOE*, Poder Judiciário, de 8 de maio de 2006), o qual dispensa a remessa de autos de ações acidentárias ao Ministério Público, seja para manifestação, seja para ciência do v. acórdão, salvo quando houver interesse de incapaz.

O Conselho Nacional do Ministério Público expediu a Recomendação n. 16, de 28 de abril de 2010, que dispõe sobre a atuação dos membros do Ministério Público como órgão interveniente no processo civil, sem caráter vinculativo, definindo:

"Art. 5º Perfeitamente identificado o objeto da causa e respeitado o princípio da independência funcional, é desnecessária a intervenção ministerial nas seguintes demandas e hipóteses:

(...)

IX – ação previdenciária em que inexistir interesse de incapazes;

X – ação de indenização decorrente de acidente do trabalho".

Posteriormente, a recomendação foi revogada pela Recomendação n. 34, de 5 de abril de 2016, quando se deu ênfase às ações e matérias em que o Ministério Público deve atuar.

Atualmente, não há mais dúvida de que o promotor de justiça, nas lides acidentárias, quando atua como fiscal da lei, não está vinculado à defesa do interesse material do obreiro, podendo emitir parecer pela improcedência da ação. Embora sua função seja intervir no processo pela qualidade da parte (incapaz), isso não o vincula a ela do ponto de vista do direito material, mas sim para zelar pela igualdade de tratamento dado às partes, suprindo eventuais lacunas do patrono do obreiro etc.

De qualquer forma, há de se proceder, ao menos, à intimação do órgão do Ministério Público, sob pena de nulidade (art. 279 do CPC/2015; art. 246 do CPC/73) que só se opera mediante comprovação de efetivo prejuízo[1].

---

1. "A falta de manifestação do Ministério Público é autorizada através do Ato Normativo n. 243/2000 – PGJ/CGMP/CPJ. Anular o processo por esse motivo seria prática inócua a beneficiar o retardamento do processo, em flagrante desrespeito ao princípio da celeridade processual" (Ap. 830.916-00/3, 2ª Câm., rel. Juiz Marcondes D'Angelo, j. em 17-5-2004).

3. LEGITIMIDADE RECURSAL DO MINISTÉRIO PÚBLICO COMO FISCAL DA LEI

Para poder desempenhar com plenitude suas funções processuais, é natural que o Ministério Público possa interpor todo e qualquer tipo de recurso previsto em favor do acidentado nas diversas fases do processo acidentário. De nada adiantaria sua intervenção como fiscal da lei se lhe fossem impostos limites em sua atuação. Como poderia garantir o regular cumprimento da lei se lhe falecesse o poder recursal?

Nem a existência de advogado constituído pelo beneficiário ou a elaboração de acordo entre as partes quanto ao correto benefício a ser pago retira do promotor de justiça o poder-dever de recorrer se seu convencimento assim o ditar. O art. 996 do Código de Processo Civil é taxativo quanto à legitimidade recursal do membro do Ministério Público, como parte ou como fiscal da lei. Aliás, já estava expresso no art. 499 do CPC/73.

Desse modo, qualquer argumentação diferente que queira dar interpretações diversas das aqui expostas, ainda que de forma sucinta no que tange à possibilidade de o Ministério Público recorrer, não encontra amparo legal nem sustentação lógico-dogmática.

O próprio Superior Tribunal de Justiça já firmou jurisprudência através da Súmula 99: "O Ministério Público tem legitimidade para recorrer no processo em que oficiou, ainda que não haja recurso da parte", e, posteriormente, da Súmula 226: "O Ministério Público tem legitimidade para recorrer na ação de acidente do trabalho, ainda que o segurado esteja assistido por advogado" (Corte Especial, *DJ* de 12-11-1999).

CAPÍTULO 10
DA AÇÃO REVISIONAL

Sumário: 1. Introdução. 2. Do reajuste do benefício. 3. Do reenquadramento do benefício. 4. Outras questões.

1. INTRODUÇÃO

A legislação acidentária atual, da mesma forma que a anterior, não faz menção à ação revisional. Contudo, sempre foi ela admitida com fundamento no art. 471, I, do Código de Processo Civil de 1973 e mantida no art. 505, I, do CPC/2015 [1]. E nem se alegue da impossibilidade em face da omissão da lei acidentária. É que entre o acidentado e o segurador obrigatório estabelece-se uma relação continuativa, já que as sentenças em matéria acidentária têm a natureza das chamadas sentenças com cláusulas *rebus sic stantibus*. Por isso sempre fica aberta a possibilidade de o acidentado reclamar no futuro desde que sobrevenha modificação do estado de fato ou de direito. É para tanto que se presta a ação revisional.

Já fizemos algumas colocações quanto a temas que podem ser discutidos a respeito da ação revisional, como, por exemplo, a questão da prescrição, os problemas ligados à competência etc.

Neste capítulo vamos enfrentar as duas questões mais comuns, quais sejam, os fundamentos propriamente ditos das ações revisionais, a saber: reajustes do benefício acidentário já concedido, ou o seu reenquadramento em face do agravamento da lesão ou aumento da incapacidade laborativa.

---

1. *Vide RT*, 558:156, 559:157, entre outras.

2. DO REAJUSTE DO BENEFÍCIO

O reajuste do benefício é a causa de maior incidência das ações revisionais acidentárias promovidas nas varas especializadas de acidentes do trabalho da Comarca de São Paulo. A causa mais comum nesse tipo de ação refere-se à aplicação da equivalência salarial prevista no art. 58 do Ato das Disposições Constitucionais Transitórias. Outras causas *petendi* dizem respeito à aplicação de índices integrais e dos índices de IRSM, INPC, IGP, IGP-DI etc.

3. DO REENQUADRAMENTO DO BENEFÍCIO

Como dito na Introdução, embora a lei acidentária não possua previsão legal expressa para o reenquadramento do benefício, claro está que, sempre que constatado o agravamento das sequelas incapacitantes, pode e deve o segurado pleitear a revisão. Da mesma forma que na época da concessão inicial do benefício, será a perícia a definir se houve ou não um agravamento suscetível de reenquadramento do benefício. Assim, de uma sequela, *v.g.*, com redução da capacidade laborativa que deu ensejo à concessão do auxílio-acidente no valor de 30%, pode haver um agravamento quando do retorno ao trabalho, que, através da nova perícia, reenquadre o caso no auxílio--acidente no valor de 40% ou de 60%[2].

Na realidade, contudo, o que a maioria das ações pleiteia mesmo é a majoração do benefício sob o pseudomotivo de agravamento por não se conformarem com o benefício inicialmente concedido. Se pelo primeiro motivo (índices de reajuste) as chances de ganho de causa são grandes, pelo segundo nem tanto, porque a perícia inicialmente realizada será comparada com a segunda e o mais das vezes não há agravamento que faça jus a novo enquadramento.

---

2. Esse exemplo vale para os fatos ocorridos na vigência da Lei n. 8.213/91, antes das alterações introduzidas pela Lei n. 9.032/95, já que agora o percentual é único de 50%, como já vimos alhures.

4. OUTRAS QUESTÕES

Outras questões importantes podemos levantar desde já: a primeira diz respeito à possibilidade ou não de a revisão ser requerida no mesmo processo da ação originária, por se tratar de uma relação continuativa.

O entendimento dessa possibilidade, que já não era pacífico, certamente tenderá a unificar-se pela não possibilidade em face da nova sistemática da execução da sentença acidentária.

Mais ainda. Se a ação revisional versar sobre questões novas, certamente há que se discutir em processo próprio e autônomo, embora dependente da ação em que se originou a obrigação que se pretende ver alterada.

A segunda questão já ventilada acima é a de que a ação revisional não se presta à discussão da ocorrência ou não do acidente ou da moléstia ocupacional, mas apenas para apuração do agravamento do mal e, portanto, de cabimento de maior indenização do que aquela já deferida.

Por outro lado, conforme exposto no Capítulo 1 desta terceira parte, o Superior Tribunal de Justiça, ao admitir a aplicação da legislação mais benéfica aos benefícios já implantados por decisão administrativa ou judicial, propiciou que a ação revisional se prestasse a tal pretensão.

Consignamos que tal posição, embora trate igualmente os segurados[3], e de indiscutível cunho social[4], não nos parece a mais adequa-

---

3. "Se a norma em matéria acidentária é de natureza pública, e se por isso deve ter aplicação geral a todos aqueles que se encontram na mesma situação, não se deve estabelecer distinção não prevista em lei apenas em favor dos que foram discutir seus direitos em juízo. Caso contrário, encontraremos sem muita dificuldade diversos exemplos de obreiros com o mesmo tipo de lesão, ocorridas na mesma época, e que receberão valores diferentes só porque um deles teve 'a sorte' de se ver obrigado a buscar corrigir em juízo erro na concessão do auxílio-acidente" (STJ, EREsp 38.107, 3ª Seção, rel. Min. Felix Fischer, *DJ* de 18-6-2002).

4. "Trata-se de garantir o direito e a vida, a saúde e o trabalho, princípios esculpidos no art. 5º da LINDB e no Título 'Da Ordem Social' da Constituição, com maior proteção pelo Estado. Certo é que o legislador, ao igualar os percentuais em um único de 50%, levou em conta uma razão de justiça social. As normas de ordem pública visam a tutelar interesse amplo que, em regra, transcende aos conflitos dos

da, uma vez que, se já está consolidada a relação jurídica entre as partes, em respeito ao ato jurídico perfeito ou à coisa julgada, deve prevalecer o enquadramento vigente quando da consumação da relação. É certo que o STJ admite a revisão pela vigência de lei mais benéfica. Contudo, o Supremo Tribunal Federal, que já não vinha admitindo a retroatividade, no julgamento do RE 613.033, com repercussão geral, tendo como relator o Ministro Dias Toffoli, solucionou de vez a questão: "Direito previdenciário. Revisão de benefício. Auxílio-acidente. Lei n. 9.032/95. Benefícios concedidos antes de sua vigência. Inaplicabilidade. Jurisprudência pacificada na corte. Matéria com repercussão geral. Reafirmação da jurisprudência do Supremo Tribunal Federal".

Por conta dessa decisão, o entendimento do STJ se modificou, salientando que diversos Tribunais já vinham admitindo a tese vencedora no STF.

Outrossim, na inicial da ação revisional deve ficar demonstrado que, efetivamente, há vantagem na aplicação da lei nova, sob pena de indeferimento do pleito[5].

Em suma, a revisional presta-se para reenquadrar a classificação do benefício em decorrência de agravamento.

---

particulares, aos conflitos encontrados no direito privado, interpessoal, sendo motivo para amparar a retroatividade da lei nova mais benéfica ao obreiro, a ser aplicada tanto aos casos pendentes, como para ensejar ações revisionais de casos já terminados, atingindo situações ocorridas durante a vigência de leis menos benéficas" (Allan Dalla Soares, Aspectos sobre a retroatividade da lei em matéria acidentária, artigo disponível na Internet).

5. "Definido pelo Superior Tribunal de Justiça que a Lei 9.032/95 instituiu sistema mais favorável ao beneficiário da Previdência e que o percentual de cinquenta pontos aplica-se a todo auxílio infortunístico por incapacidade parcial e permanente, cumpre admitir o processamento de demanda revisional, condicionado, porém, à prova do interesse de agir, ou seja, de que 40% sobre o salário de contribuição da época de vigência da benesse, respeitada a prescrição, correspondem a importe inferior a 50% sobre o salário de benefício da mesma época, ainda com corretivo monetário das parcelas que compõem a média, fim para o qual é determinada a emenda da vestibular" (Ap. 821.276-00/1, 4ª Câm., rel. Juiz Rodrigues da Silva, j. em 9-3-2004).

CAPÍTULO 11
DO PROCESSO EXECUTÓRIO

Sumário: 1. Da citação e dos embargos. 2. Do cálculo do salário relegado à fase de execução. 3. Da elaboração da conta e utilização do contador judicial. 4. Do teto do valor do benefício acidentário. 5. Do valor do benefício quando a remuneração é por hora. 6. Do levantamento do valor depositado.

1. DA CITAÇÃO E DOS EMBARGOS

A Lei n. 11.232, de 22 de dezembro de 2005, já havia alterado a sistemática do processo de execução civil, revogando inúmeros dispositivos do CPC/1973, com reflexos na execução acidentária.

As regras agora estão estabelecidas nos arts. 534 e seguintes do CPC/2015.

Transitada em julgado a sentença concessiva do benefício, faz-se a liquidação, com a apresentação do cálculo discriminado e intimação do advogado do INSS para se manifestar, e inicia-se a execução, que segue o mesmo rito da execução contra a Fazenda Pública, somente havendo alterações em relação à expedição do precatório, na forma do § 3º do art. 100 da Constituição Federal, com redação dada pelas Emendas Constitucionais n. 20 e 30[1].

---

1. Durante algum tempo houve controvérsia a respeito da aplicação do art. 128 da Lei n. 8.213/91, tendo o Supremo Tribunal Federal suspendido seus efeitos. Agora, com a redação dada pela Lei n 10.099/2000, não há mais dúvida.

Citado, o INSS terá trinta dias para, querendo, apresentar os embargos à execução, iniciando-se a discussão não só quanto aos valores[2], mas também, como se trata de execução de título judicial, de toda a matéria prevista no art. 535 e seus incisos do estatuto processual civil. Poderão ser assim discutidas todas as questões envolvendo os atributos do título executivo, como, por exemplo, certeza, exigibilidade e liquidez.

Na nova sistemática do CPC/2015, o INSS será intimado da conta apresentada pelo credor (art. 535), na pessoa do procurador judicial, e poderá, nos próprios autos e em 30 dias, impugnar a execução com fundamento nas hipóteses previstas nos incisos do referido artigo (basicamente as mesmas previstas no CPC/1973). Não há mais oposição de embargos; a defesa é no próprio processo executório.

A petição dos embargos deve seguir a regra do art. 319 do Código de Processo Civil. Em caso de impugnação dos valores e índices, deve o embargante apresentar seus próprios cálculos. Contudo, se houver alguma omissão das disposições aí contidas, ou desacordo com elas, o juiz não poderá rejeitá-la *in limine*, devendo oferecer à parte a oportunidade de emendar a inicial, sob pena de nulidade[3].

Feita a intimação, apresentados os embargos, só resta a decisão. Esta deve ser fundamentada, rejeitando-os ou acolhendo-os, ou seja, o juiz deverá verificar se a conta apresentada está correta, de acordo com a sentença de conhecimento, e se foram utilizados os índices ali prescritos.

Em caso de acolhimento total ou parcial dos embargos, não basta mencionar o erro de cálculo, mas deve o juiz deixar consignado onde está o excesso e qual o valor devido, sob pena de nulidade[4].

---

2. O prazo de trinta dias para apresentar os embargos está agora previsto no art. 130 da Lei n. 8.213/91, com a redação dada pela MP n. 1.523-9, e agora pela Lei n. 9.528/97. Como se vê, esse artigo, no que tange ao INSS, derroga o art. 730 do CPC. É mais um prazo especial para a autarquia conferido na calada da noite, através de reedição de uma medida provisória.

3. 2º TAC, Ap. 485.477, 3ª Câm., rel. Juiz João Saletti, j. em 24-7-1997; Ap. 487.390, 5ª Câm., rel. Juiz Francisco Thomaz, j. em 30-7-1997; Ap. 485.991, 7ª Câm., rel. Juiz José Emmanoel França, j. em 22-7-1997.

4. Ap. 474.637, 4ª Câm., rel. Juiz Celso Pimentel, j. em 18-2-1997; Ap. 472.765, 7ª Câm., rel. Juiz Antonio Marcato, j. em 11-3-1997.

2. DO CÁLCULO DO SALÁRIO RELEGADO À FASE DE EXECUÇÃO

Era muito comum, e continua sendo, embora em menor escala, que o juiz na sentença de conhecimento relegasse à fase de execução o cálculo do valor do salário de contribuição ou do salário de benefício que serviria de base para o cálculo do valor da indenização e do benefício futuro.

Não há nenhum impedimento ou inconveniente, tampouco é contrária à lei essa forma de agir de alguns juízes, até porque o tribunal não se tem oposto, pois não há obrigatoriedade de fixá-lo na sentença. Do ponto de vista prático, pode atrasar ou dificultar a elaboração da conta; mas, por outro lado, pode ocorrer que no curso do processo de conhecimento nem sempre se disponha de todos os elementos para a correta fixação do valor do salário a ser utilizado. Assim, para não atrasar demais a decisão do conhecimento, pode-se agir dessa forma. Isso é muito comum quando o salário de contribuição ou o salário de benefício for composto também de partes variáveis.

Ressalte-se ainda que, com o novo Código de Processo Civil, art. 509, § 2º, foi mantida a redação do art. 475-B do CPC/73: ao autor cabe apresentar a conta de liquidação e, no caso, ele mesmo deve indicar qual o salário que utilizou (se não fixado na sentença), competindo, por sua vez, ao INSS, nos próprios autos (CPC/2015) ou em sede de embargos (CPC/73), questionar o valor da conta e do salário utilizado[5].

De qualquer forma, é prudente e recomendável que a sentença, se não fixar o salário de contribuição ou o salário de benefício, pelo menos estabeleça os critérios de sua fixação, como o número de horas a serem consideradas, inclusão de horas extras etc., para facilitar o credor na elaboração da conta e impedir novas discussões protelatórias.

---

5. Ap. 450.332, 4ª Câm., rel. Juiz Mariano Siqueira, j. em 9-4-1996; Ap. 455.603, 2ª Câm., rel. Juiz Vianna Cotrim, j. em 13-5-1996; Ap. 462.646, 1ª Câm., rel. Juiz Ricardo Tucunduva, j. em 29-7-1996.

É importante, finalmente, que a sentença decida sobre os critérios de atualização do benefício, índices e períodos de incidência, para novamente evitar a repetição de discussões na fase de liquidação.

3. DA ELABORAÇÃO DA CONTA E UTILIZAÇÃO DO CONTADOR JUDICIAL

Vimos até agora que, pela sistemática da liquidação da conta nas ações acidentárias, é ônus do credor a elaboração desta e sua apresentação. Essa obrigação permanece mesmo com a reforma da legislação.

Com efeito, o art. 9º da Lei n. 11.232, de 22 de dezembro de 2005, revogou o art. 604 do CPC. Essa mesma lei, de acordo com o seu art. 3º, introduziu o art. 475-B no CPC de 1973, disciplinando que, quando o valor da condenação dependesse de cálculo, o credor requereria o cumprimento da sentença, instruindo o pedido com memória discriminada e atualizada do cálculo. Contudo, o § 3º do art. 475-B do CPC estabeleceu que o juiz podia se valer do contador do juízo nos casos de assistência judiciária. Como o autor da ação acidentária é beneficiário da justiça gratuita (art. 129, parágrafo único, da Lei n. 8.213/91), essa era a regra para os casos em que as ações foram propostas pela Defensoria Pública, da mesma forma que era, até agora, nas ações propostas pelo segurado assistido pelo Ministério Público.

Em outras palavras, apesar de revogado o art. 604 do CPC de 1973, a sistemática continuava a mesma, ou seja, o credor acidentado do trabalho apresentava cálculo com memória discriminada do débito, ou pede que a conta seja feita pelo contador judicial, nas hipóteses de assistência judiciária. Permanecem, portanto, atuais as considerações a respeito da aplicação do revogado art. 604 do CPC, conforme exposto em edições anteriores e, ainda, sob a égide do CPC de 2015, agora denominado contabilista (art. 149).

Nesses anos de vigência da nova sistemática, o entendimento sobre a matéria admite a possibilidade de uso do contador judicial, conforme nossas conclusões"[6].

---

6. STJ, REsp 154.351, 6ª T., rel. Min. Vicente Leal, j. em 9-12-1997, *DJ* de 2-2-1998, p. 171; 2º TAC, AI 471.777, 11ª Câm., rel. Juiz Clovis Castelo, j. em 30-9-1996; AI 484.721, 12ª Câm., rel. Juiz Gama Pellegrini, j. em 24-4-1997.

O CPC/2015 mantém a obrigação da apresentação da conta pelo credor e que o juízo pode se valer de contabilista para sua conferência (art. 524, § 2º). Não há mais referência expressa à possibilidade de uso do contador em casos de assistência judiciária. A falta de referência não induz à impossibilidade de auxílio do contador (ou contabilista) judicial. Afinal, aquele que é agraciado com a assistência judiciária não pode ver tolhido seu direito pela inexistência de condições materiais de pagar profissional para quantificar o direito já reconhecido na fase de conhecimento e, como asseverou o TJSP: "PARTE BENEFICIÁRIA DA JUSTIÇA GRATUITA. GRATUIDADE QUE É EXTENSÍVEL A MEDIDAS QUE VISEM A CONSECUÇÃO DA PRESTAÇÃO JURISDICIONAL. ARTIGO 98, § 1º, DO CPC." (Ap. 2169081-49.2019.8.26.0000, 10ª Câmara de Direito Privado, rel. Coelho Mendes, j. em 12-11-2019).

Do STJ: "Consoante a jurisprudência deste STJ, o beneficiário assistência judiciária gratuita tem direito à elaboração de cálculos pela Contadoria Judicial, independentemente da complexidade dos cálculos. 2. Agravo interno não provido" (STJ, AgInt no REsp 1.715.521/RS, 1ª T., rel. Min. Benedito Gonçalves, j. em 12-8-2019, *DJe* 14-8-2019).

Vejamos outras decisões do Tribunal paulista:

"Agravo de Instrumento. Execução de alimentos. Pedido para decretação da prisão do Executado. Não conhecimento, sob pena de supressão de instância. Decisão agravada que indeferiu o pedido de remessa do processo à contadoria judicial, para atualização da dívida. Insurgência. Acolhimento. Artigo 98, § 1º, VII, do CPC que autoriza que a elaboração dos cálculos exigidos, para a execução proposta por beneficiário da gratuidade processual, seja realizada pelo contador judicial. Recurso conhecido em parte e provido na parte conhecida" (AI 2022635-38.2023.8.26.0000, 3ª Câmara de Direito Privado, rel. João Pazine Neto, j. em 17-5-2023).

"Cumprimento de sentença – Alimentos – Cálculo do valor devido a título de prestação de alimentos vencidos e não pagos – Decisão que indeferiu o pedido de elaboração de cálculos pelo Ofício de Justiça formulado por beneficiário de justiça gratuita e representada pela Defensoria Pública – Irresignação da exequente – Acolhimento – Gratuidade que abrange a elaboração dos cálculos em execução – Arts. 98, par. 1º, VII, do CPC e 5º, LXXIV, da CF – Atribuição transferida para os Ofícios de Justiça, a quem incumbe a realização dos cálculos – Portaria 10.185/2022 – Decisão reformada – Recurso provido" (AI 2112496-35.2023.8.26.0000, 6ª Câmara de Direito Privado, rel. Marcus Vinicius Rios Gonçalves, j. em 15-5-2023).

"Alimentos. Cumprimento de sentença. Decisão que determinou a elaboração da memória de cálculo pela exequente-agravante. Cálculo que, na hipótese, deve ser elaborado pelo contador judicial, uma vez que a agravante é beneficiária da justiça gratuita. Inteligência do art. 98, § 1º, VII, do Código de Processo Civil. Precedentes desta E. Corte de Justiça. Portaria n. 10.185/2022 do Tribunal de Justiça. Determinada a remessa dos autos à Contadoria Judicial ou Ofício Judicial. Decisão reformada. Recurso provido" (AI 2046872-39.2023.8.26.0000, 10ª Câmara de Direito Privado, rel. Coelho Mendes, j. em 10-5-2023).

"ASSISTÊNCIA JUDICIÁRIA – AGRAVO DE INSTRUMENTO – AÇÃO DE EXECUÇÃO DE ALIMENTOS – DECISÃO QUE DETERMINOU O RETORNO DOS AUTOS À DEFENSORIA PÚBLICA PARA QUE PROVIDENCIASSE A ATUALIZAÇÃO DA PLANILHA DE DÉBITO – AGRAVANTE BENEFICIÁRIA DA ASSISTÊNCIA JUDICIÁRIA – *QUANTUM DEBEATUR* DEVE SER CALCULADO PELA CONTADORIA JUDICIAL, SOB PENA DE TER OBSTACULIZADO O ACESSO À JUSTIÇA – INTELIGÊNCIA DOS ARTS. 475-B, § 3º, DO CPC 1973 E 98, § 1º, INC. VII, DO CPC 2015 – PRECEDENTES – RECURSO PROVIDO" (AI. 2199797-59.2019.8.26.0000, 8ª Câmara de Direito Privado, rel. Theodureto Camargo, j. em 30-10-2019).

O juiz, contudo, poderá recorrer ao auxílio do contador judicial, que terá até 30 dias para desincumbir-se da tarefa que lhe foi determinada"[7].

Vale ressaltar que o CPC trouxe, expressamente, as previsões da obrigação do CNJ em disponibilizar tabelas de atualização financeira (art. 509, § 3º).

---

7. José Rogério Cruz e Tucci, artigo "Novo CPC traz mudanças no cumprimento definitivo de sentença, disponível em <www.conjur.com.br>.

4. DO TETO DO VALOR DO BENEFÍCIO ACIDENTÁRIO

A questão que se coloca neste item é a de saber se existe limite para o valor do benefício acidentário e por via oblíqua e qual a base de cálculo para encontrá-lo.

Sob a luz da Lei n. 8.213/91, em sua versão inicial, a resposta é, absolutamente, negativa.

Com efeito, as questões referentes a acidentes do trabalho têm tratamento especial dentro das Leis n. 8.212/91 e n. 8.213/91.

A começar pela fonte de custeio: os benefícios previdenciários têm como fonte de custeio um percentual sobre o salário recebido pelo segurado (art. 20 da Lei n. 8.212/91 e Lei n. 7.787/89), não podendo exceder o limite máximo do salário de contribuição (§ 5º do art. 28 da Lei n. 8.212/91), além das demais fontes previstas nessa lei.

Para os benefícios de natureza acidentária é diferente. É que, como se sabe, o custeio do SAT, por força do mandamento constitucional previsto no art. 7º, XXVIII, é de ônus exclusivo das empresas, que contribuem para o financiamento dos benefícios previstos nos arts. 57 e 58 da Lei n. 8.213, de 24 de julho de 1991, e são concedidos em razão do grau de incidência de incapacidade laborativa decorrente dos riscos ambientais do trabalho em percentuais de 1% a 3%, conforme o art. 22, II, da Lei n. 8.212/91, mas sem qualquer teto. O dispositivo citado fala em "total das remunerações pagas ou creditadas, no decorrer do mês, aos segurados e trabalhadores avulsos".

Ora, o caixa da Previdência Social, para as prestações por acidentes do trabalho, é formado com a arrecadação dessa contribuição das empresas, incidente sobre o total da folha de pagamento, justamente para assegurar ao trabalhador acidentado a percepção de valores mais próximos possíveis do salário recebido por ocasião do acidente. Tanto assim que o § 1º do art. 28 da Lei n. 8.213/91 era taxativo ao afirmar que em caso de acidente do trabalho seria considerado, para fins de cálculo do benefício, o valor do salário de contribuição vigente no dia do acidente, sem nenhuma referência a teto.

Interpretando esses dispositivos, fica claro que não há incidência de teto para recebimento do benefício de caráter acidentário, haja vista que existe uma fonte diferente de custeio para os benefícios dessa natureza e para os benefícios de natureza comum.

Mais ainda. O antigo Regulamento dos Benefícios da Previdência Social (Dec. n. 611/92) tratava separadamente os benefícios de natureza comum e os de natureza acidentária. Assim é que no Capítulo II do Título III cuidava das prestações em geral. No Capítulo III do mesmo título tratava do acidente do trabalho e na Seção V cuidava das prestações dessa natureza. Ora, quando o Regulamento falava da renda mensal do benefício comum, utilizava a expressão "salário de benefício", prescrevendo que esse valor não poderia ser inferior ao do salário mínimo nem superior ao do limite máximo do salário de contribuição (arts. 29 e s.), repetindo a versão do disposto na lei. Mas, quando analisava os benefícios decorrentes de acidente do trabalho, em nenhum momento se referia a limites máximos. Veja-se que o art. 153 expressamente veda que o valor do benefício seja inferior ao salário mínimo, mas omite a referência ao teto máximo como o fez quando cuidou dos benefícios comuns.

"A renda mensal dos benefícios por acidente do trabalho de que tratam as alíneas *a* e *b* do inciso I e do inciso II do art. 144, não pode ser inferior ao salário mínimo."

Assim, se a fonte de custeio não tinha teto máximo, se o próprio Regulamento prescrevia o limite mínimo, mas não o máximo, se não havia ofensa ao princípio constitucional previsto no art. 195, § 5º, da Constituição Federal, não vemos razão alguma jurídica ou econômica para criar teto máximo de valor do benefício decorrente de acidente do trabalho.

Poderíamos até vislumbrar, na aplicação do teto, um ganho sem causa, um enriquecimento ilícito, por parte do INSS, que nada mais é do que o segurador obrigatório, arrecadador de tal contribuição complementar, prevista em lei, para esse fim específico, e não repassá-la ao segurado acidentado do trabalho.

Diga-se ainda, por derradeiro, que se assim não fosse não haveria razão para que o legislador se preocupasse em alterar essa sistemática pela Lei n. 9.032/95, que equiparou os percentuais e a base de cálculo dos benefícios pagos pela Previdência independentemente de sua natureza, comum ou acidentária.

Mas agora outro deve ser o entendimento a partir da vigência da Lei n. 9.032/95, que, da mesma forma que determina um valor mínimo (salário mínimo) para os valores dos benefícios de natureza acidentária, também o faz em relação ao valor máximo, que não poderá ser superior ao limite máximo de contribuição.

É imprescindível ressaltar, contudo, que, referindo-se os dispositivos da citada lei não ao salário de contribuição do segurado, mas genericamente ao valor "máximo do salário de contribuição" (arts. 33 da lei e 33 do Regulamento), a conclusão lógica e teleológica deve ser a de que o valor máximo do benefício de natureza acidentária não terá como teto máximo o salário de contribuição do segurado, mas o limite máximo de contribuição do trabalhador em geral, hoje em torno de dez salários mínimos. Ou seja, se, aplicando as regras dos arts. 28 e 29 da lei (base de cálculo o salário de benefício), e este igual à média aritmética simples das trinta e seis últimas contribuições apuradas em período não superior a quarenta e oito meses, encontrarmos um valor superior ao salário de contribuição do segurado, mas inferior ao valor máximo de contribuição, prevalece o valor encontrado, porque inferior ao limite máximo de contribuição. Se, ao contrário, feita a mesma operação, encontrarmos um valor superior ao limite máximo, não pode prevalecer esse valor encontrado, porque superior ao limite máximo de contribuição, hoje expressamente considerado como o teto máximo para qualquer benefício, independentemente de sua natureza, comum ou acidentária. Prevalece, pois, aquele.

Esse entendimento está em consonância também com os arts. 135 e 136 da Lei n. 8.213/91, segundo os quais o valor de benefício (não o salário de benefício) será calculado sobre os salários de contribuição, mas respeitados os limites mínimo e máximo vigentes nos meses a que se referem (art. 135), ficando eliminados o menor e o maior valor-teto para cálculo do salário de benefício (art. 136).

Não se pode confundir os conceitos de valor de benefício (valor da prestação recebida pelo segurado); de salário de benefício, que é a média (art. 29); de salário de contribuição (valor sobre o qual contribuiu o segurado – art. 28 da Lei n. 8.212/91); e de limite máximo de contribuição previsto no art. 33 da Lei n. 8.213/91.

Entendemos que essa é a melhor forma de interpretar a *mens legislatoris* e diminuir o prejuízo do segurado acidentado. É como o cálculo dos antigos pecúlios por invalidez ou morte acidentária previstos no art. 83, revogados pela Lei n. 9.032/95. Ali os percentuais de 75% ou de 150% não eram aplicados sobre o salário de contribuição do segurado aposentado ou falecido, mas sobre o limite máximo do salário de contribuição. Como a lei e o Regulamento utilizam atualmente a mesma expressão, parece-nos ser essa a posição que melhor se coaduna com a lei sem os prejuízos advindos ao segurado.

Há uma diferença substancial em relação à situação anterior. Naquela não havia teto máximo para o valor do benefício de natureza acidentária, senão o salário do segurado no dia do acidente, pois sobre ele contribuía a empresa. Nesta há. O valor do benefício terá como teto máximo o limite máximo do salário de contribuição previsto em lei. A questão foi pacificada pelo STJ, Tema 148: "O Plano de Benefícios da Previdência Social – PBPS, dando cumprimento ao art. 202, *caput*, da Constituição Federal (redação original), definiu o valor mínimo do salário de benefício, nunca inferior ao salário mínimo, e seu limite máximo, nunca superior ao limite máximo do salário de contribuição" (Sessão de 26-8-2009).

Também deve ser observado que não se pode admitir a existência de "tetos parciais", ou seja, a aplicação mês a mês do valor máximo do teto. O que deve ser levado em consideração é a média final dos meses utilizados. Se esta for superior ao teto, deve ficar restrita a este; se inferior, deve ser considerada em sua totalidade, mesmo que em um ou mais meses o valor do salário de contribuição tenha ultrapassado o teto. Isto porque há de se interpretar o art. 29, § 2º, da Lei n. 8.213/91 com o art. 136 da mesma lei, que estabelece a eliminação do menor e do maior valor-teto para o cálculo do salário de benefício. Recentes decisões do Superior Tribunal de Justiça reforçam essa tese[8].

---

8. "O art. 136 da Lei n. 8.213/91 não interfere em qualquer determinação do art. 29 da mesma Lei, por versarem sobre questões diferentes. Enquanto aquele ordena a exclusão do valor teto do salário de contribuição para um determinado cálculo, este estipula limite máximo para o próprio salário de benefício" (REsp 215.882, 5ª T., rel. Min. Edson Vidigal, j. em 17-8-1999, *DJ* de 20-9-1999); art. 29

Para finalizar, não se pode alegar, em favor do trabalhador acidentado, o previsto no § 2º do art. 201 da Constituição Federal, que se refere à existência de um valor mínimo e não de um valor máximo. É que a parte final do *caput* desse mesmo artigo se refere expressamente a "nos termos da lei". E, infelizmente, agora a lei mudou para piorar a situação do segurado acidentado. Se a Previdência continua recebendo as contribuições das empresas da mesma forma, sem teto, isso só vem reforçar a confusão e ganância que continuam reinando na Previdência Social[9].

5. DO VALOR DO BENEFÍCIO QUANDO A REMUNERAÇÃO É POR HORA

Questão eminentemente prática diz respeito à aplicação do número de horas que deve ser utilizado para o cálculo do salário de contribuição ou salário de benefício quando o trabalhador recebe remuneração por hora. O problema existia na vigência da Lei n. 8.213/91 na sua versão original, já que agora, com a alteração dada pela Lei n. 9.032/95, o que importa é o salário de benefício calculado na forma do art. 29.

O INSS, rotineiramente, defende a fórmula de cálculo com base nas duzentas e vinte horas (normalmente pago administrativamente), enquanto o autor postula o benefício sobre duzentas e quarenta horas mensais.

Valentin Carrion[10] explicita por que o salário deve ser multiplicado por 220: A partir dessas novas normas constitucionais e considerando que o descanso semanal é de 24 horas (art. 67 da CLT), fixou-

---

da Lei n. 8.213/91: "O valor do salário de benefício não será inferior ao de um salário mínimo, nem superior ao do limite máximo do salário de contribuição na data inicial do benefício. Segundo precedentes, após o somatório e a apuração da média, deve ser observado o valor limite do salário de benefício, conforme estipulado pelo art. 29, § 2º" (EDiv no REsp 158.437, 3ª Seção, rel. Min. José Arnaldo, j. em 23-6-1999, *DJ* de 6-9-1999).

9. *Vide* primeira parte, Capítulo 3, item 5.1.

10. *Comentários à Consolidação das Leis do Trabalho*, 23. ed., São Paulo: Saraiva, p. 114.

-se o entendimento de que o salário mínimo passou a ser composto por não mais de 240 horas (8 horas diárias multiplicadas por 30 dias do mês civil), mas apenas de 220 horas, porque: dividindo-se as 44 horas semanais por 6, que é o número de dias úteis, obtém-se o resultado de 7 horas e 20 minutos para a jornada diária normal média de trabalho, que, multiplicadas pelos 30 dias do mês, alcançam 220 horas.

De fato, a legislação que se seguiu à promulgação da Constituição de forma direta ou indireta indicava que o salário mínimo/hora deveria ser multiplicado por 220, por exemplo: Leis n. 7.789/89, art. 4º; 8.178/91, arts. 9º, § 5º, e 10; 8.222/91, art. 8º; 9.063/95, art. 1º etc.

No entanto, a Lei n. 8.213/91 trouxe disposição expressa no art. 28, § 2º: "Entende-se como salário de contribuição vigente no dia do acidente, o contratado para ser pago por mês, dia, ou hora, no mês do acidente, que será multiplicado por trinta quando diário, ou por duzentos e quarenta, quando horário, para corresponder ao valor mensal que servirá de base de cálculo para o benefício". Portanto, não há contradição, nem poderia haver, nos dispositivos constitucionais (art. 7º, XII e XV), nem com o revogado § 2º do art. 28 da Lei n. 8.213/91.

Entendemos que a posição correta era a prevista na Lei n. 8.213/91, já que a melhor interpretação do art. 7º, XV, da Constituição, transformando, de forma explícita, o domingo ou o descanso semanal em dia remunerado e, consequentemente, diminuindo a jornada de trabalho, é de que, se o obreiro é remunerado por hora, devem ser computadas oito horas no período de trinta dias, incluindo, assim, o domingo.

Seria ilógico admitir a tese de que a jornada foi diminuída para prejudicar o trabalhador.

Basta ver que o dispositivo constitucional está inserido no capítulo dos direitos sociais, no artigo que trata dos direitos dos trabalhadores, e, a toda evidência, não pode servir de fundamento para desfavorecer o empregado.

A jurisprudência sobre a questão é praticamente unânime nesse sentido[11], inclusive a dos tribunais superiores.

---

11. "Acidente do Trabalho. Embargos à execução. Cálculo do salário de contribuição. Auxílio acidente com início em julho de 1993. Segurado horista. Multi-

6. DO LEVANTAMENTO DO VALOR DEPOSITADO

Muitos patronos dos autores pedem que as guias de levantamento de depósitos sejam preenchidas em seus nomes e nos valores por eles levantados.

Isso tem gerado certa polêmica. O correto é a expedição de duas guias, uma em favor do advogado, correspondente ao ônus da sucumbência, que lhe pertence, como já citamos anteriormente, e a outra em nome do obreiro, referente ao montante atrasado e que lhe pertence, exclusivamente.

Os advogados alegam, em sua defesa, que muitas vezes os clientes recebem os valores e não pagam os honorários devidos e avençados anteriormente.

Isso não justifica a pretensão. De fato, os nobres patronos têm meios de compelir o obreiro a pagar a verba honorária.

Até porque, *a fortiori*, o raciocínio inverso também poderia ser verdadeiro, ou seja, os obreiros poderiam achar que os patronos estariam retendo valores maiores que os devidos.

Seja como for, a melhor solução é a expedição de duas guias, cada qual em favor de seu titular, e, se o advogado quiser levantar, deve providenciar uma procuração específica para tanto, *ad negotia*.

---

plicação por 240 horas mensais. Aplicação do art. 28, § 2º, da Lei n. 8.213/91, em sua redação original. Recurso do INSS improvido. Exerço o juízo de retratação do Acórdão anterior e conheço do apelo do INSS, porém, nego-lhe provimento" (TJSP, Ap. 0001994-84.1995.8.26.0278, 16ª Câmara de Direito Público, rel. Luiz Felipe Nogueira, j. em 17-11-2020).

"Devida a adoção de **240 horas** na composição do salário de contribuição – Inteligência do art. 28, § 2º, da Lei n. 8.213/91 em sua redação original" (TJSP, Ap. 0144351-62.2006.8.26.0000, 17ª Câm. Dir. Público, rel. Des. Nelson Biazzi, j. em 17-7-2017).

CAPÍTULO 12
DA ATUALIZAÇÃO DOS BENEFÍCIOS

Sumário: 1. Dos critérios legais. 2. Da aplicação do redutor. 3. Da aplicação da Súmula 26 do 2º Tribunal de Alçada Civil e Recurso de Revista. 4. Da interpretação e alcance do art. 58 do Ato das Disposições Constitucionais Transitórias. 5. Do primeiro reajuste.

1. DOS CRITÉRIOS LEGAIS

A atualização dos valores dos débitos da Previdência Social é tema extremamente tormentoso. Praticamente não existe nenhum processo em andamento em que haja concordância sobre os critérios utilizados.

Pode ser estranha essa afirmação, já que, se há critérios legais, estes devem ser os aplicados. Contudo, de um lado tivemos nos últimos anos cortes de "zeros", diversas trocas de moeda, altíssima inflação etc. Por outro, mesmo após a edição da Lei da Previdência Social (Lei n. 8.213/91), regulamentando planos de benefícios, o que se pressupõe deva conter também os critérios de atualização, diversas leis e outras tantas medidas provisórias geraram dúvidas e interpretações das mais diversas quanto aos índices a serem aplicados.

Inicialmente, no campo previdenciário, há que se distinguir "reajuste" de "atualização". "Reajustes são aplicados aos benefícios mantidos enquanto que a atualização significa corrigir-se monetariamente os benefícios pagos com atraso"[1].

---
1. 2º TAC, REO 763.433-00/7, 10ª Câm., rel. Juiz Nestor Duarte, j. em 4-12-2002.

Sem querermos ser donos da verdade, mas após análise das diversas questões suscitadas e posição de nossos tribunais, são as seguintes regras de atualização para os benefícios ainda não implantados:

a) Aplicação do art. 58 do Ato das Disposições Constitucionais Transitórias até a implantação do plano de custeio, em dezembro de 1991, utilizando-se como base o salário de contribuição ou de benefício da época do evento, dividido pelo salário mínimo de então e multiplicado por Cr$ 42.000,00 (valor do salário mínimo).

b) Incorporação da variação do INPC de setembro a dezembro de 1991.

c) A partir de janeiro de 1992 aplicação da Lei n. 8.213/91, com incidência do INPC até dezembro de 1992.

d) A partir de janeiro de 1993 até fevereiro de 1994 a atualização segue o critério da Lei n. 8.542, de 23 de dezembro de 1992, alterando o índice do reajuste do INPC para o IRSM.

e) Em 28 de fevereiro de 1994, conversão do valor para URV, utilizando-se o valor de 28 de fevereiro de 1994, ou seja, Cr$ 637,64.

f) Em 30 de junho de 1994, conversão para o Real e utilização do IPCr de julho de 1994 (Lei n. 8.880/94, art. 20) até junho de 1995.

g) De julho/95 a abril/96 incide o INPC mês a mês (MP n. 1.053/95 – substituída pela MP n. 1.415 –, art. 8º, § 3º, que alterou a Lei n. 8.880/94).

h) De maio de 1996 a janeiro/2004 vigora o IGP-DI, nos termos dos arts. 8º da MP n. 1.415 e 2º da MP n. 1.463, convalidadas pela Lei n. 9.711/98.

i) A partir de fevereiro de 2004 aplica-se o INPC por uma conjugação do disposto na MP n. 167 (originária das MP n. 2.060, de 26-9-2000, e n. 2.187-13, de 24-8-2001) e que se transformou na Lei n. 10.887, de 18 de junho de 2004, que introduziu o art. 29-B na Lei n. 8.213/91[2], na Lei n. 10.699, de 9 de julho de 2003, e na Lei n.

---

2. "Art. 29-B. Os salários de contribuição considerados no cálculo do valor do benefício serão corrigidos mês a mês de acordo com a variação integral do Índice Nacional de Preços ao Consumidor – INPC, calculado pela Fundação Instituto Brasileiro de Geografia e Estatística – IBGE."

11.430/2006, que deu nova redação ao art. 41-A da Lei n. 8.213/91[3] e Tema 905 do STJ[4].

j) De 29-6-2009 a 31-12-2013, por força da Lei n. 11.960/2009, incidem os índices oficiais de remuneração básica e juros aplicados à caderneta de poupança (art. 5º), nos termos do art. 100 da Constituição Federal.

k) A partir de 1º-1-2014 aplica-se, por força das Leis n. 12.919/2013 e n. 13.080/2015, o IPC-A[5].

l) a partir de 9-12-2021 aplica-se taxa Selic por força da EC n. 113/2021, art. 3º.

É preciso esclarecer que, para os benefícios em manutenção, a questão está bastante controvertida, isto porque a partir de 1997, com a edição das MP n. 1.463-18/97 e 1.572-1/97, o próprio texto legal fixava os percentuais dos reajustes anuais, a saber: 7,76% na MP n. 1.463-18/97 e 1.572-1/98; 4,81% na MP n. 1.663/98; 4,61% na MP n. 1.824/99; 5,81% na MP n. 2.022/2000, hoje alterada para MP n. 2.187-13/2001; e, por fim, 7,66% na MP n. 2.129/2001, e tais percentuais não correspondiam, exatamente, a nenhum índice.

---

3. O art. 41 foi revogado pela Lei n. 11.430, de 2006.
Art. 41-A: "O valor dos benefícios em manutenção será reajustado, anualmente, na mesma data do reajuste do salário mínimo, *pro rata*, de acordo com suas respectivas datas de início ou do último reajustamento, com base no Índice Nacional de Preços ao Consumidor – INPC, apurado pela Fundação Instituto Brasileiro de Geografia e Estatística – IBGE".

4. "3.2 Condenações judiciais de natureza previdenciária. As condenações impostas à Fazenda Pública de natureza previdenciária sujeitam-se à incidência do INPC, para fins de correção monetária, no que se refere ao período posterior à vigência da Lei n. 11.430/2006, que incluiu o art. 41-A na Lei n. 8.213/91. Quanto aos juros de mora, incidem segundo a remuneração oficial da caderneta de poupança (art. 1º-F da Lei n. 9.494/97, com redação dada pela Lei n. 11.960/2009).

5. Atualização monetária – Indexadores – De 1º-7-2009 a 31-12-2013, aplica-se a TR, nos termos da Lei n. 12.309/2010 – A partir de 1º-1-2014, o valor inscrito em precatório/RPV, relativo à administração pública federal, volta a ser corrigido pelo IPCA-E – Plenário do STF que, em 25-3-2015, modulou os efeitos na ADI n. 4.357 e resguardou a utilização do IPCA-E, com fundamento nos arts. 27 das Leis n. 12.919/2013 e n. 13.080/2015 (TJSP, AI 2160369-75.2016.8.26.0000, 17ª Câm. Dir. Público, rel. Des. Antonio Moliterno, data de publicação: 10-8-2018).

Todavia, o mais vantajoso critério de atualização é o IGP-DI, porque melhor repõe a perda.

O STF, inicialmente no RE 376.846 (em 24.09.2003) e, depois, no ARE 808.107, que resultou na fixação de tese no Tema 728, entendeu que os índices de reajuste previstos nas leis são constitucionais e devem prevalecer[6]. Assim, é possível, se assim o quiser o legislador infraconstitucional, estabelecer critérios diversos para o reajuste dos benefícios e para a atualização do cálculo dos salários de contribuição e atualização da dívida não paga.

Ressalte-se que o Supremo Tribunal Federal, nas ADIns 4.425 e 4.357, Pleno, Relator para o acórdão Min. Luiz Fux, j. em 14-3-2013, decidiu pela inconstitucionalidade do art. 5º da Lei n. 11.960/2009:

"Direito constitucional. Regime de execução da Fazenda Pública mediante precatório. Emenda Constitucional n. 62/2009. Inconstitucionalidade formal não configurada. Inexistência de interstício constitucional mínimo entre os dois turnos de votação de emendas à lei maior (CF, art. 60, § 2º). Constitucionalidade da sistemática de 'superpreferência' a credores de verbas alimentícias quando idosos ou portadores de doença grave. Respeito à dignidade da pessoa humana e à proporcionalidade. Invalidade jurídico-constitucional da limitação da preferência a idosos que completem 60 (sessenta) anos até a expedição do precatório. Discriminação arbitrária e violação à isonomia (CF, art. 5º, *caput*). Inconstitucionalidade da sistemática de compensação de débitos inscritos em precatórios em proveito exclusivo da Fazenda Pública. Embaraço à efetividade da jurisdição (CF, art. 5º, XXXV), desrespeito à coisa julgada material (CF, art. 5º XXXVI), ofensa à separação dos poderes (CF, art. 2º) e ultraje à isonomia entre o Estado e o particular (CF, art. 1º, *caput*, c/c art. 5º, *caput*). Impossibilidade jurídica da utilização do índice de remune-

---

6. "PREVIDENCIÁRIO. REAJUSTE DE BENEFÍCIOS. ÍNDICES DE CORREÇÃO MONETÁRIA RELATIVOS AOS ANOS DE 1997, 1999, 2000, 2001, 2002 E 2003. CONSTITUCIONALIDADE. PERCENTUAIS SUPERIORES AO ÍNDICE NACIONAL DE PREÇOS AO CONSUMIDOR (INPC). REPERCUSSÃO GERAL CONFIGURADA. REAFIRMAÇÃO DA JURISPRUDÊNCIA" (*DOE* de 1-8-2014).

ração da caderneta de poupança como critério de correção monetária. Violação ao direito fundamental de propriedade (CF, art. 5º, XXII). Inadequação manifesta entre meios e fins. Inconstitucionalidade da utilização do rendimento da caderneta de poupança como índice definidor dos juros moratórios dos créditos inscritos em precatórios, quando oriundos de relações jurídico-tributárias. Discriminação arbitrária e violação à isonomia entre devedor público e devedor privado (CF, art. 5º, *caput*). Inconstitucionalidade do regime especial de pagamento. Ofensa à cláusula constitucional do Estado de Direito (CF, art. 1º, *caput*), ao princípio da separação de poderes (CF, art. 2º), ao postulado da isonomia (CF, art. 5º, *caput*), à garantia do acesso à justiça e a efetividade da tutela jurisdicional (CF, art. 5º, XXXV) e ao direito adquirido e à coisa julgada (CF, art. 5º, XXXVI). Pedido julgado procedente em parte.

1. A Constituição Federal de 1988 não fixou um intervalo temporal mínimo entre os dois turnos de votação para fins de aprovação de emendas à Constituição (CF, art. 62, § 2º), de sorte que inexiste parâmetro objetivo que oriente o exame judicial do grau de solidez da vontade política de reformar a Lei Maior. A interferência judicial no âmago do processo político, verdadeiro *locus* da atuação típica dos agentes do Poder Legislativo, tem de gozar de lastro forte e categórico no que prevê o texto da Constituição Federal. Inexistência de ofensa formal à Constituição brasileira.

2. O pagamento prioritário, até certo limite, de precatórios devidos a titulares idosos ou que sejam portadores de doença grave promove, com razoabilidade, a dignidade da pessoa humana (CF, art. 1º, III) e a proporcionalidade (CF, art. 5º, LIV), situando-se dentro da margem de conformação do legislador constituinte para operacionalização da novel preferência subjetiva criada pela Emenda Constitucional n. 62/2009.

3. A expressão 'na data de expedição do precatório', contida no art. 100, § 2º, da CF, com redação dada pela EC n. 62/2009, enquanto baliza temporal para a aplicação da preferência no pagamento de idosos, ultraja a isonomia (CF, art. 5º, *caput*) entre os cidadãos credores da Fazenda Pública, na medida em que discrimina, sem qualquer fundamento, aqueles que venham a alcançar a idade de sessenta anos

não na data da expedição do precatório, mas sim posteriormente, enquanto pendente este e ainda não ocorrido o pagamento.

4. O regime de compensação dos débitos da Fazenda Pública inscritos em precatórios, previsto nos §§ 9º e 10 do art. 100 da Constituição Federal, incluídos pela EC n. 62/2009, embaraça a efetividade da jurisdição (CF, art. 5º, XXXV), desrespeita a coisa julgada material (CF, art. 5º, XXXVI), vulnera a Separação dos Poderes (CF, art. 2º) e ofende a isonomia entre o Poder Público e o particular (CF, art. 5º, *caput*), cânone essencial do Estado Democrático de Direito (CF, art. 1º, *caput*).

5. A atualização monetária dos débitos fazendários inscritos em precatórios segundo o índice oficial de remuneração da caderneta de poupança viola o direito fundamental de propriedade (CF, art. 5º, XXII) na medida em que é manifestamente incapaz de preservar o valor real do crédito de que é titular o cidadão. A inflação, fenômeno tipicamente econômico-monetário, mostra-se insuscetível de captação apriorística (*ex ante*), de modo que o meio escolhido pelo legislador constituinte (remuneração da caderneta de poupança) é inidôneo a promover o fim a que se destina (traduzir a inflação do período).

6. A quantificação dos juros moratórios relativos a débitos fazendários inscritos em precatórios segundo o índice de remuneração da caderneta de poupança vulnera o princípio constitucional da isonomia (CF, art. 5º, *caput*) ao incidir sobre débitos estatais de natureza tributária, pela discriminação em detrimento da parte processual privada que, salvo expressa determinação em contrário, responde pelos juros da mora tributária à taxa de 1% ao mês em favor do Estado (*ex vi* do art. 161, § 1º, do CTN). Declaração de inconstitucionalidade parcial sem redução da expressão 'independentemente de sua natureza', contida no art. 100, § 12, da CF, incluído pela EC n. 62/2009, para determinar que, quanto aos precatórios de natureza tributária, sejam aplicados os mesmos juros de mora incidentes sobre todo e qualquer crédito tributário.

7. O art. 1º-F da Lei n. 9.494/97, com redação dada pela Lei n. 11.960/2009, ao reproduzir as regras da EC n. 62/2009 quanto à atualização monetária e à fixação de juros moratórios de créditos inscritos em precatórios incorre nos mesmos vícios de juridicidade que inquinam

o art. 100, § 12, da CF, razão pela qual se revela inconstitucional por arrastamento, na mesma extensão dos itens 5 e 6 *supra*.

8. O regime 'especial' de pagamento de precatórios para Estados e Municípios criado pela EC n. 62/2009, ao veicular nova moratória na quitação dos débitos judiciais da Fazenda Pública e ao impor o contingenciamento de recursos para esse fim, viola a cláusula constitucional do Estado de Direito (CF, art. 1º, *caput*), o princípio da Separação de Poderes (CF, art. 2º), o postulado da isonomia (CF, art. 5º), a garantia do acesso à justiça e a efetividade da tutela jurisdicional (CF, art. 5º, XXXV), o direito adquirido e à coisa julgada (CF, art. 5º, XXXVI)".

E no já citado REsp 870.947, que deu origem ao Tema 810:

"1) O art. 1º-F da Lei n. 9.494/97, com a redação dada pela Lei n. 11.960/2009, na parte em que disciplina os juros moratórios aplicáveis a condenações da Fazenda Pública, é inconstitucional ao incidir sobre débitos oriundos de relação jurídico-tributária, aos quais devem ser aplicados os mesmos juros de mora pelos quais a Fazenda Pública remunera seu crédito tributário, em respeito ao princípio constitucional da isonomia (CRFB, art. 5º, *caput*); quanto às condenações oriundas de relação jurídica não tributária, a fixação dos juros moratórios segundo o índice de remuneração da caderneta de poupança é constitucional, permanecendo hígido, nesta extensão, o disposto no art. 1º-F da Lei n. 9.494/97, com a redação dada pela Lei n. 11.960/2009; e 2) O art. 1º-F da Lei n. 9.494/97, com a redação dada pela Lei n. 11.960/2009, na parte em que disciplina a atualização monetária das condenações impostas à Fazenda Pública segundo a remuneração oficial da caderneta de poupança, revela-se inconstitucional ao impor restrição desproporcional ao direito de propriedade (CRFB, art. 5º, XXII), uma vez que não se qualifica como medida adequada a capturar a variação de preços da economia, sendo inidônea a promover os fins a que se destina (Plenário, 20-9-2017).

Por isso, o TJSP, por meio de suas duas Câmaras especializadas, passou a entender que:

"Com efeito, em recentes decisões, os C. Tribunais Superiores fixaram entendimento sobre tais pontos e os submeteram ao regime dos recursos repetitivos (Tema 905 do STJ) e da repercussão geral

(Tema 810 do STF). Destarte, considerando também a deliberação tomada em conjunto pelos integrantes da E. 16ª Câmara de Direito Público, no sentido de alinhar suas decisões ao posicionamento dos Tribunais Superiores sobre a questão dos índices de atualização, o julgado deve ser modificado para que se empregue o IGP-DI como índice de atualização monetária até dezembro de 2006; a partir daí, terá aplicação o INPC (Tema 905 do STJ, atrelado ao REsp n. 1.495.146/MG), até 29 de junho de 2009; deste marco em diante, será empregado o IPCA-E, considerando o julgamento do Tema 810 pelo STF (RE 870.947/SE). Consigno, quanto ao afastamento da TR, com uso do IPCA-E em seu lugar, que a Suprema Corte já consolidou o entendimento de que é cabível a aplicação de precedente vinculante independentemente da publicação do respectivo acórdão" (AgR 612.375; AgR-ED 1.027.677; ARE 930.647) (TJSP, ED 1006622-19.2014.8.26.0348/50000, rel. João Negrini Filho, j. em 10-8-2018).

"Acidente do Trabalho – Reexame da matéria, nos termos do art. 1.040, inciso II, do Código de Processo Civil – reapreciação da questão envolvendo a correção monetária em razão do julgamento do mérito do REsp n. 1.495.146/MG – Tema n. 905 do STJ – caso em debate que bem cuidou da aplicação do IPCA-E em razão do período de sua incidência (a partir da conta de liquidação) – observação quanto à aplicação da Lei n. 11.960/09 com enfoque para as teses firmadas no Tema n. 810 do STF – Provimento mantido, com observação" (ED 0252605-56.2011.8.26.0000, 17ª Câmara de Direito Público, rel. Ricardo Graccho, j. em 7-8-2018).

Para finalizar, de frisar que não cabe a atualização do débito pela UFIR, como pretendeu, por vários anos, o INSS. Ela, que foi criada pela Lei n. 8.383/91, foi extinta pela Lei n. 10.522, de 29 de julho de 2002 (art. 29, § 3º). Já é questão pacificada[7].

---

7. "A jurisprudência deste Superior Tribunal de Justiça pacificou já entendimento no sentido de ser inaplicável a UFIR na atualização monetária dos débitos requisitados à autarquia previdenciária" (STJ, REsp 538.123, 6ª T., rel. Min. Hamilton Carvalhido, j. em 26-5-2004).

2. DA APLICAÇÃO DO REDUTOR

Inicialmente devemos ressaltar a observação já feita da necessidade de diferenciar reajuste do benefício em manutenção da atualização do valor do benefício a ser implantado, no caso, referente à aplicação dos arts. 20, § 1º, da Lei n. 8.880/94, para o benefício em manutenção, e 20, §§ 5º e 6º, da Lei n. 8.880/94, para o benefício ainda não pago ou não implantado.

Importante a ressalva porque, nos termos da Lei n. 8.700/94, o reajuste dos benefícios era quadrimestral e possibilitava antecipações (sempre que a inflação atingisse 10%). Assim, o INSS, via de regra, aplicava o redutor de 10%, indistintamente, seja no reajuste do benefício implantado, seja na atualização do benefício devido, mas ainda não pago. Nada mais errado, contudo, para os benefícios não implantados, haja vista que o segurado não recebeu a antecipação da atualização do benefício para sofrer posteriormente o redutor, porque sequer estava em gozo do benefício. Assim, a reposição deve ser integral, sob pena de a atualização do benefício ser prejudicada.

Por isso que a Lei n. 8.880/94 revogou a Lei n. 8.700/94, determinando a aplicação do índice de 1,4025 (ou seja, o índice integral) para os benefícios pagos com atraso e ainda não implantados.

Nenhuma previsão administrativa (Portaria Ministerial n. 845/94, *DJU* de 3-12-1994) em sentido contrário pode contrariar a lei.

Para os benefícios ainda não implantados e cujos pagamentos forem efetuados com atraso pela Previdência, há incidência do § 5º do art. 20 da Lei n. 8.880/94, pois não houve nem haverá reposição do redutor, visto que convertidos em URV.

Os dispositivos dos incisos I e II e §§ 1º e 2º do art. 20 da citada lei só se aplicam aos benefícios já em manutenção, pois, como houve antecipação, há, posteriormente, o acerto ao término do quadrimestre, não cabendo, assim, que os índices sejam integrais ao final do período, sem considerar a antecipação concedida, sob pena de aumento acima do legalmente definido.

O mesmo se diga para a aplicação do índice de 1,3967 no mês de fevereiro de 1994.

Este entendimento, que já estava consolidado na jurisprudência, foi adotado pelo legislador com a edição da Lei n. 10.999/2009, que estabeleceu, no art. 1º, o fator de correção dos salários de contribuição anteriores a março de 1994, em 39,67%.

3. DA APLICAÇÃO DA SÚMULA 26 DO 2º TRIBUNAL DE ALÇADA CIVIL E RECURSO DE REVISTA

A Súmula 26 do 2º Tribunal de Alçada Civil/SP rezava que: "Todas as prestações acidentárias objeto de condenação judicial devem ser satisfeitas pelo valor da mais recente, apurado este mediante o restabelecimento do poder aquisitivo da renda mensal inicial anterior a 5 de outubro de 1988 pelo critério da equivalência salarial – art. 58 do Ato das Disposições Constitucionais Transitórias – e subsequente atualização pelos índices e critérios da Lei n. 8.213/91 a partir da implantação do plano de benefícios".

Essa Súmula foi revogada em Sessão Plenária do Tribunal realizada em 13 de abril de 1999 (*DOE* de 26-4-1999). Surgiu, então, a dúvida se deveria ou não prevalecer o contido no Recurso de Revista n. 9.859/74, uma vez que a Súmula havia sido editada para aperfeiçoá-lo.

É que os critérios do Recurso de Revista n. 9.859/74 do mesmo tribunal ordenam que se proceda ao "reajustamento pela forma prevista para a Previdência, mas pagam-se as prestações atrasadas pelo valor da que for cabível na época do pagamento".

Ora, o espírito dos critérios do Recurso de Revista n. 9.859/74 e a letra da Súmula 26 se amalgamam perfeitamente ao preceito constitucional previsto no art. 201, § 2º, da Constituição Federal, segundo o qual "É assegurado o reajustamento dos benefícios para preservar-lhes, em caráter permanente, o valor real, conforme critérios definidos em lei".

A jurisprudência se consolidou pela inaplicabilidade do Recurso de Revista.

Resumindo, apurado o valor do benefício (RMI), este terá atualização pelos índices e critérios da Lei n. 8.213/91 (INPC) e as alterações posteriores (IRSM, INPC, IGP-DI). As prestações não pagas serão corrigidas pelos índices de correção monetária na forma da Lei n. 6.899/81, da data devida até a data da conta.

Some-se a isso o fato de que o Superior Tribunal de Justiça editou a Súmula 148 justamente determinando que as prestações em atraso sejam corrigidas monetariamente, de tal forma que deve ser apurado o valor de cada uma e não apenas da última: "Os débitos relativos a benefício previdenciário, vencidos e cobrados em juízo após a vigência da Lei n. 6.899/81, devem ser corrigidos monetariamente na forma prevista nesse diploma legal". É este o entendimento mais recente, podendo ser conferidos vários acórdãos na quarta parte[8].

4. DA INTERPRETAÇÃO E ALCANCE DO ART. 58 DO ATO DAS DISPOSIÇÕES CONSTITUCIONAIS TRANSITÓRIAS

O art. 58 do Ato das Disposições Constitucionais Transitórias reza que "Os benefícios de prestação continuada, mantidos pela Previdência Social na data da promulgação da Constituição, terão seus valores revistos, a fim de que seja restabelecido o poder aquisitivo, expresso em número de salários mínimos, que tinham na data de sua concessão, obedecendo-se a esse critério de atualização até a implantação do plano de custeio e benefícios referidos no artigo seguinte".

Já o parágrafo único do artigo dispõe que "As prestações mensais dos benefícios atualizadas de acordo com este artigo serão devidas e pagas a partir do sétimo mês a contar da promulgação da Constituição".

---

8. 2º TAC, Ap. 553.604, 10ª Câm., rel. Juiz Nestor Duarte, j. em 28-7-1999; 2º TAC, Ap. 553.007, 10ª Câm., rel. Juiz Soares Levada, j. em 28-7-1999; STJ, REsp 188.253, 5ª T., rel. Min. José Arnaldo da Fonseca, j. em 17-8-1999, *DJ* de 13-9-1999; STJ, REsp 76.920, 5ª T., rel. Min. Hamilton Carvalhido, j. em 3-8-1999, *DJ* de 13-9-1999.

Algumas observações importantes para entender o alcance do art. 58 e seu parágrafo único.

A primeira delas é a imprecisão da redação quando se refere à "data de sua concessão". Tudo leva a entender pelo espírito do artigo que a *mens* do constituinte quis dizer "data em que foi devido o benefício". Outra interpretação implicaria prejuízo ao segurado, uma vez que a obtenção do benefício, na maior parte das vezes, ocorria somente muito tempo após o acidente.

O valor a ser tido como parâmetro para encontrar os salários mínimos não é o valor da base de cálculo, mas o do benefício, até porque o dispositivo se aplica a benefícios de natureza comum e de natureza infortunística, cujos critérios de cálculo e percentuais aplicados eram diferentes até a vigência da Lei n. 9.032/95.

A segunda observação é a de que o parágrafo único restringiu o alcance temporal do *caput* do art. 58 ao dispor que a aplicação deste apenas era devida a partir do sétimo mês da promulgação da Constituição. Portanto, apenas a partir de abril de 1989.

Uma dúvida se levanta, contudo. Como ficaria a atualização dos valores dos benefícios cujos fatos geradores se deram entre a promulgação da Constituição e a vigência do plano de custeio e de benefícios?

Aqui começam a surgir as divergências: o 2º Tribunal de Alçada Civil entendia que a regra valeria até a entrada em vigor do Decreto n. 357/91 (dezembro de 1991)[9].

Já o Supremo Tribunal Federal se posicionou de forma oposta, entendendo que a aplicação se restringe aos benefícios concedidos anteriormente à vigência da Constituição, eliminando quaisquer outras interpretações[10]: "CONSTITUCIONAL E PREVIDENCIÁRIO. AGRAVO REGIMENTAL NO RECURSO EXTRAORDINÁRIO COM AGRAVO. CONSTITUCIONALIDADE DOS ÍNDICES

---

9. Ap. 406.761, 11ª Câm., rel. Juiz Laerte Sampaio, j. em 23-6-1994; Ap. 430.221, 7ª Câm., rel. Juiz Emmanoel França, j. em 9-5-1995.
10. STF, 2ª T., RE 195.135, rel. Min. Maurício Corrêa, j. em 28-11-1996; RE 208.051, 1ª T., rel. Min. Celso de Mello, j. em 25-3-1997; RE 213.864, 1ª T., rel. Min. Octávio Gallotti, j. em 24-6-1997.

DE CORREÇÃO MONETÁRIA DE BENEFÍCIOS PREVIDENCIÁRIOS. PRECEDENTE DO PLENÁRIO DO STF SOB A SISTEMÁTICA DA REPERCUSSÃO GERAL (RE 808.107, DE MINHA RELATORIA, TEMA 728). ART. 58 DA ADCT. APLICABILIDADE LIMITADA AOS BENEFÍCIOS CONCEDIDOS EM MOMENTO ANTERIOR À PROMULGAÇÃO DA CONSTITUIÇÃO FEDERAL E ATÉ A EDIÇÃO DA LEI 8.213/1991. PRECEDENTES. AGRAVO REGIMENTAL A QUE SE NEGA PROVIMENTO" (ARE 755.698, 2ª T., rel. Min. Teori Zavascki, 30-9-2014).

5. DO PRIMEIRO REAJUSTE

Até o advento da Constituição Federal era aplicada a Súmula 260 do ex-Tribunal Federal de Recursos: "no primeiro reajuste do benefício previdenciário, deve-se aplicar o índice integral do aumento verificado, independente do mês de concessão, considerando, nos reajustes subsequentes, o salário mínimo então atualizado". Após a promulgação da Carta Magna o entendimento foi alterado, isso porque a Constituição determinou a atualização dos benefícios já em manutenção (art. 58 do ADCT), bem como estabeleceu que todos os salários de contribuição, considerados para cálculo de benefícios, deveriam ser atualizados, na forma da lei (art. 201, § 3º).

Assim, quando a Constituição determinou a atualização de todos os valores (salários de contribuição) que vão integrar o cálculo do benefício, explicitou que, na data da concessão deste, toda a correção monetária ou atualização referente ao período do cálculo estaria coberta. Ora, assim, correta a interpretação de que a atualização deva ser feita para o período posterior, após a implantação do benefício, respeitando-se os períodos fixados na Lei n. 8.213/91 – anualmente nos meses de junho. Ocorrendo implantação no meio do período, o primeiro reajuste ocorrerá no mês de junho seguinte, incluindo os índices dessa data até o do mês da concessão. É o que determina a Lei n. 9.711, de 20 de novembro de 1998, em seu art. 8º. A jurisprudência do STF pacificou a questão[11].

---

11. "Aliás, em caso análogo, a 1ª Turma desta Corte, no julgamento do RE n. 231.412-RS, rel. Ministro Sepúlveda Pertence, *DJU* de 10-6-1999, assim decidiu:

Vale lembrar que o art. 41 da Lei n. 8.213/91, com redação dada pela Lei n. 10.699, de 9 de julho de 2003, resolveu a questão: "Os valores dos benefícios em manutenção serão reajustados a partir de 2004, na mesma data de reajuste do salário mínimo, 'pro rata', de acordo com suas respectivas datas de início ou do seu último reajustamento, com base em percentual definido em regulamento". A Medida Provisória n. 316, de 11 de agosto de 2006, acrescentou à mesma Lei n. 8.213/91 o art. 41-B, explicitando que esse reajustamento terá como base o "Índice Nacional de Preços ao Consumidor – INPC, apurado pela Fundação Instituto Brasileiro de Geografia e Estatística – IBGE".

"AGRAVO REGIMENTAL NO AGRAVO DE INSTRUMENTO. PREVIDENCIÁRIO. CRITÉRIO DE REAJUSTE DE BENEFÍCIOS. ARTIGO 41, II, DA LEI N. 8.213/91. CONSTITUCIONALIDADE. INAPLICABILIDADE DA SÚMULA N. 260 DO EXTINTO TFR. 1. A jurisprudência do Supremo se firmou pela constitucionalidade do art. 41, II, da Lei n. 8.213/91, que determinou o reajuste dos valores dos benefícios em manutenção de acordo com as suas respectivas datas e com base na variação integral do INPC, sem violação dos arts. 194, IV, e 201, § 2º [§ 4º na redação dada pela EC n. 20/98], da Constituição do Brasil. 2. Aos benefícios previdenciários concedidos na vigência da Lei n. 8.213/91, calculados pela média aritmética dos últimos trinta e seis salários de contribuição

---

'Previdenciário: reajuste inicial de benefício concedido nos termos do art. 202, *caput*, da Constituição Federal: constitucionalidade do disposto no art. 41, II, da Lei n. 8.213/91. Ao determinar que os valores dos benefícios em manutenção serão reajustados, de acordo com as suas respectivas datas, com base na variação integral do INPC, o art. 41, II, da Lei n. 8.213/91 (posteriormente revogado pela Lei n. 8.542/92), não infringiu o disposto nos arts. 194, IV, e 201, § 2º, da CF, que asseguram, respectivamente, a irredutibilidade do valor dos benefícios e a preservação do seu valor real; se na fixação da renda mensal inicial já se leva em conta o valor atualizado da média dos trinta e seis últimos salários de contribuição (CF, art. 202, *caput*), não há justificativa para que se continue a aplicar o critério previsto na Súmula 260 do extinto Tribunal Federal de Recursos (no primeiro reajuste do benefício previdenciário, deve-se aplicar o índice integral do aumento verificado, independentemente do mês de concessão)'. Adotados os fundamentos deduzidos no precedente referido, o agravo resta improvido" (STF, RE 256.103, 1ª T., rel. Min. Sydney Sanches, j. em 9-4-2002).

atualizados monetariamente, não se aplica o disposto na Súmula n. 260 do extinto TFR. Agravo regimental a que se nega provimento" (AI 563.464, rel. Min. Eros Grau, j. em 8-8-2006).

CAPÍTULO ESPECIAL

DANO MORAL E MATERIAL: COMPETÊNCIA, PRESCRIÇÃO E OUTRAS QUESTÕES RELACIONADAS À INDENIZAÇÃO

Sumário: 1. Introdução. 2. A dupla indenização. 3. O novo Código Civil. 4. Elementos essenciais da responsabilidade. 5. Competência jurisdicional. 6. Prescrição. 7. Indenização. 8. Conclusão.

1. INTRODUÇÃO

Do acidente do trabalho ou doença ocupacional surge o direito de o segurado exigir os benefícios de natureza acidentária a cargo da Previdência Social. Esse, sem dúvida, é o mais importante efeito desse evento danoso sofrido pelo trabalhador e é o objeto deste livro. Mas não é o único. Outras consequências dele decorrem, como, por exemplo, as de natureza administrativa das quais cuida o MTE através das DRTs; as de natureza penal, como a prevista no art. 19, § 2º, da Lei n. 8.213/91, no art. 132 do Código Penal, e até o crime de lesões corporais ou homicídio. Interessa-nos neste momento a responsabilidade civil, que, sobretudo após a CF de 1988, assumiu de vez importância capital nas relações de trabalho entre empregado e empregador. Dela cuidaremos, mesmo que sem a profundidade que o tema merece, neste capítulo especial.

2. A DUPLA INDENIZAÇÃO

Inicialmente a indenização acidentária excluía a possibilidade de a vítima pleitear do empregador qualquer outro tipo de pagamento. O regime acidentário já garantia sempre uma indenização ao segurado, a cargo do empregador, que o fazia diretamente ou através de terceiros[1]. Este, pagando o prêmio do seguro, transferia o ônus para uma seguradora. De fato, o Dec. n. 24.637, de 10 de julho de 1934, a segunda lei acidentária do Brasil, previa em seu art. 12 que: *"A indenização estatuída pela presente lei, exonera o empregador de pagar à vítima, pelo mesmo acidente, qualquer outra indenização do direito comum"*[2].

Mas, com a industrialização galopante e com o aumento da cobertura subjetiva do SAT, estendida praticamente para todos os trabalhadores, começou a ganhar força a tese da cumulatividade de indenizações: acidentária e comum. Os fundamentos eram os de que o seguro obrigatório podia levar a um aumento dos riscos dos ambientes de trabalho. O patrão, tendo de pagar sempre a indenização acidentária, diretamente ou em forma de prêmio do seguro independentemente do sinistro, agia de forma muitas vezes até dolosa, não se preocupando em melhorar as condições de segurança e da saúde dos trabalhadores. Haviam de ser criados, pois, mecanismos para coibir essa displicência.

---

1. A primeira lei acidentária no Brasil, o Dec. n. 3.724, de 15-1-1919, previa no máximo três anos de salário do empregado a título de indenização, paga diretamente pelo empregador. Com a segunda lei, o Dec. n. 24.637, de 10-7-1934, as empresas podiam repassar esse ônus para o Banco do Brasil ou a Caixa Econômica da União. O SAT, a rigor, transformou-se num seguro comum de acidentes pessoais cujo prêmio estava a cargo do empregador e a indenização era paga pela seguradora. Essa indenização tarifária manteve-se até a estatização do SAT, em 1967.
2. No ensinamento de José de Aguiar Dias, "não resta espaço para cumular a ação nela baseada e a ação de direito comum... nem mesmo a faculdade de a vítima ou seus beneficiários de escolher entre as duas ações, ou exercer opção". *Responsabilidade civil em debate*, Rio de Janeiro: Forense, 1993.

Dez anos depois da segunda lei acidentária, surgiu o Dec. n. 7.036, de 10 de novembro de 1944, que avançou na matéria, pois, ao repetir a mesma regra da lei anterior, acrescentou que *"... a menos que este* (o acidente) *resulte de dolo seu* (empregador) *ou de seus prepostos"* (art. 31).

Ainda sob a égide daquele diploma acidentário, foi editada a Súmula 229 do Supremo Tribunal Federal, equiparando a culpa grave ao dolo previsto no art. 31 do Dec. n. 7.036/44: *"A indenização acidentária não exclui a do direito comum, em caso de dolo ou culpa grave do empregador"*[3]. Persistiam, contudo, muitos problemas, pois no regime dessa lei era o empregador o responsável pela indenização acidentária. Assim, questionava-se se podia a vítima propor duas ações contra o mesmo empregador: uma acidentária e outra com fundamento no direito civil.

Mais uma vez o Supremo Tribunal Federal esclarecia que: *"Mesmo que a indenização tenha sido paga, ainda pode a vítima demandar em ação ordinária, sendo, porém, descontada da nova quantia, o que tiver recebido como indenização por acidente no trabalho"*[4].

Neste momento devemos ter presente que a Previdência Social no Brasil atravessava o período de sua consolidação. Nada mais correto, pois, que o Seguro de Acidentes do Trabalho fosse também incorporado à Previdência Social, o que veio a se concretizar com a Lei n. 5.316/67. A indenização passou de tarifária, por conta das seguradoras, a ser paga na forma de benefícios de natureza acidentária. Esse regime se fortaleceu com a Lei n. 6.367/76, uma vez que os benefícios recebidos pelo segurado, em consequência do infortúnio laboral, já não eram considerados como indenização, mas adquiriam um caráter alimentar. Estavam a cargo da Previdência, a qual, por lei e não por contrato, cobrava do empregador o custeio desse seguro obrigatório. O acidente do trabalho, nesse contexto, produzia duas relações jurídicas distintas: uma entre o segurado e a Previdência Social, e a outra

---

3. Editada em 13 de dezembro de 1963, portanto após a Lei n. 3.807/60, a chamada LOPS – Lei Orgânica da Previdência Social –, que unificou a Previdência Social no Brasil.

4. 2ª T., RE 32.589.

entre o empregado e o empregador. Porque distintas, uma não podia anular a outra. Evidente, portanto, o cabimento da ação de responsabilidade civil contra o empregador com fundamento no ato ilícito.

A Constituição de 1988 consolidou de vez a cumulatividade. Ela garante aos trabalhadores urbanos e rurais *"seguro contra acidentes de trabalho, a cargo do empregador, sem excluir a indenização a que este está obrigado, quando incorrer em dolo ou culpa"* (art. 7º, XXVIII). Ou seja, em razão desse seguro social, a Previdência Social vai prestar os benefícios devidos em consequência do evento acidentário. Mas, quando houver dolo ou culpa do empregador, terá ele de indenizar o empregado, ressarcindo as perdas e danos a que deu causa.

Fundamento remoto dessa indenização era o art. 159 do antigo Código Civil: *"Aquele que, por ação ou omissão voluntária, negligência ou imprudência violar direito, ou causar prejuízo a outrem, fica obrigado a reparar o dano"*. Esse dispositivo, combinado com outros dispositivos do mesmo Código (arts. 904, 1.518, 1.521, entre outros), praticamente resolvia todas as questões relacionadas à indenização decorrente do ambiente do trabalho. Tratava-se aqui da chamada culpa aquiliana.

É bem verdade que a doutrina e a jurisprudência ultimamente vinham utilizando outros fundamentos para a condenação do empregador, como a teoria do risco (responsabilidade presumida), chegando mesmo à responsabilidade objetiva, bastando o dano e o nexo causal. Mas a verdade é que a própria Constituição de 1988, no já citado art. 7º, exige que a empresa reduza os riscos inerentes ao trabalho cumprindo as normas de saúde, higiene e segurança, vale dizer, todo o arcabouço jurídico que trata do meio ambiente do trabalho.

Essas normas de proteção à vida e à saúde do trabalhador não se restringem apenas à vetusta Consolidação das Leis do Trabalho – CLT e suas Normas Regulamentadoras, editadas por força do art. 200. A saúde do trabalhador como corolário adquiriu o *status* de direito social, previsto na Constituição e protegido por inúmeros diplomas legais. Deve, pois, o empregador estar atento, porque sua responsabilidade pode advir do não cumprimento de obrigações previstas, por exemplo, na Lei Orgânica da Saúde, Lei n. 8.080, de 19 de setembro de 1990; nas Constituições Estaduais, ou até mesmo nas Leis Orgânicas dos Municípios; nos Códigos Sanitários e Códigos de Edificações; em normas técnicas de âmbito federal, estadual e municipal. Sim, porque em questões relativas à saúde as três esferas do governo têm competência para legislar[5]. O seu não cumprimento pode vir a causar dano ao trabalhador, passível de indenização pela responsabilidade civil.

3. O NOVO CÓDIGO CIVIL

Com a entrada em vigor do novo Código Civil, instituído pela Lei n. 10.406/2002, a pergunta inevitável que todos nós fazemos é se o novel diploma trouxe alguma mudança na teoria da responsabilidade civil e, mais especificamente, em relação ao nosso tema, qual seja, no âmbito do meio ambiente do trabalho.

O Código Civil de 2002 mantém os dois grandes pilares no que se refere à obrigação de indenizar: a responsabilidade contratual (arts. 389 a 407) e a extracontratual (arts. 186-188 e 927). Importa para nós, nesta abordagem sucinta, a segunda, da qual cuida o art. 927, *caput*, do CC: *"Aquele que, por ato ilícito (arts. 186 e 187), causar dano a outrem, fica obrigado a repará-lo"*.

O Código define o ato ilícito nos arts. 186 e 187: *"Aquele que por ação ou omissão voluntária, negligência ou imprudência, violar direito e causar dano a outrem, ainda que exclusivamente moral, comete ato ilícito"*; *"Também comete ato ilícito o titular de um direito que, ao exercê-lo, excede manifestamente os limites impostos pelo seu fim econômico ou social, pela boa-fé ou pelos bons costumes"*. Diferentemente do art. 159 do Código Civil de 1916, o novo dispositivo utiliza a preposição *e* em vez de *ou*. Assim o ato ilícito exige a violação de direito *e* o dano. Com efeito, uma conduta pode causar dano e não infringir necessariamente o direito daquela pessoa a quem o causou. E, vice-versa, pode infringir direitos sem causar dano. O art. 187 amplia o conceito de ato ilícito, considerando como tal o excesso no exercício do direito, erigindo como parâmetros para

---

5. Vale a pena chamar a atenção para normas técnicas como a LER/DORT; Benzeno: PAIR, entre outras.

esse excesso os limites impostos pelo fim econômico ou social, boa--fé e bons costumes. O Código Civil anterior não previa essa segunda modalidade.

Pois bem, o parágrafo único do art. 927 do CC dispõe que *"Haverá obrigação de reparar o dano, independentemente de culpa, nos casos especificados em lei, ou quando a atividade normalmente desenvolvida pelo autor do dano implicar, por sua natureza, risco para os direitos de outrem"*. Cabe a seguinte indagação: a atividade empresarial, via de regra, não é uma atividade de risco? Sendo-o, ocorrido o acidente com dano, aplicar-se-ia, sem mais questionamentos, esse dispositivo?

A resposta há de ser negativa, embora muitos ainda entendam que sim. É que a Constituição de 1988 deixou estampado que o risco é inerente ao trabalho. Não fosse assim, não teria sentido afirmar que *"São direitos dos trabalhadores urbanos e rurais, além de outros que visem à melhoria de sua condição social: (caput do art. 7º): XXII – redução dos riscos inerentes ao trabalho..."*. Vale dizer que o risco de um acidente no meio ambiente do trabalho está ligado ao próprio trabalho, sendo direito do trabalhador a diminuição desse risco. De concluir, pois, desde já, que, causado um dano pelo risco da atividade, não necessariamente essa ocorrência implique como corolário a indenização. É bem verdade que de há muito a teoria do risco fundamentando a responsabilidade ligada ao ambiente do trabalho vem sendo aplicada na jurisprudência de nossos tribunais. Não resta dúvida, porém, de que ela vinha sempre ligada a algum grau de culpa, e, apenas excepcionalmente, poder-se-ia falar em indenização sem culpa.

Para entendermos o parágrafo único do art. 927 do CC e nossa afirmação de que não se aplica ao meio ambiente do trabalho, precisamos buscar a origem daquele dispositivo. Querem alguns que o legislador pátrio inspirou-se no Código Civil português de 1966, que contém disposições similares. Tenho para mim, contudo, que a fonte imediata foi o Código Civil italiano e, mais precisamente, o seu art. 2.050[6]. Pela simples leitura percebe-se que o nosso legislador apenas

---

6. *"Chiunque cagiona danno al altri nello svolgimento di una attività peri-*

copiou a primeira parte, pois omitiu a possibilidade de o causador do dano, ainda que nessas circunstâncias, poder defender-se. É que o art. 2.050 do Código Civil italiano permite que se produza a prova de que foram adotadas todas as medidas idôneas a evitar o dano. Ora, se assim é, não se pode afirmar, *ipso facto,* a responsabilidade objetiva no diploma que ensejou o parágrafo único do art. 927 de nosso novo Código Civil. Aliás, para efeitos desse artigo, a doutrina italiana considera perigosas as atividades tidas como tais pelo departamento de Pubblica Sicurezza, o que seria equivalente às nossas normas de segurança, sobretudo às NRs. Nada novo, portanto, uma vez que, como vimos afirmando, a CF de 1988 aborda essas questões nos incisos XXII, XXIII e XXVIII do art. 7º. Este último reforça nossa afirmação, pois, mantendo a tradição de nosso direito, afirma a responsabilidade subjetiva: *"... quando incorrer em dolo ou culpa".* Fica claro, portanto, que essa culpa, ao lado do dolo, somente pode tratar-se da culpa aquiliana. Outra interpretação nos levaria a aceitar que até a vigência do novo Código Civil o inciso XXVIII da Constituição era o fundamento para a indenização de caráter civil a que o empregador estava obrigado quando tivesse ocorrido dano a um trabalhador no meio ambiente do trabalho. E agora, com o novo dispositivo do Código Civil, porque *"mais novo",* deixaria de ser aquele para ser este. Nunca é demais recordar que a Constituição, independentemente de sua data, é hierarquicamente superior ao Código Civil, e, portanto, este é que tem de estar de acordo com aquela, e não vice-versa. Deve prevalecer, portanto, a previsão constitucional, embora devamos admitir que a tendência moderna no que tange à responsabilidade civil cada vez mais se incline para a objetiva (*v.g.*, o Código de Defesa do Consumidor, a Lei de Proteção do Meio Ambiente etc.).

Assim, é ônus do lesado provar a responsabilidade do empregador com fundamento no dolo ou culpa. O empregador, por sua vez, não se tratando de culpa objetiva, e mais uma vez fazemos referência ao Código Civil italiano, vai defender-se, alegando que utilizou todos os meios ao seu alcance para evitar o dano. Como exemplo, citemos

---

colosa, per sua natura o per la natura dei mezzi adoperati, è tenuto ad risarcimento, se non prova di avere adottato tutte le misure idonee a evitare il danno."

a culpa exclusiva da vítima. É que, mesmo admitindo por absurdo que a responsabilidade da empresa fosse sempre objetiva, faltaria um dos pilares exigidos para a indenização, qual seja, o nexo causal. Sendo a culpa exclusiva da vítima, excluiu-se a do réu e, portanto, rompe-se o nexo causal entre a conduta do agente e o evento danoso. Este raciocínio, *a fortiori*, vale ainda mais por se tratar de responsabilidade subjetiva, e até porque em direito civil admite-se a compensação de culpas.

O E. Superior Tribunal de Justiça, no acórdão relatado pela Ministra Nancy Andrighi, REsp 1067738, julgado em 26 de maio de 2009, deu a interpretação mista que parece ser justa e razoável:

"Nesse aspecto, deve-se levar em consideração que a relação jurídica existente entre as partes, da qual resultou o acidente em questão, deriva de um contrato de trabalho. O contrato de trabalho é bilateral sinalagmático, impondo direitos e deveres recíprocos. Entre as obrigações do empregador está, indubitavelmente, a preservação da incolumidade física e psicológica do empregado no seu ambiente de trabalho. O próprio art. 7º, XXII, da CF enumera como direito do trabalhador a '*redução dos riscos inerentes ao trabalho, por meio de normas de saúde, higiene e segurança*'. Mesmo sob a égide da ordem constitucional anterior, época em que ocorreu o acidente em questão, o art. 165, IX, da CF/67 assegurava ao trabalhador o direito à '*higiene e segurança no trabalho*'.

No mesmo sentido, o art. 157 da CLT dispõe que cabe às empresas '*cumprir e fazer cumprir as normas de segurança e medicina do trabalho*' e '*instruir os empregados, através de ordens de serviço, quanto às precauções a tomar no sentido de evitar acidentes do trabalho*'.

Mais do que isso, a garantia de segurança constitui cláusula indeclinável do contrato de trabalho. Alexandre de Moraes ressalta que '*os direitos sociais previstos constitucionalmente são normas de ordem pública, com a característica de imperativas, invioláveis, portanto, pela vontade das partes contraentes da relação trabalhista*' (*Direito constitucional*. São Paulo: Atlas, 19. ed., 2006, p. 178).

Ocorre que, nos termos do art. 389 do CC/02 (que manteve a essência do art. 1.056 do CC/16), na responsabilidade contratual, para obter reparação por perdas e danos, o contratante não precisa demonstrar a culpa do inadimplente, bastando a prova de descumprimento do contrato. Em outras palavras, recai sobre o devedor o ônus da prova quanto à existência de alguma causa excludente do dever de indenizar.

Dessa forma, nos acidentes de trabalho, cabe ao empregador provar que cumpriu seu dever contratual de preservação da integridade física do empregado, respeitando as normas de segurança e medicina do trabalho. Em outras palavras, fica estabelecida a presunção relativa de culpa do empregador.

Notamos, por oportuno, que nessa circunstância não se está a impor ao empregador a responsabilidade objetiva pelo acidente de trabalho, como outrora se fez em relação às atividades de risco. Aqui, o fundamento para sua responsabilização continua sendo a existência de culpa. Entretanto, o fato de a responsabilidade do empregador ser subjetiva não significa que não se possa presumir a sua culpa pelo acidente de trabalho.

A natureza da atividade é que irá determinar sua maior propensão à ocorrência de acidentes. O risco que dá margem à responsabilidade objetiva não é aquele habitual, inerente a qualquer atividade. Exige-se a exposição a um risco excepcional, próprio de atividades com elevado potencial ofensivo, como é o caso da fabricação e transporte de explosivos.

No âmbito laboral, algumas atividades são legalmente consideradas de risco, como as insalubres (art. 189, CLT) e as periculosas (art. 193, CLT), o que não exclui a identificação de outras, com base no senso comum".

Nessa linha de pensamento, o Tribunal Regional do Trabalho da Segunda Região, no Acórdão 20110883823, rel. Francisco Ferreira Jorge Neto, 12ª T., julgado em 7 de julho de 2011, bem definiu a questão:

"ACIDENTE DE TRABALHO. RESPONSABILIDADE CIVIL. Além de disciplinar a responsabilidade civil subjetiva (arts. 186 e 927, *caput*), o Código Civil de 2002 contempla uma nova dinâmica para a responsabilidade objetiva. Pelo art. 927, parágrafo único, de acordo com a atividade normalmente exercida e os riscos dela decorrentes, o agente será responsável pelos danos causados. A doutrina aponta as seguintes espécies de risco: risco proveito, risco profissional, risco criado, risco excepcional e risco integral. O vocábulo 'risco' previsto no art. 927, parágrafo único, do Código Civil refere-se à teoria do risco criado. Em outras palavras: a responsabilidade do agente não se interage com o proveito obtido pela atividade econômica normalmente por ele executada e os riscos dela decorrentes, e sim, em função dos riscos criados pela atividade que normalmente executa. Há lesão, nexo e incapacidade. Portanto, a atividade executada pela empresa gerou a lesão e a incapacidade, logo, a empresa é a responsável".

A questão está resolvida pelo menos quando o acidente estiver ligado a uma atividade reconhecidamente considerada de risco. É que no Recurso Extraordinário n. 828.040 – DF, rel. Min. Gilmar Mendes, de 4 de agosto de 2017, com repercussão geral, já que "a matéria veiculada no recurso ultrapassa os limites subjetivos da lide, mostrando-se relevante dos pontos de vista jurídico, econômico e social," foi mantido o entendimento do TST. Em resumo, "fica caracterizada a responsabilidade objetiva da empresa em atividade de risco, sendo suficiente a comprovação de dano e do nexo causal com as atividades desenvolvidas". Ficou assentado, ainda, que "torna-se prescindível o exame da culpa *lato sensu* do empregador, sendo suficiente a demonstração do dano e do nexo causal com as atividades desenvolvidas, para que seja cabível o pagamento da indenização". Fixou-se tese no Tema 932[7].

Mesmo nestas situações de atividades de risco, não há indenização quando a culpa pelo acidente for exclusiva da vítima, consoante entendimento do TST e do TRT-11ª Região:

"AGRAVO DE INSTRUMENTO. RECURSO DE REVISTA SUBMETIDO À LEI N. 13.467/2017. ADMISSIBILIDADE.

---

7. "O artigo 927, parágrafo único, do Código Civil é compatível com o artigo 7º, XXVIII, da Constituição Federal, sendo constitucional a responsabilização objetiva do empregador por danos decorrentes de acidentes de trabalho, nos casos especificados em lei, ou quando a atividade normalmente desenvolvida, por sua natureza, apresentar exposição habitual a risco especial, com potencialidade lesiva e implicar ao trabalhador ônus maior do que aos demais membros da coletividade" (nos termos do voto do Ministro Alexandre de Moraes (Relator), Plenário, 12-3-2020).

TRANSCENDÊNCIA. EXISTÊNCIA. INDENIZAÇÃO POR DANOS MORAIS E ESTÉTICOS. ACIDENTE DO TRABALHO. CULPA EXCLUSIVA DO RECLAMANTE. Ante a possível violação ao art. 927, *caput*, do Código Civil, dá-se provimento ao agravo de instrumento para determinar o julgamento do recurso de revista. Agravo de instrumento provido. II – RECURSO DE REVISTA. RECURSO SUBMETIDO À LEI N. 13.467/2017. ADMISSIBILIDADE. TRANSCENDÊNCIA. EXISTÊNCIA. INDENIZAÇÃO POR DANOS MORAIS E MATERIAIS. ACIDENTE DO TRABALHO. CULPA EXCLUSIVA DO RECLAMANTE. A culpa exclusiva da vítima é excludente do nexo de causalidade entre o dano e a conduta do empregador, afastando o dever deste de indenizar, por se reconhecer que o acidente do trabalho decorreu, unicamente, de conduta do trabalhador. Na hipótese, configurada a culpa exclusiva do reclamante pelo acidente de trabalho sofrido, de modo que não há que se falar em responsabilidade objetiva ou subjetiva da reclamada, por ausência de ato ilícito e, consequentemente, do nexo de causalidade. Recurso de revista conhecido e provido" (TST, RR 210200720175040522, 5ª T., rel. João Pedro Silvestrin, j. em 24-3-2021).

"RECURSO ORDINÁRIO. ACIDENTE DE TRABALHO. CULPA EXCLUSIVA DA VÍTIMA. A responsabilidade civil na função de motorista é de natureza objetiva, em vista do elevado grau de risco a que ficam expostos os trabalhadores em tal atividade, e que superam os perigos ordinários. Incontroverso o acidente de trabalho. O reclamante tem registro de exercício da função de motorista profissional desde 2010, devidamente registrado na CTPS, com a realização de cursos. Há nos autos prova oral confirmatória da existência de técnico e diálogo de segurança no local do acidente. A testemunha – em especial, a que presenciou o infortúnio –, relatou de forma clara a dinâmica do ocorrido, apontando a culpa do reclamante e que todos possuem ciência da maneira de realização das manobras nas rodovias, assim como que o empregado não procedeu da forma adequada para a garantia da sua própria segurança. Não há, pois, qualquer suporte para a responsabilização da empregadora, pois afastado o nexo de causalidade no caso concreto. Recurso ordinário ao qual se nega provimento" (TRT 11ª Região, Recurso Ordinário 0000197-31.2020.5.11.0451, 2ª T., Des. Eleonora de Souza Saunier, j. em 29-5-2023).

4. ELEMENTOS ESSENCIAIS DA RESPONSABILIDADE

Em síntese, quatro são os elementos essenciais da responsabilidade: ação ou omissão; dolo ou culpa do agente; relação de causalidade; e dano sofrido pela vítima.

Ação é fazer, omissão é o não fazer quando havia a obrigação de fazer. A responsabilidade pode derivar de ato próprio ou de terceiros. O art. 932, III, do CC dispõe que o empregador ou comitente responde pelos atos dos empregados, serviçais ou prepostos, praticados no exercício do trabalho que lhes competir, ou em razão dele. No meio ambiente de trabalho é quase regra que o ato ilícito seja praticado por terceiros. Essa responsabilidade decorre da subordinação hierárquica do empregado e serviçal em relação ao patrão, e do direito de o comitente dar ordens e instruções ao preposto. Este, pois, exerce suas funções sem independência. Ao lado desse vínculo de subordinação, mister que a atividade exercida pelos subordinados reverta em proveito do empregador e do comitente. Essa regra foi consubstanciada na Súmula 341 do STF: "É presumida a culpa do patrão ou comitente pelo ato culposo do empregado ou preposto". Vale ressaltar que o art. 923 do atual CC, ao contrário do art. 1.523 do CC de 1916, que cuidava dessa matéria, prevê que os responsáveis respondam "ainda que não haja culpa de sua parte". Estamos diante, portanto, de uma responsabilidade objetiva[8]. Recentemente, o STJ passou a admitir a responsabilidade objetiva, sob fundamento de que compete ao empregador manter a incolumidade física do trabalhador, por força do contrato de trabalho.

O dolo fica claro quando o dispositivo fala em ação ou omissão voluntárias. Dolo é a violação deliberada, consciente, intencional do dever jurídico. A culpa reflete a falta de diligência. Pode ser levíssima, leve, grave ou gravíssima. Manifesta-se *in eligendo*, caracterizando-se pelo processo de eleição do parceiro, na hora da escolha da pessoa ou empresa para o exercício da função ou ativi-

---

8. Nesse sentido, Nelson Nery Junior e Rosa Maria de Andrade Nery, *Código Civil comentado*, 4. ed., São Paulo: Revista dos Tribunais, 2006, p. 628-629. No mesmo sentido, Carlos Roberto Gonçalves, *Responsabilidade civil*, 8. ed., São Paulo: Saraiva, 2003, p. 148.

dade sem que ela se encontre apta ou habilitada para essa finalidade; *in contrahendo,* pela má contratação. Trava-se vínculo empresarial com alguém inidôneo, sem a devida qualificação técnica, incapacitada para executar aquele serviço contratado. Já a culpa *in vigilando* consiste na falta de fiscalização. Repassam-se as tarefas para os terceiros, olvidando-se de que a responsabilidade final não se transmite, pois o benefício sempre é da empresa contratante. Prepostos e terceiros assumem compromissos e executam tarefas e serviços. Mas, perante a vítima, pouco importa quem é chefe imediato. A empresa que usufrui o proveito de seu trabalho deve ser responsabilizada.

Imprescindível o nexo de causalidade, intrínseco ao verbo causar. O dano sofrido pela vítima deve estar necessariamente relacionado ao comportamento do agente. Se o suicida se joga sob o veículo da vítima, esta não será responsabilidade. O carro foi um mero instrumento para que se realizasse seu último desejo.

Finalmente há de haver o dano. Em sentido amplo, "dano vem a ser a lesão de qualquer bem jurídico, e aí se inclui o dano moral. Mas, em sentido estrito, dano é, para nós, a lesão do patrimônio; e patrimônio é o conjunto das relações jurídicas de uma pessoa, apreciáveis em dinheiro. Aprecia-se o dano tendo em vista a diminuição sofrida pelo patrimônio. Logo, a matéria do dano prende-se à indenização, de modo que só interessa o estudo do dano indenizável"[9]. Pode ser material ou moral. Neste ponto o novo Código Civil, embora mencione expressamente esse tipo de dano no art. 186, pecou por não cuidar mais detalhadamente sobre o instituto. Afinal, a CF de 1988 já previa a indenização por dano moral (art. 5º, V e X).

Dano moral, em apertada síntese, consiste na lesão a um interesse que visa à satisfação ou gozo de um bem jurídico extrapatrimonial, sobretudo os direitos da personalidade, entre outros a vida, integridade corporal, liberdade, honra, decoro, intimidade, sentimentos afetivos, imagem etc. São os bens de ordem moral.

Dano material ou patrimonial é o que afeta diretamente o patrimônio do lesado. Avalia-se o dano material pela diminuição sofrida

---

9. Agostinho Alvim, *Da inexecução das obrigações e suas consequências*, 3. ed., Jurídica e Universitária, 1966.

no patrimônio. Mas, como na maioria dos casos é impossível que a reparação reponha o patrimônio lesado, compensa-se essa perda com uma indenização monetária.

No ensinamento de Carlos Alberto Bittar, "são materiais os danos consistentes em prejuízo de ordem econômica suportados pelo ofendido, enquanto os morais se traduzem em turbações de ânimo, em reações desagradáveis, desconfortáveis ou constrangedoras, ou outras desse nível, produzidas na esfera do lesado"[10].

5. COMPETÊNCIA JURISDICIONAL

A Justiça Comum Estadual era a competente para processar e julgar as ações indenizatórias decorrentes do acidente do trabalho *ratione materiae*. Sendo o ato ilícito o fundamento último, a *causa petendi*, o dano decorrente do acidente do trabalho, não se diferenciava dos demais atos e fatos ilícitos. Como corolário, institutos como o da prescrição e critérios de valores de indenização, processo de execução etc. seguiam as regras do Código Civil e do Código de Processo Civil.

Mas, a partir da segunda metade da década de 1990, vozes se levantaram de que seria mais coerente que as ações de indenização decorrentes do acidente do trabalho fossem igualmente ajuizadas na Justiça do Trabalho, pois as partes eram as mesmas das demais ações trabalhistas: empregado e empregador. Ademais, o evento que dava causa à indenização ocorria no ambiente em que o autor da ação exercia suas atividades decorrentes da relação de emprego. Enfim, muitos eram os argumentos a favor dessa transferência.

Sem entrarmos na discussão política que precedeu a EC n. 45, a verdade é que a partir de 1º de janeiro de 2005 o art. 114 da CF prevê expressamente: "Compete à Justiça do Trabalho processar e julgar: (...) VI: as ações de indenização por dano moral ou patrimonial, decorrentes da relação de trabalho". Vale ressaltar desde já que o legislador utilizou a expressão "relação de trabalho" e não "relação de emprego". Afirmamos, pois, que o conceito de acidente do trabalho para efeitos de indenização, por óbvio, não há de ser o mesmo

---

10. *Responsabilidade civil por danos morais*, São Paulo: Revista dos Tribunais, 1999, p. 31.

previsto no Direito Infortunístico e que foi objeto de nosso estudo. Não está limitado, pois, aos trabalhadores segurados, como analisado no Capítulo 2 da Parte I. Imaginemos, por exemplo, um pedreiro, contratado para fazer um muro numa chácara. Trata-se de um segurado individual, espécie autônomo, e, como tal, fora da previsão dos segurados com direito ao SAT (art. 336 do Dec. n. 3.048/99). Pois bem, acidentando-se, e presentes os elementos acima analisados, esse trabalhador poderá propor ação de indenização por dano moral e patrimonial na Justiça do Trabalho contra quem o contratou, mesmo que o evento não se caracterize técnica e juridicamente pelo direito previdenciário-infortunístico como acidente do trabalho.

Ressaltamos que o STF, em 26 de novembro de 2003, pouco antes da promulgação da EC n. 45, por meio da Súmula 736, passou à Justiça do Trabalho as ações de prevenção de acidentes do trabalho ("Compete à Justiça do Trabalho julgar as ações que tenham como causa de pedir o descumprimento de normas trabalhistas relativas à segurança, higiene e saúde dos trabalhadores"), já ampliando a competência da justiça especializada.

6. PRESCRIÇÃO

A prescrição para a propositura da ação visando a esse tipo de indenização era de vinte anos pelo Código Civil antigo, pois era tratada como ação de direito pessoal (art. 177). O atual Código Civil cuidou de forma bem diferente do instituto da prescrição. Prevê o art. 206, § 3º, V, que a prescrição dar-se-á em 3 (três) anos para "a pretensão de reparação civil". Como se vê, houve drástica alteração ensejando até projeto de lei visando à sua alteração[11]. A questão é mais angustiante ainda se pensarmos que muitas doenças profissionais têm aparição tardia, dificultando a prova[12]. Por outro lado, deve-se reconhecer que o legislador também não quis deixar tempo demasiado longo em aberto, criando um verdadeiro terror para as empresas.

---

11. Projeto de Lei do Deputado Federal Dr. Rosinha, do PT, Paraná, prevê o retorno aos 20 anos. Será quase impossível, pois o art. 205 do CC, que dá a regra geral, prevê que a prescrição ocorrerá no máximo em dez anos "quando a lei não lhe haja fixado prazo menor".

12. Por exemplo, a asbestose e a silicose.

A regra de transição prevista no art. 2.028 do CC trouxe diversas interpretações, e algumas delas referem-se ao nosso tema. Uma questão parecia estar sintetizada no Enunciado n. 50 aprovado na "Jornada de Direito Civil" promovida pelo Centro de Estudos Judiciários do Conselho de Justiça Federal no período de 11 a 13 de setembro de 2002: "A partir da vigência do novo Código Civil, o prazo prescricional das ações de reparação de danos que não houver atingido a metade do tempo previsto no Código Civil de 1916 fluirá por inteiro, nos termos da lei nova". Ou seja, se o prazo transcorrido já havia ultrapassado mais de 10 anos na data da entrada em vigor do novo Código, o prazo permanecia sendo de 20 anos, continuando a fluir até se esgotar. Se, ao contrário, o prazo transcorrido fosse inferior, o novo prazo (três anos) começaria a contar a partir da entrada em vigor do novo Código, 11-1-2003.

Mas o que parecia começar a sedimentar-se voltou a criar celeuma, e agora porque a competência foi transferida para a Justiça do Trabalho. Nesta os prazos prescricionais são diversos dos do CC. Como fica a prescrição da ação de indenização por acidente do trabalho?

As duas correntes que se formaram são fortes, e cada uma com sólidos argumentos. Em síntese: para uma os prazos prescricionais permanecem os do Código Civil (art. 206, § 3º, V). Isso porque o deslocamento da competência não alterou o fundamento da indenização; o ato ilícito é instituto do direito civil. Ademais, argumentam os defensores dessa corrente, o acidente é um evento extraordinário e alheio à expectativa normal do empregado em relação ao seu contrato de trabalho. Postula-se, pois, indenização dos danos sofridos e não créditos trabalhistas. A Constituição especifica o instituto em questão como indenização, e, por óbvio, indenização não é crédito que decorra da relação de trabalho, não se lhe podendo, também por esse motivo, fazer incidir na regra da prescrição trabalhista, prevista na mesma Constituição. Nesse sentido posiciona-se o TRT da 4ª Região (RS), conforme inúmeros julgados. O TST decidiu dessa mesma forma através da SDI-I, ERR 08871/2002-900-02-00-4, rel. Min. Lélio Bentes Corrêa, *DJ* de 5-3-2004.

Já a segunda corrente defende que a indenização por acidente do trabalho é também um direito de natureza trabalhista (art. 7º, XXVIII, da CF), devendo aplicar-se, pois, a prescrição de cinco ou dois anos prevista no inciso XXIX do mesmo art. 7º. Para os defensores dessa corrente, tratar-se-ia de um crédito trabalhista atípico, até porque a lide tem como partes o empregado e o empregador. Um dos principais defensores desta segunda corrente é Sebastião Geraldo de Oliveira, juiz do TRT da 3ª Região (MG), que assim exemplifica: "Um mesmo trabalhador pode acionar seu empregador postulando indenização por danos sofridos tendo por base relações jurídicas diversas, atraindo, em consequência, aplicação de regramentos legais diferenciados. Vejam o caso de um empregado que durante suas férias, por mero acaso, venha a sofrer acidente de trânsito provocado por veículo do empregador, mas sem qualquer nexo causal com o cumprimento do seu contrato laboral. Nessa circunstância a reparação dos danos terá como base o Código de Trânsito conjugado com o Código Civil, aplicando-se a prescrição civil. Numa outra hipótese, esse mesmo trabalhador pode adquirir um produto fabricado pela empresa, e ser vítima de um acidente de consumo na sua residência por fato do produto. A reparação dos danos terá como base as normas do Direito do Consumidor, aplicando-se a prescrição quinquenal prevista no art. 27 do Código de Defesa do Consumidor. Poderá ainda aquele empregado sofrer acidente do trabalho por culpa do empregador, decorrente de violação das normas de segurança previstas na CLT, hipótese em que a prescrição aplicável será a trabalhista"[13].

Devemos reconhecer que a questão é complexa e polêmica, ressaltando que o TST firmou entendimento pela prescrição bienal, para acidentes após a EC n. 45, e de três anos para acidentes antes da referida Emenda, a serem contatos a partir da vigência desta, conforme:

"AGRAVO DE INSTRUMENTO. RECURSO DE REVISTA. PRESCRIÇÃO APLICÁVEL. DOENÇA OCUPACIONAL. *ACTIO NATA*. CIÊNCIA INEQUÍVOCA DA EXTENSÃO DO DANO SOFRIDO. DECISÃO DENEGATÓRIA. MANUTENÇÃO. O fato de as indenizações por dano patrimonial, moral, inclusive estético, serem efeitos conexos do contrato de trabalho (ao lado dos efeitos

---

13. Sebastião Geraldo de Oliveira, *Indenizações por acidente do trabalho ou doença ocupacional*, São Paulo: LTr, 2006, p. 321.

próprios deste contrato) atrai a submissão à regra do art. 7º, XXIX, da Constituição da República. Independentemente do Direito que rege as parcelas (no caso, Direito Civil), todas só existem porque derivadas da relação de trabalho, submetendo-se à mesma prescrição. Entretanto, em face da pletora de processos oriundos da Justiça Comum Estadual tratando deste mesmo tipo de lide, remetidos à Justiça do Trabalho, tornou-se patente a necessidade de estabelecimento de posição interpretativa para tais processos de transição, que respeitasse as situações anteriormente constituídas e, ao mesmo tempo, atenuasse o dramático impacto da transição. Assim, reputa-se necessária uma interpretação especial em relação às ações ajuizadas nesta fase de transição, sob pena de se produzirem injustiças inaceitáveis: a) nas lesões ocorridas até a data da publicação da EC n. 45/2004, em 31.12.2004, aplica-se a prescrição civilista, observado, inclusive, o critério de adequação de prazos fixado no art. 2.028 do CCB/2002. Ressalva do Relator que entende aplicável o prazo do art. 7º, XXIX, CF, caso mais favorável (*caput* do art. 7º, CF); b) nas lesões ocorridas após a EC n. 45/2004 (31.12.2004), aplica-se a regra geral trabalhista do art. 7º, XXIX, CF/88. Ademais, em se tratando de acidente de trabalho e doença ocupacional, pacificou a jurisprudência que o termo inicial da prescrição (*actio nata*) dá-se da ciência inequívoca do trabalhador no tocante à extensão do dano (Súmula 278/STJ). Por outro lado, nos termos da OJ 375 da SDI-1/TST, o auxílio-doença e a aposentadoria por invalidez não impedem a fluência do prazo prescricional quinquenal. Na hipótese, o TRT considerou, como *actio nata*, a data do exame audiométrico realizado pelo Reclamante, em 29.01.1998, que constatou a presença de perda neurossensorial leve, tendo registrado, ainda, que 'os atestados de saúde ocupacional colacionados pela reclamada não demonstram a presença de diminuição auditiva anterior a 1998'. Desse modo, por se tratar de marco prescricional anterior à edição da EC 45/2004, a prescrição incidente é a civil, com a regra de transição prevista no art. 2.028 do Código Civil de 2002, iniciando-se a contagem a partir da entrada em vigor do Código Civil de 2002, ou seja, em 11.01.2003, findando em 11.01.2006. Ajuizada a ação apenas em 10.08.2011, e não existindo outros elementos nos autos acerca da ciência inequívoca da extensão do dano sofrido pelo Reclamante, constata-se que, realmente, o direito postulado encontra-se fulminado pela lâmina prescritiva. Assim, não há como assegurar o processamento do recurso de revista quando o agravo de instrumento interposto não desconstitui a decisão denegatória, que subsiste por seus próprios fundamentos. Agravo de instrumento desprovido. (AIRR 699-49.2011.5.02.0252, Relator Ministro: Mauricio Godinho Delgado, Data de Julgamento: 30.04.2014, 3ª Turma, Data de Publicação: *DEJT* 09.05.2014) (...) 2. PRESCRIÇÃO TOTAL. DANOS MORAIS E MATERIAIS DECORRENTES DE ACIDENTE DE TRABALHO. LESÃO POSTERIOR À EC 45/2004. Em se tratando de pedido de dano moral e/ou material decorrente de acidente de trabalho e/ou doença profissional, esta Corte pacificou entendimento de que, quando a ciência inequívoca da lesão for posterior à Emenda Constitucional n. 45/2004, o prazo prescricional aplicável será o trabalhista, previsto no art. 7º, XXIX, da CF. No caso, ficou consignado no acórdão regional que o acidente de trabalho ocorreu em 07.02.2007 e que a ação trabalhista foi ajuizada em 09.02.2009. Frise-se, que a prescrição bienal, a qual está estritamente relacionada à extinção do contrato de trabalho, não se operou na hipótese, pois, segundo o Regional, a própria reclamada, em contestação, informou que o reclamante permaneceu afastado percebendo salário até 09.06.2008. Incólume, por conseguinte, o artigo 7º, XXIX, da CF. Arestos inservíveis, nos termos do artigo 896, -a-, da CLT. Recurso de revista não conhecido. (...) (RR 25200-03.2009.5.17.0161, 8ª T., rel. Min. Dora Maria da Costa, j. em 18-12-2013, *DEJT* de 7-1-2014).

"Recurso de revista. Prescrição. Dano moral. Acidente de trabalho ocorrido após a vigência da Emenda Constitucional n. 45/2004. Esta Corte já pacificou entendimento de que é aplicável o prazo prescricional trabalhista às pretensões de indenização por dano moral e/ou material decorrente de acidente do trabalho, quando a lesão for posterior à vigência da Emenda Constitucional n. 45/2004. No caso, restou consignado no v. acórdão regional que a data da ciência inequívoca da lesão se deu em 31-1-2008, depois, portanto, da publicação da Emenda Constitucional n. 45, de 31-12-2004 e da vigência do novo Código Civil (11-1-2003), razão pela qual se aplicam as regras da prescrição trabalhista. É cediço que, constatada a lesão após o término do contrato de trabalho, não há falar em prazo prescricional quinquenal, mas apenas bienal" (TST, Recurso de Revista 692-31.2010.5.04.0351, *DJ* de 31-5-2013).

Ressaltamos que o Supremo Tribunal Federal, no julgamento do ARE 650932/RG, Pleno, rel. Min. Ricardo Lewandowski, em 21-3-2013, decidiu que não há repercussão geral, por se tratar de matéria infraconstitucional, a questão da prescrição em ação de reparação de danos por acidente de trabalho.

Outra questão igualmente importante diz respeito ao termo *a quo*, ou seja, o início da fluência do prazo prescricional sobretudo quando a ação tiver como *causa petendi* a doença ocupacional. Algumas regras já estão consolidadas. A regra geral, a nosso ver, é a teoria da *actio nata*, pelo teor do art. 189 do CC de 2002: "Violado o direito, nasce para o titular a pretensão...". Isso significa que, a partir do momento em que a vítima fica ciente do dano sofrido e pode sentir a gravidade de sua extensão, inicia-se a contagem do prazo prescricional. Aliás, o CDC igualmente segue essa regra no art. 27: "... iniciando-se a contagem do prazo a partir do conhecimento do dano e sua autoria". A própria Lei n. 8.213/91 nos dá o mesmo parâmetro no art. 104. É a posição do STF (ARE 1.057.270, rel. Min. Edson Fachin; ARE 1.219.131, rel. Min. Luiz Fux; Rcl 42.996, rel. Min. Carmem Lúcia).

Embora haja controvérsias, o STF editou de há muito a Súmula 230, segundo a qual "a prescrição da ação de acidente do trabalho conta-se do exame pericial que comprovar a enfermidade ou verificar a natureza da incapacidade". Por sua vez, a Súmula 278 do STJ consolidou o entendimento de que o "o termo inicial do prazo prescricional, na ação de indenização, é a data em que o segurado teve ciência inequívoca da incapacidade laboral". Em suma, nos casos de doença ocupacional o termo inicial não está vinculado à data da extinção do contrato de trabalho, ou do aparecimento da doença, diagnóstico ou afastamento, mas sim da ciência inequívoca da incapacidade laboral"[14].

Finalmente, vale lembrar que a prescrição pode ser decretada de ofício, consoante a Lei n. 11.280/2006. E nem se alegue que os

---

14. Nesse sentido, REsp 506.416/SP, rel. Min. Barros Monteiro, *DJ* de 15-8-2005.

créditos trabalhistas são irrenunciáveis. Não vinga essa tese, porque são prescritíveis (art.7º, XXIX, da CF).

Há de atentar-se, contudo, se no caso concreto não houve causa que impede, suspende ou interrompe a prescrição, como, por exemplo, o autor ser menor (arts. 198 do CC e 440 da CLT).

7. INDENIZAÇÃO

A responsabilidade civil do empregador vai concretizar-se numa indenização, cabendo dimensionar, ainda que em síntese, os valores e a forma de pagamento.

Em princípio, e por definição, os valores a serem pagos a título de indenização deveriam recolocar a vítima na situação anterior, devendo abranger todo o prejuízo sofrido efetivamente e também os lucros cessantes. Dessa feita, o grau de culpa não deveria influir na valoração do montante do prejuízo. Nesse sentido o novo CC dispõe, no art. 944: "A indenização mede-se pela extensão do dano". Mas essa situação, como já ensinava Silvio Rodrigues na vigência do CC de 1916[15], apresentava-se muitas vezes injusta, aplicando, *ipsis litteris,* o brocardo latino *"in lege Aquila et levissima culpa venit".* Por essa razão o CC de 2002, atendendo aos reclamos da doutrina, dispôs no parágrafo único desse artigo: "Se houver excessiva desproporção entre a gravidade da culpa e o dano, poderá o juiz reduzir, equitativamente, a indenização". Prevalecem, pois, os critérios já tradicionais em nossa jurisprudência: extensão do dano, grau de culpa e capacidade de prestação do responsável. É dentro dessa linha que o novo CC também deixou expresso no art. 945 que na apuração do *quantum* devido ter-se-á em conta a gravidade da culpa da vítima.

Em caso de morte por acidente do trabalho, aplicam-se as regras gerais do Código Civil. Temos assim os danos emergentes, considerados como aqueles prejuízos imediatos e facilmente mensuráveis que surgem em razão do acidente sofrido (art. 948, I). Vão desde as

---

15. *Direito civil*: responsabilidade civil, 19. ed., São Paulo: Saraiva, 2002, p. 194-195.

despesas de tratamento da vítima passando pelo salário do acompanhante, se necessário, até o funeral e jazigo. Os chamados lucros cessantes estão no inciso II: "Na prestação de alimentos às pessoas a quem o morto os devia, levando-se em conta a duração provável da vida da vítima" e nos arts. 402-405. Neste caso levam-se em conta os rendimentos que a vítima percebia, vale dizer, que o responsável deve repor os beneficiários na mesma situação em que estariam sem o dano sofrido. A indenização não deve empobrecer nem enriquecer ninguém. O tratamento a ser dado nestes casos é o dos arts. 949 e 950 do CC. Vale destacar que o parágrafo único desse artigo permite que "O prejudicado, se preferir, poderá exigir que a indenização seja arbitrada e paga de uma só vez". Devem distinguir-se, porém, duas situações: na primeira, o beneficiário da indenização é a própria vítima, podendo aplicar-se, então, o parágrafo único; na segunda, os destinatários são os dependentes da vítima. Neste caso, não se aplica a inovação do parágrafo único do art. 950. Isso porque o salário do empregado seria pago mensalmente. Assim, a indenização por lucros cessantes deverá ser paga sob a forma de pensão, também mensalmente. Aliás, se o parágrafo único se aplicasse às duas hipóteses, estaria num artigo autônomo e não no parágrafo único daquele artigo.

O dano moral, como já mencionado, também deve ser indenizado. Não há dúvida de que, além da previsão constitucional (art. 5º, X), o art. 186 do CC o incluiu expressamente como dano decorrente do ato ilícito e o art. 948 a ele se refere quando dispõe "... sem excluir outras reparações". Aliás, o inciso I desse artigo cita "o luto da família". O valor atribuído ao dano moral deve ser pago de uma só vez, juntamente com os danos emergentes. Afinal, o pagamento por dano moral tem caráter indenizatório, ao contrário do dano material, que se destina a recompor o patrimônio do lesado[16].

8. CONCLUSÃO

Muitas outras questões poderiam ser levantadas na análise da responsabilidade civil decorrente do acidente do trabalho ou da doen-

---

16. Carlos Roberto Gonçalves, *Responsabilidade civil*, cit., p. 573.

ça ocupacional. Como esta, contudo, não é a finalidade preponderante deste trabalho, limitamo-nos a apontar alguns tópicos remetendo os leitores a outros autores, sobretudo aos citados neste capítulo. A transposição da competência da matéria para a Justiça do Trabalho provocou alterações nos entendimentos até então consolidados, e procuramos indicá-los.

CAPÍTULO ESPECIAL
A REFORMA TRABALHISTA E O ACIDENTE DO TRABALHO

Sumário: 1. Introdução. 2. A reforma trabalhista e o Capítulo V do Título II, Da Segurança e Medicina do Trabalho. 3. Os arts. 611-A e 611-B. 4. Dano extrapatrimonial. 5. Conclusão.

1. INTRODUÇÃO

No dia 11 de novembro de 2017, após uma *vacatio legis* de cento e vinte dias de publicação oficial, entrou em vigor a Lei n. 13.467, de 13-6-2017. Esse diploma legal, já chamado de Reforma Trabalhista, é tido como a maior mudança na CLT desde sua vigência. Como consta na própria ementa, ela se propõe a "adequar a legislação às novas relações de trabalho". A rigor, e pelas reações sentidas entre os envolvidos direta ou indiretamente, não agradou a nenhum dos atores. As críticas vão desde a forma como foi enviado o projeto de lei ao Congresso Nacional, sem uma ampla discussão pela sociedade, e sua rápida aprovação, até a inclusão de temas altamente polêmicos e até alheios à finalidade inicial a que se havia proposto. Prova disso foi a edição da Medida Provisória n. 808 dias depois da entrada em vigor da lei e as 18 ações de inconstitucionalidade já em tramitação no Supremo Tribunal Federal contra alguns de seus dispositivos.

Neste novo capítulo vamos analisar, ainda que de forma bastante concentrada, se e em que medida a reforma trabalhista interfere na saúde e segurança do trabalhador no ambiente do trabalho.

2. A REFORMA TRABALHISTA E O CAPÍTULO V DO TÍTULO II, DA SEGURANÇA E MEDICINA DO TRABALHO

A Saúde do Trabalhador, após a Constituição de 1988, deve ser entendida e tratada dentro do conceito de saúde do cidadão como um direito social constitucionalmente previsto consoante os arts. 196 e 200, II, da Constituição Federal. Por isso que ela é objeto de diversos diplomas legais infraconstitucionais, destacando-se a Lei n. 8.080/90 – Lei Orgânica da Saúde – e a Lei n. 8.213/91 – Lei da Previdência Social. A CLT, no Capítulo V do Título II, redação dada pela Lei n. 6.514/77, aborda as diversas questões relacionadas à saúde e segurança do trabalhador no seu ambiente de trabalho. Não se pode esquecer que o art. 7º da Constituição, que cuida dos direitos do trabalhador, expressamente dispõe que é direito do trabalhador a "redução dos riscos inerentes ao trabalho, por meio de normas de saúde, higiene e segurança".

Pois bem, a reforma trabalhista operada pela Lei n. 13.467/2017 não revogou nem alterou qualquer dispositivo inserido nesse Capítulo V do Título II. Esse dado, de plano, nos poderia levaria à conclusão de que nenhum efeito negativo pode ela produzir no meio ambiente do trabalho sob o enfoque da saúde e segurança. De fato, e para exemplificarmos, a CIPA continua em vigor, o SESMT igualmente, a NR-17 deve ser respeitada, assim com todas as demais normas regulamentadoras. Onde residiria, então, o temor dos profissionais da SST quanto às alterações trazidas por essa nova lei? Analisaremos apenas algumas questões que, em nosso sentir, podem estar relacionadas ao nosso tema.

3. OS ARTS. 611-A E 611-B

Uma linha-mestra da reforma trabalhista é a prevalência do negociado sobre o legislado. O art. 611-A, de forma expressa, mas exemplificando, prevê temas em que "A convenção coletiva e o acordo coletivo de trabalho têm prevalência sobre a lei quando, entre outros, dispuserem sobre...". Sob esse enfoque, é voz comum que os sindicatos, com raras exceções, não estão preparados para essa prevalência. Ademais, o corte nos recursos afetou de forma muito sensível a capacidade de negociação dessas entidades. Isso, no fundo, pode levar ao enfraquecimento dos sindicatos na hora de negociar com os patrões questões envolvendo a terceirização, hoje, quase ilimitada, o contrato temporário, o trabalho intermitente e o teletrabalho. Todas essas formas de contrato de trabalho, em maior ou menor intensidade, afetam o trabalhador e criam sérios impactos na sua saúde. Legalizamos o "bico" na CLT. Imagine-se a angústia de quem está em regime de sobreaviso, aguardando um possível chamado de seus empregadores para prestar serviços. Igualmente, que é ele o responsável pelas condições de SST quando trabalha em domicílio. Outro ponto é a possibilidade de enquadramento do grau de insalubridade. Há uma clara precarização do trabalho.

Enfim, e até porque a saúde e segurança no trabalho, via de regra, são deixadas de lado na negociação em detrimento do trabalho e do salário, permite-se, por via transversa, a interferência dos patrões em questões que afetam o meio ambiente laboral no que tange à saúde e segurança no trabalho.

Assim, do ponto de vista estritamente formal, a Lei n. 13.467/2017 não só não alterou as normas vigentes da SST, mas de forma expressa, como também, no art. 611-B, denominou como um dos atos ilícitos da convenção coletiva ou de acordo coletivo de trabalho "as normas de saúde, higiene e segurança do trabalho previstas em lei ou em normas regulamentadoras do Ministério do Trabalho" (inciso XVII) e "seguro de acidentes do trabalho a cargo do empregador" (inciso XX). Aliás, nem poderia ser de oura forma, pois o art. 7º da CF, já citado no item anterior, trata esses dois temas como direitos do trabalhador (art. 7º, incisos XXII e XXVIII, respectivamente).

Entretanto, o parágrafo único do mesmo art. 611-B também, expressamente, ressalva que "Regras sobre duração de trabalho e intervalos não são considerados como normas de saúde, higiene e segurança do trabalho para os fins do disposto neste artigo".

Exemplificando, A NR-17 cuida da Ergonomia, e não cabe negociação sobre ela. Mas, se posso negociar a duração do trabalho e intervalos em atividades abrangidas por essa mesma NR, dessa negociação não podem surgir situações que levem às LER/DORTs? Dito de outra forma, cumpre-se a letra fria da lei, mas o empregado corre o risco de se acidentar ou adoecer pelo excesso de jornada ou esforço no trabalho.

Outro exemplo é a previsão contida no art. 59-A da CLT, segundo o qual, mediante acordo individual por escrito, convenção coletiva ou acordo coletivo de trabalho, pode estabelecer-se a jornada de doze horas. Ante a gritaria geral, a MP 808 havia imposto limites. Mas, como perdeu a validade, hoje vale o previsto naquele artigo. Não podemos negar as estatísticas segundo as quais o cansaço é um dos fatores desencadeantes do acidente do trabalho.

Em suma, a reforma trabalhista trazida pela Lei n. 13.467/2017 afeta, sim, a SST, sobretudo e especialmente pela ampla possibilidade de negociação da jornada de trabalho, e de outros itens que envolvem as novas formas de contrato, e o meio ambiente do trabalho.

4. DANO EXTRAPATRIMONIAL

A reforma trabalhista trazida pela Lei n. 13.467/2017 preocupou-se com o que denominou "dano extrapatrimonial". Cuida desse instituto o novo Título II-A, do art. 223-A ao art. 223-G.

Trata-se do dano moral, entendendo-se da forma mais ampla possível, ofensa à liberdade, à honra, da pessoa humana, englobando o chamado dano estético, até agora separado do dano moral, consoante a Súmula 387 do STJ. O legislador ainda, de forma explícita, refere-se ao dano existencial, o que é um ponto positivo. Essa espécie de dano, ainda não muito estudada na doutrina e na jurisprudência, tem como enfoque a própria existência do ser humano, como a perda de convivência familiar, a limitação na vida social, a falta de um projeto de vida, enfim, a própria felicidade da pessoa, cujo fundamento primeiro está na "dignidade da pessoa humana" (art. 1º, III, da CF).

Pois bem, a indenização relacionada com o contrato de trabalho sempre foi questão crucial para o empregador, especificamente aquela relacionada com o acidente do trabalho, por causa da chamada *"dupla indenização"*, prevista no inciso XXVIII do art. 7º da CF.

Com a regulamentação inserida nesse novo título da CLT, o legislador pretende delimitar, em nosso entender, dois aspectos: o primeiro é o campo de incidência. O segundo, os valores a serem pagos ao trabalhador.

Quanto ao primeiro, o texto aprovado não é dos melhores. O art. 223-A, o primeiro do título, utiliza o advérbio *apenas* restringindo a reparação de danos de natureza extrapatrimonial às hipóteses ali enumeradas e na forma dos dispositivos do Título II. Ora não se pode tratar um tema tão amplo e já consagrado no Direito Civil de forma restritiva, e em *numerus clausus,* mesmo tendo em vista somente as relações de trabalho. Dito de outra forma, não se pode aceitar como encerrado o questionamento quanto ao dano extrapatrimonial, mesmo o decorrente das relações laborais, só porque *agora* a CLT delimitou o campo de atuação. Veja-se, apenas a título de exemplo, o art. 223-B, que, numa leitura sistemática, limita a ocorrência do dano extrapatrimonial ao titular do dano material, a pessoa física ou jurídica. Mas como ficaria a família do trabalhador após um acidente do trabalho que causou toda uma série de transtornos que a desestruturaram? E mais, os direitos da personalidade enumerados no art. 223-C são os únicos inerentes à pessoa humana? Não foi por outro motivo que a MP 808, ampliou esse rol e até substituiu o termo *"sexualidade"* por *"gênero"* e acrescentou outros, como *etnia* e *idade.* Como a MP perdeu sua vigência, prevalece a versão dada pela Lei n. 13.467/2017. Em nosso entender, a leitura mais acertada desse dispositivo deve ser exemplificativa e não fechada, apesar de o legislador utilizar o artigo definido *"são os bens juridicamente tutelados".* Aliás, no artigo seguinte, quando cuida da pessoa jurídica, a expressão utilizada não contém o artigo definido *"... são bens juridicamente tutelados...".*

O segundo aspecto, talvez o mais polêmico, refere-se aos parâmetros utilizados para os valores a serem pagos a título de indenização por danos extrapatrimoniais.

No capítulo anterior analisamos a questão à luz do art. 944 do Código Civil: *"a indenização mede-se pela extensão do dano"* e *"se houver excessiva desproporção entre a gravidade da culpa e o dano, poderá o juiz reduzir, equitativamente, a indenização".* Agora o legislador determina quais os parâmetros a serem obedecidos (art. 223-G-*caput*) e o máximo valor a ser pago a título de indenização.

Sem dúvida esse é o ponto mais polêmico da reforma trabalhista. E isso porque quer quantificar-se algo que pela própria natureza não o é. O legislador mais uma vez enumerou em doze itens os pontos que devem ser levados em conta pelo juiz, entre eles a natureza do bem jurídico tutelado (inciso I) até o grau da publicidade da ofensa (inciso XII), este certamente mais voltado à pessoa jurídica. Frise-se, são parâmetros em números fechados, entre os quais está a situação econômica das partes envolvidas, como se o rico sofresse mais o abalo o moral do que o pobre.

Não bastasse, definido este primeiro momento e deferido o pedido a partir daqueles critérios, o valor máximo a ser pago tem como base de cálculo o último salário-base do trabalhador. E mais, houve uma autêntica *tarifação* do dano extrapatrimonial. Assim é que, se a ofensa for de natureza leve, o valor será de até três vezes o salário contratual; se média, até cinco vezes; se grave, até vinte vezes, e se gravíssima até cinquenta vezes (§ 1º do art. 223-G). Não há previsão para o evento morte. O estranho é que, na ânsia da quantificação que está por detrás desses dispositivos, quando o ofendido for pessoa jurídica, serão observados os mesmos parâmetros, mas a base de cálculo será o salário do ofensor. Não fica muito claro o alcance dessa previsão (§ 2º), até porque a responsabilidade pela indenização, via de regra, é da pessoa jurídica. Haveria, assim, pessoa jurídica no polo passivo e no polo ativo.

Essa forma de cálculo, a nosso ver, padece de flagrante inconstitucionalidade. Em primeiro lugar, a dignidade da pessoa humana não pode ser medida pelo salário. A assim entender-se, o CEO de uma empresa pode ter uma indenização infinitamente maior que o empregado que ganha um salário mínimo na mesma situação. Não há isonomia de tratamento. A verdadeira justiça é tratar de forma desigual os desiguais. Depois, a própria tarifação do dano extrapatrimonial já fere a essência da reparação do dano, que deve ser a mais completa possível e dentro do exame caso a caso. Fere-se a independência do juízo, que fica engessado pela norma fria da lei.

Por todas essas razões é que a MP 808 tratava de forma diferente os parâmetros para a indenização, usando como teto para esta o valor do limite máximo do benefício do Regime Geral da Previdência Social, variando de três a cinquenta vezes (incisos I a IV do § 1º, respectivamente). Acrescentava ainda o § 5º ao mesmo art. 223-G, excluindo a aplicação daqueles parâmetros à morte. Também especificava o alcance da reincidência, esclarecendo verificar-se quando a ofensa for idêntica e ocorrer no prazo de até dois anos do trânsito em julgado da decisão condenatória.

5. CONCLUSÃO

As controvérsias, que já não eram poucas, permanecem, sobretudo naqueles tópicos que foram objeto de alteração, especialmente quanto aos parâmetros a serem adotados como teto para a indenização por dano extrapatrimonial. O que não se pode ignorar, contudo, é que, se de um lado a reforma traz pontos positivos para as relações de trabalho, no que tange à SST haverá, sim, apesar de algumas vozes patronais em contrário, uma precarização do trabalho, afetando, portanto, o trabalhador na sua saúde relacionada ao trabalho, ambos, saúde e trabalho, vistos como um direito do cidadão.

BIBLIOGRAFIA

ALVIM, Agostinho. *Da inexecução das obrigações e suas consequências.* 4. ed. São Paulo: Saraiva, 2001.

BITTAR, Carlos Alberto. *Reparação civil por danos morais.* 3. ed. São Paulo: Revista dos Tribunais, 1999.

CARRION, Valentin. *Comentários à Consolidação das Leis do Trabalho.* 23. ed. São Paulo: Saraiva, 1998.

CASTRO DO NASCIMENTO, Tupinambá Miguel. *Comentários à nova Lei de Acidentes do Trabalho.* Porto Alegre: Ed. Síntese, 1976.

CHAITOW, Leon. *Síndrome da fibromialgia*: um guia para o tratamento. Tradução de Eduardo Rissi. Barueri: Manole, 2002.

CODO, Wanderlei (Coord.). *L.E.R.*: lesões por esforços repetitivos. Rio de Janeiro: Vozes, 1995.

DIAS, José de Aguiar. *Da responsabilidade civil.* 10. ed. Rio de Janeiro: Forense, 1995. 2 v.

DIAS CAMPOS, José Luiz; DIAS CAMPOS, Adelina Bitelli. *Acidentes do trabalho*: prevenção e reparação. São Paulo: LTr, 1991.

ENCICLOPEDIA DE SALUD Y SEGURIDAD EN EL TRABAJO – Ministerio de Trabajo y Seguridad Social – OIT, edição espanhola, 1989.

FAGUNDES, Seabra. *Dos recursos em matéria civil.* São Paulo: Forense, 1946.

FREITAS, Maria Ester de. Assédio moral: faces do poder perverso nas organizações. *Revista de Administração de Empresas,* São Paulo, v. 41, n. 2. abril/junho de 2001.

GONÇALVES, Carlos Roberto. *Responsabilidade civil*: de acordo com o novo Código Civil. 8. ed. São Paulo: Saraiva, 2003.

GRECO FILHO, Vicente. *Direito processual civil brasileiro*. 17. ed. São Paulo: Saraiva, 2003. v. 2.

GUEDES, Márcia Novais. *Terror psicológico no trabalho*. São Paulo: LTr, 2003.

HELOANI, Roberto. Assédio moral: um ensaio sobre a expropriação da dignidade no trabalho (versão eletrônica). *RAE – Revista de Administração de Empresas*, janeiro/junho de 2004.

MANUAIS DE LEGISLAÇÃO – Segurança e Medicina do Trabalho, n. 16, Atlas.

MAXIMILIANO, Carlos. *Hermenêutica e aplicação do direito*. 9. ed. Rio de Janeiro: Forense, 1984.

MIRABETE, Júlio Fabbrini. *Processo penal*. 8. ed. São Paulo: Atlas, 1998.

NERY JUNIOR, Nelson; ANDRADE NERY, Rosa Maria de. *Código Civil comentado*. 4. ed. São Paulo: Revista dos Tribunais, 2006.

OCCUPATIONAL HEALTH. Edited by Barry Levy David H. Wegman. 3. ed. 1995.

OLIVEIRA, José de. *Acidentes do trabalho*. São Paulo: Saraiva, 1997.

OLIVEIRA, Sebastião Geraldo de. *Indenizações por acidente do trabalho ou doença ocupacional*. 2. ed. São Paulo: LTr, 2006.

PEDROTTI, Irineu Antônio. *Doenças profissionais ou do trabalho*. Ed. Universitária de Direito, 1988.

PEREZ, João Celso Fares. Considerações sobre a fibromialgia. *Revista Meio Ambiente Industrial*, ano IX, edição 50, julho/agosto de 2004.

REVISTA DOS TRIBUNAIS, 1988 a 1997.

RODRIGUES, Silvio. *Direito civil*: responsabilidade civil. 19. ed. São Paulo: Saraiva, 2002.

SAVARIS, José Antônio. *Direito processual previdenciário*. 7. ed. Curitiba: Alteridade Ed., 2018.

SHIMURA, Sérgio. *Título executivo*. São Paulo: Saraiva, 1997.

SOBOLL, Lis Andréa Pereira. *Assédio moral/organizacional*: uma análise da organização do trabalho. São Paulo: Casa do Psicólogo, 2008.

VIEIRA, Sebastião Ivone (Coord.). *Medicina básica do trabalho*. 2. ed. Curitiba: Ed. Gênesis, 1995.